Detlef Krell

Oberlausitz, Zittauer Gebirge

092ol dk

Der Ort: die Lausitz. Also ein in
vielfachen Beziehungen nachdenkliches Gebiet.

Arno Schmidt (deutscher Schriftsteller, 1914–1979)

Impressum

Detlef Krell
Reise Know-How Oberlausitz, Zittauer Gebirge

erschienen im
Reise Know-How Verlag Peter Rump GmbH
Osnabrücker Str. 79, 33649 Bielefeld

**2., neu bearbeitete und
komplett aktualisierte Auflage 2014**

Gestaltung
Umschlag: G. Pawlak, P. Rump (Layout);
Andrea Hesse (Realisierung)
Inhalt: G. Pawlak (Layout); Andrea Hesse (Realisierung)
Fotos: der Autor (dk), Magdalena Maruck (mm),
Abegg-Stiftung/Christoph v. Virág (cv),
Evelin Rietschel (er), Waldemar Bena (wb),
Andrea Hesse (ah), Maxi Krell (mk),
www.fotolia.de (Nachweis jeweils am Bild)
Titelfoto: Detlef Krell (Motiv: Lückendorf/Zittauer Gebirge)
Karten: Catherine Raisin, der Verlag

Lektorat: Michael Luck
Lektorat (Aktualisierung): Andrea Hesse

Druck und Bindung: Wilhelm & Adam, Heusenstamm

Anzeigenvertrieb:
KV Kommunalverlag, GmbH & Co. KG,
Alte Landstraße 23, 85521 Ottobrunn,
Tel. 089 928096-0, info@kommunal-verlag.de

ISBN 978-3-8317-2351-5
Printed in Germany

Dieses Buch ist erhältlich in jeder Buchhandlung Deutschlands, der Schweiz, Österreichs, Belgiens und der Niederlande. Bitte informieren Sie Ihren Buchhändler über folgende Bezugsadressen:

Deutschland
Prolit GmbH, Postfach 9, D-35461 Fernwald (Annerod)
sowie alle Barsortimente

Schweiz
AVA Verlagsauslieferung AG
Postfach 27, CH-8910 Affoltern

Österreich
Mohr Morawa Buchvertrieb GmbH
Sulzengasse 2, A-1230 Wien

Niederlande, Belgien
Willems Adventure, www.willemsadventure.nl

Wer im Buchhandel trotzdem kein Glück hat, bekommt unsere Bücher auch über unseren
Büchershop im Internet: www.reise-know-how.de

093ol dk

Wir freuen uns über Kritik, Kommentare und Verbesserungsvorschläge, gern auch per E-Mail an info@reise-know-how.de.

Detlef Krell

OBERLAUSITZ, ZITTAUER GEBIRGE

Vorwort

„Oack ne jechn" – Immer mit der Ruhe (Oberlausitzer Spruch).

In der Oberlausitz wird deutsch gesprochen. Und sorbisch. Tschechisch auch, und polnisch. In den beiden Hochschulstädten Görlitz und Zittau noch zwei Dutzend weitere Sprachen. Der **Oberlausitzer Dialekt,** den ein in der Kehle rollendes R auszeichnet, auch eine freie Liebe zu den Vokalen, muss sich nicht verstecken. Und das macht er auch nicht, die hier Verwurzelten sprechen ihn ebenso selbstverständlich wie die Zugereisten ihren, jedenfalls wenn sie unter sich sind. Gerollt wird aber nur im Süden, im Zittauer Gebirge und im Oberlausitzer Bergland. Im flachen Norden ist eher das Brandenburgische zu Hause, diejenigen, die es sprechen, sagen Hochdeutsch dazu.

Ein **vielgestaltiges Volk** sind die Oberlausitzer, über einen Kamm nicht zu scheren. Wie die **abwechslungsreiche Landschaft,** die von sandsteinfelsigem Gebirge, Basaltkegeln und lieblichen Granithügeln, von Heideland und Teichen, von Gärten, Parks und Seen gestaltet wird, von kleinen Städten und großen Dörfern, Tradition und Moderne.

Die **Umgebindehäuser,** diese nirgends sonst in dieser Vielfalt beheimatete Volksarchitektur, gehören selbstverständlich vorn auf die Visitenkarte der Region. Sie sind das Lächeln in der dörflichen Berg- und Gebirgslandschaft der südlichen Oberlausitz. Die **Städte** werden von der Renaissance und der Barockzeit geprägt, ihr heutiges Antlitz verdanken sie aber auch der Industrialisierung im 19. Jahrhundert und der Ankunft im 21. Die Heide- und Teichlandschaft, das Naturparadies im Herzen der Oberlausitz, steht als Biosphärenreservat unter der Obhut der UNESCO. Pücklers Park in Bad Muskau an der Neiße gehört zum Weltkulturerbe. Im einstigen Braunkohlerevier, bis in die brandenburgische Niederlausitz hinein, entsteht Europas größte von Menschen geschaffene Wasserlandschaft. Das Gebirge im Süden reicht weit über die tschechische Grenze bis an die böhmischen Gebirge heran.

Von dem Reichtum der Oberlausitz an Natur und Geschichte und von ihrer einladenden Gegenwart handelt dieses Buch. Es führt in eine **moderne, naturnahe Ferienregion am deutsch-polnisch-tschechischen Dreiländereck,** in der Berge, Wälder und Gewässer den Alltag vergessen lassen und wo europäische Kulturgeschichte zu entdecken ist. *Jakob Böhme, Christian Weise, Ehrenfried Walter von Tschirnhaus, Gotthold Ephraim Lessing, Johann Gottlieb Fichte, Hermann von Pückler, Jakub Bart Ćišinski, Paul Cassirer, Lisa Tetzner, Mira Lobe* und *Werner Finck* wurden in der Oberlausitz geboren; *Wendel Roskopf, Otto Mueller, Johannes Wüsten, Arno Schmidt* und *Brigitte Reimann* waren mit ihr verbunden.

Die Oberlausitz ist eine Landschaft der kurzen Wege. Die Renaissance- und Barockquartiere der Städte, die anscheinend allein von Vögeln und Insekten bewohnten Teichufer und die Strände des Seenlandes liegen beieinander auf einer Distanz zwischen Frühstück und Mittag. Spaziergänge an den Teichen, im Bergland oder Gebirge lassen sich aber auch zu abwechslungsreichen Tageswande-

095ol dk

rungen erweitern. Polen und die Tschechische Republik, die europäischen Kulturlandschaften Schlesien und Böhmen liegen vor der Haustür. Keinerlei Restriktionen behindern mehr die Entdeckerlust beiderseits der innereuropäischen Grenzen. Auch dafür hält dieses Buch eine Reihe von Vorschlägen bereit. Selbst Dresden, Berlin, Breslau und Prag lassen sich von der Oberlausitz aus ohne großen Aufwand erkunden.

Quer durch die Oberlausitz führt die älteste Ost-West-Verbindung Mitteleuropas. Zwischen Rhein und Oder verband die **Via Regia** die Menschen und ihre Kultur, sie ließ als Handelsstraße Waren und Ideen passieren. Die Oberlausitz lag im Zentrum dieses Austauschs. Wer diese Region heute besucht, erlebt in allen Jahreszeiten eine offenherzige, spannende und erholsame Kulturlandschaft, die vielfältige touristische Angebote vorzuweisen hat, den Gast aber auch sehr gut sich selbst und seinen Erlebnissen überlassen kann.

Detlef Krell, im Februar 2014

⌃ Biosphärenreservat unter der Obhut der UNESCO: die Oberlausitzer Heide- und Teichlandschaft

Inhalt

9 Zittauer Gebirge 244

10 Liberec und Umgebung 288

11 Praktische Reisetipps von A bis Z 304

Exkurse

Im Land der Sorben

Heide- und Teichlandschaft

Görlitz und das Neißeland

Bad Muskau und Umgebung

Zittau und Umgebung

Zittauer Gebirge

Hinweise zur Benutzung

Gliederung

Dieses Handbuch gliedert sich in drei Blöcke: Im ersten werden von West nach Ost die wichtigsten **Naturräume** der Reiseregion und die dort sehenswerten Städte, Dörfer und Landschaften vorgestellt. Von Görlitz aus führt die Reise über die Neiße bis zur historischen Grenze der Oberlausitz im heutigen Polen, von Zittau aus bis zu den angrenzenden böhmischen Gebirgen. Für jeden aufgeführten Ort gibt zunächst ein beschreibender Abschnitt einen allgemeinen Überblick über alles Wissens- und Sehenswerte, ein zweiter Abschnitt bietet dann alle praktischen Informationen wie Unterkunft, Gastronomie, Anreise usw. auf einen Blick.

Auf den Seiten 16 bis 19 findet sich ein **Überblick über das Reisegebiet:** Kurze Texte charakterisieren die elf Regionen, die in diesem Band vorgestellt werden, und eine Karte zeigt, wo sich diese Regionen befinden. Zur besseren Orientierung ist jedes Ortskapitel mit einer Ziffer versehen, die sich auch in den Karten wiederfindet.

Im zweiten Block finden sich **Praktische Reisetipps** für eine Reise in die Oberlausitz und das Zittauer Gebirge.

Der dritte Block schließlich gibt einen **allgemeinen Überblick** über die Reiseregion und ihre Bewohner, z.B. über Natur und Geschichte, Sitten und Bräuche.

Der **Anhang** mit Buchtipps und ausführlichem Register rundet das Buch ab.

Touristische Höhepunkte

Highlights

Zu Beginn jedes Kapitels findet sich ein **Kasten mit dem Titel „Nicht verpassen!“**, in dem einige besondere touristische **Highlights** der Region genannt werden. Diese Sehenswürdigkeiten sind im Text der dann folgenden Ortsbeschreibungen **gelb unterlegt.**

Autorentipps

MEIN TIPP: Mit diesem Kasten sind meine ganz **subjektiven Empfehlungen** jenseits der „offiziellen“ Sehenswürdigkeiten gekennzeichnet. Dies kann z.B. eine besonders urige Kneipe sein oder auch eine besonders spektakuläre Bahnfahrt.

Öko-Tipp/Nachhaltigkeit

Das grüne Schmetterlingssymbol kennzeichnet **besondere Naturerlebnisse** jenseits der weithin bekannten landschaftlichen Sehenswürdigkeiten. Damit kann z.B. ein kleines Moorgebiet gemeint sein, in dem man außergewöhnliche Tiere und Pflanzen zu Gesicht bekommen kann, oder auch ein Ort, von dem aus man einen besonders schönen Sonnenuntergang genießt.

Das Symbol steht aber auch für **Nachhaltigkeit:** Hotels, Gaststätten und Geschäfte, die sich durch besonders verantwortungsvollen Umgang mit natürlichen Ressourcen auszeichnen oder die z.B. nur Bio-Produkte verwenden/verkaufen, sind ebenfalls mit dem Schmetterling gekennzeichnet.

Karten

Übersichtskarten

Stadt- und Ortspläne

180ol dk

Adressen

Am Ende der Ortsbeschreibungen werden unter der Überschrift „Praktische Informationen" wichtige Adressen genannt: Touristeninformationen, Hotels, Pensionen und andere Unterkünfte, Gaststätten, Sport- und andere Freizeiteinrichtungen. Diese Adressen stellen eine **vom Verfasser vorgenommene Auswahl** dar, es handelt sich nicht um komplette Verzeichnisse.

Web-Adressen

Soweit vorhanden, sind für die Unterkünfte, Restaurants und anderen Einrichtungen auch die Webadressen zum Internetauftritt verzeichnet. Dort sind in der Regel ausführlichere Informationen über Angebote und Rabatte einsehbar, auch Speise- und Getränkekarten.

Hinweis: Die Internet- und E-Mail-Adressen in diesem Buch sind stets so notiert, dass **Trennstriche** nur dort erscheinen, wo sie zur Adresse gehören.

Preiskategorien der Hotels und Restaurants

Beherbergungen aller Art hat der Verfasser **mit Ziffern klassifiziert,** was aber nicht mit dem offiziellen Sterne-System identisch ist, sondern sich lediglich auf den Preis bezieht. Die Angaben beziehen sich dabei stets auf die Unterbringung für **zwei Personen** in einem **Doppelzimmer** während der **Hauptsaison** inklusive **Frühstück.**

① bis 50 Euro
② bis 80 Euro
③ über 80 Euro

Angaben zu **Öffnungszeiten** bei Hotels, Bauden (ehemaligen Schutzhütten) und anderen Unterkünften beziehen sich auf öffentliche Restaurants im Haus.

Für Restaurants unter **„Gastronomie"** gelten folgende Kategorien:

① Auswahl von Hauptgerichten unter 10 € erhältlich
② Auswahl von Hauptgerichten über 10 € erhältlich.

Mehrsprachigkeit

Eine Besonderheit der Oberlausitz ist ihre Mehrsprachigkeit. Seit Jahrhunderten lebt hier mit den Deutschen das kleine slawische Volk der **Sorben.** Im sorbischen Siedlungsgebiet sind die Ortsnamen zweisprachig ausgeschildert. Landschaftlich reicht die Oberlausitz bis nach **Tschechien** und **Polen** hinein. In diesem Buch werden Ortsnamen im sorbischen Gebiet auf Deutsch benannt. Orte in der Tschechischen Republik und in Polen werden mit ihrem tschechischen und polnischen Namen benannt – so wie sie auf den Wander- und Autokarten zu finden sind – und in Klammern zumindest einmal mit dem deutschen Namen.

◁ Muss man gesehen haben: Pücklers Park in Bad Muskau

Die Oberlausitz im Überblick

Die Oberlausitz ist eine Kulturlandschaft im Osten Sachsens, die historische Landschaft reicht bis ins heute polnische Niederschlesien hinein sowie zu einem kleinen Teil bis Brandenburg. Größte Stadt der Oberlausitz ist Görlitz/Zgorzelec. Mit der Festlegung der Oder-Neiße-Grenze wurde das einstige Görlitz zwischen Deutschland und Polen geteilt.

In der sächsischen Oberlausitz leben 575.571 **Menschen** (31.12.2012). Zwischen Kamenz, Bautzen und Hoyerswerda bilden rund 40.000 Menschen das slawische Volk der Sorben.

- **Fläche:** 4496 Quadratkilometer
- **Landkreise:** Bautzen, Görlitz
- **Sitze im Kreistag Bautzen:** CDU 41, Die Linke 19, SPD 12, FDP 7, NPD 5, Freie Wähler 4, Bündnis 90/Die Grünen 3, Freie Sorbische Wählervereinigung 1, Andere 6 (2008)
- **Sitze im Kreistag Görlitz:** CDU 33, Die Linke 17, Freie Wähler 14, SPD 7, FDP 6, NPD 5, Bündnis 90/Die Grünen 3, Andere 7 (2008)
- **Wirtschaft:** 2400 produzierende Betriebe, 160 Unternehmen mit mehr als 100 Beschäftigten; Schlüsselbranchen: Maschinen- und Anlagenbau, Textilindustrie, Kunststofftechnik, Nahrungs- und Genussmittelindustrie, Energietechnik, Informationstechnik, Tourismus- und Freizeitwirtschaft
- **Arbeitslosigkeit:** 11 Prozent (Januar 2013)
- **Hochschulen:** Internationales Hochschulinstitut Zittau, Hochschule Zittau/Görlitz, Hochschule der sächsischen Polizei, Rothenburg, Staatliche Studienakademie Bautzen
- **Entfernungen** in Straßenkilometern zu ausgewählten Städten (von Bautzen): Köln 625, Hamburg 519, München 519, Frankfurt a.M. 515, Berlin 235, Prag 226, Breslau 208, Leipzig 169, Dresden 65

179ol dk

Was man unbedingt sehen sollte

Architektur

- Historische Altstädte von Bautzen, Görlitz und Zittau
- UNESCO-Weltkulturerbe Pücklers Park in Bad Muskau
- Burg- und Klosterruine Oybin
- Umgebindehaus-Ensembles in Dittelsdorf, Obercunnersdorf oder Cunewalde
- Haus Schminke/Villa Scharoun in Löbau
- Barockschloss Rammenau
- Zisterzienserinnenkloster St. Marienthal (Ostritz)
- Zisterzienserinnenkloster St. Marienstern (Panschwitz-Kuckau)

Kunst

- Großes und Kleines Zittauer Fastentuch
- Gotische Flügelaltäre in Kamenz

Landschaft

- Zittauer Gebirge (Lausche, Hochwald, Mühlsteinbrüche, Große und Kleine Felsengasse)
- Oberlausitzer Bergland (Czorneboh, Bieleboh oder Großer Picho)
- Heide- und Teichlandschaft um Kreba oder Guttau
- Lausitzer Seenland (Bärwalder See, Geierswalder See, Silbersee)
- Findlingspark Nochten

Museen

- Brikettfabrik Knappenrode
- Dorfmuseum Markersdorf
- Erlichthofsiedlung Rietschen
- Glasmuseum Weißwasser
- Museum der Westlausitz Kamenz
- Sorbisches Museum Bautzen

Erlebnisse

- Fahrt mit der Schmalspurbahn ins Zittauer Gebirge
- Trixi-Park Großschönau
- Paddeln auf der Neiße mit Neiße-Tours
- Grüngeringelter Abenteuerfreizeitpark auf der Kulturinsel Einsiedel
- Bahnfahrt von Görlitz nach Zittau entlang der Neiße
- Safariwildrevier am Bärwalder See

[<] An der Neiße in Zgorzelec

Die Region im Überblick

1 Im Land der Sorben 20

Die Lessingstadt Kamenz (S. 25), die vieltürmige Spreestadt Bautzen (S. 39) und die Dörfer nördlich der A4 sind die Heimat des kleinen slawischen Volkes der Sorben, das seit Jahrhunderten mit seinen deutschen Nachbarn lebt. Begegnungen mit lebendiger Volkskultur, Bummel durch malerische Altstadtgassen und Radwanderungen in hügeliger Heide – die zweisprachige Landschaft zwischen Klosterwasser und Spree ist eine so stille wie unterhaltsame Ferienregion.

2 Oberlausitzer Berg- und Hügelland 58

Czorneboh und Bieleboh (S. 75) sind die Berge slawischer Götter. In der Mittelgebirgslandschaft um 400 bis 500 Höhenmeter findet man Wege für etwas sportlichere Wanderungen und Radtouren. Löbau (S. 78), die Gründungsstadt des Oberlausitzer Sechsstädtebundes, überrascht mit einem Architekturdenkmal der europäischen Moderne. Zu entdecken sind das Barockschloss Rammenau (S. 66), die Pfefferkuchenstadt Pulsnitz (S. 63) und Schirgiswalde (S. 71), die „Perle der Oberlausitz“.

3 Heide- und Teichlandschaft 90

Krabat, Kröten und Kraniche. Nördlich von Bautzen, bis zur Neiße an der polnischen Grenze, liegt das größte zusammenhängende Teichgebiet Deutschlands. Mehr als tausend Wasseraugen blinken im UNESCO-Biosphärenreservat und geben Lurchen, Libellen und anderer selten gesehener Natur eine Heimat. Krabat, der sorbische Zauberer, war hier zu Hause. Er lebt fort in den Geschichten, in der Schwarzen Mühle in Schwarzkollm (S. 103) und auf Wanderwegen. Eine Ferienlandschaft vor allem auch für Familien mit Kindern und für ältere Menschen.

4 Lausitzer Seenland 106

Die größte künstlich geschaffene Wasserlandschaft Europas wächst im einstigen Braunkohlerevier an der sächsisch-brandenburgischen Landesgrenze heran. Schon heute kann man hier baden und campen, segeln und surfen, skaten oder mit dem Fahrrad die Ufer erkunden. Kohle, Träume und Literatur zeichneten die Geschichte von Hoyerswerda (S. 116), der Stadt des Handwerks und der Braunkohle. Zwischen Knappensee (S. 111) und dem brandenburgischen Senftenberger See (S. 127) fühlen sich Ruhesuchende und Naturfreunde ebenso wohl wie Wassersportler und Wanderer.

5 Görlitz und das Neißeland 132

Architektur von der Gotik bis zum Jugendstil prägt in Görlitz (S. 136) ganze Stadtviertel. Die Stadt an der Neiße vereint sich mit ihrer polnischen Schwester Zgorzelec zu einer der reizvollsten und spannendsten Städte des Ostens. Sieben Jahrhunderte europäische Geschichte, 3000 denkmalgeschützte Bauwerke und die Jugend, die hier ihre Zukunft sieht, das hat die deutsch-polnische Europastadt schon mal sicher. Vor dem Stadtrand warten eine Krone, ein See und ein weltoffenes Kloster.

6 Bad Muskau und Umgebung 172

Fürst Pückler, der Dandy und Weltreisende, hat in Bad Muskau Weltkulturerbe geschaffen. Der Park (S. 176) am deutschen und polnischen Ufer der Neiße in der nördlichen Oberlausitz ist ein einzigartiges Denkmal der Gartenbaukunst. Glas aus Weißwasser (S.186) bewahrt die Ideen des Bauhauses. Der Rhododendronpark in Kromlau (S. 185) führt Pücklers Ideen auf Teufels Brücke. Im Erlichthof bei Rietschen (S. 189) schließlich stehen die Kulturdenkmäler aus dem ehemaligen Kohlerevier.

7 Die polnische Oberlausitz 190

Ein Märchenschloss und schier endlose Heide sind östlich der Neiße zu erleben. Durch die einstige Taschentuchstadt Lauban (S. 194) führt ein literarischer Spaziergang auf den Spuren von Arno Schmidt.

8 Zittau und Umgebung 204

Am grenzoffenen Dreiländereck von Polen, Deutschland und Tschechien liegt Zittau (S. 208), eine kleine Stadt mit den Jahresringen großer Geschichte. Die beiden prächtigen Marktplätze und die umliegenden Gassen erinnern an die böhmischen Jahrhunderte der Handelsstadt. Zwei Fastentücher sind Kunstwerke und Kulturdenkmäler von europäischem Rang. Rund um Zittau lädt das Umgebindeland (S. 235) ein zur Begegnung mit einer einzigartigen Volksarchitektur.

9 Zittauer Gebirge 244

Sandsteinfelsreviere und vulkanische Basaltkegel formen eines der kleinsten deutschen Mittelgebirge. Über die Grenze hinweg bis nach Böhmen bietet es eine Vielzahl von Wanderwegen, aussichtsreichen Gipfeln und Wintersportrevieren. Zu entdecken sind die Gotik auf dem Berg Oybin (S. 258), Felsengassen und Nonnenklunzen, Mühlsteinbrüche und Felstheater, Hochwald, Lauschegipfel und weitere Wanderziele auf der sächsischen und böhmischen Seite des Gebirges. Von Zittau ins Gebirge dampft die Schmalspurbahn.

10 Liberec und Umgebung 288

Die nordböhmische Metropole (S. 292) liegt in einem Talkessel zwischen Isergebirge, Lausitzer Gebirge und Jeschkengebirge. Auch das Riesengebirge und das Böhmische Paradies sind schnell zu erreichen. Die Glas- und Bijouteriestadt Jablonec nad Nisou (Gablonz, S. 297) ist ein lebendiges Denkmal der Architektur der klassischen Moderne.

◁ Blick auf den Berg und den Kurort Oybin im Zittauer Gebirge

1 Im Land der Sorben

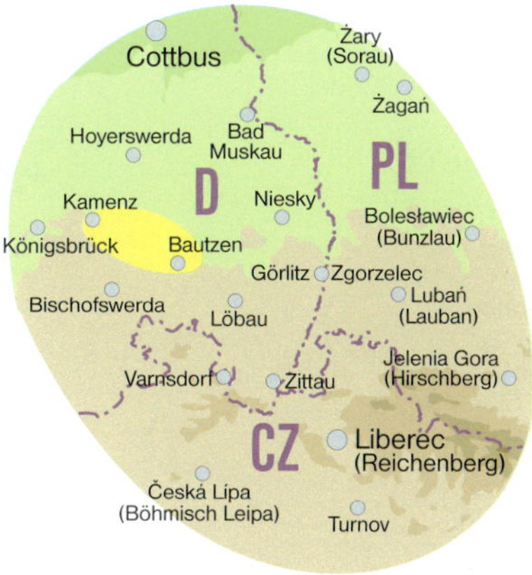

Die hügelige Heidelandschaft im Herzen der Oberlausitz ist Heimat des kleinen slawischen Volkes der Sorben. Mit einer stimmungsvollen Altstadt bezaubert die Stadt Bautzen ihre Besucher. Kamenz erinnert an Gotthold Ephraim Lessing, und in den sorbischen Dörfern beiderseits der B96 ist lebendige Volkskultur zu erleben.

Bautzens denkmalgeschützte Altstadt

Im Land der Sorben

0 5 km

1

- Spätgotische Flügelaltäre im **Sakralmuseum St. Annen** in Kamenz | 30
- Lebendige sorbische Kultur erleben beim **Osterreiten** | 36
- Ein Bummel durch die kopfsteingepflasterten Gässchen des **Bautzner Burgviertels** | 48

Diese Tipps erkennt man an der gelben Hinterlegung.

NICHT VERPASSEN!

IM LAND DER SORBEN

In Bautzen und den umliegenden Dörfern lebt neben den Deutschen das kleine slawische Volk der Sorben, eine von vier **nationalen Minderheiten in Deutschland.** Bautzen ist, neben Cottbus in der Niederlausitz, ihr politisches und kulturelles Zentrum. Hier ist ihre Kultur lebendig geblieben, werden die uralten Bräuche gepflegt, ist die sorbische Sprache Alltag.

Das zweisprachige Land der Sorben erkundet man am besten mit dem Fahrrad. Hier sind stille Wälder und Teichufer zu entdecken, neben den architektonischen Zeugnissen slawischer und deutscher Kulturgeschichte. **Kamenz,** die Geburtsstadt *Gotthold Ephraim Lessings,* bietet Motive und Gelegenheiten, sich wieder einmal dem großen Aufklärer zuzuwenden. Kunst der Spätgotik präsentiert das Sakralmuseum in der Klosterkirche St. Annen: fünf Altäre aus dem 16. Jahrhundert.

Alljährlich am Ostersonntag ziehen die Prozessionen der sorbischen **Osterreiter** von Dorf zu Dorf über die Fluren, eine religiöse Zeremonie, die längst als stimmungsvolles Volksfest gefeiert wird.

Durch die engen Gassen, Plätze und Höfe der **Bautzner** Altstadt bummelt man natürlich zu Fuß, schon der vielen einladenden Kneipen, Cafés und Restaurants wegen.

110ol dk

Kamenz – die Lessing-Stadt

Überblick und Geschichte

Wer denkt bei Kamenz nicht zuerst an **Gotthold Ephraim Lessing** (1729–1789), den großen Dichter der Aufklärung, der in dieser Stadt geboren wurde? Auch einer der größten Maler der Gegenwart, **Georg Baselitz,** kam 1938 als *Hans Georg Kern* in Deutschbaselitz, heute ein Ortsteil von Kamenz, zur Welt. Weniger bekannt ist, dass es in der Stadt hochrangige Schnitzaltäre aus der Zeit der Spätgotik und weitere **sakrale Schätze** zu besichtigen gibt.

Die reizvolle Kamenzer **Altstadt** liegt auf einem Grauwackefelsen hoch über dem Tal der Schwarzen Elster. „Kamjenc" kommt aus dem Obersorbischen und bedeutet „kleine Stadt am Stein". Nördlich und östlich der Stadt liegen in einer Heide- und Teichlandschaft sehenswerte Dörfer. Als Mitglied des Oberlausitzer Sechsstädtebundes erlangte Kamenz Ansehen und wirtschaftliche Macht. 1707 und 1842 vernichteten Brände jeweils zahlreiche Gebäude der Altstadt. Ende des 19. Jahrhunderts wurde Kamenz Garnisonsstadt.

☒ Das Kamenzer Rathaus erinnert an einen italienischen Renaissance-Palazzo

Die Stadt (15.500 Einwohner) wurde seit den 1990er Jahren aufwendig saniert. Zu den größten und bekanntesten Unternehmen gehören der Spirituosenhersteller Jägermeister und die auf die Textiltradition der Gegend aufbauenden „Sachsenfahnen". Kamenz ist Sitz des Sächsischen Landesamtes für Statistik. Für eine Kleinstadt hat Kamenz ein recht **vielfältiges Kulturleben.** Die Lessing-Tage im Januar gehören zu den wichtigsten Literaturfesten in Sachsen. Im einstigen Barmherzigkeitsstift soll in absehbarer Zeit ein Georg-Baselitz-Haus als Museum und Zentrum für Kunst der Gegenwart entstehen.

Sehenswert in Kamenz

Markt

Am großen, rechteckigen Markt stehen schlichte Bürgerhäuser und das an einen italienischen Renaissance-Palazzo erinnernde **Rathaus.** Erbaut wurde es in den Jahren 1847/48 vom Zittauer Baudirektor *Carl August Schramm* nach dem Entwurf des Berliner Architekten *Karl Friedrich Schinkel.* Der gegenüberliegende **„Goldne Hirsch"** – 1550 erstmals erwähnt, seit 1613 unter diesem Namen –, ist der älteste erhalten gebliebene Gasthof der Stadt und heute wieder das erste Haus am Platz. Der **Andreasbrunnen** (1570) an der Südseite des Marktes trägt unter der Figur der Justitia das Kamenzer Stadtwappen, das Wappen des Königreiches Böhmen und das deutsche Reichswappen. Die **Fleischbänke,** ein klassizistischer Laubengang am Rathaus, dienten bis Anfang des 20. Jahrhunderts als Verkaufsstände für die Fleischer.

Kamenz

0 — 100 m

© Reise Know-How 2014

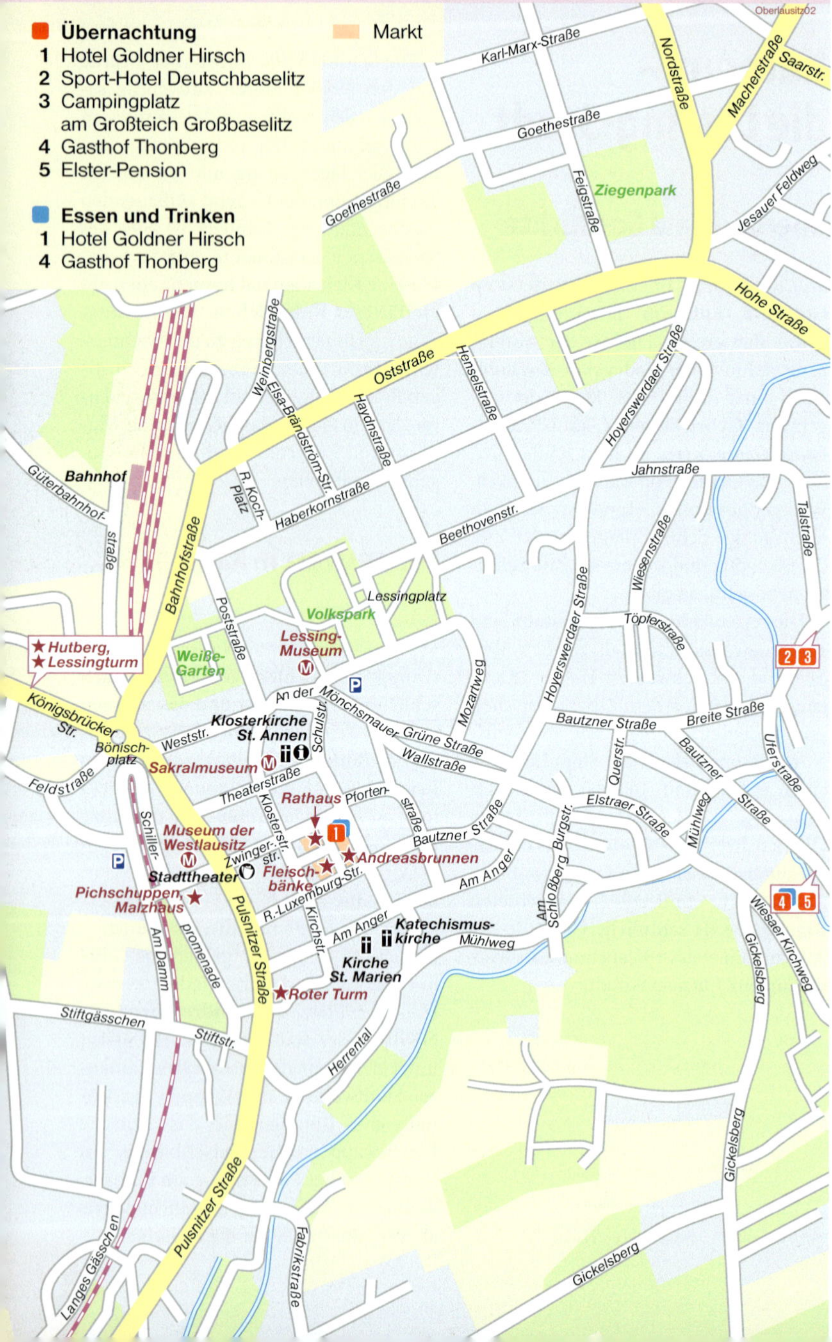

□ Übersichtskarte S. 22

Kirchhof

Bergan geht es zum Kirchhof mit der gotischen **Stadtpfarrkirche St. Marien.** Sie steht auf einem Felsen und überragt die Altstadt. Zwischen 1400 und 1480 wurde die vierschiffige Hallenkirche aus Lausitzer Granit errichtet. Im Vorraum stehen die Grabsteine der Eltern und eines Großvaters von *Gotthold Ephraim Lessing.* Der 1519 geschaffene Marienaltar ist ein Meisterwerk der Spätgotik in Sachsen. Zur künstlerisch wertvollen Ausstattung der Kirche gehören der Taufstein aus dem 14. Jahrhundert, der Michaelisaltar im Nordschiff (1498), der Triumphbogen mit Kreuzigungsgruppe (1475), ein kleiner Flügelaltar mit dem Brustbild Christi (1505), drei Votivgemälde des aus Schneeberg (Erzgebirge) stammenden Cranach-Schülers *Wolfgang Krodel* (1542), die hölzerne Kanzel mit Bildern des Kamenzer Malers *Andreas Dreßler* (1565) sowie der Messingleuchter (1648).

Neben der Kamenzer Hauptkirche steht an der Kirchhofmauer, gleichsam als eine Bastion der Stadtbefestigung, die gotische **Katechismuskirche.** Das älteste erhaltene Bauwerk der Stadt überrascht mit einer bäuerlich kräftigen Ausmalung aus dem Jahr 1724. In den Sommermonaten gibt es hier kleine Konzerte sowie kirchliche Feste.

Ein romantisches Plätzchen auf dem Kirchhof ist die **Lessingbank,** die mit einem steinernen Tisch unter einer betagten Esche steht. Hier soll der junge *Lessing* gern gesessen und gedichtet haben. Der Lärm der Stadt ist hier oben nur noch als fernes Rauschen zu vernehmen, dafür wehen gelegentlich Orgelklänge aus St. Marien bis unters Blätterdach. *Lessing* hatte es nicht weit bis zu diesem Platz, sein Elternhaus stand gleich beim Kirchhof in der heutigen Lessinggasse. An das beim letzten Stadtbrand 1842 vernichtete Geburtshaus des Dichters erinnert heute eine Gedenkstätte auf dem Grundstück.

Schillerpromenade

Die kopfsteingepflasterte Gasse führt zum **Roten Turm.** Er gehörte bis 1835 zum Pulsnitzer Tor und war also Teil der Stadtbefestigung. Die parkartige Schil-

016ol dk

□ Die Stadtpfarrkirche St. Marien

Gotthold Ephraim Lessing (1729–1781)

Im Kamenzer Lessing-Museum ist diese Geschichte nachzulesen, die *Karl Gotthelf Lessing* in der Lebensbeschreibung seines Bruders notiert hat: Ein Bekannter der Familie, der einen „Butterstriezel" zu *Gotthold Ephraim* nach Leipzig bringen und sich „unter der Hand nach seiner Aufführung zu erkundigen" hatte, brachte die „tragische Nachricht" mit nach Hause, dass dieser „nicht nur ein **Komödienschreiber"** geworden sei, sondern den Weihnachtsstollen „bei einer Bouteille Wein mit einigen Komödianten verzehrt habe." Seinen besorgten Eltern schrieb *Gotthold Ephraim* am 28. April 1749: „Den Beweis, warum ein Komödienschreiber kein guter Christ sein könne, kann ich nicht ergründen. Ein Komödienschreiber ist ein Mensch, der die Laster auf ihrer lächerlichen Seite schildert. Darf denn ein Christ über die Laster nicht lachen? Verdienen die Laster soviel Hochachtung?"

Zwar hatte *Lessing* seine Kindheit in einer Atmosphäre großer geistiger Offenheit verleben dürfen und frühzeitig aufklärerische Positionen kennen gelernt. Mit dem Eintritt in die Fürstenschule St. Afra in Meißen im Jahr 1741 nahm er jedoch eine intellektuelle Entwicklung, die seine Familie bald nicht mehr nachvollziehen konnte und wollte.

Gotthold Ephraims **progressiver Bildungsweg** begann an einer Kamenzer Lateinschule, die auf Bestreben seines Onkels, des Bürgermeisters *Christian Gottlob Lessing,* eingerichtet worden war. Die Lessing-Familien gehörten zur Elite des gesellschaftlichen Lebens in Kamenz, einer Stadt mit damals 3600 Einwohnern. Großvater *Theophilus Lessing* war Bürgermeister, Vater *Johann Gottfried* Pfarrer und Katechet, Vetter *Friedrich Gottlob* Verleger und Buchhändler. Familienoberhaupt *Theophilus* war schon als Student mit einer politisch-wissenschaftlichen Abhandlung über die obrigkeitliche Duldung aller Religionen aufgefallen.

Nach 1748 besuchte *Lessing* nur noch selten Kamenz. Die **Beziehungen zum Elternhaus** waren durch beidseitige Geldnöte getrübt. Vater *Lessing* war durch das Studium der Söhne in Schulden geraten. Zudem hatte er sich mit dem Magistrat überworfen. Anlass war die Neuformulierung eines Kirchengebetes für die Obrigkeit. Der Streit währte 20 Jahre und wurde von den Gegnern des alten *Lessing* mit Intrigen am Kochen gehalten. So tröstete der junge *Lessing* 1765 seinen Vater: „Der Verdruss, den Sie, liebster Vater, noch immer dort haben, ist der Beweis, wie schlecht man in meiner Vaterstadt denkt. Anderer Leute Torheiten müssen uns indes nicht kränken, und ich halte auch den Bruder Theophilus für zu gesetzt, als dass er es für eine Beschimpfung halten sollte, den Beifall des Camzer Pöbels nicht zu haben ...".

Vereinsamt und verbittert starb der Vater 1771 in Kamenz. *Lessing,* von der Mutter um ein „gedrucktes Andenken" gebeten, entgegnete: „... Ich sehe wahrlich nicht ein, warum es den dummen und boshaften Camzern zu Gefallen gedruckt werden muss. Ich habe es mir fest vorgenommen, etwas aufzusetzen: aber es soll etwas sein, was man weiter als in Camenz und länger als ein Halbjahr nach seinem Begräbnisse lieset."

Gotthold Ephraim Lessing hatte sich bereits mit „Minna von Barnhelm", „Emilia Galotti" und der „Hamburgischen Dramaturgie" einen Namen gemacht und galt als **streitbarer Geist der Aufklärung.** 1779 schrieb er den „Nathan", dieses zeitlos aktuelle Schauspiel über religiöse und humanistische Toleranz. 1784 gab sein Bruder *Karl Gotthelf* den Briefwechsel und die Schriften des Dichters heraus. Weder in Kamenz noch sonst in der zersplitterten deutschen Provinz hatten die Bürger eine Ahnung von der geistigen Befreiung, die *Lessings* literarisches Werk begründete und die als „deutsche Klassik" in die Geschichte eingehen sollte.

Wie die **Kamenzer Öffentlichkeit** über *Lessing* dachte, bekam in den 1820er Jahren der Arzt **Johann Gottfried Bönisch** zu spüren. Er wollte Geld sammeln für ein Krankenhaus in Kamenz und den Bau nach *Lessing* benennen. Erst nachdem er sich bereit erklärt hatte, auf den Namen des Religionskritikers zu verzichten, flossen die Spenden. *Lessings* 100. Geburtstag 1829 endlich ist in Kamenz durch ein Festkomitee vorbereitet und zum kulturellen Ereignis ausgestaltet worden. Auf der Feier setzte sich *Bönisch* mit *Lessings* Gegnern auseinander. *Bönisch* vorneweg, zog vom Markt ein langer Zug Kamenzer Bürger zum Krankenhaus, um dort eine Büste des Dichters aufzustellen. 1863 folgte die zweite große Ehrung des Aufklärers in Kamenz. Der von *Bönisch* gegründete **Lessingverein** setzte einen nachhaltigen Akzent auf die nationale Bedeutung *Lessings*. Am Vorabend des Festes führte der Deklamatorische Verein die Tragödie „Emilia Galotti" auf.

Die Auseinandersetzungen um das **Erbe Lessings** hielten in den folgenden Jahrzehnten an. Sie wurden besonders zu den Lessingfeiern 1879 und 1881 ausgetragen. 1929, während der Feiern zu seinem 200. Geburtstag, wurde in Kamenz das erste **Lessing-Museum** gegründet, Aufbewahrungsort der Lebensspuren des Dichters und Bildungsstätte zugleich. Diese Funktion erfüllt es mit seiner Bibliothek, dem Vortragsraum und vielen Veranstaltungen noch heute.

lerpromenade führt zurück ins Zentrum der Altstadt. Anfangs ist hinter der Bahnlinie das spätklassizistische Gebäude des einstigen **Barmherzigkeitsstiftes** zu sehen. Hier soll das Georg-Baselitz-Haus entstehen. Im Zentrum der Schillerpromenade stehen zwei kleinere, einander ähnliche, spitztürmige Bauten: der Pichschuppen und das Malzhaus. Der **Pichschuppen** wurde um 1600 errichtet und war Teil der Stadtbefestigung. Seinen Namen hat er erhalten, als die Kamenzer Brauer dort ihre Fässer auspichten, also abdichteten. Das **Malzhaus** entstand zur selben Zeit und diente den Mälzern als Lager für die Gerste. Heute wird es vom städtischen Museum der Westlausitz (siehe unten) für Ausstellungen genutzt.

Museum der Westlausitz

Das Hauptgebäude des Museums der Westlausitz ist ganz in der Nähe, in dem nach seinem ersten Besitzer benannten **Ponickau-Haus** (1745) an der Pulsnitzer Straße. Beide Bauten werden durch einen Glasgang verbunden. Im Zentrum der Sammlung stehen Natur und Kulturgeschichte der Westlausitz sowie die Geschichte der Stadt Kamenz. Neben dem „Elementarium" mit multimedialen Ausstellungen und Vorträgen lässt das „Sammelsurium" in die Forschungsarbeit des Museums blicken. Es ist ein lebendiges und modernes Museum mit einem vielfältigen Programm, mit Bibliothek, Café und Laden. **Kinder,** die sich am besten noch zuvor auf dem Krabat-Spielplatz nahe des Roten Turmes richtig ausgetobt haben, werden sich in diesem Museum gewiss nicht langweilen.

111ol dk

■ **Museum der Westlausitz,** Pulsnitzer Straße 16, Tel. (03578) 788310, www.museum-westlausitz.de, Di.–So., Feiertage 10–18 Uhr (Eintritt 3,50/2 €, Schaumagazin „Sammelsurium", Macherstraße, Mo.–Fr. 9–16 Uhr)

Stadttheater

Gegenüber, im Stadttheater (Pulsnitzer Straße 11), werden Gastspiele mit Kabarett, Theater und Konzerten gegeben.

Das Sakralmuseum St. Annen zeigt Meisterwerke der Holzbildhauerkunst

Sakralmuseum St. Annen

Die Theaterstraße führt geradewegs zum **Klostertor.** 1518 errichtet, verband es das Franziskanerkloster mit der Stadt. Der barocke Balkon wurde 1770 angebracht. Durch das Tor führt heute eine Promenade zu kleinen Geschäften. Die einstige **Klosterkirche St. Annen** wurde 1499 eingeweiht, fertiggestellt aber erst im Jahre 1512. Als städtisches Sakralmuseum lädt die lichte Kirche, in der weiterhin auch Gottesdienste gefeiert werden, zur Besichtigung von **fünf spätgotischen Flügelaltären ein.** Die Meisterwerke der Holzbildhauerkunst entstanden in der Zeit zwischen 1512 und 1520; außerdem birgt das Museum sakrale Kunstwerke aus anderen Kamenzer Kirchen. In dem modernen Funktionsbau neben der Kirche befindet sich die Kamenz-Information.

Lessing-Museum

Hinter der Kirche befindet sich das Lessing-Gymnasium, und von dort sind es nur wenige Schritte bis zum Lessing-Museum. Dieses 1931 eröffnete Haus ist das über Kamenz hinaus wichtigste **Kulturzentrum** der Stadt. Es verbindet Museum, Gedenkstätte, Bibliothek (zahlreiche Erstausgaben und umfangreiche Sekundärliteratur) und Archiv. Alljährlich zu *Lessings* Geburtstag, also um den 22. Januar herum, bieten die **Lessingtage** ein vielfältiges Literaturprogramm.

Dem Museum schließt sich der **Volkspark** an, durch den der Bahnhof am besten zu erreichen ist. Der Park ist aus der Erweiterung des **Weiße-Gartens** hervorgegangen, der auf der anderen Seite der ebenfalls zum Bahnhof führenden Poststraße zu besichtigen ist.

- **Lessing-Museum,** Lessingplatz 1–3, Tel. (03578) 38050, www.lessingmuseum.de, Di.–Fr. 9–17 Uhr, Sa./So./Feiertage 13–17 Uhr (Eintritt 2/1 €, Kombiticket mit Museum der Westlausitz 3/1,50 €, zzgl. Schatzkammer St. Marienstern 6/4 €)

Hutberg

Ein viertelstündiger Fußweg führt zu einem beliebten Ausflugsziel der Kamenzer, auf den Hutberg (293 m). Besonders reizvoll ist die (auch für Rollstuhlfahrer geeignete) **Parkanlage** zu Pfingsten, wenn die Rhododendron- und Azaleenbüsche blühen.

Der neogotische **Lessingturm** bietet eine schöne Aussicht, an seinem Fuß lädt eine Gaststätte ein. Die **Hutbergbühne** ist legendärer Ort für Freiluftkonzerte.

Praktische Informationen

Anreise

- **A4,** Ausfahrt Burkau
- **Bahn,** Dresden – Kamenz

Info

- **Kamenz-Information,** Schulplatz 5 (neben dem Sakralmuseum St. Annen), Tel. (03578) 379 205, www.kamenz.de, tgl. 10–18 Uhr

Unterkunft/Gastronomie

- **Hotel Goldner Hirsch**③, Markt 10, Telefon (03578) 78350, www.hotel-kamenz.de, Mo.–Fr. 11–14.30 und 18–23.30 Uhr, Sa./So. 11–23.30 Uhr (Vier-Sterne-Hotel im ältesten Haus am Platz, Ratskeller, Pub)
- **Gasthof Thonberg**②, Bautzner Straße 288, Tel. (03578) 316131, www.thonberg.com, tgl. ab 7 Uhr (historische Schankwirtschaft an der Straße nach Panschwitz-Kuckau, früher Arbeiterstammkneipe, inzwischen haben auch die Puhdys und Smokie dort gewohnt, Oberlausitzer Küche)
- **Elster-Pension**①, Bischofswerdaer Straße 14, Tel. (03578) 301065, www.elster-pension.de (am Stadtrand Richtung Bischofswerda, einfache, aber gute Zimmer)
- **Sport-Hotel Deutschbaselitz**①, Sportplatzstraße 13–15, Tel. (03578) 308429, www.sport-deutschbaselitz.de (am Großteich, Vollverpflegung möglich, Übernachtung ab 10 €, Stellplätze für Zelte, Kegelbahn)
- **Campingplatz am Großteich Großbaselitz** ①, Großteichstraße 30, Tel. (03578) 301489, www.campingplatz-deutschbaselitz.com, tgl. ab 11 Uhr (familienfreundlich, ruhig im Wald gelegen, Mietwohnwagen: vier Pers./35 €, Ferienhaus für sechs Pers./39 €, Strandklause)

Sorbische Dörfer zwischen Kamenz und Bautzen

Schlösser und Parks, malerische Dörfer und einladende Gasthöfe, stille Teiche und bekannte Attraktionen liegen beiderseits der B96 im Norden der Oberlausitz. Hier sind alle Ortsnamen und Straßenschilder zweisprachig. Die Dörfer sind Heimat der sorbischen Minderheit, hier ist die Alltags- und Festtagskultur dieses kleinen slawischen Volkes lebendig geblieben.

Nebelschütz

Wendisches Tor

Zu den vielenDörfern, die jahrhundertelang vom Kloster St. Marienstern (siehe „Panschwitz-Kuckau") geprägt wurden, gehört das drei Kilometer von Kamenz entfernte Nebelschütz. Das sorbische Osterreiter-Dorf wird überragt von der im Jahre 1743 vollendeten **Pfarrkirche,** deren Vorbild wohl die Dresdner Hofkirche war.

Erst im Jahr 2006 aufgestellt wurde das Wendische Tor, eine Ende des 19. Jahrhunderts angefertigte **Kopie der früher üblichen Torhäuser** zu den sorbischen Dörfern. Zuvor stand es im Sei-

112ol dk

fersdorfer Tal am Rande der Dresdner Heide.

Nebelschütz ist Geburtsort des sorbischen Publizisten *Jan Skala* (1889–1945). Für weitere Informationen siehe „Auf den Spuren des Krabat".

Rosenthal

Wallfahrtskirche

An Wegen und Straßen in den Dörfern zwischen Kamenz und Bautzen stehen Wegkreuze und Bildstöcke, die vom katholischen Glauben der Menschen in der sorbischen Kulturlandschaft künden. Die Geschichte der barocken Wallfahrtskirche Rosenthal ist eng mit dem Kloster St. Marienthal verbunden. Sie ist das Ziel von **Wallfahrten,** so zum Beispiel am Morgen des Pfingstmontags. Erbaut wurde sie 1778. Nachdem sie am 1. Mai 1945 niedergebrannt war, wurde sie originalgetreu rekonstruiert. Gestühl und Orgel wurden in den 1950er Jahren eingebaut.

☒ Blick vom Kamenzer Hutberg

Ralbitz

Sorbischer Friedhof

Kleine Dörfer, hügelige Äcker und sumpfige Wälder prägen die Landschaft beiderseits des Klosterwassers zwischen Kamenz und Königswartha. In den Dörfern stehen hier zuerst die sorbischen, dann die deutschen Namen; beim Einkauf wird sorbisch geplaudert, und zu den Feiertagen tragen nicht nur die Alten ihre Trachten. Sorbische Kultur lebt hier im Alltag.

Ein einzigartiger Ort lebendiger Volkskultur ist der **Kirchhof** in Ralbitz. In langen Reihen steht dort Holzkreuz an Holzkreuz, jedes weiß gestrichen – in der Trauerfarbe der Sorben –, mit vergoldetem Kruzifix und golden schimmernder Sonne. Selbst die Schriftbilder der Namen gleichen einander wie von einer Hand gezeichnet. Hier sind vor den Toten und den Lebenden alle gleich. Die Kirche wurde 1752 erbaut.

Panschwitz-Kuckau

Inmitten der sorbisch geprägten Kulturlandschaft zwischen Kamenz und Bautzen liegt die Gemeinde Panschwitz-Kuckau (9 km von Kamenz). In Kuckau wurde der **sorbische Nationaldichter Jakub Bart Ćišinski** (1856–1909) geboren. Seit 1248 besteht das **Zisterzienserinnenkloster** St. Marienstern. Seine hoch aufragende spätgotische **Klosterkirche** strahlt weithin in die sanft hügelige Landschaft. An jedem Ostersonntag ziehen die **Osterreiter** um den Klosterhof und über die Dörfer, um der Tradition folgend die Auferstehung Christi zu

181ol dk

verkünden (siehe Exkurs „Oberlausitzer Osterbräuche").

Das **Kloster St. Marienstern** wurde im Jahr 1248 von *Bernhard III. von Kamenz* gegründet und dient seitdem seiner ursprünglichen Bestimmung. 1429 wurde es durch die Hussiten geplündert und angezündet. Bis 1635 stand das Kloster unter böhmischer Schutzherrschaft. Im Dreißigjährigen Krieg fiel es mit der Oberlausitz an Kursachsen, ohne dass sich dadurch die Konfession änderte. 1639 flüchteten die Nonnen vor dem Krieg nach Polen. Bei ihrer Rückkehr fanden sie das Kloster ausgeplündert und teilweise zerstört vor. Im 18. Jahrhundert wurde das Kloster barock umgestaltet. St. Marienstern wurde zur bevorzugten Begräbnisstätte der katholischen Prominenz der damaligen Residenzstadt Dresden.

Die 1802 gegründete Mädchenschule war 1941 niedergebrannt. Auf ihren Ruinen wurde das **Maria-Martha-Heim** errichtet, das 1973 seiner Bestimmung übergeben wurde. Hier erhalten geistig behinderte Mädchen Betreuung und Förderung. Die über 20 Nonnen, denen eine aus ihrem Kreise gewählte Äbtissin vorsteht, erfüllen in diesem Heim, unterstützt von weltlichen Kräften, christlich-karitative und soziale Aufgaben. Andere Arbeitsgebiete im Kloster sind die Gärtnerei, die Hostienbäckerei, Hauswirtschaft und Verwaltung.

Das Zisterzienserinnenkloster St. Marienstern dient seit seiner Gründung 1248 seiner ursprünglichen Bestimmung

Zum Spaziergang und Augenschmaus lädt der **Klostergarten** ein, der vom Christlich-Sozialen Bindungswerk betreut wird.

■ **Klostergarten,** Tel. (035796) 9710, www.ekz-marienstern.de, Mai bis Okt.

■ **Schatzkammer im Kloster St. Marienstern,** Tel. (035796) 99444, www.marienstern.de, März bis Okt. 10–16.30 Uhr, Sa./So./Feiertag 12–16.15 Uhr (umfangreiche und wertvolle Sammlung sakraler Kunstwerke vom 13. bis zum 19. Jh.)

Praktische Informationen

Unterkunft/Gastronomie

■ **Familienhotel Zur Linde**②, Panschwitz-Kuckau/OT Lehndorf, Bautzener Straße 1, Telefon (035796) 96328, www.gasthaus-lehndorf.de (rollstuhlgerecht, Vier-Bett-Zimmer ab 96 €)

■ **Klosterstübel und Klosterkeller**① in der Abtei St. Marienstern, Cisinskistraße 35, Tel. (035796) 96530, www.klosterstuebel.de, tgl. 10–21 Uhr (im historischen Gewölbe, sorbische Küche)

Crostwitz

Sorbischer Alltag ist auch in dem Dorf Crostwitz (13 km von Kamenz) zu Hause. **Sorbisch ist hier Muttersprache,** Deutsch die Zweitsprache. Die prächtige **Kirche** wurde 1771 geweiht und ist Ausgangspunkt des Osterreitens. Auf dem Kirchhof liegt der Schriftsteller **Jurij Brězan** (1916–2006) begraben („Krabat oder Die Verwandlung der Welt“, 1976; „Krabat oder Die Bewahrung der Welt“, 1993).

Ein **Ehrenmal** erinnert an die 2000 polnischen Soldaten und Offiziere, die in den letzten Tagen des Zweiten Weltkrieges vor Crostwitz und Panschwitz-Kuckau gefallen sind sowie an die in Horka bei Kamenz von der SS ermordeten polnischen Schwerverwundeten.

Radibor

Ein weiteres Zentrum lebendiger sorbischer Kultur ist das Dorf Radibor (9 km von Bautzen). Hier gibt es eine sorbische Grund- und eine Mittelschule, wird an Feiertagen die Radiborsche Tracht getragen. Am Ostersonntag drängen sich die Menschen auf dem Dorfplatz, um die Osterreiter zu begrüßen. In der **Pfarrkirche,** einem imposanten Feldsteinbau, wird sorbisch gepredigt. Spätgotische Holzbildwerke gehören zu den wertvollsten Schätzen der prächtig ausgestatteten Kirche.

Auf dem Friedhof erinnern Gedenktafeln an die katholische Lehrerin und Journalistin *Maria Grollmuß* (1896–1944) und an den Kaplan *Alois Andritzkí* (1914–1943). Beide leisteten Widerstand gegen das nationalsozialistische Regime und wurden in KZs umgebracht. *Alois Andritzkí* wurde im Jahr 2011 seliggesprochen.

Im Nachbardorf **Quoos** steht, weithin sichtbar, eine **Bockwindmühle** aus dem Jahr 1733. Sie wurde 1978 hierher versetzt, nachdem an ihrem historischen Standort bei Neschwitz umfangreiche Tonvorkommen entdeckt worden waren.

■ **Bockwindmühle Quoos,** Führungen für Gruppen, ab 15 €, Tel. (035933) 3860

Oberlausitzer Osterbräuche

Das Osterfest ist in der Oberlausitz mit fantasievollen, über Generationen gepflegten Bräuchen verbunden. Diese **lebendige Tradition** hat ihren Ursprung im heidnischen Glauben an die Kraft der Naturgötter und Dämonen ebenso wie in der Freude über das nach langem Winter neu keimende Leben, in der Verehrung des Ostereis als Fruchtbarkeitssymbol und im Glauben an die Auferstehung Christi nach dem Kreuzestod.

Osterreiten

Religiöse Zeremonie und stimmungsvolles Volksfest zugleich ist das Osterreiten der katholischen Sorben: Reiterprozessionen verkünden die Auferstehung Christi. Seine Wurzeln hat das Osterreiten in dem vorchristlichen Glauben, durch Umreiten der Fluren zur Frühlingszeit die jungen Saaten vor bösen Geistern schützen zu können. Mit dem Christentum bekam das Osterreiten den Inhalt einer religiösen Prozession: Die frohe Kunde von der Auferstehung Christi wird durch reitende Boten in die Welt getragen.

Ostersonntag sind die Pfarrgemeinden und Prozessionswege die beliebtesten Reiseziele in der Oberlausitz. Die meisten Besucher kommen zum **Kloster St. Marienstern** in Panschwitz-Kuckau. Dreimal umrunden die Reiter, ein altes sorbisches Kirchenlied singend, den weiten Klosterhof. Dann reiten sie durchs Tor in den Ort und auf den Prozessionsweg.

Zur **Prozession** versammeln sich Reiter aus allen zur Pfarrei gehörenden Dörfern, sie tragen Kirchenfahnen, Kruzifix und Christusstatue mit sich. Der Priester segnet Reiter und Pferde, dann begibt sich die Prozession unter Glockengeläut auf ihren traditionell festgelegten Weg. Dabei singen die Männer sorbische, in der Wittichenauer Prozession deutsche Kirchenlieder.

Während die Reiter an dem einen Partnerort empfangen und bewirtet werden, geschieht der Gegenprozession Gleiches in dem anderen. Beide Prozessionen begegnen einander nicht, der Hinweg der einen ist der Rückweg der anderen. So ziehen die Reiter feierlich im schwarzen Anzug und auf bunt geschmückten Pferden von einem Pfarrort zum anderen, um die Botschaft zu verkünden: „Christus ist auferstanden".

Die Prozessionswege und die Zeiten für Abritt und Ankunft sind immer gleich – wenn die Pferde mitmachen und auch sonst nichts dazwischenkommt. Bei allem feierlichen Ernst dieser Prozession hat sie nichts Verkrampftes an sich. Osterreiten ist immer auch ein Volksfest.

Prozessionswege und Abrittzeiten

9.30 ab Ralbitz/12.15 in Wittichenau; 15 ab Wittichenau/18.30 in Ralbitz; 9.20 ab Wittichenau/12 in Ralbitz; 15 ab Ralbitz/18 in Wittichenau

13 ab Crostwitz/14.30 in Panschwitz; 14.45 ab Panschwitz/16.30 in Crostwitz; 12.45 ab Panschwitz/13.45 in Crostwitz; 14.30 ab Crostwitz/16 in Panschwitz

11.45 ab Radibor/14 in Storcha; 15.30 ab Storcha/17.30 in Radibor; 12 ab Storcha/14 in Radibor; 15.30 ab Radibor/17.30 in Storcha

12 ab Nebelschütz/14 in Ostro; 16 ab Ostro/17.30 in Nebelschütz; 12 ab Ostro/14 in Nebelschütz; 16 ab Nebelschütz/17.30 in Ostro

Auch in **Ostritz an der Neiße** reiten die Bauern über die Fluren: 13 Uhr ab dem Marktplatz bis zum Kloster St. Marienthal, wo sie den Klosterhof umrunden, anschließend zur barocken Kreuzigungsgruppe auf dem Hutberg ziehen und wieder zurück auf den Ostritzer Marktplatz, wo sich die Prozession gegen 16 Uhr auflöst.

www.fotolia.de © bino1303

Ostereier schmücken

Ein beliebter Brauch vor Ostern ist das Schmücken von Ostereiern. In der Lausitz haben sich viele **kunstvolle Techniken** erhalten, wie das Wachsen, Kratzen oder Ätzen der Eier. Die kleinen Kunstwerke werden traditionell eigentlich als Patengeschenke angefertigt. Längst sind sie von den Reisenden als Souvenirs entdeckt worden. Meisterhaft gestaltete Ostereier werden in Heimatmuseen ausgestellt, so im Sorbischen Museum in Bautzen. Während der Osterzeit führen Sorbinnen im Museum vor, wie sie die Ostereier verzieren. Vier Wochen vor dem Fest gibt es in Bautzen den „Sorbischen Ostereiermarkt". Sorbische Volkskünstler lassen sich dort über die Schulter schauen.

Gründonnerstagsschreien

Im Bautzner Oberland gehen Kinder am Gründonnerstag mit einem Sack umher und sagen den Spruch auf: „Gut'n Morg'n, gut'n Morg'n zum Grindunnerschtag, gatt mer woas ann Battlsaak." Zum Gründonnerstagsschreien gibt es allerlei erfreuliche Gaben in den Sack, in manchen Dörfern den Eiermann, eine Semmel-(Brötchen-)figur mit eingebackenem Ei.

Osterfeuer

Am Ostermorgen werden in Taubenheim, Oppach und anderen Orten Osterfeuer entzündet. Ein Kranz leuchtet den Kirchgängern in Schirgiswalde vom Berge, und in Großpostwitz läuten um 3.15 Uhr die Kirchenglocken, worauf Bläser die Auferstehung verkünden.

Klapperjungen

In katholischen Dörfern gehen **am Gründonnerstag** die Klapperjungen um. Mit Holzklappern werden die zu dieser Zeit festgebundenen Kirchglocken ersetzt. Die Glocken dürfen nämlich erst wieder am Sonntag läuten, zur Feier der Auferstehung. Volkskundler verweisen auf die heidnischen Lärmbräuche zur Vertreibung von Dämonen.

Ob nun zum religiösen Zeremoniell oder einfach nur zum Spaziergang – Ostern gehen die Leute wieder vor ihre Türen, hinaus ins frische Grün, und wie überall suchen die Kinder nach süßen Osternestern.

⌃ Meisterhaft verzierte sorbische Ostereier

Kleinwelka

Saurierpark

Von Bautzen sind es nur sechs Kilometer bis zu einer bizarren Zugnummer der Region, den Sauriern von Kleinwelka. Der Kleinwelkaer Bildhauer *Franz Gruß* (1931–2006) hatte 1978 damit begonnen, in seinem Garten Saurier aus Beton zu modellieren. Anfangs war es nur ein Hobby. Der Sauriergarten wurde schnell bekannt und zog immer mehr Besucher an. Inzwischen ist neben dem Sauriergarten der von der Stadt Bautzen betriebene Saurierpark Kleinwelka entstanden, die größte derartige Anlage in Deutschland. **Mehr als 200 Nachbildungen urzeitlicher Lebewesen** können dort auf einer Exkursion durch die frühe Erdgeschichte – vom Perm bis zum Ende der Kreidezeit – besichtigt werden. Das Areal zum Jura (vor 200 bis 140 Millionen Jahren, als die Riesenechsen ihre beste Zeit hatten) zeigt unter dem Titel „Im Reich der Giganten" urzeitliche Szenerien mit 80 Sauriern. Die Tierskulpturen und ihre Umgebungen wurden detailgenau auf Grundlage wissenschaftlicher Erkenntnisse gestaltet.

Natürlich ist viel für **Kinder** geboten: Riesenrutsche, Kletterwand und -burg, eine „Ausgrabungsstätte" mit Überraschungen im Sand und den Planetenspielplatz. Neben dem Saurierpark gibt es in Kleinwelka den Irrgarten, einen Miniaturenpark und einen Abenteuerspielplatz.

■ **Saurierpark Kleinwelka,** Am Saurierpark 1, Tel. (035935) 3036, April bis Okt. tgl. 9–18 Uhr, Juli/August bis 19 Uhr, www.saurierpark.de (Eintritt 10 €, Kinder 7 €, Familienkarte 30 €)

Der Ort

Sehenswert ist auch der Ort Kleinwelka (Ortsteil von Bautzen). Am baumbestandenen **Marktplatz** ist das Bauensemble der Brüdergemeine Kleinwelka erhalten geblieben. Die Gemeinschaft wurde 1746 nach dem Vorbild der Herrnhuter Brüder gegründet. An das Herrnhuter Vorbild erinnert auch der historische Friedhof.

Praktische Informationen

Anreise

■ **A4,** Abfahrt Bautzen/West, Bus 103, 122, 129, 190, 198

Bautzen – Hauptstadt der Oberlausitz

Überblick

Am Oberlauf der Spree

Die tausendjährige, inoffizielle „Hauptstadt der Oberlausitz" liegt am Oberlauf der Spree, zwischen der Heide- und Teichlandschaft im Norden und dem Oberlausitzer Bergland im Süden. Schon aus der Ferne verheißt die **denkmalgeschützte Altstadt** ihre Reize: Von der Autobahn und vom Zug aus ist der dicht besiedelte Burgberg mit den vielen Türmen und der Ortenburg als malerisches Bauensemble zu sehen, vor das sich die Spree wie eine Schleife legt.

Sorben

Bautzen ist, neben Cottbus in der Niederlausitz, das politische und kulturelle Zentrum der Sorben. Hier ist ihre Kultur lebendig geblieben, werden die uralten Bräuche gepflegt, hier haben die hundertjährige Domowina, der Bund Lausitzer Sorben, als Dachorganisation sorbischer Vereine, und die Stiftung für das sorbische Volk ihren Sitz. Alle Straßen sind zweisprachig ausgeschildert. Das Deutsch-Sorbische Volkstheater Bautzen ist das einzige professionelle zweisprachige Theater Deutschlands. Es gibt sorbische Schulen, den sorbischen Verlag Domowina und die sorbische Zeitung „Serbske Nowiny".

Persönlichkeiten

In Bautzen geboren wurden der Mediziner, Astronom und Mathematiker *Caspar Peucer* (1525–1602), der Begründer der deutschen Kriminalerzählung, *August Gottlieb Meißner* (1753–1807), der Begründer der modernen sorbischen Dichtung, *Handrij Zejler* (1804–1872), die Malerin *Marianne Britze* (1883–1980), der Kunsthistoriker *Will Grohmann* (1887–1968), der Maler *Harald Metzkes* (geb. 1929) sowie die Musiker der Popband „Silbermond". Der sorbische Schriftsteller *Jurij Brězan* (1916–2006) ging in Bautzen zur Schule.

Geschichte

Anfänge

Schon in der Steinzeit war die Gegend der heutigen Stadt besiedelt. Im 3. Jahrhundert bestand dort eine **ostgermanische Siedlung.** Für das Jahr 1002 wurde die Ortenburg beim Chronisten *Thietmar von Merseburg* als Stammesmittelpunkt der slawischen Milzener erstmals genannt. 1018 wurde auf der Ortenburg der **„Frieden von Bautzen"** unterzeichnet, ein Abkommen zwischen dem Heiligen Römischen Reich und Polen. Östlich der Burg entwickelte sich die Siedlung, die auch von der Lage am Spreeübergang der Handelsstraße **Via Regia** Nutzen zog.

◁ Die Fischerbastei in Bautzen

Bautzen

Ruinen der Nikolaikirche
Nikolaifriedhof
Aussichtspunkt
Osterweg
Sorbisches Museum
Matthiasturm
Ständehaus mit Stadtbibliothek
Schloßstraße
Burgtheater
Ortenburg
Schloßgraben
Nicolaipforte
Am Zwinger
Gerberstraße
Taschenberg
Vor dem Schülertor
Fleischergasse
Domstift mit Domschatzkammer
An der Petrikirche
Breitengasse
Schülerstraße
Gickelsberg
Reymannweg
Unterm Schloß
Burgplatz
Dom St. Petri
An den Fleischbänken
Große Brüdergasse
Mühlbastei
Burglehn
Mönchsgasse
Hohengasse
Fleischmarkt
Wendische Straße
Mönchshof
Rathaus
Kornstraße
Hintere Reichenstraße
Spree
Mühltor
Hauptmarkt
Protschenberg
Heringstraße
Hartmannsches Haus
Reichenstraße
Reichenturm
Michaeliskirche
Wendischer Kirchhof
Am Protschenberg
Mühlstraße
Gewandhaus
Monse-Haus
Innere Lauenstraße
Fischerpforte
Hexenhäusel
Alte Wasserkunst und Technisches Museum
Museum Bautzen
Mühltorgasse
Scharfenweg
Uferweg
Fischergasse
Lauenturm
Schulstraße
Sorbisches National-Ensemble
Kornmarkt-Center
Aussichtspunkt
Friedensbrücke
Clara-Zetkin-Str.
Lauengraben
Karl-Marx-Str.
Äußere Lauenstraße
Goschwitzstraße
Bauerngasse
Deutsch-Sorbisches Volkstheater
Fischergasse
Dresdener Straße
Seminarstraße
Neusalzaer Straße
Tzschirmerstraße
Bahnhof
Übernachtung
1 Schloß-Schänke
2 Jugendherberge Gerberbastei
3 Hotel Dom-Eck
8 FeWo Gebauer
9 Hotel Goldener Adler
11 Hotel Alte Gerberei
12 Spree-Pension
13 Ferienwohnung Hantsch
14 Pension am Teich
Essen und Trinken
5 Mönchshof
6 Torero
10 Restaurant Wjelbik
Sonstiges
4 Bautz'ner Senfladen Manufaktur und Museum
7 Bautz'ner Senfladen

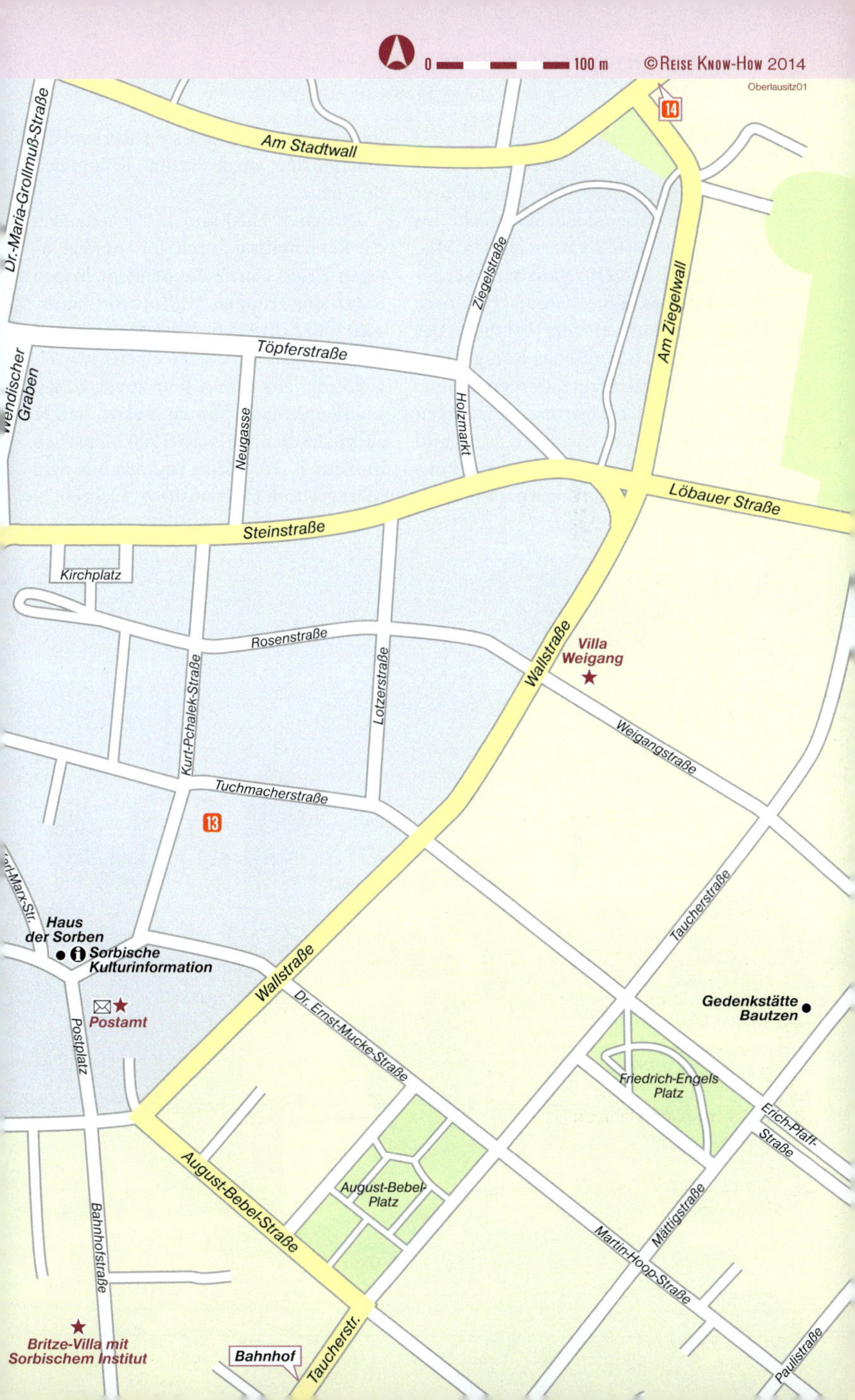
0 100 m
© Reise Know-How 2014
Oberlausitz01
Dr.-Maria-Grollmuß-Straße
Am Stadtwall
14
Ziegelstraße
Am Ziegelwall
Töpferstraße
Wendischer Graben
Neugasse
Holzmarkt
Löbauer Straße
Steinstraße
Kirchplatz
Rosenstraße
Lotzerstraße
Kurt-Pchalek-Straße
Wallstraße
Villa Weigang
Weigangstraße
Tuchmacherstraße
13
Karl-Marx-Str.
Haus der Sorben
Sorbische Kulturinformation
Postamt
Postplatz
Wallstraße
Dr. Ernst-Mucke-Straße
Taucherstraße
Gedenkstätte Bautzen
Friedrich-Engels Platz
Erich-Pfaff-Straße
August-Bebel-Straße
August-Bebel-Platz
Mättigstraße
Martin-Hoop-Straße
Bahnhofstraße
Britze-Villa mit Sorbischem Institut
Bahnhof
Taucherstr.
Paulistraße

Stadtentwicklung

1213 erhielt Bautzen, das damals unter böhmischer Krone stand, **Stadtrecht.** Im Jahr 1346 gehörte Bautzen zu den Mitbegründern des **Oberlausitzer Sechsstädtebundes.** 1405 kam es zu einem Handwerkeraufstand, der erst durch das Eingreifen des böhmischen Königs *Wenzel IV.* niedergeschlagen werden konnte. 1429 und 1431 belagerten die Hussiten Bautzen erfolglos. Zwischen 1469 und 1490 gehörte Bautzen mit anderen böhmischen Ländern zu Ungarn unter *Matthias Corvinus.* Nach dessen Tod kam die Oberlausitz wieder zum Königreich Böhmen.

Zwischen 1520 und 1525 setzte sich die **Reformation** durch. Im Dreißigjährigen Krieg wurde die Stadt mehrfach durch die Truppen *Wallensteins,* Sachsens und Schwedens belagert. Als am 2. Mai 1634 der kaiserliche Oberst *von der Goltz* die ein halbes Jahr zuvor eingenommene Stadt räumen musste, ließ er sie niederbrennen, wobei 700 Menschen umkamen. 1635 kam Bautzen mit dem Markgraftum Oberlausitz zu Sachsen.

1678 wurde in der **Hauptstadt des Markgraftums Oberlausitz** ein kaiserliches Postamt eingerichtet und damit deren besonderer Rang in Sachsen unterstrichen. Am 22. April 1709 wütete ein Brand, der das Stadtbild nachhaltig verändern sollte. 1813 endete die Schlacht bei Bautzen zwischen der antinapoleonischen Koalition und den Franzosen mit dem Sieg der napoleonischen Truppen. 1904 wurde der Bau der **Sächsischen Landesstrafanstalt Bautzen I** am Rande der Stadt abgeschlossen – das Gefängnis wurde aufgrund der verwendeten Klinkersteine „Gelbes Elend" genannt. Zur gleichen Zeit entstand das an das Amts- und Landgericht angeschlossene **Untersuchungsgefängnis Bautzen II.**

113ol dk

NS-Regime

Kurz nach der Machtübernahme durch die Nationalsozialisten, in der Pfingstwoche 1933, wurde in Bautzen eine **1000-Jahr-Feier** der Zugehörigkeit zum deutschen Reichsgebiet inszeniert. Der Vorsitzende der Kommunistischen Partei Deutschlands, *Ernst Thälmann,* war 1943/44 in Bautzen I inhaftiert, von wo er in das KZ Buchenwald gebracht und dort ermordet wurde. In Bautzen II war neben zahlreichen politischen Gefangenen des NS-Regimes der tschechische kommunistische Journalist *Julius Fučik* inhaftiert. Im Süden der Stadt gab es ein Außenlager des KZ Groß Rosen. Bei der **Schlacht um Bautzen** erlitt die zur Festung erklärte Stadt zwischen dem 19. und 26. April 1945 große Verluste und Schäden, beim letzten größeren deutschen Panzerangriff des Zweiten Weltkrieges wurde die Stadt zurückerobert, sie blieb bis zur Kapitulation der Nationalsozialisten unter deutschem Kommando.

Blick auf die Michaeliskirche und die Alte Wasserkunst an der Spree

DDR

Bautzen wurde **Kreisstadt des Bezirkes Dresden.** Es gab eine Fachhochschule für Maschinenbau, ein Lehrerbildungsinstitut und eine Außenstelle der Akademie der Wissenschaften der DDR.

Mit der Geschichte der deutschen Diktaturen im 20. Jahrhundert unlösbar verbunden ist Bautzen durch die beiden **Haftanstalten.** Bautzen II diente zunächst als sowjetisches Untersuchungsgefängnis, dann als Justizvollzugsanstalt und Außenstelle von Bautzen I, ab 1956 als Sonderhaftanstalt des Ministeriums für Staatssicherheit der DDR. Zu den Gefangenen gehörten der Philosoph *Rudolf Bahro,* der Publizist *Karl Wilhelm Fricke,* der Verleger *Walter Janka* und der Volksmarinesoldat *Bodo Strehlow.* Die letzten politischen Häftlinge wurden im Dezember 1989 freigelassen.

Nach 1989

Mit dem politischen Umbruch 1989 kam die **Rettung für die vom Zerfall bedrohte Altstadt.** Das zuletzt nahezu menschenleere Burgviertel mit der Ortenburg sowie viele weitere Baudenkmäler wurden saniert und wiederbelebt. Im Jahr 2002 beging Bautzen den 1000. Jahrestag seiner Ersterwähnung.

114ol dk

Wirtschaftsleben

Bautzener **Traditionsunternehmen** sind „Bautzener Senf" – die Develey Senf & Feinkost GmbH –, die aus dem Waggonbau hervorgegangene Bombardier Transportation GmbH, die Hermann Eule Orgelbau GmbH und die Perfecta Schneidmaschinen GmbH. Eine der wichtigsten Stätten für die Ingenieurausbildung in Sachsen ist die **Staatliche Studienakademie Bautzen,** deren Geschichte bis ins Jahr 1827 zurückreicht.

Sehenswert in Bautzen

Reichenturm

In Pisa wird man wohl zuerst zum Schiefen Turm gehen; in Bautzen ist es der Reichenturm, der von der Lotrechten abweicht, und an dieser Dominanten des Stadtpanoramas soll auch der Rundgang durch die Bautzener Altstadt beginnen. Seine Geschichte geht auf das Jahr 1490 zurück, damals wurde der Reichenturm als **Teil der inneren Stadtbefestigung errichtet.** Nachdem er viermal durch Brände zerstört worden war, erhielt er 1715/18 einen steinernen Aufsatz in barocker Form. 1747 wurde erstmals festgestellt, dass der Turm sich neigt. 1837 wurde das Reichentor abgebrochen. In den Jahren 1953/54 hatte die Neigung bereits 1,44 Meter erreicht. Das lediglich 80 Zentimeter tiefe Fundament wurde befestigt und der Turm so zur Ruhe gebracht. Heute ist er ein beliebter **Aussichtsturm.** Aus 28 Metern Höhe lässt sich die Stadt überblicken, die Sicht reicht bis in das Oberlausitzer Bergland und über die Talsperre in die Heide- und Teichlandschaft.

■ **Reichenturm,** Reichenstraße, April bis Okt. tgl. 10–17 Uhr, Eintritt: 1,40/1 € (schiefer Turm, Außenstelle des Museums Bautzen, Aussichtsplattform)

Reichenstraße

Der Reichenturm markiert das Entree in die Altstadt, die Reichenstraße mit ihren **barocken Bürgerhäusern** lädt zum Flanieren ein. Hier gibt es kleine Läden und Cafés, auch Ruhebänke und gleich hinter dem Turm einen Trinkbrunnen. Die üppig verzierten Fassaden der Bürgerhäuser erzählen vom einstigen Reichtum der Stadt.

Hauptmarkt

Der Boulevard mündet in den Hauptmarkt, einen prächtigen barocken Platz. Das zur Spree sanft abfallende, kopfsteingepflasterte Areal ist von üppig verzierten Bürgerhäusern eingefasst und wird vom Rathaus und dem gegenüberliegenden Gewandhaus dominiert. Die Reliefs am **Brunnen** schildern Begebenheiten aus der Stadtgeschichte. Das **Rathaus** erhielt seine heutige Gestalt 1729/32, seine Geschichte aber reicht bis in das Jahr 1213 zurück. Neben dem Rathaus befindet sich die Touristen-Information. Im **Gewandhaus** lädt ein Café

[<] Die Reichenstraße mit ihren schönen Barockbauten führt zum „Schiefen Turm von Bautzen" ein; hier stand ab 1284 das erste Kaufhaus der Oberlausitz und ab 1482 die Ratswaage. Der heutige Bau im Neorenaissancestil entstand 1882/83. Auf dem Hauptmarkt herrscht immer buntes Treiben, er ist das Herz der Stadt. Dienstags, donnerstags und sonnabends bieten Markthändler ihre Waren an.

Innere Lauenstraße

Der schönste Blick auf das Marktensemble bietet sich von der Inneren Lauenstraße mit ihren imposanten dreigeschossigen Barockhäusern. An der Fassade des Hauses Nr. 6 verkörpern vier weibliche Figuren Glaube, Liebe, Hoffnung und Frömmigkeit. Unter dem Einfluss des böhmischen Barock entstand das **Hartmannsche Haus** (1720/24) an der Ecke Innere Lauenstraße/Hauptmarkt. Hier logierten *Friedrich II. von Preußen, Napoleon I.* und Zar *Alexander I. von Russland.* Das Barockpalais hat angeblich vier Treppen, zwölf Schornsteine, 52 Räume und 365 Fenster und wird deshalb auch „Jahreshaus" genannt. Eine schöne Legende, die durch schnödes Nachzählen nicht zerstört werden sollte …

Monse-Haus

Von besonderer Bedeutung für die sorbische Kulturgeschichte und die Geschichte des Verlagswesens in Deutschland ist das benachbarte Monse-Haus. Hier wurde 1552 durch den Leipziger Buchdrucker *Nikolaus Wohlrab* die **erste Bautzener Druckerei** eingerichtet, 1574 erschien das erste in sorbischer Sprache gedruckte Buch, ein Katechismus mit Kirchenliedern. Von 1961 an befand sich in dem Barockbau eine Abteilung des sorbischen Domowina-Verlages.

Fleischmarkt

Hinter dem Rathaus liegt der Fleischmarkt, dessen Name an den **historischen Handelsplatz** erinnert. Heutzutage werden auf dem schattigen Platz Grünmärkte abgehalten.

Dom St. Petri

Der gotische Dom St. Petri ist die **erste Simultankirche Deutschlands** – seit der Reformation werden darin sowohl katholische als auch protestantische Gottesdienste abgehalten. Lediglich ein hüfthohes Gitter trennt die Kirchenräume beider Konfessionen – der Chor ist den Katholiken vorbehalten, das Langhaus den Protestanten. Das Domstift St. Petri wurde 1213 gegründet, bis 1221 erfolgte der erste Dombau. Seine heutige Gestalt erhielt das Bauwerk nach 1430, die Innenausstattung ist barock. Am Westportal sind spätromanische Details zu entdecken. Der evangelische Altar stammt aus dem Jahr 1644. 1722/24 wurde der katholische Altar gefertigt. Daneben befindet sich das hölzerne Kruzifix von *Balthasar Permoser* (1713), dem Schöpfer des Dresdner Zwingers.

Die Längsachse des Doms weist einen deutlich sichtbaren Knick auf, für den es viele Deutungen, aber keine gesicherte Erklärung gibt. Als Symbol für den gebrochenen Leib Christi ist er wohl nicht gedacht gewesen, eher dürften städte-

115ol dk

bauliche Gründe die Ursache gewesen sein. Im Dom werden oft **Konzerte** aufgeführt, der Turm bietet zudem einen reizvollen Aussichtspunkt.

Domstift

Der Stadtrundgang führt nun über die Straße An der Petrikirche zum nahen Domstift, dem **Zentrum der katholischen Kirche in der Oberlausitz.** Die an toskanischen Vorbildern orientierte hufeisenförmige Barockanlage mit dem prunkvollen Portal wurde 1753/55 erbaut. Sehenswert ist die Domschatzkammer mit ihren wertvollen Heiligenfiguren, spätgotischen und barocken Kelchen, Monstranzen, Hostienbehältern und weiteren klerikalen Kunstwerken. Vom Hof aus ist an einem Schornstein eine kleine Figur zu erkennen, die dort hervorlugt. Sie erinnert an den **„Kapitelsturm zu Bautzen"** (1619), als zornige evangelische Bautzener das Domstift stürmen und die Domgeistlichen verjagen wollten. Helle Aufregung ließ den Dekan *Wiederin von Ottersbach* den Kamin erklimmen und den Landvogt von der Ortenburg um Hilfe rufen.

■ **Domschatzkammer St. Petri,** An der Petrikirche 6, Tel. (03591) 351950, Mo.–Fr. 10–12 und 13–16 Uhr, Eintritt frei, Spende erbeten (liturgische Gefäße, Gewänder, Bilder, Figuren)

⌃ Das Deckengewölbe des Doms St. Petri

Nikolaifriedhof

Auf der **Schloßstraße** kündigt sich bereits das Kneipenviertel in den historischen Gassen und grünen Innenhöfen vor der Ortenburg an. Zuvor sollte noch ein besonders stiller Winkel des historischen Bautzen besucht werden, der Nikolaifriedhof unter den gotischen Ruinen der Nikolaikirche. Es ist bis heute der Friedhof der katholischen sorbischen Gemeinde und ein **romantischer Ort.** Die zweischiffige Nikolaikirche wurde 1444 erbaut und im Dreißigjährigen Krieg zerstört. Geblieben sind Pfeiler und Fenstergewände sowie der Wehrgang, von wo sich ein reizvoller Blick ins Spreetal öffnet. Mit dem nahen Kneipenviertel hat die Anlage insofern etwas zu tun, als sie auf einem ehemaligen Weinberg errichtet wurde.

Burgviertel

Im romantischen Burgviertel ist Bautzen am verführerischsten. Wohnen und Feiern, Arbeiten und Entspannen liegen hier nah beieinander. In den Gassen und Gässchen, auf dem buckligen Trottoir und in blühenden Innenhöfen kann man die Zeit vergessen. Kneipen und Cafés, Weinstuben und Restaurants wollen entdeckt werden, die Spreizbögen der Predigergasse, die Sitznischenportale und Türen mit Schnitzwerk. Im einstigen Ständehaus (1667/68) auf der Schloßstraße hat die **Stadtbibliothek** ihren Sitz. Beim Bummeln durch die Gassen fällt bald auch ein holzverkleideter Wasserturm auf. An der Großen Brüdergasse befand sich das **Franziskanerkloster.** Nach der Reformation wurde es aufgegeben. Die Ruinen lassen noch sehr gut die

013ol dk

Formen der norddeutschen Backsteingotik erkennen. 1877 wurde innerhalb der Ruine der Wasserturm errichtet. In der Heringstraße bietet der **Senfladen** eine Bautzener Spezialität an – Bautzener Senf ist eines der beliebtesten Souvenirs! In dem kleinen Laden gibt es so manches zu entdecken; auf jeden Fall sehr appetitanregend. Einen Senfladen mit Manufaktur und **Senfmuseum** gibt es am Fleischmarkt, gleich beim Dom.

■ **Bautz'ner Senfladen – Manufaktur und Museum,** Fleischmarkt 5, Tel. (03591) 597118, Mo.–So. 10–18 Uhr, Eintritt frei (alles, was man über Senf wissen sollte; Senfmühle aus dem 19. Jahrhundert, Biedermeier-Ladeneinrichtung, Kochbücher, Menagen)

Ortenburg

Alle Wege in diesem Viertel führen letztlich zur Ortenburg, die den Burgberg krönt als das tausend Jahre alte Symbol weltlicher Macht in der Oberlausitz. Ein Portal im **Matthiasturm** – unter dem Sandsteindenkmal für *Matthias Corvinus* (1486) – führt auf den **Burgplatz** mit der Ortenburg, dem Sorbischen Museum und dem Deutsch-Sorbischen Volkstheater.

Vermutlich reicht die **Geschichte** der Ortenburg zurück bis ins 10. Jahrhundert, in die Wiege der Stadt Bautzen. Unter *Kaiser Otto I.* wurde sie zur Grenzbefestigung ausgebaut. 1483/86 ließ der Ungarnkönig *Matthias Corvinus* die durch Brände zerstörte Burg neu erbauen. 1698 erhielt die spätgotische Anlage ihre bis heute markanten fünf Renaissancegiebel. Im Audienzsaal im ersten Obergeschoss entstand 1662 aus der Hand italienischer Meister eine Stuckdecke, die in neun Relieffeldern Begebenheiten der Oberlausitzer Geschichte zeigt. Zum Ende der DDR-Zeit war die Ortenburg, wie das gesamte Burgviertel, einsturzgefährdet. In den 1990er Jahren wurde sie restauriert, seit 2002 ist sie Sitz des Sächsischen Oberverwaltungsgerichtes.

Der Burg gegenüber lag das Salzmagazin. Im 19. Jahrhundert war das Gebäude Sitz der obersten Justizbehörde der Oberlausitz, in der Zeit des Nationalsozialismus Dienststelle der Gestapo. Seit 1974 befindet sich in dem Haus am Rande des Burgberges das **Sorbische Museum.** Es veranschaulicht mit zahlreichen Exponaten die Geschichte und Kultur des kleinsten slawischen Volkes.

Moderne Architektur fügt sich harmonisch in diesen historischen Platz ein, das **Burgtheater** ist die Spielstätte der kleinen Form für das Deutsch-Sorbische Volkstheater. Hinter einem Panoramafenster am Burgplatz steht der von *Ernst Rietschel* geschaffene Figurengiebel „Die Allegorie der Tragödie" nach der „Orestie" des *Aischylos.* Der Giebel krönte das erste Semper-Opernhaus in Dresden; nachdem dieses abgebrannt war, hatte die Stadt Dresden ihn Bautzen geschenkt. Von 1905 bis 1969 stand er dort

◁ Der Nikolaifriedhof, ein romantischer Ort

003ol dk

auf dem Stadttheater, dann musste das Haus aufgrund baulicher Mängel geschlossen werden; später wurde es gesprengt, und das Theater zog in einen Interimsbau – für drei Jahrzehnte.

■ **Sorbisches Museum,** Ortenburg 3–5, Tel. (03591) 42403, April bis Okt. Mo.–Fr. 10–17 Uhr, Sa./So. 10–18 Uhr, Nov. bis März Mo.–Fr. 10–16 Uhr, Sa./So. 10–17 Uhr, Eintritt: 2,50/1,50 € (Geschichte und Kultur des sorbischen Volkes, sorbische Bildende Kunst, Sonderausstellungen)

Osterweg

Wer nun erst, nach der Besichtigung der Burganlage, im **Kneipenviertel** einkehren möchte, findet einen Durchgang zum Burgplatz gleich links neben dem Theaterbau.

Das unauffällige, niedrige Tor zum weiteren Stadtrundgang befindet sich in der Mauer rechts neben dem Sorbischen Museum. Es führt zu einem fußwegbreiten, von einem Geländer gesicherten Pfad hoch über dem Tal der Spree. Der Osterweg ist einer der schönsten Wege in Bautzen. Angelegt als Kontrollgang für die Burg, bietet er heute reizvolle Sichten ins Bautzener Land und auf die Befestigung der Burganlage. Unterhalb der Mühlbastei setzt er sich als **Reymann-Weg** fort, benannt nach dem Nagelschmied und Stadthistoriker *Richard Reymann* (1840–1913), dem Verfasser des Standardwerkes „Geschichte der Stadt Bautzen“.

☒ Der Burgwasserturm
und die Fronfeste der Ortenburg

Protschenberg

Mein Tipp: Auf der gegenüberliegenden Seite des Spreetales erhebt sich der Protschenberg, ein **Wiesenhang** mit Ruhebänken und einer kleinen neogotischen Friedhofskirche. Diese steile Wiese war ein beliebter Ort für das **Walleien,** einen sorbischen Osterbrauch. Dabei wurden Ostereier und Süßigkeiten den Hang hinabgerollt, die dann nach einigen Regeln ihre neuen Besitzer fanden. Vom Protschenberg bietet sich eine der schönsten Ansichten Bautzens, auf die Altstadt und die Schleife der Spree. Hinauf gelangt man vom Hexenhäusel, wohin dieser Stadtrundgang gleich noch führen wird, von dort über die Spreebrücke auf dem Scharfenweg und nach rechts weiter bergan auf dem Weg Am Protschenberg (10 Min.).

Alte Wasserkunst

Der romantische Spaziergang entlang der Burgmauer endet am **Mühltor,** dem kleinsten der mittelalterlichen Stadttore, wo heute Bautzener Künstler gern ihre Stadtansichten ausstellen und zum Kauf anbieten. Am **Wendischen Kirchhof** steht ein Bauensemble, das als Wahrzeichen der Stadt gilt: die Alte Wasserkunst und die Michaeliskirche. Majestätisch ragt die Alte Wasserkunst aus der Stadtmauer auf, unnahbar wie eine Bastei, aber doch wieder versöhnlich mit ihrem exzentrischen Helm und dem farbigen Rundbogenrelief, das sich an der benachbarten Michaeliskirche wiederholt. Erbaut wurde diese Anlage zur Wasserversorgung 1558 durch *Wenzel Röhrscheid den Älteren.* Wie es gelungen ist,

004ol dk

das Wasser aus der Spree über diesen Turm in die Stadt zu leiten, lässt sich im **Technischen Museum** besichtigen. In dem Rundturm ist auch ein winziges Café eingerichtet, am schönsten sitzt man aber im Garten unter dem Apfelbaum. Gern wird in der Alten Wasserkunst zu Lesungen, Theater der kleinen Form und Ausstellungen eingeladen.

■ **Alte Wasserkunst,** Wendischer Kirchhof 2, Tel. (03591) 41588, April bis Okt. tgl. 10–17 Uhr, Nov. bis März tgl. 10–16 Uhr, im Januar werktags geschlossen, Eintritt: 2/1,50 € (Technisches Museum und Wahrzeichen der Stadt, Aussichtsturm)

Michaeliskirche

Wie die Alte Wasserkunst war auch die Michaeliskirche ein Teil des städtischen Verteidigungsringes. Die **Legende** berichtet vom Erzengel Gabriel, der während der Belagerung durch die Hussiten 1429 an der schwächsten Stelle der Befestigung erschien und mit seinem Schwert die Angreifer abwehrte. Zum Dank errichteten die Bürger dort eine Kapelle. 1473 erstmals erwähnt, wurde sie bis 1520 zur heutigen Michaeliskirche erweitert. Seit 1619 dient sie den protestantischen Sorben als Pfarrkirche.

011ol dk

Hexenhäusel

Von der Kirche führen einige Stufen direkt ins Innere der Altstadt, dieser Stadtrundgang aber hält sich weiter an die Stadtmauer und erreicht die **Fischerpforte** mit der 1469 errichteten Röhrscheidbastei, benannt nach dem Erbauer der Alten Wasserkunst. Hier bietet sich nochmals ein reizvoller Blick auf das Bautzener Wahrzeichen. Stufen führen hinab ins Spreetal und zum Hexenhäusel, einem ehemaligen Fischerhaus. 1604 erbaut, hat es einige Brände und Kriege schadlos überstanden. Kein Wunder also, dass das schindelgedeckte Haus mit den hölzernen Dachrinnen die Fantasie der Leute beschäftigte. So geht die Legende, dass eine Zigeunerin, die von den Fischersleuten gastfreundlich bewirtet worden war, einen Feuersegen über dieses Haus gesprochen habe.

[<] Alte Wasserkunst und Michaeliskirche: Wahrzeichen der Stadt

[^] 1604 erbaut: das Hexenhäusel

Stadt mit ihren Bürgern ihre eigenen Geschicke in besonderer Weise selbst gestalten, ihr Antlitz prägen und in die Oberlausitz ausstrahlen konnte. Die letzte Station dieses Weges durch Bautzen aber ist ein Ort, der nicht zuerst von der Bautzener, sondern von deutscher Geschichte im 20. Jahrhundert spricht. Es ist die Geschichte der DDR als einer Folge des Zweiten Weltkrieges und des Stalinismus. Bautzen wurde zum Symbol für politische Haft in der DDR.

Die Weigangstraße 8a ist die berüchtigte Adresse des **Stasi-Gefängnisses** Bautzen II. Im damaligen Sonderobjekt des Ministeriums für Staatssicherheit der DDR wurden Kritiker des kommunistischen Regimes, sogenannte Republikflüchtlinge sowie Fluchthelfer und Spione inhaftiert, aber auch straffällig gewordene oder kriminalisierte einstige SED-Funktionäre. Bautzen II steht exemplarisch für politische Verfolgung und staatliche Willkür in der DDR. Seit 1994 ist am historischen Ort des Unrechts eine **Gedenkstätte** für die Opfer politischer Unterdrückung und Haft geöffnet.

Von der Gedenkstätte sind es jeweils zehn Minuten Fußweg zum Bahnhof (an der zentralen Bushaltestelle Taucherstraße vorbei) oder wieder zurück in die Altstadt (über die Weigangstraße und Rosenstraße).

- **Gedenkstätte Bautzen,** Weigangstraße 8a, Tel. (03591) 40474, www.stsg.de, Di.–Do. 10–16 Uhr, Fr. 10–20 Uhr, Sa./So./Feiertage 10–18 Uhr, Eintritt frei

Praktische Informationen

Anreise

- **A4,** Ausfahrt Bautzen West, Bautzen Ost
- **B6**
- **Bahn,** Dresden – Bautzen – Görlitz

Info

- **Bautzen-Information,** Hauptmarkt 1, Tel. (03591) 42016, April bis Okt. Mo.–Fr. 9–18 Uhr, Sa./So./Feiertag 9–15 Uhr, Nov. bis Febr. Mo.–Fr. 9–17 Uhr, Sa./So. 9–14 Uhr, www.bautzen.de
- **Sorbische Kulturinformation,** Postplatz 2, Tel. (03591) 42105, Mo.–Fr. 10–16.30 Uhr, www.ski-sorben.com

Unterkunft

- **Hotel Goldener Adler**③, Hauptmarkt 4, Tel. (03591) 48660, www.goldeneradler.de (am Rathaus im 450 Jahre alten Bürgerhaus, ruhig, komfortabel)
- **Hotel Alte Gerberei**②, Uferweg 1, Tel. (03591) 272390, www.hotel-alte-gerberei.de (am Spreeufer, ruhig und nah an der Altstadt)
- **Hotel Dom-Eck**②, Breitengasse 2, Tel. (03591) 501330, www.wjelbik.de (beim Dom, Leihfahrräder und WLAN gratis)
- **Schloß-Schänke**②, Burgplatz 5, Tel. (03591) 304990, www.schloss-schaenke.net (romantisches Hotel in der Altstadt, Zimmer auch im Turm, Weinhandlung)
- **Spree-Pension**②, Fischergasse 6, Tel. (03591) 48960, www.spree-pension.de (nahe der Altstadt an der Spree, Spreeradweg, Gasthausbrauerei)
- **Pension Am Teich**①, Am Steinhübel 17, Tel. (03591) 28911, www.pension-am-teich-schuster.de (Kinderspielplatz, Grillplatz, 15 Min. Fußweg ins Zentrum)

116ol dk

■ **Jugendherberge Gerberbastei**①, Am Zwinger 1, Tel. (03591) 40347, www.jugendherberge-sachsen.de (eine der ältesten Jugendherbergen Deutschlands, Teil der mittelalterlichen Stadtbefestigung, DJH-Mitgliedschaft erforderlich)

■ **Ferienwohnung Gebauer**①, Heringstraße 8, Tel. (03576) 242740 (Altstadt, Kreuzgewölbe)

■ **Ferienwohnung Hantsch**①, Tuchmacherstraße 18, Tel. (03591) 210785 (nahe der Altstadt)

Gastronomie

■ **Wjelbik**②, Kornstraße 7, Tel. (03591) 42060, www.wjelbik.de, Mo.–So. 11–15 u. 17.30–23 Uhr (sorbisches Restaurant in der Altstadt)

■ **Mönchshof**②, Burglehn 1, Tel. (03591) 490 141, www.moenchshof.de, Mo.–Do. 11.30–24 Uhr, Fr./Sa. 11.30–1 Uhr, So. 11.30–23 Uhr (rustikale Wirtschaft in der Altstadt, vom Klostergarten herrlicher Ausblick auf die Stadt, bodenständige Küche mit frischen Zutaten, zum Bier gibt's auch hausgebackenes Brot mit Grieben und Schmalz für 3 €. „Also nehmt die Finger und esst!")

■ **Torero**②, Hohengasse 18, Tel. (03591) 531080, www.torero-bautzen.com, tgl. ab 11 Uhr (spanisches Restaurant in der Altstadt)

⌃ Eingang zur Domschatzkammer St. Petri

117ol dk

2 Oberlausitzer Berg- und Hügelland

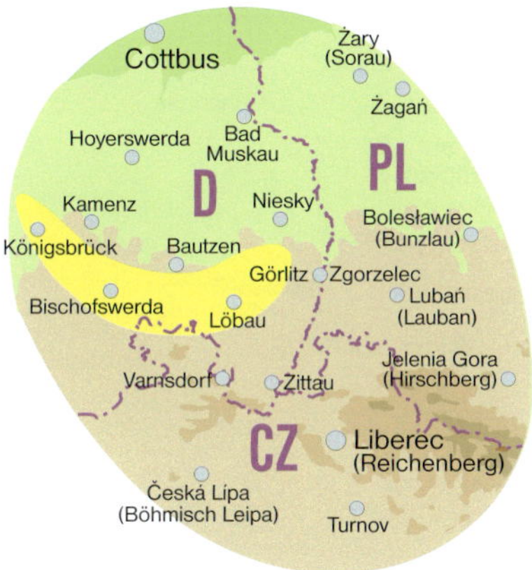

Schlummernden Frauen gleich ruhen die sanften Berge und Hügel in dieser lieblichen Landschaft. Löbau, Wiege des Sechsstädtebundes, überrascht mit einer Villa der europäischen Moderne.

< In Cunewalde steht die größte evangelische Dorfkirche Deutschlands

Oberlausitzer Berg- und Hügelland

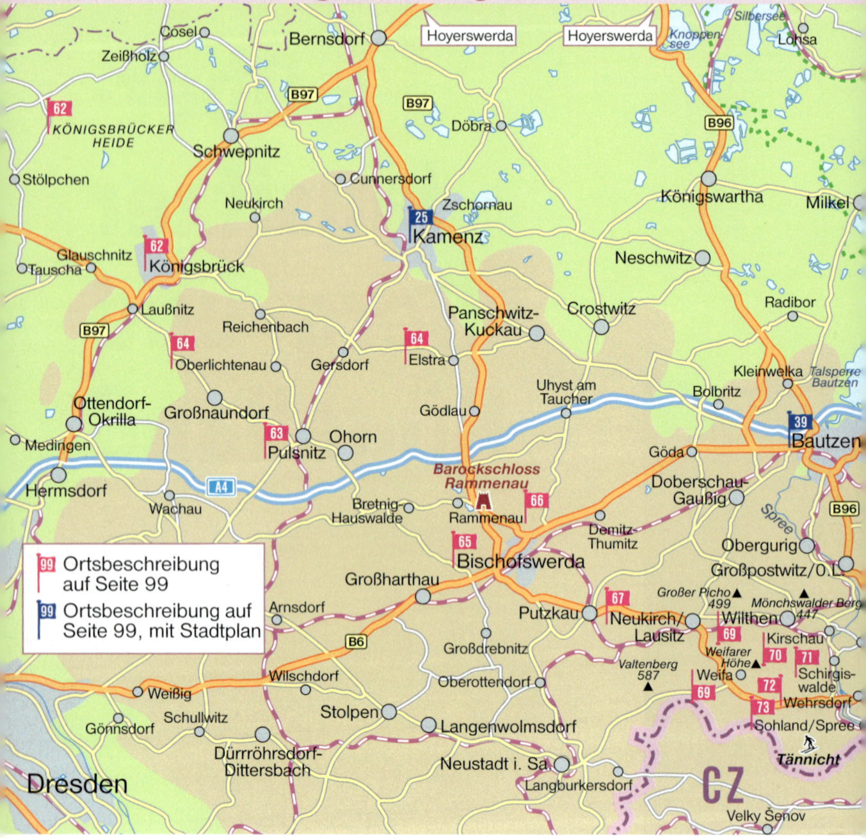

OBERLAUSITZER BERG- UND HÜGELLAND

Nur 36 Kilometer von Dresden entfernt liegt das westliche Tor zur Oberlausitz, Bischofswerda. Ausgehend von Königsbrück führt die Reise über das Barockschloss Rammenau bis zum Wandergebiet um den Valtenberg und an den Oberlauf der Spree. Czorneboh und Bieleboh sind der Schwarze und der

Weiße Gott der Sorben. In Löbau hat der Architekt der Berliner Philharmonie eine weltbekannte schiffsähnliche Villa geschaffen. Vielfältige Wanderwege führen in Sachsens ältestes Naturschutzgebiet, auf den Großen Picho und in die „Freie Republik".

NICHT VERPASSEN!

- Traditionelles Handwerk: Pfefferkuchenbäckerei und Blaudruck in **Pulsnitz** | 63
- Prachtvolles Ensemble: **Schloss und Park Rammenau** | 66
- Aussicht vom „Schwarzen Gott": der Berg **Czorneboh** | 77
- Exempel des Neuen Bauens: **Haus Schminke** in Löbau | 81

Diese Tipps erkennt man an der gelben Hinterlegung.

www.fotolia.de © Imken

Königsbrück

Naturschutzgebiet

Nachdem sie fast das ganze 20. Jahrhundert hindurch als militärischer Übungsplatz besetzt war, ist die **Königsbrücker Heide** heute mit 7000 Hektar das größte Naturschutzgebiet Sachsens. Weite Bereiche sind für Besucher gesperrt, zugänglich sind die als „Schaufenster" in das Naturschutzgebiet eingerichteten markierten Wege: die Wanderung zum **Aussichtsturm Haselberg** (Zugang vom Parkplatz Neues Lager Königsbrück) und der **Biberpfad** (Zugang vom Königsbrücker Ortsteil Stenz). Außerdem werden Führungen bei **Fahrten mit einem Kleinbus** angeboten. Ein **Fahrrad-Rundweg** führt über 49 Kilometer durch das Naturschutzgebiet (Kartenskizze über die Tourist-Information), die markierte **Heide-Tour** als Rundweg über 79 Kilometer zwischen Königsbrück und Kamenz.

Der Ort

Sehenswert in der kleinen Stadt (15 km von Kamenz) sind das **Schloss** (1700) mit den 180 Jahre alten Kamelien (Blütezeit Januar bis März) im Schlosspark, die **barocke Hauptkirche** (1682) und das als **Museum** eingerichtete Armenhaus im Ortsteil Stenz.

Das Königsbrücker Schloss

Praktische Informationen

Info

■ **Tourist-Information,** Markt 19, Tel. (035795) 42555, www.koenigsbrueck.de, Mo.–Do. 9–12 und 13–18 Uhr, Fr. 9–12 und 13–15 Uhr, Sa. 9–11 Uhr

Pulsnitz

Als Heimstatt zweier seltener Handwerke zeigt sich Pulsnitz (12 km von Kamenz). Pfefferkuchen und Blaudrucke (ein traditionelles Färbeverfahren, bei dem ein weißes Muster auf blauem Grund entsteht) werden hier in kleinen Werkstätten gefertigt. Auch Keramik ist in Pulsnitz zu Hause. Benannt ist das 1225 erstmals erwähnte Städtchen nach dem Fluss, der dort entlang „kriecht", was auf Obersorbisch „polz" heißt.

Ernst Rietschel

Vor dem Renaissance-Rathaus am Markt steht ein Denkmal für den **berühmtesten Sohn der Stadt,** den Bildhauer *Ernst Rietschel* (1804–1861). Von ihm stammen das Denkmal für *Goethe* und *Schiller* vor dem Deutschen Nationaltheater in Weimar und das Lessing-Denkmal in Braunschweig. In *Rietschels* Geburtshaus in der Rietschelstraße sowie in der Ostsächsischen Kunsthalle präsentiert der **Ernst-Rietschel-Kulturring** Kunst der Gegenwart in wechselnden Ausstellungen. Der Verein betreut die **Walter-Nessler-Stiftung,** die rund 1000 Kunstwerke aufbewahrt. *Nessler,* geboren 1912 in Leipzig, emigrierte 1937 von Dresden nach London, wo er 2001 verstarb. Die Stiftung verwahrt in diesem Haus auch 100 Werke des in Seifhennersdorf gebürtigen Malers *Herbert Vogt,* der in Dresden bei *Paul Sinkwitz* studierte und seit 1948 in Meersburg am Bodensee lebt.

■ **Galerie im Geburtshaus von Ernst Rietschel,** Rietschelstraße 16, Tel. (035955) 44246, www.ernst-rietschel.com, Do., Fr. So. 14–17 Uhr (wechselnde Kunstausstellungen)

■ **Ostsächsische Kunsthalle,** Robert-Koch-Straße 12, Tel. Tel. (035955) 44246, www.ostsaechsische-kunsthalle.de, Do., Fr., So. 14–17 Uhr (grafische Sammlung, Werke von *Walter Nessler* und *Herbert Vogt,* wechselnde Ausstellungen)

Pfefferkuchen

Eine **Pfefferküchlerei** aus der Zeit um 1900 wurde am Markt nachgebaut. Dort erfährt man alles über das seit 1558 in Pulsnitz nachgewiesene süße Handwerk. Am ersten Wochenende im November treffen sich in Pulsnitz die Pfefferküchler zum einzigen **Pfefferkuchenmarkt** Deutschlands.

■ **Stadt- und Pfefferkuchenmuseum,** Pfefferkuchenschauwerkstatt, Am Markt 3, Tel. (035955) 44246, www.pulsnitz.de, Di.–Fr. 10–17 Uhr, Sa. 9–12 Uhr, So. 14–17 Uhr (Pfefferküchlerei im Haus des Gastes, Technik und Ladeneinrichtung aus der Zeit um 1900, Pfefferkuchen selber backen)

■ **Stadt- und Pfefferkuchenmuseum,** Sammlung zur Stadtgeschichte und zum Handwerk, Goethestraße 20a, Tel. (035955) 44006, Öffnungszeiten wie oben, www.pulsnitz.de (Ausstellung in einem ehemaligen Fabrikgebäude der Bandweberei, auch Werkstätten für Töpferei, Blaudruck, Pfefferküchlerei)

182ol er

Schauwerkstatt des Pfefferkuchenmuseums Pulsnitz, Originalanlagen um 1900

- **Pfefferkuchenmarkt,** www.pfefferkuchenmarkt.de (am ersten Wochenende im November – Handwerk, wohin man schaut)

Perfert

An der Bachstraße, Richtung Dresden, steht das Perfert, eine für die Oberlausitz einzigartige **bäuerliche Wehranlage** aus der Zeit der Hussitenkriege um 1420. Den **Schlosspark** im englischen und französischen Stil bereichern **Skulpturen** von zeitgenössischen Künstlern, die im Umfeld des renommierten Ernst-Rietschel-Kunstpreises für Bildhauerei nach Pulsnitz eingeladen wurden. Der Ernst-Rietschel-Kulturring überreicht diesen Preis alle zwei Jahre.

Oberlichtenau

Im **Park des Barockschlosses** Oberlichtenau wurde ein **Bibelgarten** eingerichtet. Der Gartenbesuch lässt sich erweitern um den elf Kilometer langen **Liederweg** rund um den Pulsnitzer Ortsteil Oberlichtenau, ein Spaziergang – oder schon eine kleine Wanderung – zu 37 deutschen Volksliedern.

Praktische Informationen

Info

- **Haus des Gastes,** Ernst-Rietschel-Kulturring, Am Markt 3, Tel. (035955) 44246, www.pulsnitz.de, www.ernst-rietschel.com, www.pfefferkuchenmarkt.de, Mo.–Fr. 10–17 Uhr, Sa. 9–13 Uhr, So. 14–17 Uhr

Elstra

Landstädtchen

Zwischen Kamenz und Pulsnitz, unweit der Ausfahrt Burkau der A4, liegt das Landstädtchen Elstra. Das liebliche **Marktensemble** mit Rathaus (1720) und Sommerlinde steht unter Denkmalschutz. Sehenswert sind auch die barocke Kirche und das im Jugendstil erbaute **Schloss** (1903). In dem Städtchen sind mehrere Töpfereien zu Hause. Vom Markt führen markierte Wanderwege in das Hügelland der Umgebung.

Bischofswerda

Das westliche Tor zur Oberlausitz

Das westliche Tor zur Oberlausitz ist die kleine Stadt Bischofswerda (36 km von Dresden, 23 km von Kamenz). Sie liegt nahe der A4, an der Kreuzung der B6 und B98 sowie an den Bahnstrecken Dresden – Zittau bzw. Görlitz. Ihr Name geht auf die Bischöfe zu Meißen zurück, die den schon von den Sorben besiedelten Ort im Mittelalter zur Stadt ausbauten. Das heutige Stadtbild entstand nach dem großen Brand 1813, bei dem in der Altstadt nur drei Häuser stehen blieben. Führender Architekt des Wiederaufbaus war der Dresdner *Gottlieb Friedrich Thormeyer* (1775–1842). Klassizistisch wurden das **Rathaus** auf dem weitläufigen Altmarkt und die **Christus-Kirche** (beide 1818) erbaut. Die altstädtische Wohnbebauung aus dieser Zeit ist fast lückenlos erhalten geblieben. Einen zeitgenössischen Akzent auf dem Altmarkt setzt die multimediale **Stahlskulptur** des Dresdner Bildhauers *Uwe Hempel.*

Unweit des Altmarktes (Dresdner Straße 1) befinden sich im sogenannten **Bischofssitz** die Stadtinformation und die **Carl-Lohse-Galerie.** Der Expressionist *Carl Lohse* (1895–1965) wohnte in seiner zweiten Lebenshälfte in Bischofswerda. Die größte öffentliche Sammlung von *Lohses* Frühwerk befindet sich übrigens im Stadtmuseum Bautzen. Am Lutherpark, Ecke Johann-Sebastian-Bach-Straße, steht die **Kirche St. Benno** (1923), ein Bauwerk des Art déco.

Im Volksmund wird Bischofswerda **„Schiebock"** genannt, was vom sorbischen „Přibock" (seitwärts gelegener Ort) abgeleitet ist. Die gängige Erklärung für den Namen lautet allerdings, dass er vom „Schiebock" kommt, dem einrädrigen Schubkarren, mit dem aus den Dörfern die Ware auf den Markt gebracht wurde. Entsprechend werden bei den Schiebocker Tagen im Juni allerlei fröhliche Meisterschaften im Schubkarrenrennen ausgetragen.

018ol dk

Die Christus-Kirche in Bischofswerda

Praktische Informationen

Anreise

- **A4,** Ausfahrt Burkau
- **Bahn,** Dresden – Bischofswerda – Görlitz/Zittau

Info

- **Bischofswerda-Information,** Dresdener Straße 1, Tel. (03594) 786155, www.bischofswerda.de, Mo., Mi. 9–14 Uhr, Di. 9–16 Uhr, Do. 9–18 Uhr, Fr. 9–13 Uhr

Unterkunft/Gastronomie

- **Hotel Evabrunnen**②, Altmarkt 30, Tel. (03594) 7510, www.hotel-evabrunnen.de (ruhig gelegen am historischen Marktplatz, kostenloses WLAN)
- **L'Auberge Gutshof**②, Alte Belmsdorfer Straße 33, Tel. (03594) 705200, www.auberge-gutshof.eu, Mo.–Sa. ab 17 Uhr, So./Feiertage ab 11.30 Uhr (der Elsass in der Oberlausitz)
- **Berggasthof Butterberg**②, Tel. (03594) 703 034, www.butterberg.com, tgl. ab 11 Uhr (historisches Ausflugslokal auf dem Bischofswerdaer Hausberg, fünf Kilometer vom Zentrum, schöne Aussicht, für Wanderer Boofe bis 12 Pers. 30 €, ruhig gelegen, regionale Küche)
- **Gasthaus Grüne Tanne**①, Putzkau, Neustädter Straße 7, Tel. (03594) 707996, www.tanne-putzkau.de, Di., Do., So. 11–22 Uhr, Fr., Sa. 11–24 Uhr (Hochzeitssuite, Doppelzimmer, Blockhaus; Heuhotel für sieben Pers. ab 30 €, Übernachten im eigenen Schlafsack)

Rammenau

Barockschloss

Der bekannteste einstige Adelssitz in der Oberlausitz ist das in einem englischen Park gelegene Barockschloss Rammenau (19 km von Kamenz). Das in den Jahren 1721 bis 1737 nach Plänen des sächsischen Oberlandbaumeisters *Christoph Knöffel* geschaffene Ensemble gehört zu den schönsten in Sachsen. Rammenau liegt fünf Kilometer nordwestlich von Bischofswerda. Im Dorf Rammenau wurde der Philosoph **Johann Gottlieb Fichte** (1762–1814) geboren. Eine Ausstellung im Schloss führt Leben und Werk des einstigen Gänsejungen und herausragenden Vertreters des Idealismus vor. *Fichtes* Geburtshaus wurde 1820 abgetragen, ein Gedenkstein im Schlosspark und der heimatkundliche Fichte-Weg erinnern an den berühmtesten Sohn des Ortes.

Das **Schlossmuseum** zeigt den Spiegelsaal, das Chinesische Zimmer, das Jagdzimmer und andere Gemächer mit originalem Interieur. Vom weitläufigen Park führt eine Freitreppe auf die Terrasse des Restaurants.

Immer am letzten Augustwochenende werden im Schloss die **Oberlausitzer Leinentage** gefeiert. Dann treffen sich Kunsthandwerker, Textildesigner und Freunde des Leinens in der Barockanlage zum Familienfest.

Der Ort

Das Dorf Rammenau ist viel älter als das Schloss, 1213 wurde es erstmals erwähnt. Mehrere Fischteiche und die barocke Dorfkirche bestimmen das Ortsbild. Zum **Alten Gefängnis** gegenüber der Kirche steht das Tor offen – drinnen gibt es Ausstellungen zur Dorfgeschichte. Ein beliebtes Ziel für Spaziergänge ist der nahe gelegene **Brettmühlenteich.**

Praktische Informationen

Info/Gastronomie

- **Staatliche Schlösser, Burgen und Gärten Sachsen,** Barockschloss Rammenau, Am Schloß 4, Tel. (03594) 703559, www.barockschloss-rammenau.com, März bis Okt. 10–18 Uhr, Nov. bis Febr. So.–Fr. 10–16 Uhr, Sa. 10–16 Uhr (Landschloss mit Museum und Museumsrestaurant)

www.fotolia.de © fuege01

Neukirch und der Valtenberg

Ort der Töpfer

Über fast acht Kilometer ketteln sich entlang der B 98 die Häuser von Neukirch (14 km von Bautzen). Der Ort mit seinen knapp 6000 Einwohnern ist ein eigenartiges Wesen zwischen Dorf und Industriegebiet, wie es für viele einstige Oberlausitzer Weberdörfer typisch ist. Fabrikbauten aus dem 19. Jahrhundert, Umgebindehäuser, Neubauten und prächtige alte Bäume bestimmen das Ortsbild. Bekannt ist Neukirch vor allem für seine Töpfereien, den Zwieback – und für Fahrräder. Drei Jahrzehnte Fahrradproduktion in Neukirch/Lausitz endeten im Jahr 2006.

Valtenberg

Von den Bahnhöfen Neukirch/Ost und Neukirch/West (Bahnlinie Dresden – Zittau) führen markierte Wanderwege auf den Valtenberg (587 m), die **höchste Erhebung des Oberlausitzer Berglandes,** und auf den Großen Picho (499 m). Auf dem granitenen Gipfel des Valtenberges steht neben der Berggaststätte ein Aussichtsturm (1857).

Winter am Valtenberg

008ol dk

Praktische Informationen

Info

■ **Fremdenverkehrsbüro Am Valtenberg,** Hauptstraße 20 (Rathaus), Tel. (035951) 25119, www.neukirch-lausitz.de, Mo.–Do. 9–16 Uhr, Fr. 9.30–11.30 Uhr

Unterkunft/Gastronomie

■ **Bergschänke Waldschlößchen**①, Neukirch/Lausitz, Karl-Berger-Straße 17, Tel. (035951) 31487, www.waldschloesschen-neukirch.de (historisches Ausflugslokal am Fuße des Valtenberges, Ferienwohnung und Doppelzimmer)

■ **Bergbaude Valtenberg**①, Tel. (035951) 31 569, April bis Okt. Di.–So. ab 10 Uhr (Hausmannskost, Aussichtsturm, Spielplatz)

Töpfereien

■ **Heinke,** Zittauer Straße 46, Tel. (035951) 32564, www. heinke-keramik.de

■ **Kannegießer,** Südstraße 10, Tel. (035951) 3680, www. kannegiesser-keramik.de

■ **Lehmann,** Dammweg 26, Tel. (035951) 3690, www.toepferei-lehmann.de

■ Jährlich Anfang Oktober **Töpferfest** mit Töpfereien aus ganz Deutschland

Wilthen: die Holzstatue des Pumphut

Wilthen und Weifa

Pumphut am Weg

Mehrere Wanderungen in lieblicher Hügel- und Berglandschaft sind zwischen Wilthen und Weifa möglich. Wilthen liegt an der Bahnlinie Dresden – Zittau, rund zehn Kilometer südlich von Bautzen und 50 Kilometer östlich von Dresden. Bekannt ist der Name des Städtchens (6500 Einwohner) vor allem durch den **Wilthener Weinbrand,** der als ein Spitzenprodukt der Weinbrennerkunst gilt. Die Geschichte des Betriebes reicht zurück bis 1842. Führungen in der Brennerei am zentralen St.-Barbara-Platz sind nach Anmeldung möglich. Dem Betrieb gegenüber steht das **Herrenhaus** des ehemaligen Rittergutes aus dem Jahr 1741, heute Sitz einer Caritas-Station. Das Gasthaus Zur Linde befindet sich in einem Umgebindehaus aus dem Jahr 1802. Ein paar Stufen führen zur evangelischen **Kirche,** einem äußerlich schlichten Bau, der in Jugendstilornamentik ausgemalt ist. Eine Besichtigung ist möglich, den Schlüssel gibt es im Pfarramt. Entlang des flinken Butterwassers stehen die ältesten Wohnhäuser der Stadt und am Bahnhof der bekannteste Müller dieser Gegend – eine farbenfrohe Holzstatue des **Pumphut.** Das Gesicht des Hexenmeisters begleitet als Wegweiser auch einige der Wanderwege, über die eine Tafel unweit des Denkmals informiert.

Nahe Berge

Zum **Mönchswalder Berg** (447 m) mit seinem Aussichtsturm und der Bergbaude führt ein bequemer Weg zunächst durch die Stadt, dann an Wiesen entlang und durch den Wald (3 km). Der Berg hat seinen Namen 1884 vom Bautzener Gebirgsverein bekommen, der an den einstigen Klosterbesitz der Franziskanermönche erinnern wollte. Vom Berggipfel sind viele Spaziergänge und längere Wanderungen möglich, so nach Schirgiswalde oder zum Valtenberg. Alle Wege sind übersichtlich markiert. Eine längere, landschaftlich schöne Wanderung führt an der Bergbaude vorbei über den Wilthener Ortsteil **Sora** (Fernsicht über das Bergland) und Arnsdorf zum **Großen Picho** (499 m), einem der höchsten Berge der Oberlausitz, und weiter bis Neukirch/Ost. Bis dahin sind es rund 18 Kilometer. Es geht mehrfach recht steil durch den Wald.

Vom Wilthener Pumphut zunächst unter dem Bahndamm hindurch führt ein Wanderweg nach Weifa (3 km). Bald wird das Naturfreundehaus Sonnenblick erreicht, eine einfache Schänke für Wanderer und Ausflügler, wo – so die vor Ort nachzulesende Legende – auch Pumphut gezecht hat. Gleich darauf führt der Weg in den Wald, um die **Weifaer Höhe** zu erklimmen. Das ist ein idyllischer Bergrücken in schönster Natur, die Ruhebänke stehen genau an den richtigen Stellen. Ein Wiesenpfad führt nach **Weifa,** einem auf der Höhe gelegenen Dorf mit allem, was dazugehört. In Weifa betreibt *Jörg Kachelmann* eine Wetterstation; die Gemeinde hat die dort vorbeiführende Straße nach ihm benannt. Im Umgebinde-Laden (Hauptstraße 8) gibt es Informationen für Gäste und für alle, die sich für Umgebindehäuser interessieren.

Der **Weifaer Rundweg** verbindet die Naturschönheiten der näheren Umgebung, der **Große Rundweg** (13,5 km) Weifa mit den sehenswerten Orten Wehrsdorf und Schirgiswalde sowie mit der Grenzbaude von Steinigtwolmsdorf und dem Quellgebiet der Wesenitz.

Praktische Informationen

Info

- **Tourist-Information,** Bahnhofstraße 8, Tel. (03592) 385416, www.wilthen.de, Mo. 9–12 Uhr, Di. 9–12 und 13–17 Uhr, Do. 9–12 und 14–18 Uhr, Fr. 9–12 Uhr, März bis Okt. auch Sa. 9–12 Uhr

Unterkunft/Gastronomie

- **Erbgericht Tautewalde**③, Tautewalde 61, Tel. (03592) 38300, www.tautewalde.de, Mo.–So. 11.30–14 Uhr und ab 17.30 Uhr (Vier-Sterne-Hotel, einheimische und mediterrane Küche, Kochkurse)
- **Mönchswalder Bergbaude**①, Tel. (03592) 543188, www.moenchswalder.de, tgl. ab 10 Uhr (Pension und Ausflugslokal am Aussichtsturm)

⊡ Umgebindehaus in Neuschirgiswalde

Am Oberlauf der Spree

Kirschau

Kirschau (8 km von Bautzen gelegen) war hundert Jahre lang Hauptort der deutschen **Grobgarnindustrie.** Hier wurden Scheuertücher und Schlafdecken produziert. Die **Burgruine Körse** auf dem Burgberg am Rande des Ortes erinnert an den sorbischen Wall und die schon 1352 zerstörte Schutz- und Trutzburg; geblieben sind nur Mauerbögen, die man nicht unbedingt gesehen haben muss. Am Fuße des Schlossberges steht das **Museum.** Dort sind mittelalterliche Fundstücke und ein Modell der rekonstruierten Burganlage zu besichtigen. Nach der Körse benannt ist das **Freizeit- und Gesundheitsbad** in Kirschau. Sehenswert ist das **Ortszentrum** mit dem Postamt im Jugendstil und einigen Villen aus den 1920er Jahren sowie der 1924 eingeweihten Johanneskirche.

Praktische Informationen

Unterkunft/Gastronomie

- **Hotel bei Schumann**③, Bautzener Straße 20, Tel. (03592) 5200, www.bei-schumann.de (Fünf-Sterne-Hotel, Restaurants und Spa-Tempel)
- **Landhotel Thürmchen**②, Marienplatz 5, Tel. (03592) 380322, tgl. ab 11 Uhr, www.hotel-in-der-lausitz.de (am Rande der Altstadt beim Bahnviadukt, rustikale Gaststätte)
- **Feriendorf Fuchsberg**①, Kammstraße 40, Tel. (03592) 542207, www.ferien-fuchsberg.de (Ferienhäuser am Waldrand, mit Panoramablick)

Crostau

Liebhaber klassischer Musik haben in ihrer Plattensammlung vielleicht eine Aufnahme der **Silbermannorgel** in Crostau. Weithin ist die gegen Ende des 19. Jahrhunderts erbaute Bergkirche zu sehen. Die für den Vorgängerbau 1732 gefertigte Silbermannorgel ist die östlichste noch erhaltene Orgel des sächsischen Meisters. In der evangelischen Kirche, die zwischen Ostern und Totensonntag zur Besichtigung geöffnet ist, gibt es monatlich Konzerte.

Crostau liegt zwei Kilometer östlich von Schirgiswalde (siehe unten) und bietet einen Logenplatz für den Blick über das Oberlausitzer Bergland. Das Gebirgsdorf wird von mehreren nahe gelegenen Bergen umrahmt.

■ **Kirche Crostau mit Silbermannorgel,** Tel. (03592) 32697, www.crostau.de (Eintritt mit Führung 3 €)

Schirgiswalde

Als **„Perle der Oberlausitz"** wird Schirgiswalde gern bezeichnet, ein kleines Städtchen am Oberlauf der Spree, das alle charakteristischen Elemente des Oberlausitzer Berglandes in sich vereint: die nahen Berge und Wälder, das „böhmische" Flair des Ortsbildes, die Umgebindehäuser am Fluss. Die Stadt (14 km von Bautzen) liegt an der Regionalbahnlinie Dresden – Zittau.

Schirgiswalde war von 1813 bis 1845 eine **„Freie Republik"**. Mit dem Wiener Frieden während der Napoleonischen Kriege musste Österreich seine böhmischen Enklaven, darunter Schirgiswalde, an Sachsen abtreten. Aber die diplomatischen Verhandlungen zogen sich hin. So konnten sich die Einwohner des Stadtstaates unter der Regie eines Stadtrichters von lästigen Einrichtungen wie Steuern und Militärdienst befreien – unzählige Schmuggler und Deserteure

009ol dk

wussten die Freiheit sehr zu schätzen. Als Geldquelle sprudelte das in deutschen Landen verbotene böhmische Lotto. Im **Heimatmuseum Carl Svoboda** werden diese und weitere Geschichten anschaulich vorgeführt.

■ **Heimatmuseum Carl Svoboda,** Hauptstraße 11a, Tel. (03592) 386613, Di. 14–16 Uhr, Do. 10–12 und 14–16 Uhr

Markant ist das weithin sichtbare neoromanische Turmpaar der barocken **Pfarrkirche** – ein satter Stilbruch, aber mit Pathos inszeniert. Eine lange Treppe führt von der Kirche hinunter zum **Markt** mit den Laubenhäusern aus der zweiten Hälfte des 17. Jahrhunderts. Am Obermarkt steht das klassizistische **Alte Rathaus** (1818). Viele Umgebindehäuser stehen im Stadtteil **Neuschirgiswalde,** der sich jenseits des Bahndamms in Richtung Weifa hinzieht.

Der **Große Rundweg** führt über 13 Kilometer rund um Schirgiswalde/Neuschirgiswalde. Nur halb so lang ist der **Panoramaweg** zu den schönsten Aussichtspunkten. Der **Böhmische-Wenzel-Weg** zwischen Neuschirgiswalde und Weifa folgt den Spuren des Räubers *Wenzel Kummer* aus der Zeit der Freien Republik und ist lediglich 2,5 Kilometer lang – aber mit der Beute hätte er ja schließlich auch nicht viel weiter laufen können …

Praktische Informationen

Info

■ **Fremdenverkehrsbüro Schirgiswalde,** Sohlander Straße 3a, Tel. (03592) 34897, www.schirgiswalde.de

Unterkunft/Gastronomie

■ **Hotel und Freizeitpark Am Lärchenberg**②, Lärchenbergweg 2, Tel. (03592) 3660, tgl. ab 11 Uhr, www.hotel-am-laerchenberg.net (große Hotelanlage im Grünen, Tennisplätze, Spielplatz)

■ **Hotel Schirgiswalder Marktstuben**②, Markt 4, Tel. (03592) 3730, tgl. ab 11.30 Uhr, www.schirgiswalder-marktstuben.de (mitten in der Altstadt)

Wehrsdorf

Wehrsdorf gehört zu den schönsten Dorfensembles der Oberlausitzer Umgebindelandschaft. Von der Prinz-Friedrich-August-Baude in Sohland/Spree beginnt ein einstündiger markierter Wanderweg. Markantes Bauwerk im Ortsbild ist die barocke Kirche St. Trinitatis (1725). Wehrsdorf ist Geburtsort von *August Matthes* (1854–1937), der als **„Bihms Koarle“** einer der bekanntesten Oberlausitzer Mundartdichter wurde.

Praktische Informationen

Unterkunft/Gastronomie

■ **Gasthaus Lusatia**①, Lessingstraße 11, Tel. (035936) 447944, www.sohland.de, Mi., Do., So. 11–22 Uhr, Fr., Sa. 11–24 Uhr (Umgebindehaus, zwei Zimmer, Preis nach Vereinbarung)

▷ Blick auf das verschneite Wehrsdorf

Sohland/Spree

Weiträumig in grünen Tälern und an der Bahnstrecke Dresden – Zittau lädt der Ferienort Sohland/Spree (17 km von Bautzen) zum Besuch ein. Seiner recht weit auseinanderliegenden Ortsteile wegen wird er **„Dorf mit den fuffzehn Zippeln“** genannt. Berühmte Bauwerke stehen in allen diesen Zipfeln nicht, das 1222 erstmals erwähnte Waldhufendorf gewinnt seinen Reiz aus den nahen Hügeln, klarer Luft und den Ausflugszielen. Gemeinsam mit Taubenheim und Wehrsdorf hat die Gemeinde 7000 Einwohner.

Auf vielen markierten Wanderwegen lassen sich das Dorf und seine Umgebung durchstreifen. Vom **Marktplatz** führen Steinstufen zur klassizistischen Kirche (1824), auf dem Kirchhof steht die tempelartige Böhmesche Gruft. Bergab schließt sich ein schöner **Park** an. Unweit des Eisenbahnviadukts der Linie Dresden – Zittau wölbt sich die **Himmelsbrücke,** Sohlands Wahrzeichen, über die Spree. Das bucklige Bauwerk wurde 1796 aus Granitsteinen errichtet. Vom Markt aus entlang der mit Umgebindehäusern bebauten Alten Dorfstraße führt die blaue Markierung zum **Heimatmuseum** in einem 260 Jahre alten Umgebindehaus. Bauernmöbel und Hausrat, ein blau gekachelter Ofen, Spinnräder, Webstuhl und Flachsbreche sowie Fotos des alten Sohland illustrieren den Alltag einer Leineweberfamilie im 19. Jahrhundert.

■ **Heimatmuseum „Altes Weberhaus“,** Hainspacher Straße 19a, Tel. (035936) 39821, Mai bis Sept. Mi. 10–15 Uhr (original erhaltenes und eingerichtetes Weberhaus, eines der ältesten Umgebindehäuser der Gegend)

Auf derselben Straße geht es ins Oberdorf, und mit der blauen Markierung ist bald über einen Feldweg die **Prinz-Friedrich-August-Baude** erreicht. Dort steht neben dem Gasthof auf 480 Metern Höhe ein Aussichtsturm. Die beliebte Baude ist ein guter Startpunkt für Wanderungen auf der sächsischen und böhmischen Seite des Berglandes. Gleich nebenan gibt es einen Rodelberg, und eine Viertelstunde entfernt hält das Wintersportgebiet **Tännicht** zwei Abfahrtshänge, Loipen und Sprungschanze bereit. Ein 3,4 Kilometer langer Grenzwanderweg folgt lehrreich den „Spuren der Roten Ameise".

Praktische Informationen

Unterkunft/Gastronomie

- **Gasthaus und Pension Stiebitz**①, Am Markt 11, Tel. (035936) 37137 (Umgebindehaus im Ortszentrum)
- **Berggasthof und Pension Prinz-Friedrich-August-Baude**①, Baudenweg 4, Tel. (035936) 37106, www.sohland.de, Do.–Di. ab 11 Uhr (Ausflugslokal und Wandererherberge im Wald, Kreuzung mehrerer Wanderwege, auch über die Grenze, Aussichtsturm, Loipen)

Taubenheim/Spree

Mein Tipp: Direkt an der böhmischen Grenze und an der Regionalbahnlinie Dresden – Zittau, rund eineinhalb Wanderstunden von Sohland/Spree entfernt, liegt Taubenheim/Spree, ein sehenswertes Dorf mit vielen **Umgebindehäusern.** Mehr als ein Dutzend Häuser sind mit kunstvollen **Sonnenuhren** verziert. In Taubenheim erlebte der 1850 im benachbarten Oppach geborene *Hermann Gustav Zumpe* seine Kindheit. Bekannt wurde *Zumpe* als Königlich Bayerischer Generalmusikdirektor am Münchener Prinzregententheater sowie als enger Mitarbeiter *Richard Wagners.* Eine Tafel an seinem Wohnhaus am Zumpeweg erinnert an den Dirigenten.

Praktische Informationen

Unterkunft/Gastronomie

- **Gaststätte am Bahnhof**①, Am Bahnhof 5, Tel. (035936) 34376, Di., Mi., Fr.–So. ab 11 Uhr, Do. 11–14 Uhr (regionale Küche, schöner Biergarten)

Oppach

An der B96 steht das Haus des Gastes der Gemeinde Oppach. Der **Oppacher Brunnenpfad** führt über vier Kilometer bis zur Quelle des weit über die Oberlausitz hinaus bekannten Oppacher Mineralwassers. Am Wege liegen schöne Aussichtsplätze, acht Tafeln informieren über Natur und Landschaft. Weitere reizvolle Wege gibt es im Naturschutzgebiet Alter Graben, rund um den Gondelteich und den Grenzmühlteich. An den einstigen Fischaufzuchtteichen lassen sich seltene Wasservögel und Insekten beobachten.

> Die Sonnenuhr am Karasek-Haus in Taubenheim

Neusalza/Spremberg

Das Landstädtchen Neusalza/Spremberg (3800 Einwohner) liegt 20 Kilometer südlich von Bautzen an der B96 und an der Bahnstrecke Dresden – Zittau. Direkt an der Bundesstraße steht das **Reiterhaus,** Baujahr 1660 – damit gehört es zu den ältesten Umgebindehäusern der Oberlausitz. Um 1800 wurde ein Seitenflügel angebaut, der das Umgebinde im Obergeschoss trägt, eine Rarität. Seinen Namen hat das einstige Kleinbauernhaus von dem Reiterbild am Giebel. Die Tochter des Hauses brachte es 1874 von der Kirmes mit. Für das **Museum** ist das Haus selbst das wichtigste Exponat, ergänzt von vielerlei Zeugnissen des Alltagslebens der Landbevölkerung.

■ **Reiterhaus,** Zittauer Straße 37, Tel. (035872) 32957, www.reiterhaus.de, April bis Okt. Di, So./Feiertage 10–17 Uhr, Nov. bis März Di.–Sa. 11–16 Uhr, So./Feiertage 13–16 Uhr

An Czorneboh und Bieleboh

Cunewalde

In einem der schönsten Täler der Oberlausitz liegt Cunewalde (13 km von Bautzen). Zu beiden Seiten ragen Czorneboh (561 m) und Bieleboh (500 m) auf, die „prominentesten" Gipfel des Oberlausitzer Berglandes. Zwar ist Cunewalde nicht mehr das Dorf mit den vier Bahnhöfen – Züge fahren hier leider nicht mehr –, aber immer noch das mit der **größten evangelischen Dorfkirche Deutschlands.** Der Barockbau steht im Niederdorf, wurde 1793 eingeweiht und bietet 2632 Sitzplätze. An dem Bau hat die Kirchgemeinde mit privaten Spenden mitgewirkt. 1840 erklang erstmals die dem gewaltigen Innenraum ange-

010ol dk

messene Orgel. 1894 wurde der Turm erhöht und der Bau nach klassizistischem Vorbild umgestaltet. Den neoklassizistischen Altar schuf der Dresdner *Christian Friedrich Arnold.* Immer freitags um 15 Uhr gibt es Führungen im Gotteshaus, nach Anmeldung auch zu anderen Zeiten.

In Cunewalde steht eine ganze Anzahl **sehenswerter Umgebindehäuser** aus dem 18. und 19. Jahrhundert. Im Umgebindehaus-Park, gelegen unterhalb der Kirche, schlendert man zwischen verkleinerten Nachbildungen von Bauwerken dieser Volksarchitektur aus der näheren Umgebung.

Die einstige Bahntrasse ist jetzt **Radweg,** hier kann man abseits des Straßenverkehrs nach Bautzen (16 km), Schirgiswalde (6 km) oder zum Bieleboh (9,5 km) radeln.

Einer der wichtigsten Schriftsteller des deutschen Naturalismus, **Wilhelm von Polenz** (1861–1903), wurde auf dem Rittergut Obercunewalde geboren und hat dort nach dem Studium in Breslau und Jahren in Berlin bis zu seinem Tod gelebt. Sein bekanntestes Werk ist der Roman „Der Büttnerbauer", der von *Theodor Fontane* und *Leo Tolstoi* gelobt und von der Kritik neben den damaligen Bestseller, *Gustav Freytags* „Soll und Haben", gestellt wurde. Das Rittergut wurde nach Ende des Zweiten Weltkrieges geplündert und 1949 abgerissen. Leider gibt es auch das Polenz-Museum, das in einem Umgebindehaus eingerichtet war, nicht mehr. Eine kleine Ausstellung wird im Haus des Gastes Blaue Kugel gezeigt. An *Polenz* erinnern auch ein Gedenkstein im **Schlosspark** und die nach ihm benannte Schule.

118ol dk

Praktische Informationen

Info

- **Tourist-Information** im Haus des Gastes Blaue Kugel, Hauptstraße 97, Tel. (035877) 80888, www.cunewalde.de, Mo., Di., Do., Fr. 11–17 Uhr, Sa. 13–16 Uhr

Czorneboh

Von der „Blauen Kugel" in Obercunewalde, dem Haus des Gastes, führen markierte Wege auf den Czorneboh und den Bieleboh. Fantastische Fernsichten auf das vieltürmige Bautzen, die Teiche und Berge des Lausitzer Landes bieten sich vom Gipfel des sagenumwobenen Czorneboh. Seit 1852 steht dort ein **Aussichtsturm,** und natürlich gibt es eine Gaststätte. Der Name des Berges kommt aus dem Sorbischen und meint den „Schwarzen Gott".

Ein landschaftlich schönerer Aufstieg zum Czorneboh beginnt in **Großpostwitz,** acht Kilometer südlich von Bautzen, wo von der Dorfkirche ein markierter Weg zunächst in das idyllische **Tal von Cosul** abzweigt. Am verlassenen Granitbruch vorbei führt der Weg hinauf zum Kammweg. Es gibt dort Granitblöcke, die seit jeher die Fantasie anregen und deshalb so bildhafte Namen tragen wie **Teufelskanzel,** Teufelsaltar oder Teufelswaschbecken. Auch als Kultstätten wurden diese Orte betrachtet, eine Sicht, die besonders seit der Romantik beliebt war.

Cunewalde ist bekannt für seine Umgebindehäuser

Praktische Informationen

Gastronomie

- **Berggasthof Czorneboh①**, Tel. (035877) 24325, www.berggasthof-czorneboh.de, tgl. 10–18 Uhr (Okt. bis März Di. Ruhetag) (historische Bergbaude, von Wald umgeben, Gartenlokal)

Bieleboh

Wenn der Schwarze Gott seinen Berg hat, dann auch der Weiße: Der Bieleboh gehört wie der Czorneboh zu den beliebtesten Ausflugszielen im Oberlausitzer Bergland. Der **Aussichtsturm** bietet eine großartige Sicht bis zum Iser- und Riesengebirge und ins Erzgebirge. Natürlich führt über beide Gipfel der **Oberlausitzer Bergweg.** Einen markierten Weg gibt es ebenfalls ab dem Haus des Gastes in Cunewalde. Mit dem Auto erreicht man den Bieleboh über Oppach.

Praktische Informationen

Unterkunft/Gastronomie

- **Bergwirtschaft Bieleboh②**, Tel. (035872) 18914, www.bieleboh.de, Mo.–Do. 11–19 Uhr, Fr.–So. 11–22 Uhr (historische Bergbaude, von Wald umgeben, Hotel und Gartenlokal)

Hochkirch

Eine **Schlacht im Siebenjährigen Krieg** verhalf dem Bauerndorf Hochkirch (10 km von Bautzen) zu trauriger Berühmtheit. Am 14. Oktober 1758 gerieten die Österreicher und die Preußen aneinander, die Preußen waren unterlegen. Was an diesem Tag geschah, lässt ein Straßenname an der Mauer des Friedhofes erahnen: Blutgasse. Es heißt, das Blut der Krieger sei dort knöchelhoch geflossen. Hauptkampfplatz war der Kirchhof. Die 1720 fertiggestellte Kirche weist bis heute Spuren von Einschüssen am Portal auf. An die 17.000 Gefallenen dieser Schlacht erinnern Obelisken. In vielen Hochkircher Gehöften und in den Kirchenwänden sind Kanonenkugeln eingemauert. Ein **Wanderweg** führt über 16 Kilometer von Hochkirch auf den Czorneboh.

Löbau – Wiege des Sechsstädtebundes

Überblick und Geschichte

Zentrum der Oberlausitz

Ein kleines feines historisches Zentrum, der spazierwegnahe **Löbauer Berg** mit dem einzigen gusseisernen Aussichtsturm Europas und ein Kleinod der Architektur der Moderne sind die Visitenkarte des geografischen Zentrums der Oberlausitz (17.000 Einwohner). In Löbau wurde 1346 der Oberlausitzer Sechsstädtebund gegründet, bis 1815 war die Stadt Conventssitz. **Leineweberei und Handel** prägten die Stadt am Löbauer Wasser. Nach Eröffnung der

119ol dk

Bahnstrecke 1846 wandelte sich Löbau zur **Industriestadt.** Seit 1990 wurden die historische Innenstadt und die Wohnviertel saniert. Wirtschaftlich profitiert die Große Kreisstadt von ihrer **günstigen Lage** am Schnittpunkt der wichtigsten ostsächsischen Verkehrswege. Ein traditionsreicher Betrieb ist die August Förster GmbH, wo seit 1862 Pianos gebaut werden.

Persönlichkeiten

Die Eröffnung der ersten Volksbücherei Deutschlands, 1828 in Großenhain, ist das Verdienst des gebürtigen Löbauers **Karl Benjamin Preußker** (1786–1871), der zu den namhaftesten Bibliothekaren und Museologen in der ersten Hälfte des 19. Jahrhunderts zählt. In Löbau wurde der Philatelist, Regionalforscher und Arzt **Alfred Moschkau** (1818–1912) geboren. Berühmtheit ganz anderer Art erlangte der ebenfalls in Löbau geborene Erfinder der Hitler-Tagebücher, **Konrad Kujau** (1938–2000).

◁ Das Rathaus von Löbau

Sehenswert in Löbau

Altmarkt

Am Altmarkt steht das imposante **Rathaus** mit dem prächtigen Stadtwappen. Das Rathaus wurde 1711 gebaut, an den gotischen Vorgänger erinnert der Turm. In den Laubengängen des Rathauses befindet sich die Tourist-Information. Barocke Bürgerhäuser stehen am Markt, so das **„Goldene Schiff“** (1733), das als Handelshaus erbaut wurde und von der Stadtverwaltung genutzt wird. Vom Altmarkt sind es durch die Schulgasse nur wenige Schritte zur barocken **Johanniskirche.** Diese einstige Klosterkirche wird seit dem Jahr 2001 als Kulturzentrum des Sechsstädtebundes und der Euroregion Neiße genutzt. An der Johannisstraße stehen barocke Bürgerhäuser sowie das **Oberlausitzer Sechsstädtebund- und Handwerksmuseum.**

■ **Oberlausitzer Sechsstädtebund- und Handwerksmuseum, Stadtmuseum,** Johannisstraße 5, Tel. (03585) 450363, Di.–Fr. 9.30–16.30 Uhr, Sa. 13–17 Uhr, So 14–17 Uhr (präsentiert die Kultur- und Wirtschaftsgeschichte des Sechsstädtebundes, zudem regionales Handwerk, bildende Kunst aus der Region, auch Postkarten aus aller Welt, Autografen)

Rund um den Altmarkt laden Gassen und Gässchen dazu ein, die Altstadt kennenzulernen. Die Eichelgasse führt zur Inneren Zittauer Straße, einer Einkaufspromenade, und weiter geradeaus in das an der Stadtmauer gelegene, romantische **Katzenturmgässchen.** Über die Badergasse gelangt man auf den Neumarkt und zur verkehrsreichen Äußeren Bautzner Straße. Der Fußweg bis zur

Villa Scharoun, einem der wichtigsten deutschen Baudenkmäler der Moderne, ist nicht gerade schön, aber es sind nur 550 Meter entlang der Hauptstraße bis zum Bahnübergang, dahinter gleich nach rechts auf die Kirschallee.

Haus Schminke/Villa Scharoun

In dem kleinen Park zur Linken steht das Haus Schminke des Architekten **Hans Scharoun.** Die Villa zählt neben dem Haus Tugendhat von *Mies van der Rohe* (Brünn 1931), der Villa Savoye von *Le Corbusier* (Poissy bei Paris 1929) und dem Haus Kaufmann von *Frank Lloyd Wright* (Mill Run, Pennsylvania 1939) zu den herausragendsten Beispielen des **„Neuen Bauens“.** Das Haus wurde 1930/33 für den Löbauer Teigwarenfabrikanten *Fritz Schminke* erbaut und diente ihm zwölf Jahre lang als Wohnsitz. In der DDR-Zeit war es zunächst Erholungsheim für Kinder aus dem kriegszerstörten Dresden, dann als „Haus der Pionie-

120ol dk

re" ein Freizeittreff. Heute wird das Haus Schminke durch eine Stiftung betrieben, es steht kulturellen Zwecken offen und kann im Rahmen einer Führung besichtigt werden. Man kann dort auch übernachten und die Wohnqualität des von *Scharoun* geschaffenen Baus erleben.

■ **Haus Schminke,** Kirschallee 1b, Tel. (03585) 862133, www.stiftung-hausschminke.eu, Do.–So. 12–17 Uhr, 7/5 €, Führungen Sa., So. 13 und 15 Uhr, 10/8 €, 15 Minuten Fußweg vom Bahnhof.

Das Haus Schminke zählt zu den herausragenden Beispielen des „Neuen Bauens"

König-Albert-Bad

Nach diesem Ausflug in die Moderne geht es nun noch zu einem mondänen Erholungsort aus dem 19. Jahrhundert. Zu Fuß sind es etwa 15 Minuten; dazu empfiehlt es sich, nach den Bahnschienen gleich links abzubiegen, dann auf der August-Bebel-Straße Richtung Altstadt zu laufen, um rechts auf der Poststraße den Promenadenring zu erreichen. Hier steht die **Nikolaikirche,** und in der Parkanlage hinter der Kirche befindet sich das König-Albert-Bad. Es wurde 1875 durch den Dresdener Architekten *Ernst Giese* als Kur- und Badehaus erbaut, nachdem bereits seit 1714 nach und nach sechs Mineralquellen in Zisternen gefasst worden waren. Das neoklassizistische Bauwerk mit offenen Loggien und einer großen Freitreppe wird

038ol dk

heute als Restaurant genutzt, im Park können die begehbaren Zisternen besucht werden.

König-Friedrich-August-Turm

Zum **Löbauer Wahrzeichen,** dem gusseisernen König-Friedrich-August-Turm, führen von der Stadt aus **markierte Wanderwege** (3 km). Der **einzige gusseiserne Turm Europas** wurde 1854 errichtet. Er ist achteckig, 28 Meter hoch und kann über eine Wendeltreppe bestiegen werden. Die Architektur des filigran anmutenden Bauwerkes orientiert sich an byzantinischer und gotischer Ornamentik. Neben dem Turm lädt eine Gaststätte mit Ferienwohnungen zum Bleiben ein.

Praktische Informationen

Anreise

- **A4**, Ausfahrt Weißenberg; B6, B178
- **Bahn,** Dresden – Bautzen – Löbau – Görlitz

⌃ Oase der Erholung: das König-Albert-Bad

› Der König-Friedrich-August-Turm ist das Löbauer Wahrzeichen

Info/Führungen

- **Tourist-Information,** Altmarkt 1, Rathaus, Tel. (03585) 450140, www.loebau.de, Mo., Mi.–Fr. 10–17 Uhr, Di. 10–18 Uhr, Mai bis Okt. a. Sa. 9–12 Uhr
- **Stadtführungen** Mai bis Sept. Sa. 10 Uhr
- **Sagenwanderung am Löbauer Berg, für Gruppen**
- **Ratsaktenlesung, Ratsherrenessen,** für Gruppen

Unterkunft

- **Hotel Honigbrunnen**③, Löbauer Berg 4, Tel. (03585) 4139130, www.honigbrunnen.de (Berg-Hotel im Stil der 1920er Jahre)
- **Haus Schminke**③, Kirschallee 1b, Tel. (03585) 862133, www.stiftung-hausschminke.eu (Fabrikantenvilla, erbaut durch *Hans Scharoun,* eines der weltweit vier herausragenden Stätten des „Neuen Bauens", Übernachtung bis drei Pers. 250 €)
- **Hotel Stadt Löbau**②, Elisenstraße 1, Tel. (03585) 861830, www.hotel-stadt-loebau.de (im Stadtzentrum nahe am Bahnhof)
- **Turmgaststätte Löbauer Berg**②, Tel. (03585) 832590, www.loebauer-berg.de, Mai bis Sept. Mo.–Fr. 9–20 Uhr, Sa./So. 9–22 Uhr, Okt. bis April Mo.–Fr. 10–18 Uhr, Sa./So. 10–20 Uhr (Doppelzimmer und Ferienwohnung direkt am König-Friedrich-August-Turm, Gartenlokal)

Gastronomie

- **Hotel Honigbrunnen**③, siehe „Unterkunft" (Oberlausitzer und südländische Küche)
- **Restaurant König-Albert-Bad**②, Blumenstraße 2, Tel. (03585) 415874, www.koenig-albert-bad.de, Mi.–Mo. ab 11.30 Uhr (erlesene Speisen, Terrasse unter Gründerzeit-Kolonnaden)

www.fotolia.de © Jan Junger

Lawalde

Drei Museen

Die **spätbarocke Kirche** von Lawalde (5 km von Löbau) hat einen frei stehenden Glockenturm. Sie wurde 1777 als Saalkirche aus Feldsteinen erbaut. Die drei Glocken werden noch von Hand geläutet. In einem ehemaligen Bauernhof hat *Roland Knöschke* über Jahre ein privates **Heimat- und Landwirtschaftsmuseum** eingerichtet. Und es gibt bestimmt nicht viele Dörfer mit drei Museen: An der Löbauer Dorfeinfahrt blieb die **Ritter-Mühle** erhalten, ein technisches Denkmal, das zur Besichtigung einlädt. Im Ortsteil Dehsa zeigt *Dieter*

Matthes seine **Kakteensammlung** – die älteste private in Deutschland. Im barocken **Schloss von Kleindehsa** ist heute die Grundschule zu Hause.

- **Heimat- und Landwirtschaftsmuseum,** Oppacher Straße 33, Tel. (03585) 402404, Führungen nach Vereinbarung
- **Museum Ritter-Mühle,** Mühlweg 6, Tel. (03585) 404899, Führungen nach Vereinbarung
- **Kakteensammlung Matthes,** Kleindehsa, Streitfelder Straße 19, Tel. (035877) 24645, So. 9–12 Uhr sowie zu bestellten Führungen

Praktische Informationen

Unterkunft/Gastronomie

- **Ferien- und Wanderhotel Oberlausitz**②, Halbauer Straße 13, Tel. (035877) 27393, www.ferienhotel-oberlausitz. de (im Angebot sind vier Wandertage: „Oberlausitzer Kleeblatt")
- **Kretscham Lawalde**①, Löbauer Straße 5, Tel. (03585) 404252, www.kretscham-lawalde.de (Doppelzimmer für 19 € pro Person, sehr preiswerte Oberlausitzer Küche)

Weißenberg

Alte Pfefferküchlerei

Der größte Ort am Mittellauf des Löbauer Wassers ist die um 1228 an der Handelsstraße Via Regia durch den böhmischen König *Ottokar I.* gegründete Stadt Weißenberg. Es gibt sogar eine Verbindung zu Paris: Der heutige Weißenberger Ortsteil Wurschen – damals war es freilich ein sorbisches Dorf – ist auf dem Arc de Triomphe an der Seine verzeichnet. In den napoleonischen Kriegen war Wurschen Hauptquartier der verbündeten Russen und Preußen und somit **Zentrum der Schlacht bei Bautzen** am 20./21. Mai 1813.

An dem recht großen **Marktplatz** mit dem bis unters Dach von einer Glyzinie (Blauregen) zugewachsenen **Rathaus** (1788) erinnert die **Alte Pfefferküchlerei** an das seit 1683 in der Stadt beheimatete Pfefferküchlerhandwerk. Sie ist das einzige Pfefferküchlermuseum, das in Originalräumen eingerichtet wurde.

- **Technisches Museum Alte Pfefferküchlerei,** Markt 3, Tel. (035876) 40429, Di.–Fr. 9–12 und 13–16 Uhr, Sa./So. 13–17 Uhr (ältester und einziger museal genutzter Handwerksbetrieb der Pfefferküchlerei in Europa, an jedem ersten vollen Wochenende, außer im Dez., Museum geschlossen)

Praktische Informationen

Info

- **Stadtverwaltung Weißenberg,** August-Bebel-Platz 1, Tel. (035876) 4400, www.stadt-weissenberg.de

[>] Schloss Krobnitz

www.fotolia.de © Manjana

Krobnitz

Schloss

Inmitten eines Landschaftsparks steht in Krobnitz (Stadtteil von Reichenbach) das neoklassizistische Schloss des preußischen Kriegsministers und Generalfeldmarschalls **Albrecht Graf von Roon** (1803–1879). Sein Alterssitz ist auch eine Kopie des Berliner Kriegsministeriums. Die Stadt Reichenbach ließ Schloss, Gut und Park sanieren und richtete in der Schmiede einen Ausstellungsraum ein. Im Schloss entsteht ein **Museum** zur Architekturgeschichte der Oberlausitz im 19. Jahrhundert und zur Geschichte der Familie *von Roon*. Im Sommer gibt es im Schloss Konzerte.

■ **Schloss Krobnitz,** Reichenbach/OT Krobnitz, Am Friedenstal 5, Tel. (035828) 88700, www.oberlausitz-museum.de, Di.–So. 10–17 Uhr

Rund um den Rotstein

Reichenbach

Wehrhafte Pfarrkirche

Obwohl ebenfalls an der Handelsstraße Via Regia gelegen, konnte Reichenbach (14 km von Görlitz) seinen starken Nachbarn Görlitz und Löbau nicht das Wasser reichen. Dafür sorgte schon der Sechsstädtebund, der **keine Stadtmauer**

www.fotolia.de © Reena

zuließ. So marschierte manches Heer durch die Straßen. Der einzige wehrhafte Ort blieb die ummauerte spätgotische Pfarrkirche (12. Jh.). Als 1431 die Hussiten Reichenbach niederbrannten, verteidigten sich die Überlebenden 15 Tage lang in dieser Kirche, bis die Belagerer durch das Hussitentor in der Wehrmauer abzogen. Die Kirche ist barock ausgestattet, mit prächtigem Altar (1685), und von einem romantischen Kirchhof umgeben. Reichenbach hat sich noch viel von seinem ländlichen Bild erhalten, der **Markt** aber hat schon städtisches Format. Gedenktafeln erinnern an *Napoleon* und *Friedrich Wilhelm III.* (Alte Apotheke) sowie an *Theodor Körner* (Gasthof, heute Sparkasse), die einst in der Stadt weilten.

⌃ Leberblümchen am Rotstein

Ackerbürgermuseum

Im Ackerbürgermuseum des Landstädtchens gibt es viel zu erfahren über die Geschichte Reichenbachs und den **kleinstädtischen Alltag** um 1900. Neben der Arbeit im Handel oder Gewerbe betrieben die Leute noch kleine Landwirtschaften auf Äckern vor der Stadt.

- **Ackerbürgermuseum,** Görlitzer Straße 25, Tel. (035828) 72093, www.oberlausitz-museum.de, Di.–So. 13–17 Uhr (Alltag um 1900, Ausstellung zur Imkerei)

Praktische Informationen

Anreise

- **A4** (Weißenberg, Nieder Seifersdorf), **B6**
- **Bahn,** Dresden – Görlitz (RB)

Unterkunft/Gastronomie

- **Gasthaus Goldene Krone**①, Zoblitz, Dorfstraße 51, Tel. (035828) 88601, Mo. ab 17 Uhr, Mi.–Sa. 11–14 Uhr, ab 17 Uhr, So. und an Feiertagen ab 11 Uhr, www.goldenekrone-zoblitz.de (am Fuß des

Rotsteins, Einzel- u. Doppelzimmer, Ferienwohnung, deutsche Küche)
■ **Hotel Thomashof**①, Borda bei Reichenbach, Meuselwitzer Straße 3, Tel. (035828) 7610, www.hotel-thomashof.de (ländlich und gemütlich in ehemaligem Bauerngehöft, DZ 50 €)

Rotstein

Naturschutzgebiet

Im Nordosten des Lausitzer Hügellandes liegt das älteste sächsische Naturschutzgebiet, der Rotstein (455 m). Bereits 1912 wurde er unter Schutz gestellt. Das in drei Gipfel gespaltene **Basaltgebirge** ist für seine artenreiche Flora berühmt und ein reizvolles **Wandergebiet.** Eine ausgiebige Tagestour reicht, um alle Gipfel zu erkunden, die Wege von dem Ort Sohland am Rotstein oder von Zoblitz (Haltepunkt an der Regionalbahnlinie Dresden – Görlitz) sind nicht mehr als längere Spaziergänge.

Der Name „Rother Stein" ist aus dem Jahr 1728 überliefert und wahrscheinlich von dem sorbischen „hrod" für Burg abgeleitet. Ein Rudiment der alten **Wallanlage** ist auf dem Südostgipfel zu sehen. Auf dem Georgenberg ist die Ruine einer Kapelle zu finden.

Geologische Besonderheiten des Rotsteins sind die **Blockmeere,** Halden von Basaltbrocken, und die aufrecht stehenden Basaltsäulen; die bekannteste ist der Teufelsstein. Rund 530 Arten von **Blütenpflanzen** wachsen auf dem artenreichsten Berg der Oberlausitz. Zarte blaue Teppiche bildet im Frühjahr das geschützte Leberblümchen.

Eine schöne Fernsicht ermöglicht der neu errichtete **Aussichtsturm.**

Im Dorf **Sohland am Rotstein** (10 km von Görlitz) gibt es eine Bockwindmühle und eine Turmwindmühle (beide Mittelsohland), den denkmalgeschützten Eisenbahnviadukt und Umgebindehäuser (siehe „Am Oberlauf der Spree").

Praktische Informationen

Unterkunft

■ **Berghotel Rotstein**②, Zum Rotstein 140, Tel. (035828) 70777, Di.–So. 11–21 Uhr, www.berghotel-rotstein.de (geöffnet März bis Okt., kleines familiengeführtes Haus auf einem Gipfel des Rotsteins, gemütliche Zimmer, absolut ruhig gelegen, kostenloser Transfer vom Bahnhof Löbau)

Königshainer Berge

Granitabbaumuseum

Westlich von Görlitz (10 km) wellt sich ein Minigebirge mit bizarren Granitfelsen und sanften Waldtälern. Die Königshainer Berge sind mit mehreren markierten Wegen ein beliebtes Ausflugsziel für Tagestouren. Die höchsten Erhebungen sind der **Ahlberg** (415 m) in den Kämpferbergen und der **Hochstein** (392 m). Königshainer Granit diente als Baumaterial für den Berliner Reichstag, für den Leuchtturm auf Kap Arkona (Rügen) und die Westmauer von Helgoland. Näheres ist im Granitabbaumuseum zu erfahren. Über 3300 Meter führt die A4 als zweitlängster Straßentunnel Deutschlands durch die Berge.

Das **Barockschloss Königshain** (1766) wird vom Heimatverein als Ausstellungs- und Veranstaltungsort genutzt.

■ **Granitabbaumuseum Königshain,** Dorfstraße 163b, Tel. (035826) 60127, Ostern bis 31.10. Mo.–Fr. 10–15 Uhr, Sa./So. 14–17 Uhr, www.oberlausitz-museum.de (der Weg des Steins vom Bruch bis zur Verarbeitung als Pflaster, Natur- und Steinbruchlehrpfad)

Nieder Seifersdorf

Am westlichen Rand der Königshainer Berge liegt Nieder Seifersdorf (Abfahrt A4). Am Schwarzen Schöps steht eine romanische **Wehrkirche,** 1239 erstmals erwähnt. Von besonderem künstlerischem Wert ist die **„Bilderbibel",** das sind Darstellungen aus dem Alten und Neuen Testament in den Brüstungsfeldern der Emporen.

Diehsa

Drei Kilometer entfernt, bei der Talsperre Quitzdorf (siehe „Heide- und Teichlandschaft"), liegt das Dorf Diehsa mit seinem **sehenswerten Marktplatz.** Dazu gehören die hölzernen Marktstände für die Bauern und Handwerker, für die Tuchkaufleute das Gewandhaus aus der Mitte des 19. Jahrhunderts sowie der Gasthof. Die Kirche entstand im frühen 16. Jahrhundert.

☐ Ehemaliger Granitsteinbruch bei Königshain

www.fotolia.de © Frank-Peter Funke

Praktische Informationen

Unterkunft/Gastronomie

■ **Gasthof Am Markt**①, Diehsa, Jänkendorfer Straße 1, Tel. (035827) 7790, www.gasthof-am-markt.de (am einzigartigen dörflichen Marktplatz, Umgebung ideal für Radwanderer, tgl. ab 11 Uhr, DZ 45 €)

Der Stausee Quitzdorf

Jänkendorf, Ullersdorf

Von Diehsa führen mehrere Wege zur **Talsperre Quitzdorf.** Einen Besuch wert sind Jänkendorf sowie Ullersdorf: In Jänkendorf ist es der Ortskern mit Gemeindeverwaltung, Kirche und Pfarrhaus (1801), in Ullersdorf die während des Dreißigjährigen Krieges entstandene Kirche (1630). Die **Ullersdorfer Teiche** bezaubern mit schilfbestandenen Ufern, uralten Alleen und Wegen und einfach mit der Ruhe der Natur.

007ol dk

3 Heide- und Teich- landschaft

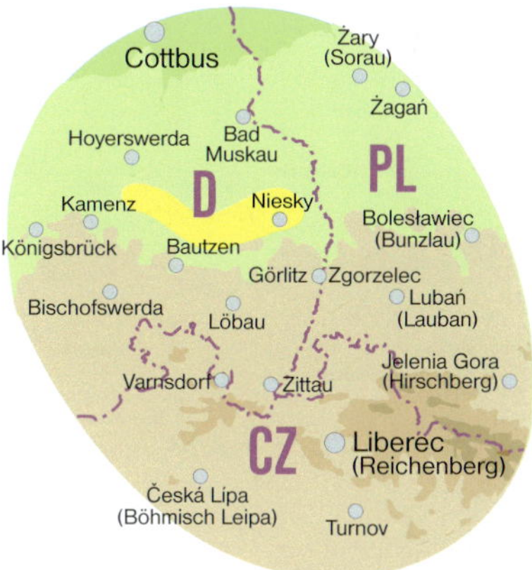

Die Kraniche ziehen, Frösche geben Abendkonzerte, still liegen die Pfade zwischen den Teichen. Das Biosphärenreservat Oberlausitzer Heide- und Teichlandschaft bezaubert Naturliebhaber. Und apropos Zauber: Hier sind die Legenden um den sorbischen Magier Krabat bis heute lebendig.

◁ Der Hammerteich bei Kreba

Oberlausitzer Heide- und Teichlandschaft

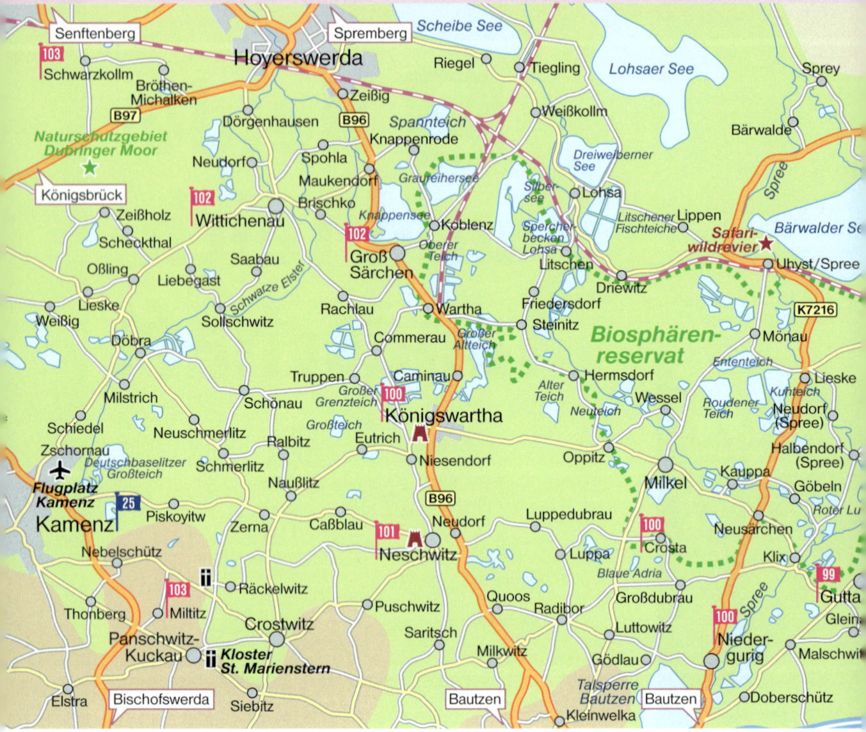

HEIDE- UND TEICHLAND-SCHAFT

Zwischen den Bautzen, Hoyerswerda, Weißwasser und Niesky liegt eine der größten Teichlandschaften Deutschlands. Dieses **Refugium der Natur,** das als Biosphärenreservat unter dem Schutz der UNESCO steht, mit seinen Teichen, Wiesen und Dörfern in der Heide lädt zu Entdeckungsreisen in Flora und Fauna und zu entspannten Radtouren ein. Nur um die 13.000 Menschen leben in der „Teichlausitz", wo vor Jahrhunderten die Teiche zur Fischzucht angelegt worden sind. Einige werden noch heute bewirtschaftet. So kommt in den Gasthäusern auch frischer Fisch auf den Tisch.

Hier sind Kraniche und Weißstörche, Graureiher, Rohrweihe und Große Rohrdommel zu Hause, auch Seeadler. Möwen und Gänse. Fledermäuse und Fischotter entziehen sich flüchtigen Blicken, aber unzählige Libellen, Frösche und Fische entdeckt jedes Kind.

Information

- **Haus der tausend Teiche,** Malschwitz, OT Wartha, Warthaer Dorfstraße 29, Tel. (035932) 36560, www.haus-der-tausend-teiche.de, Di.–So. 9–17 Uhr, 4,50/3 € (multimediales Informations- und Erlebniszentrum der Teichlandschaft, Touristinformation, Bistro; liegt direkt am Einstieg in den Naturerlebnispfad Guttauer Teiche)

NICHT VERPASSEN!

- Froschkonzert und Kranichflug: die **Teiche bei Kreba** | 97
- Auf den Spuren **Krabats** in Schwarzkollm | 103

Diese Tipps erkennt man an der gelben Hinterlegung.

Niesky

Holzhausbau

Die kleine Stadt Niesky (10.000 Einwohner), 1742 von den Herrnhuter Brüdern gegründet, war in der Zeit der Weimarer Republik das führende Zentrum des Holzhausbaus. Die Christoph & Unmack AG war auf diesem Gebiet europaweit maßgebend. Ihr **Chefarchitekt Konrad Wachsmann** (1901–1980) kam vom Deutschen Werkbund und Bauhaus. In Niesky begann seine Karriere, die ihn, den jüdischen Emigranten, bis nach Los Angeles und in den Kreis der weltweit bedeutendsten Architekten führen sollte. Noch heute ist Niesky eine **Musterstadt** für den modernen Holzhausbau der Weimarer Zeit. Obwohl die Stadt unter den Kämpfen am Ende des Zweiten Weltkrieges schwer gelitten hat, sind zahlreiche Holzfertighäuser erhalten geblieben, die damals als Muster für die Kunden errichtet worden waren. Markierte Wege führen zu den vier **Werksiedlungen.** Das **Konrad-Wachsmann-Haus** steht zur Besichtigung offen, ab Herbst 2014 auch mit einer Ausstellung über den Architekten.

■ **Konrad-Wachsmann-Haus,** Goethestraße 2, Tel. (03588) 25600, www.wachsmannhaus.niesky.de (saniertes Direktorenhaus in Holzbauweise, Besichtigung über Museum Niesky (siehe unten), vorauss. ab Sept. 2014 Ausstellung über Konrad Wachsmann, Dokumentationszentrum Holzbau, dann Öffnungszeiten voraussichtlich wie Museum)

Das Museum Niesky

www.fotolia.de © Frank-Peter Funke

Museum

Die große **Geschichte der kleinen Stadt** – von den böhmischen Brüdern bis zu den Bauhausbauten – erzählt das Museum, das seinen Sitz in jenem Haus hat, das von dem böhmischen Weber *Johann Raschke* als eines der ersten der neuen Siedlung im Jahr 1742 errichtet wurde. Es steht am Zinzendorfplatz, dem Zentrum der Stadt mit der neoromanischen Kirche (1875) und Bauten aus dem 19. Jahrhundert und den 1950er Jahren.

■ **Museum Niesky,** Zinzendorfplatz 8, Tel. (03588) 25600, www.museum.niesky.de, Mo.–Fr. 9–17 Uhr, So. 14–17 Uhr (auch Sonderausstellungen, thematische Stadtführungen: Herrnhuter Brüdergemeine, Werksiedlungen und Musterhäuser der Christoph & Unmack AG, Niesky/OL)

Wildgehege

Im nördlich gelegenen **Ortsteil Stannewisch** sind ein weitflächiger Spielplatz und ein Wildgehege schöne Ziele für Ausflüge mit Kindern.

Praktische Informationen

Anreise

■ **A4**, Abfahrt Nieder Seifersdorf, S115
■ **Bahn,** Görlitz – Hoyerswerda

Info

■ **Tourist-Information,** Zinzendorfplatz 8, Tel. (03588) 25580, www.niesky.de, Mo.–Fr. 9–17 Uhr, Sa. 14–17 Uhr

Unterkunft/Gastronomie

■ **Hotel Bürgerhaus**②, Muskauer Straße 31/35, Tel. (03588) 25770, www.buergerhaus-niesky.de (Neubau in Bahnhofsnähe, DZ ab 53 €, Restaurant tgl. ab 14 Uhr)
■ **Pension Heidelerche**②, Stannewisch, Hauptstraße 23, Tel. (035894) 366096, www.pension-heidelerche.de (an der Heide)
■ **Pension Body Sun**①, Muskauer Straße 30, Tel. (03588) 201718, www.pension-bodysun.de (kostenlos Fahrräder, DZ 44 €)
■ **Ferienwohnung Am Bauernbusch**①, In den Bauernbüschen 2, Tel. (03588) 207133, www.fewo-harzer-niesky.de (am Wald, Swimmingpool, zwei Pers. 42 €)
■ **Ferienwohnung Glotz**①, Martinstraße 31, Tel. (03588) 205773, www.fam-glotz.niz.de (gelegen am Froschradwanderweg, zwei Pers. 28 €)
■ **Ferienwohnung Schmidt**①, Martinstraße 34, Tel. (03588) 207232, www.fam-schmidt.niz.de (am Froschradwanderweg, zwei Pers. 32 €)

Horka

Wehrkirche

Östlich von Niesky (4 km) liegt das Straßendorf Horka. Am Bahnhof begegnen sich die Strecken Görlitz – Hoyerswerda und Görlitz – Cottbus sowie die Güterzuglinie Hoyerswerda – Węgliniec (Polen). In **Oberhorka** steht eine romanisch-gotische Wehrkirche (Görlitzer Straße 48, vom Bahnhof 30 Min. Fußweg). Die kleine weiße Kirche wird von einer über fünf Meter hohen, zinnenbewehrten **Ringmauer** aus Feldsteinen umgeben. Sie soll über 800 Jahre alt sein, zur Zeit der Hussitenkriege wurde sie

121ol ah

mit den Zinnen versehen – 72 sind es, so viele wie Horka damals Familien hatte. Mit Hab und Gut mussten die Horkaer in dem ummauerten Kirchhof ausharren und ihr Leben verteidigen. Deshalb gab es in dem Miniaturdorf sogar Ställe. Bei der Restaurierung des frühgotischen Kirchenschiffs wurden **Fresken** aus der Zeit um 1300 freigelegt.

Am **Waldsee Biehain** (5 km von Horka, 25 km von Görlitz) kann man campen, im Bungalow wohnen oder sich nur zum Baden niederlassen – in jedem Falle zur Erholung mitten im Wald.

⌃ Eine Anwohnerin der Teichlandschaft

Praktische Informationen

Info

- **www.horka.de** (Gemeindeverwaltung, Adressen von Ferienwohnungen)
- **www.wehranlage-horka.de** (ein Verein engagiert sich für die Erhaltung der Wehranlage, Termine für Führungen und Marktfeste im Kirchhof, z.B. den historischen Markt im Mai)

Unterkunft

- **Waldsee Biehain**①, Tel. (035892) 5446, www.camping-ebs.de (vor allem Dauercamping und Familienurlaub, Bungalow für vier Pers. ab 20 €, Holzhütte für zwei Pers. 12 €, Zelt ab 3 €)

Stausee Quitzdorf

Oase der Ruhe

Mit seiner Fläche von 715 Hektar ist der Stausee Quitzdorf **eines der größten Binnengewässer Sachsens.** Seinen Namen hat er von dem kleinen Ort Quitzdorf, der in den 1960er Jahren durch das Anstauen des Schwarzen Schöps überflutet wurde. Der See liegt zwischen Heide und Teichen in einer Oase der Ruhe. Die Staumauer befindet sich in Sproitz, in Kollm gibt es den Campingplatz. Beim nordöstlichen Ufer (1 km), umgeben von Wald mit Fischteichen, Ton- und Kiesgruben liegt **See,** ein Ortsteil der Stadt Niesky. In See wurde der Politiker und Literat *Gottlob Adolf Ernst von Nostitz und Jänkendorf* (1765–1836) geboren, der sich um die europaweit beachtete Reorganisation der Heilanstalt für Geisteskranke auf Pirna-Sonnenstein sowie um die erste sächsische Verfassung Verdienste erworben hat.

Westlich des Stausees, zwischen Groß Radisch, Steinölsa und Kollm, erstreckt sich die **Hohe Dubrau** (308 m), die höchste Erhebung der Heide- und Teichlandschaft. Das Waldgebiet wird von mehreren markierten Wanderwegen erschlossen. Auf dem **Monumentberg** (293,50 m) steht ein Aussichtsturm.

Praktische Informationen

Unterkunft/Gastronomie

- **Landhotel Zum Heideberg**②, Kollm, Ringstraße 8, Tel. (03588) 222370, www.landhotel-zum-heideberg.de (ruhig, nah am See, Restaurant mit heimischem Fisch auf dem Teller, DZ 60 €)
- **Ferienwohnungen/Camping**①, Feriengesellschaft Stausee Quitzdorf, Kollm, Am See 5, Tel. (03588) 25280, www.stausee.de (direkt am See, einfacher Standard)
- **Freizeit- und Campingpark Thräna**①, Zum Wildgehege, Tel. (035876) 42838, www.freizeitcamp-thraena.de, April und Okt. Sa./So. 11–22 Uhr, Mai bis Sept. Mo.–Fr. 14–20 Uhr, Sa./So. 11–22 Uhr (ruhiger Naturcampingplatz, Radlerhütten für acht Pers./je 12,50 €, Gaststätte Wiesenhütte, Wild- und Ziegenpark)
- **Baude Lausitzblick**①, Monumentberg, Tel. (035876) 46924, www.monumentberg.de, Di.–Fr. 10–18 Uhr, Sa./So. 10–19 Uhr (direkt am Aussichtsturm, Oberlausitzer Küche)

Teiche um Kreba

Rund um das Heidedorf Kreba (39 km von Bautzen) gibt es **drei kleinere Wanderwege,** die sich zu einer abwechslungsreichen und nicht anstrengenden Tageswanderung durch die Heide- und Teichlandschaft verbinden lassen: die südlich gelegene Runde auf dem Kiefernweg (3,2 km) und den nördlichen Rundweg, der aus dem Erlenweg (2,4 km) und dem Eichenweg (2,7 km) besteht. Die Wege sind als **Lehrpfade** eingerichtet, Informationstafeln und Spiele sprechen vor allem Kinder an, die mit ihren Eltern oder Lehrern die Geheimnisse der Natur kennen lernen möchten. Wichtig ist, ausreichend Proviant mitzunehmen, eine Gaststätte gibt es an diesen Wegen nicht.

Kiefern- und Erlenweg

Bahnreisende können die Wanderung in **Mücka** beginnen (Bahnlinie Görlitz – Hoyerswerda). Am Haltepunkt Mücka steht leider kein Wegweiser, man läuft parallel zu den Gleisen (Richtung Hoyerswerda) bis in den Wald hinein, überquert auf einer kleinen Brücke den Schwarzen Schöps und steht schon an einer der Stationen des Kiefern-Rundweges. Kleine Stelen mit Kieferzapfen und Richtungspfeilen weisen nun den Weg; zunächst nach rechts unter der Bahnbrücke hindurch in die Heide, weiter am Bach entlang und durch die Dünenlandschaft der Heide. In **Kreba-Neudorf** begegnet der Kiefernweg dem Erlen- und dem Eichenweg. Der Erlenweg führt über den Schwarzen Schöps, kurz durch das Dorf und zweigt dann von der Dorfstraße nach links auf eine Wiese zum Ufer des Schwarzen Schöps ab (am Wiesenrand ist von der Straße aus eine Tafel des Lehrpfades zu sehen, dort geht es weiter). Für Räder und Kinderwagen ist der Erlenweg nicht befahrbar, und da auf der ufernahen Wiese auch mal Wasser stehen kann, ist geeignetes Schuhwerk wichtig. Dafür erlebt man die Natur aus der Nähe: Unzählige Libellen – vor allem die leuchtend bläulichen (Männchen) und grünlichen (Weibchen) Prachtlibellen – tanzen über dem Wasser. Ein Teil des Weges führt über Holzstege direkt am Ufer entlang. Schließlich wird der **Hammerteich** erreicht. Früher wurde hier Raseneisenerz gewonnen und verhüttet.

Der Ort

Der Ort Kreba zeigt sich mit seinem **Wasserturm.** Bevor auf dem Eichenweg die Wanderrunde fortgesetzt wird, ist ein kurzer Weg ins Dorf möglich. Eine grüne Wandermarkierung führt zum

www.fotolia.de © Peter Eggermann

Sportplatz und zum Schloss (1750) sowie zur Pfarrkirche (1685). Gegenüber der Bushaltestelle gibt es einen Fleischerimbiss und einen Bäcker. Mit der grünen Markierung ist auch das **Teichgebiet** bei Kreba schnell erreicht, ein Spaziergang lohnt sich für Naturfreunde allemal. Am besten bis zu der Stelle, wo eine Schranke den Waldweg für Fahrzeuge versperrt; dort aber sollten Fußwanderer umkehren. Die Fortsetzung des Weges bis nach **Kittlitz** (Bahnstation Görlitz – Hoyerswerda) oder über **Reichwalde** bis Rietschen (Bahnstation Görlitz – Weißwasser) ist nur Radwanderern zu empfehlen.

Eichenweg

Der Anschluss vom Erlenweg zum Eichenweg liegt unweit des Hammerteiches, am gegenüberliegenden Ufer. Es sind die **weiten Wiesen** und die **kiefernbewachsenen Dünen** in der Heide, die diesen Weg bestimmen. In Kreba-Neudorf trifft er wieder auf den Kiefernweg, dessen zweiter Teil nun durch die Heide bis zu den Bahngleisen und zum Haltepunkt Mücka führt.

Praktische Informationen

Unterkunft

■ **Bauernhof Ladusch**①, Kreba-Neudorf, Nieskyer Straße 26, Tel. (035893) 6300, www.bauernhof-ladusch.de (historischer Bauernhof mit Hofladen, direkt in der Heide- und Teichlandschaft, Angebote für Schülergruppen, Ferienhaus für vier Pers. 60 €, für zwei Pers. 50 €, Aufbettungen kosten 5 €)

☐ Teichfrosch am Wegesrand

Vom Olbasee zur Blauen Adria

Guttau und Olbasee

Badesee

Im Dreieck zwischen Wartha, Kleinsaubernitz und Guttau (14 km von Bautzen) liegen der Olbasee, der **Großteich** und einige kleinere Teiche. Ein acht Kilometer langer Rundweg (Naturerlebnispfad) führt durch das Teichgebiet. Zu erreichen ist er am Ortsausgang von Guttau und am **Aussichtsturm** in Wartha. Der Olbasee entstand 1927 in einem Braunkohletagebau. Seit 1962 ist er ein beliebter Badesee mit ungewöhnlich klarem Wasser. Es gibt einen Badestrand, zum Teil für Freikörperkultur, und einen Zeltplatz.

Praktische Informationen

Info

■ **Biosphärenreservatszentrum Guttau,** OT Wartha, Dorfstraße 29, Tel. (035932) 36514, www.biosphaerenreservat-oberlausitz.de, April bis Okt. Di.–So. 10–17 Uhr (u.a. Führungen durch das Teichgebiet)

Unterkunft

■ **Gaststätte Zur Einkehr**①, Guttau/OT Brösa, An der Brücke 6, Tel. (035932) 31417, www.karichs-einkehr.de (am Spreeradweg)

■ **Naturcampingplatz am Olbasee**①, Kleinsaubernitz, Olbaweg 16, Tel. (035932) 30232, www.campingplatz-olbasee.de

Museum

■ **Schulmuseum „Korla Awgust Kocor“,** Guttau/OT Wartha, Dorfstraße 30, Mai bis Sept. tgl. 9–16 Uhr, Schlüssel bei Kosel, Dorfstraße 13

Niedergurig

Nördlich der Talsperre Bautzen markiert das Dorf Niedergurig den Eingang zur Heide- und Teichlandschaft. Es liegt an der Spree, die auch die großen Teiche östlich des Dorfes speist. Am Großen Ziegelteich steht die mindestens 700 Jahre alte **Rieseneiche,** deren Stamm einen Umfang bis zu 9,50 Meter hat. Schöne Spaziergänge führen nach Doberschütz (2 km) und Malschwitz (Naturlehrpfad, 4 km). Am Feuerwehrhaus in Baruth beginnt ein **geologischer Lehrpfad** zum **Baruther Maar,** einem durch Vulkanausbrüche entstandenen Krater, der zunächst einen See (Maar) gebildet hat, nun verlandet ist und Auskunft über die Umweltbedingungen längst vergangener Zeiten gibt.

Praktische Informationen

Info

■ **Gemeindeverwaltung Malschwitz,** Dorfplatz 26, Tel. (035932) 3770, www.malschwitz.de

Crosta und die Blaue Adria

Badesee

MEIN TIPP: Die „Blaue Adria“ liegt mitten in der Oberlausitz: Im sorbischen Heidedorf Crosta (12 km von Bautzen) lädt der beliebte See mit sauberem, azurblauem Wasser zum Baden ein. Eine Wanderstunde entfernt liegt das Dorf **Milkel.** Das barocke Schloss (1720) mit seinen beiden Rundtürmen wurde dem Schloss Moritzburg bei Dresden nachgestaltet (privat, nicht zugänglich).

Praktische Informationen

Unterkunft

■ **Pension Zur alten Böttcherei**①, Guttau/OT Quatitz, Jeschützer Straße 20, Tel. (035935) 3340, www.zur-alten-boettcherei.de (an der „Blauen Adria“, am Spreeradweg)

■ **Camping Blaue Adria**①, Adolphshütter Straße 11, Crosta, Tel. (035934) 4632, www.blaueadria.de (Kurz- und Dauercamping)

Königswartha

Schloss und Park

Die älteste Notiz von Königswartha (18 km von Bautzen) stammt aus dem Jahr 1350: „Conigswarthe“, ein Wachpunkt des Königs von Böhmen an der Straße nach Hoyerswerda. Die Bevölkerung war bis Ende des 19. Jahrhunderts fast ausnahmslos sorbisch. Der Ort Königswartha hatte weder Mauern noch sonst eine Befestigung und war oft kriegerischen Überfällen ausgesetzt.

Sehenswert sind das klassizistische Schloss und der Schlosspark. An der Hauptfront des Schlosses stehen barocke Skulpturen, die der Dresdner Zwingerhütte unter *Balthasar Permoser* zugeordnet werden. Seit 1949 befindet sich im Schloss eine **Fischereischule.** Das Land

Sachsen unterhält im Schloss sein Kompetenzzentrum für Fischerei.

Im **Ortsteil Caminau,** mitten im Teichgebiet, wurden auf einer Fläche von 33 Hektar mehrere Biotope und Lehrpfade angelegt, darunter ein **Totholzpark.** Die lehrreichen Anlagen können täglich gratis besichtigt werden.

Praktische Informationen

Unterkunft/Gastronomie

■ **Hotel Garni Heidehof**②, Hermsdorfer Straße 32, Tel. (035931) 22022, www.hotelheidehof.de (Restaurant mit Biergarten, kostenlose Fahrradgarage, DZ 56 €, Fewo. 40/52 €)

■ **Pension Müllerhof**①, Ortsteil Neudorf, Tel. (035931) 20661, www.pension-muellerhof.de (günstige Lage für Radwanderer, ÜF ab 25 €)

Schloss und Park Neschwitz

In einem der schönsten **Landschaftsparks** Sachsens liegt Schloss Neschwitz. Das Dorf (13 km von Bautzen) war jahrhundertelang Adelssitz. Spaziergänge durch den Park lassen sich ausweiten zu einer Tour auf dem Froschradweg oder zum Besuch im **Waldbad Niesendorf** bei Königswartha.

Die **Kirche** ist eine der ältesten der Oberlausitz, 1324 wurde sie erstmalig erwähnt. Gegenüber dem Kirchhof führt ein barockes Portal in den englischen Park aus der zweiten Hälfte des 18. Jahrhunderts. Geschwungene Wege, Wassergräben, ein Teich laden zum Bummeln und Verweilen ein. Hier wachsen Bäume aus fernen Gegenden.

Das **Schloss** thront, hell leuchtend, auf einer Anhöhe im französischen Park. 1723 wurde der Barockbau für den österreichischen Generalfeldzeugmeister Herzog *Friedrich Ludwig von Württemberg-Teck* errichtet, der im Dienst *August des Starken* stand. Er ließ dafür ein 300 Jahre altes Renaissanceschloss abreißen. Das neue „Alte Schloss" wurde ab 1806 für eine Kunstsammlung und Bibliothek genutzt. Heute werden hier mehrmals im Jahr Schlosskonzerte gegeben und **Kunstausstellungen** gezeigt, und es dient als festliches Ambiente für Hochzeiten.

Im „Herrenpavillon" des Schlossparks hat die **Sächsische Vogelschutzwarte** ihren Sitz. In den Volieren hinter dem Schloss können seltene einheimische Vogelarten beobachtet werden.

Praktische Informationen

Info

■ **Tourist-Information,** Schloss Neschwitz, Park 4, Tel. (035933) 32664, www.neschwitz.de, April bis Okt. Mi., Do. 13–17 Uhr, Fr.–So. 10–12 und 13–17 Uhr; hier Anmeldung für die Schlossbesichtigung (Gruppen, ab 20 €)

Unterkunft

■ **Waldbad Niesendorf**①, Eutrich bei Königswartha, Tel. (035931) 20538, www.campingplatz-niesendorf.de, April bis Okt. tgl. 9–22 Uhr (Zeltplatz, Bungalows, zwei Personen 16 €, vier P. 32 €)

Museum

■ **Heimatmuseum,** Kamenzer Straße 2a, Tel. (035933) 30179, So. und Feiertag 13–17 Uhr

Auf den Spuren von Krabat

Volkskultur

Zwischen Hoyerswerda, Bautzen und Kamenz liegt die Krabat-Region, die Landschaft der bekanntesten Sagenfigur der zweisprachigen Lausitz. Hier war er zu Hause, der Müllerjunge, Zauberer und Volksheld. In den Dörfern mit ihrer lebendigen sorbischen Volkskultur sind vielfältige Begegnungen mit Krabat und seiner Geschichte möglich.

Groß Särchen

Als Tourismus- und Begegnungszentrum neu entstanden ist das **Vorwerk** Groß Särchen, Krabats eigener Hof also. Hier sind Vereine zu Hause und Gäste zu den Festen gern gesehen.

Wittichenau

Kuh, Käse und Kilowatt passen doch recht gut zueinander – wie nun genau, ist in der **Krabat-Milchwelt** in Wittichenau zu erleben. Und zu verkosten: Milch, Butter, Käse und Landquark vom Feinsten. Die Milchviehanlage mit

022ol dk

Schaukäserei und Biogasanlage bringt täglich frische Milchprodukte auf den Tisch und zeigt auch, wo sie herkommen. Auch dieser „gläserne" Hof liegt am Krabat-Radweg.

■ **Krabat-Milchwelt,** Kotten Nr. 2, Tel. (035725) 929012, www.krabat-milchwelt.de, Laden Di., Sa 9–12 Uhr, Fr. 13–18 Uhr (Milchprodukte aus eigener Herstellung, Hofführungen für Gruppen nach Anmeldung)

Miltitz

Im **Steinbruch** „Am Krabatstein" in Miltitz bei **Nebelschütz** treffen sich seit 2006 jährlich im Sommer Bildhauer aus mehreren Ländern zum Arbeiten. Die **Bildhauerwerkstatt** 2009 stand unter dem Thema „Rübezahl trifft Krabat". Entstanden sind Skulpturen aus Stein und anderen Materialien, von denen einige in der Krabat-Region aufgestellt wurden. Während der Arbeit lassen sich die Künstler über die Schulter schauen.

Praktische Informationen

Info

■ **Krabat e.V.,** Nebelschütz, Hauptstraße 9, Tel. (03578) 784696, www.krabat-region.de, Mo.–Do. 8–14.30 Uhr, Fr. 8–12 Uhr (zentrale Auskunft im Netzwerk der Krabat-Region)

■ **Gemeinde Nebelschütz,** Hauptstraße 9, Tel. (03578) 4091273, www.krabatstein.com, www.nebelschuetz.de, (Informationen zur Bildhauerwerkstatt)

☒ Krabat-Figur in Schwarzkollm

Unterkunft

■ **Heldhaus**①, Nebelschütz, Hauptstraße 23, Tel. (03578) 310440, www.heldhaus.de (mitten im schönen Nebelschütz, auch für Kinder- und Jugendgruppen, Vollpension möglich)

■ **Alte Herberge und Töpferhof Wetenca**①, Nebelschütz (Dürrwicknitz), Dorfplatz 6, Tel. (035796) 96152, www.toepferhof-lausitz.de (Dreiseitbauernhof: Ferienhaus mit Sauna, Jakobspilger-Herberge, Töpferwerkstatt, sehr ruhig mitten in der Natur)

Schwarzkollm

In Schwarzkollm wurde im Koselbruch die **Schwarze Mühle** mitsamt Mühlenhof als Krabat-Erlebniswelt aufgebaut. Die Mühle, der Laubengang mit der Bauernstube, das Gesindehaus als Unterkunft für Wandergesellen und das Windrad gehören zu dem Ensemble. In der authentisch nachgestalteten Wassermühle wird das traditionelle Mühlenhandwerk vorgeführt und anschaulich über sorbische Bräuche erzählt. Für den Neubau wurde eine bäuerliche Scheune aus Dubring in den Koselbruch versetzt. Das Haus des Müllers, die Mühlen-Scheune und der Zauberwald vervollständigen das Areal. Die echte Schwarze Mühle – auch Brösing-Mühle oder Teufelsmühle genannt – stand hier drei Jahrhunderte lang. Mitte des 19. Jahrhunderts ist sie teilweise abgebrannt, danach war sie noch rund 100 Jahre in Betrieb, die Reste verfielen seit den 1970ern.

Mein Tipp: Direkt hinter der Schwarzen Mühle beginnt der **Krabat-Erlebnispfad.** Stationen dieses kleinen Rundweges sind mit der Krabatsage verbunden, ein Erlebnis für Kinder, aber auch für größere Literaturfreunde. Ein Knüppel-

Krabat, der Zauberer

Ein sorbischer **Müllerbursche, Zauberer und Held der Armen** war jener Krabat, der in der Schwarzen Mühle bei Schwarzkollm dem Schwarzen Müller begegnet ist und das Zaubern gelernt hat. Historisches Vorbild ist der 1704 in Wittichenau beerdigte kroatische **Oberst Johannes Schadowitz,** der seiner Verdienste in den Türkenkriegen wegen vom sächsischen Kurfürsten *August dem Starken* das Vorwerk Groß Särchen geschenkt bekam.

Fantasievolle Geschichten ranken sich um diesen Krabat. Der Name ist von *hrvat* = Kroate abgeleitet. Krabat soll sich einem Viehhändler in Wittichenau als „sprechender Ochse" verkauft und sodann in eine Schwalbe verwandelt haben. Er machte karge Böden fruchtbar, bewässerte die Saaten, legte Sümpfe trocken. Der „sorbische Faust" galt in den elenden Zeiten nach dem Dreißigjährigen Krieg der Landbevölkerung als Wohltäter der einfachen Menschen. Als er starb, erhob sich über dem Gasthof von Groß Särchen, wo Krabat gern eingekehrt war, ein weißer Schwan, der bald als weiße Wolke am Himmel schwebte. Die Bauern sahen darin Krabats Seele und waren zuversichtlich, dass er sie nicht verlassen werde.

Die **Krabat-Sage** wurde in Romanen, Filmen, Theaterstücken, als Oper und Ballett verarbeitet. Eine detailreiche und sozialkritische Aufzeichnung der Sage verfasste der sorbische Literat, Historiker und Komponist *Jurij Pilk* (1858–1926). 1954 erschien zuerst in sorbischer Sprache eine moderne Fassung der Sage von *Martin Nowak-Neumann* (1900–1990). *Jurij Brězan* (1916–2006) schrieb das Jugendbuch „Die schwarze Mühle" (1968) und die philosophischen Romane „Krabat oder Die Verwandlung der Welt" (1976) und „Krabat oder Die Bewahrung der Welt" (1993). Der von *Otfried Preußler* (1923–2013) verfasste Krabat-Roman (1971) wurde in mehr als zwanzig Sprachen übersetzt. Er gehört zur Schullektüre und diente als Vorlage für die Verfilmung im Jahr 2008. Von *Martin Beyer* erschien 2002 ein „Roman nach Motiven der Krabat-Sage" unter dem Titel „Hinter den Türen". Im Auftrag der Stiftung für das sorbische Volk wurde 2001 ein Krabat-Computerspiel in ober- und niedersorbischer Sprache veröffentlicht.

Die Gemeinden im Dreieck zwischen Hoyerswerda, Kamenz und Bautzen treten unter der gemeinsamen Marke **„Krabat-Region"** auf. Es gibt Krabat-Wander- und Radwege, einen Krabat-Kräuterlikör, Krabat-Pils, Krabat-Brot und andere Produkte mit dem Namen des Zauberers. Alljährlich im Sommer feiert die Krabat-Region das Krabat-Fest.

122ol dk

< Wo die Müllerburschen begraben liegen: der „Wüste Plan" am Krabat-Erlebnisweg

damm führt über sumpfige Wiesen und durch den Wald zur Versunkenen Kutsche, zum Koselbruch – wo Tonda Krabat sein Messer geschenkt hat –, zum Wüsten Plan – wo die Müllerburschen begraben liegen –, zu Bäumels Tod – wo Krabat und Tonda die Osternacht im Freien verbringen müssen und Krabat den Drudenfuß schneiden lernt …

Der **Krabat-Radweg** führt selbstverständlich an der Mühle vorbei und auch auf den Dorfplatz von Schwarzkollm. Dort sitzt in einer Blumenrabatte die fröhlichste aller Krabat-Figuren – eine Skulptur von *Harald Lukschanderl* (2002) aus Wittichenau. Das Salomon-Gottlieb-Frentzel-Haus am Dorfplatz ist das Domizil von Vereinen, es gibt auch eine Heimatstube. Benannt ist es nach dem 1701 in Schwarzkollm geborenen Stadtchronisten von Hoyerswerda. Unter dem Giebel des Hauses nistet eine sorbische Sagengestalt – der Drache Plon. Er hat immer Hunger, belohnt aber auch alle, die ihn füttern, reichlich mit Geld.

Praktische Informationen

Info

■ **Ortsteilverwaltung Schwarzkollm,** Dorfstraße 75, Tel. (03571) 456160, www.schwarzkollm.de (Informationen über Kulturangebote)

Unterkunft

■ **Lausitzer Heidehof**①, Dorfstraße 41, Tel. (035722) 94181, www.lausitzer-heidehof.de (Ferienwohnung in typischem, denkmalgeschütztem Dreiseit-Bauerngehöft, bis sechs Pers. 60 €/Tag, 390 €/Woche, Ponyhof, Hunde und andere Haustiere mit den Gästen willkommen)

Gastronomie

■ **Bauernstube auf dem Krabat-Hof von Schwarzkollm**①, Mo.–Fr. 9–16 Uhr, Sa./So. 14–16 Uhr (einfache, gemütliche Gaststätte im Laubengang, viel Krabat auf der Karte)

Einkaufen

■ **Landstübel,** Dorfstraße 75 (Dorfplatz), Tel. (035722) 95702, Di.–Fr. 8–12 und 14–18 Uhr, Sa. 7.30–12 Uhr (bäuerliche Erzeugnisse, Volkskunst, alles, was Krabat heißt)

Krabat in vielerlei Gestalt

Der Krabat-Abenteuerspielplatz in **Kamenz** (beim Roten Turm) trägt die Handschrift des Holzgestalters *Jürgen Bergmann* (siehe unter Kulturinsel Einsiedel).

Krabat heute tritt also in mannigfaltig inszenierter Gestalt seinen Besuchern entgegen. Aber er bleibt doch die **Sagengestalt** aus den Lausitzer Dörfern, aus dem Koselbruch und der Heide. Und wer seinem Geist dort begegnen möchte, sollte die Tasche voll Proviant packen, sich auf das Fahrrad setzen oder zu Fuß losgehen, auf dem Krabat-Rundweg oder einfach der Nase nach (mit einer guten Karte im Gepäck) ab in die Heide.

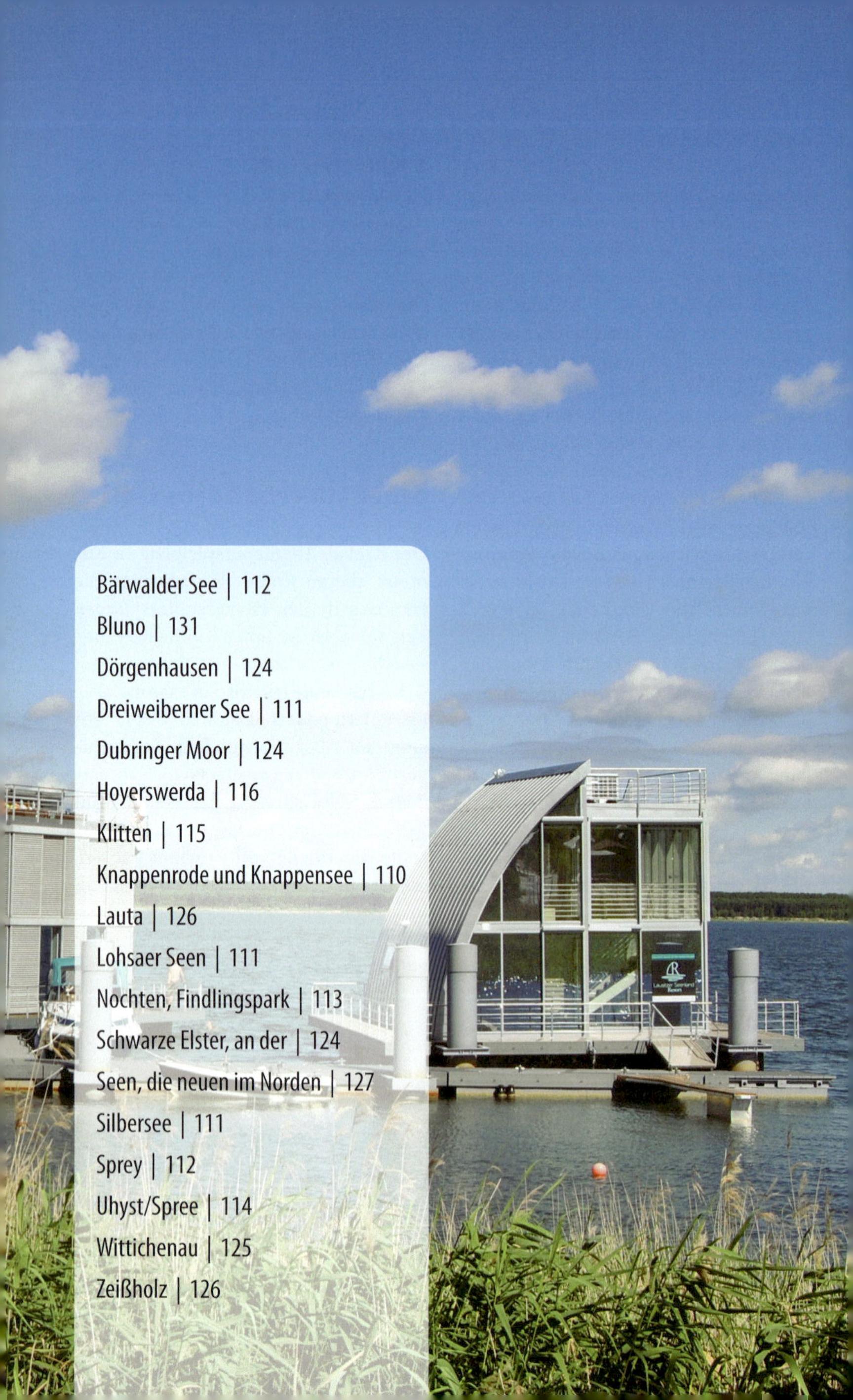

123ol dk

4 Lausitzer Seenland

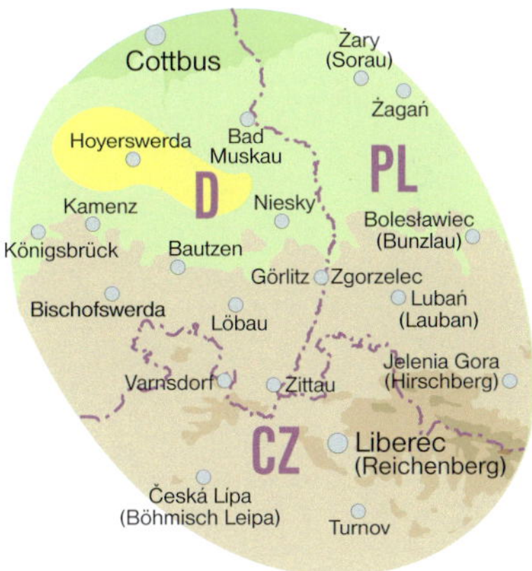

Zwischen Dresden und Berlin entsteht die größte von Menschen geschaffene Wasserlandschaft Europas. Die einstigen Braunkohlereviere sind bereits heute ein Erlebnisland für Wassersportler, Radfahrer und Skater. Ein kulturhistorischer Stadtrundgang führt durch Hoyerswerda.

< Ferienhäuser auf dem Geierswalder See

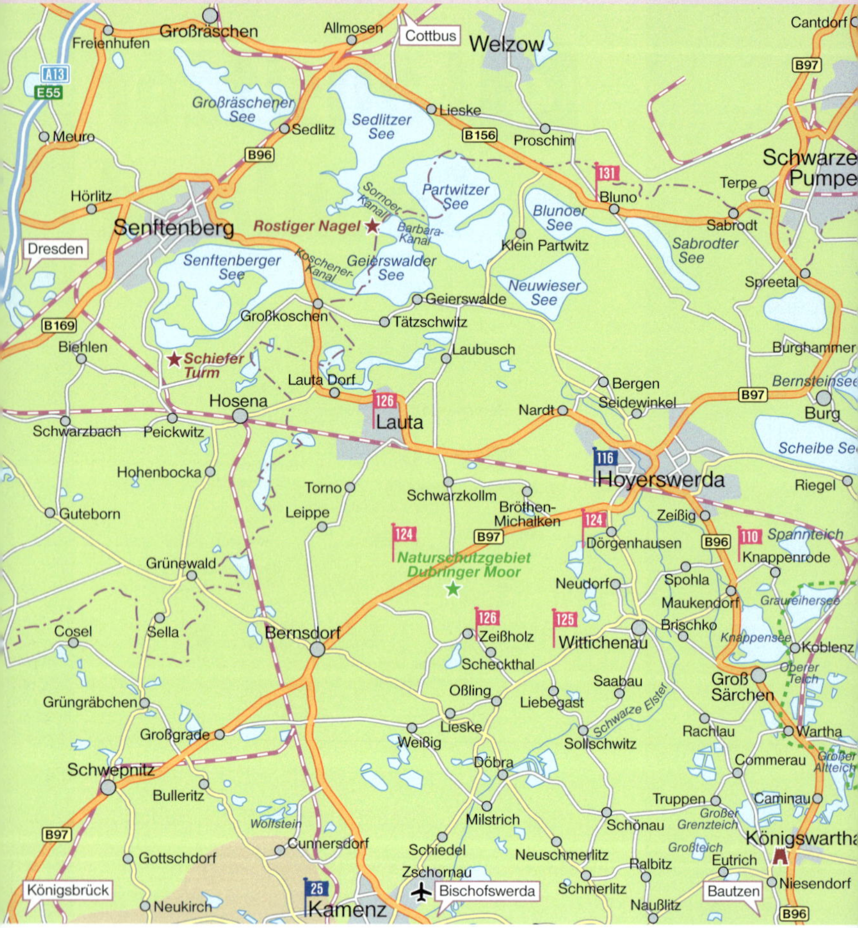

LAUSITZER SEENLAND

Es werden noch einige Jahre vergehen, bis zwischen dem sächsischen Hoyerswerda und dem brandenburgischen Senftenberg aus verkraterter Erde eine Kulturlandschaft mit 7000 Quadratmetern Wasserfläche entstanden sein wird. Aber schon heute bietet das Lausitzer Seenland vieles von dem, was die Erholung am Binnengewässer unvergleichlich macht – Ruhe und Vielfalt der Natur am Wasser, Badestrände, Seglerhäfen, Wassersportflächen, die Nähe zu Kulturstätten und günstige Verkehrswege.

Die Bergbaugeschichte spricht aus dem Namen des Knappensees, dessen Strände und Campingplätze nur 80 Kilometer vom Zittauer Gebirge entfernt liegen. Blaue Perlen in der Heide sind der Silbersee und der Dreiweiberner See. Der Bärwalder See ist die größte Wasserfläche Sachsens. Kohle und Literatur prägten die jüngere Geschichte der alten Handwerkerstadt Hoyerswerda. An den neuen Seen im Norden der Oberlausitz und im Süden der Niederlausitz vergnügen sich Wassersportler, Radwanderer und Naturfreunde.

Für die Landschaft nach der Kohle zeichnet die Lausitzer und Mitteldeutsche Bergbau-Verwaltungsgesellschaft mbH verantwortlich. Ihr Ziel ist die Rekultivierung der vom Kohleabbau devastierten Gebiete.

Bärwalder See

Der größte See Sachsens

Zwischen Boxberg (34 km von Hoyerswerda) und Uhyst/Spree liegt der mit 1300 Hektar größte See Sachsens, der Bärwalder See. Glasklares Wasser, **weitläufige Sand- und Wiesenufer,** Jachthäfen, Strände und der 25 Kilometer lange **Rundweg** für Radfahrer, Skater und Wanderer – das ist noch nicht alles, was diesen See als Erholungsgebiet inmitten der Natur auszeichnet. Entstanden ist er aus dem einstigen Braunkohletagebau Bärwalde. Die Flutung aus der jungen Spree wurde erst 2008 abgeschlossen, die neue Kulturlandschaft ist noch im Wachsen. Das Wertvollste war zuerst hier – die Stille. Und die Heide, das Wasser und die Tiere, die hier zu Hause sind. Am **Nordufer** bei **Boxberg** liegen der natürliche Strand und eine befestigte Promenade nah beieinander, eine Strandgaststätte sorgt für's Überleben der Gäste, Fahrräder können ausgeliehen werden.

Sprey

Wer sich für Architektur interessiert, sollte von Boxberg mit dem Fahrrad in das kleine Dorf Sprey fahren (Spreeradweg, 4 km). Es liegt an der Südkante des rekultivierten Tagebaus Nochten und hat nur 70 Einwohner. Mitte im Ort steht die 1790 errichtete **Schrotholzkirche.** Kein einziger Nagel wurde für den Bau verwendet. Der spätgotische Schnitzaltar

124ol dk

(Ende des 15. Jahrhunderts) zeigt neben dem heiligen Martin auch die heilige Barbara, die Schutzheilige der Bergleute. Im Sommer werden in der Kirche öfters Konzerte aufgeführt, auch am Tag des offenen Denkmals im September kann sie besichtigt werden.

Findlingspark Nochten

Zu einem Spaziergang durch die Erdgeschichte lädt der Findlingspark Nochten ein. Mit dem Fahrrad ist er über die B156 schnell erreicht (4 km). In dem **künstlichen Landschaftspark** am Rande des einstigen Tagebaus Nochten liegen über 5000 Findlinge – große Steine also, die in der Eiszeit aus Skandinavien in die Lausitz gedrückt und über der Kohle abgelagert wurden. Um diese Findlinge herum wurden von Bächen durchzogene **Gärten** inszeniert – Steingarten, Heidegarten, Teichgarten und ein Naturheidebereich –, die auf Findlingspfaden (ca. 6 km) erlebt werden können. Es gibt einen Aussichtsgipfel und einen Abenteuerspielplatz. Eine Traumlandschaft, die inmitten der einst geschundenen Kohleregion zur Wirklichkeit geworden ist und auch viel Wissens-, aber vor allem Sehenswertes über die Naturlandschaften in Skandinavien und in der Lausitz vermittelt.

■ **Findlingspark Nochten,** Bautzener Straße 7, Tel. (035774) 74711, www.lausitzer-findlingspark-nochten.com, 15. März bis 15. Nov., tgl. 10–18 Uhr (Bus Linie 255, 256 bis Nochten, Ortseingang)

◁ Das Kraftwerk ist weit genug weg …

Das „Ohr Europas“

MEIN TIPP: Nun wieder zurück zum Bärwalder See. Das „Ohr Europas“ ist eine **Landschaftsskulptur am Nordufer** des Sees. Es wurde nach einer Idee des Warschauer Künstlers *Jarosław Kozakiewicz* aus Abraumerde geformt und bildet über eine Länge von 250 Metern ein menschliches Ohr nach. Auf der mit 18 Metern höchsten Stelle ist eine **Aussichtsplattform,** von dort öffnet sich ein weiter Blick über den See bis hin zur sanften Wellenlinie des Oberlausitzer Berglandes. In nördlicher Richtung ragt das nahe gelegene, imposante Braunkohlekraftwerk Boxberg mit seinen unentwegt wasserdampfenden Kühltürmen auf. In der Ohrmuschel wurde ein Amphitheater eingerichtet, in dem 270 Menschen Platz finden.

transNaturale

Seit 2005 wird alljährlich im August rund um den Bärwalder See das **Licht-Klang-Festival** transNaturale gefeiert. Es will „unterschiedliche Relationen zwischen Natur, Zivilisation und Künstlichkeit“ untersuchen. Dazu werden international Kunstprojekte ausgewählt, die mit dem Fahrrad, auf Skatern oder zu Fuß aufgesucht und erlebt werden können. Einer der Konzert- und Theaterorte ist natürlich das „Ohr Europas“. Besonders eindrucksvoll sind auch die auf die Kühltürme des Kraftwerkes projizierten Lichtinstallationen.

■ **Programminformationen und Rückblick:** www.transnaturale.com

026ol dk

Uhyst/Spree

Der Rundweg in westlicher Richtung erreicht den Zufluss zum See und bald darauf eine Gedenkstätte für die Orte Schöpsdorf und Merzdorf, die für den Tagebau devastiert wurden. Weiter geht es auf asphaltiertem Weg immer am Ufer entlang nach Süden, durch eine typische junge Heidelandschaft. Auch an Schutzhütten und WCs wurde hier gedacht. Am **südlichen Ufer des Bärwalder Sees** liegen der Strand und der Hafen von Uhyst/Spree. Hier gibt es einen Textil-, einen FKK- und einen Hundestrand, eine Bootsbrücke und eine Imbissbude sowie öffentliche Toiletten. Vor allem aber Ruhe zum Baden im klaren Wasser.

Uhyst/Spree ist unter den kleinen Ortschaften in der nördlichen Oberlausitz eine besondere, freilich ohne deswegen zum gefragten Reiseziel geworden zu sein. Eher hat es den Charme einer vergessenen Schönen. Mitten im Dorf steht ein **Schloss.** Prächtiger könnte man es sich kaum vorstellen hier, mitten in der Heide. Barock, stattlich, italienische Meister sollen es erbaut haben. Aber es steht leer, seit Jahren. Bis in die 1990er Jahre diente es als Krankenhaus. Auch der Schlosspark mit den einsamen Sandsteinskulpturen lässt den barocken Sinn für Maß und Form ahnen, der diese An-

Fast unwirklich: Landschaft am Bärwalder See

Im Safariwildrevier in Uhyst/Spree

lage einst schuf. Vielleicht bleibt es nicht nur ein schöner Traum, dieses Kleinod am Rande der Seenlandschaft einmal wiederbelebt zu sehen.

Ein paar Schritte auf der Dorfstraße sind es bis zur **Schleiferei,** der 1866 erbauten Werkstatt des Schlosses. Daneben das **Spreewehr** und eine schmale Brücke, die in den **Volkspark** führt. Von den einsamen Bänken unten am Spreelauf wissen nur die Mücken …

125ol dk

Klitten

Den Rundweg um den See fortsetzend, erreicht man nach weiteren 3,5 Kilometern den Jachthafen von **Klitten** mit Liegeplätzen für 90 Motor- und Segeljachten. Beim **Leuchtturm** lädt ein kleines Café auf dem Wasser ein, am Hafen ein Imbiss. Von April bis Oktober kann man freitags bis sonntags mit dem Fahrgastschiff „Jasua“ zwischen Klitten, Boxberg und Uhyst den See überqueren. Ab dem Jahr 2014 sollen auf dem Bärwalder See auch internationale Segelregatten ausgetragen werden.

Praktische Informationen

Anreise

- **B156,** Bautzen – Weißwasser über Uhyst und Boxberg
- **Bahn OE 65,** Görlitz – Cottbus bis Weißwasser, weiter mit **Bus 255** (Richtung Mücka) oder 256 (Richtung Uhyst) bis Boxberg, Sparkasse, 15 Min. Fußweg an der Alten Bautzener Straße bis zum Bärwalder See; Bus 256 fährt selten auch über Sprey
- **Bahn OE 64,** Görlitz – Hoyerswerda bis Klitten/Uhyst

Unterkunft

- **Hotel Garni**①, Uhyst, Hauptstraße 34, Tel. (035728) 80313, www.hotel-jackisch.de (ruhig gelegen am Biosphärenreservat, am Spreeradweg, mit schönem Garten und Fahrradverleih)
- **Pension Galleria**①, Hauptstraße 10, Tel. (035728) 85439, www.pension-unterkunft-oberlausitz.de (direkt im Ortszentrum von Uhyst/Spree, DZ 45 €)

Tierpark

- **Safariwildrevier am Bärwalder See,** Uhyst/Spree, Tel. (03589) 32126, www.safariwild evier.de, ganzjährig geöffnet (direkt am Westufer des Sees gelegen, bietet Tierbeobachtung, Safari mit Fütterung, Streichelgehege, Lama-Trekking, Wildparkschule)

Hoyerswerda – Kohle, Träume, Literatur

Die einst kinderreichste Stadt der DDR hat ein vielfältiges Antlitz. Bekannt ist Hoyerswerda vor allem für die weitflächigen Großblock- und Plattenbauwohnviertel der 1950er bis 1980er Jahre in der Neustadt. Sie entstanden zunächst für die Familien der Beschäftigten des Braunkohleveredlungswerkes **„Schwarze Pumpe“**, das in der Heide 15 Kilometer nördlich der Stadt ab 1955 errichtet wurde. „Hoywoy“, wie es die Bewohner gern nennen, galt offiziell als – nach Eisenhüttenstadt – „zweite sozialistische Stadt“ der DDR. Die Schriftstellerin **Brigitte Reimann** (1933–1973) hat der Aufbauzeit mit ihren Träumen und Konflikten zwischen Arbeit, Alltag und Liebe in der Erzählung „Ankunft im Alltag“ (1961), vor allem aber in dem Roman „Franziska Linkerhand“ (1974) und in ihrem Tagebuch ein literarisches Denkmal gesetzt. Wer je etwas erfahren will über das Leben in der DDR, sollte „Franziska Linkerhand“ lesen. Der Baggerfahrer, Rockmusiker und „Silly“-Texter *Gerhard Gundermann* (1955–1998) hat Hoyerswerda und dem Alltag im Kohlerevier ein Denkmal in sozial konkreten Liedern geschrieben.

Forschungsgeschichte schrieb der in Berlin gebürtige Erfinder **Konrad Zuse** (1910–1995), der in Hoyerswerda sein Abitur erwarb und 1941 den weltweit ersten Computer konstruierte. Ihm zu Ehren hat die „Konrad-Zuse-Stadt“ ein Computermuseum eingerichtet, eine Straße und das Gymnasium nach dem Pionier benannt.

In Hoyerswerda wurde erstmals in der DDR **industrieller Wohnungsbau** praktiziert. Die Wohnquartiere der 1950er und 1960er Jahre stehen exemplarisch für frühe Antworten auf bis heute aktuelle städtebauliche Herausforderungen. Als *Brigitte Reimann* 1963 in einer Rede vor dem Nationalrat der Nationalen Front – dem gemeinsamen Gremium aller Parteien und Massenorganisationen der DDR – in verblüffender Offenheit fragte: „Kann man in Hoyerswerda küssen?“, entfachte sie damit eine wochenlange Leserdiskussion im SED-Bezirksorgan „Lausitzer Rundschau“ über die Lebensqualität in der Retortenstadt.

Geschichte

Handel und Handwerk

Die Geschichte Hoyerswerdas reicht aber viel weiter zurück. Davon kündet die restaurierte Altstadt mit ihren kleinstädtischen Straßenzügen rund um den Markt. Besiedelt wurde die Gegend im 12. und 13. Jahrhundert, vor allem durch Sorben. Zwar wird für diese Zeit auch bereits eine Burg genannt, doch entwickelte sich der **abseits der Handelswege** gelegene Ort nur langsam. 1371 erhielt Hoyerswerda Marktrecht, 1423 das Stadtrecht. Wie in anderen Oberlausitzer Orten auch, kam es im 16. Jahrhundert in Hoyerswerda zu Bauernunruhen, die

> Skulpturen am Lausitzer Platz

durch die Truppen des Sechsstädtebundes niedergeschlagen wurden. Im Dreißigjährigen Krieg wurde Hoyerswerda mehrfach besetzt und geplündert. 1705 schenkte *August der Starke* seiner Mätresse *Katharina von Teschen* die Standesherrschaft Hoyerswerda. Unter der neuen Herrscherin blühten Handel und Handwerk in der Stadt auf.

Industrialisierung

Im Ergebnis der Napoleonischen Kriege musste Sachsen 1815 seine nördlichen Provinzen an Preußen abtreten, darunter auch Hoyerswerda, das nun der Provinz Schlesien angegliedert wurde. Die Eröffnung der Bahnstrecke 1873 brachte wirtschaftlichen Aufschwung mit sich, die Stadt erlebte ihre erste Industrialisierung. 1945 von den Nationalsozialisten zur Festung erklärt, wurde Hoyerswerda bei den Kämpfen am Kriegsende schwer zerstört und zudem durch die sowjetische Armee teilweise in Brand gesetzt.

Mit dem Bau der **„Schwarzen Pumpe“** und des neuen Hoyerswerda – die Grundsteinlegung erfolgte am 31. August 1955, da hatte die Stadt 7000 Einwohner – wuchs die Bevölkerung rasant. Mit 71.124 Menschen erreichte sie 1981 den Höchststand. 1990 entschieden sich die Hoyerswerdaer per Bürgerentscheid für die Zugehörigkeit zum Land Sachsen.

Ausländerfeindlichkeit

Im September 1991 kam es durch jugendliche **Neonazis** in mehreren Wohnblöcken der Neustadt zu ausländerfeindlichen Krawallen gegen die dort lebenden mosambikanischen und vietnamesischen Vertragsarbeiter. Hoyerswerda wurde daraufhin weltweit mit Auslän-

126ol dk

derfeindlichkeit in Verbindung gebracht. Der bei den Ausschreitungen durch Neonazis geprägte Begriff „ausländerfrei" wurde Unwort des Jahres 1991.

Modernisierung

Infolge der hohen Arbeitslosigkeit sank die Einwohnerzahl, sodass Wohnquartiere am Rande der Neustadt komplett abgerissen wurden. Die Stadt ist mit ihren Bürgern jedoch dabei, sich unter dem Slogan „Hoyerswerda will's wissen" neu zu erfinden. Chancen dürften sich aus dem Lausitzer Seenland ergeben, das im einstigen Kohlerevier vor der Stadt heranwächst. Bereits heute gilt Hoyerswerda als attraktive Einkaufsstadt mit vielfältigen Sport- und Kulturangeboten. Dazu gehören die Lausitzhalle mit den Hoyerswerdaer Musikfesttagen, das Lausitzbad, das soziokulturelle Zentrum „Kulturfabrik Hoyerswerda", der Kunstverein Hoyerswerda, das Schloss mit dem Museum und die Altstadt.

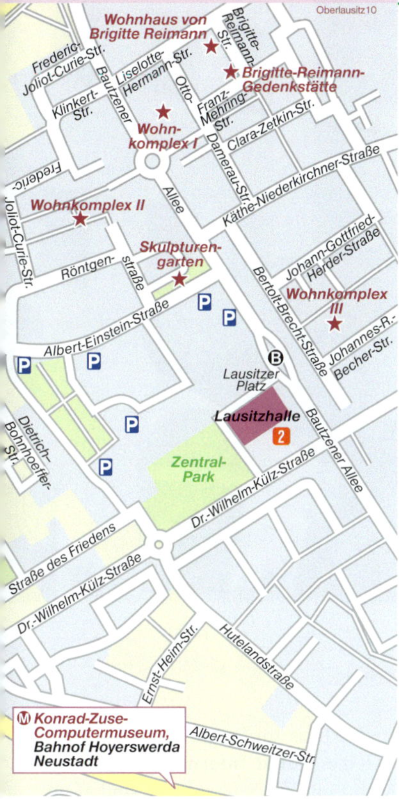

Sehenswertes

Altstadt

Die Altstadt **rund um den Markt** erinnert mit ihren schmalen Sträßchen, den kleinen Häusern und Geschäften noch an Hoyerswerda als Stadt der Handwerker. In der **Langen Straße** sind sie heute wieder zu Hause, sie ist die älteste und wohl auch charmanteste Adresse der Altstadt. Schmal und kopfsteingepflastert, mit einstöckigen, farbenfrohen

Häusern beschreibt sie im wörtlichen Sinn einen sanften Bogen vom 18. Jahrhundert bis in die Gegenwart. Südlich schließt sich das Bleichgäßchen an, das in einen der vielen Parks von Hoyerswerda führt.

August-Bebel-Straße

Die dabei überquerte Kreuzung ist wichtig für die Orientierung: Über die Kirchstraße geht es ins Zentrum der Altstadt. Die Friedrichstraße/August-Bebel-Straße führt in das Hoyerswerda der 1950er Jahre und zum Bahnhof (man geht etwa 10 Min.). Beim **Bahnhofsvorplatz** begann mit der Grundsteinlegung für das Haus August-Bebel-Straße 16a am Nachmittag des 31. August 1955 – nachdem vormittags der erste Spatenstich für „Schwarze Pumpe" vollzogen worden war – der **Aufbau der neuen Wohnstadt.** Bis zum Jahr 1958 entstanden hier in Ziegelbauweise Wohnbauten und ein kleines Zentrum mit Läden, Gaststätten und verschiedenen Dienstleistungseinrichtungen.

Johanniskirche

Zunächst aber weiter in die Altstadt. Am Kirchplatz steht die Johanniskirche. 1225 erstmals erwähnt, ist sie die **älteste Kirche der Stadt.** Die Restaurierung wurde erst kürzlich beendet, nachdem die Kirche in den letzten Kriegstagen komplett zerstört und dann nur unvollständig wiederaufgebaut worden war. Das Altarbild „Ecce homo" schuf 1949 der in Hoyerswerda gebürtige Künstler *Hardy Schneider-Sato* (1919–2002).

127ol dk

Markt

Das **Rathaus** an der Westseite des Marktes öffnet sich mit einer doppelläufigen Freitreppe zur Stadt. Seine Geschichte reicht zurück bis 1449, nach mehreren Bränden wurde es 1680 wieder aufgebaut. 1930 erhielt es schließlich sein heutiges Aussehen. Im Lichthof des im Inneren modernen Bauwerkes werden wechselnde Kunst- und historische Ausstellungen gezeigt. Am Platz stehen restaurierte Bürger- und Geschäftshäuser, die kursächsische Postmeilensäule und ein Brunnen – der **Sorbenbrunnen** nach dem Entwurf des Hoyerswerdaer Bildhauers *Jürgen von Woyski* (1929–2000). Dieser Künstler hat an zahlreichen Orten der Stadt mit seinen Werken Akzente gesetzt, die bis heute dem Alltag ein freundlicheres Gesicht geben.

Schloss

Im Eckhaus zur Schlossergasse befindet sich die **Tourist-Information.** Über den Markt und die Schloßstraße sind es nur wenige Schritte bis zum Schloss. Im Kern ein dreigeschossiger Renaissancebau (1592), wurde es als Residenz für die ehemalige Mätresse *Augusts des Starken,* die Herzogin und Reichsfürstin *von Te-*

Die Skulptur „Trompeter" von Jürgen von Woyski vor dem Hoyerswerdaer Schloss *schen,* barock umgebaut und erweitert. Auch ein Schlossgarten wurde angelegt – auf seinem nach dem Krieg verwahrlosten Terrain befindet sich seit 1959 der beliebte **Zoo.** So begrüßen den Schlossbesucher heute mit kräftiger Stimme zunächst einige Schafe. Das Schloss beherbergt das **Stadtmuseum** und das Stadtarchiv. Konzertsaal, Gesellschaftszimmer und Galerie sind Zentren des städtischen Kulturlebens.

■ **Stadtmuseum,** Schloßplatz 1, Tel. (03571) 456490, www.museum-hy.de, April bis Sept. Di.–So. 9–18 Uhr, Okt. bis März Di.–So. 10–17 Uhr

Vor dem Schloss steht die **Bronzeplastik „Trompeter"** von *Jürgen von Woyski.* Von 1975 an alle zwei Jahre wurden die grünen Freiflächen im Zoo zu offenen Ateliers internationaler **Bildhauersymposien.** Die Idee und Leitung hatten *Jürgen von Woyski* und der Maler und Museumsdirektor *Günter Peters.* Skulpturen, die während der Symposien entstanden, sind heute noch vielerorts in der Stadt zu entdecken.

Neustadt

Der Fußweg von hier ins Zentrum der Neustadt dauert rund eine Viertelstunde. Er lohnt sich – nicht nur der vielen Läden wegen, die zum Flanieren und Einkaufen einladen, sondern auch – oder gerade deswegen – aus kulturhistorischen Gründen. In Hoyerswerda-Neustadt stehen die Stadtquartiere der jüngeren Vergangenheit, hier kann man beim Spazierengehen in die Fünfziger, Sechziger, Siebziger, Achtziger Jahre abtauchen, und das ist alles keine erledigte Geschichte, weil hier überall Menschen zu Hause sind und weil natürlich auch die Gegenwart hier ihre Spuren zeichnet. Die Neustadt gliedert sich in die **Wohnkomplexe I bis X** (die Abkürzung WK gehört in Hoywoy zum Sprachalltag), für einen Stadtrundgang interessant sind die beiderseits der Bautzener Allee liegenden WK I, II und III.

Lausitzer Platz

Am Schloss und am Zoo vorbei geht es auf die Alte Berliner Straße und über den **Elsterbogen** – den Schwarze-Elster-Kanal – auf die Albert-Einstein-Straße, die auf die **Bautzener Allee** führt, die Magistrale der Neustadt. Rechter Hand ist der weitläufige Lausitzer Platz nicht zu übersehen. Die **Lausitzhalle** – eröffnet 1984 als „Haus der Berg- und Energiearbeiter" –, das „Lausitz-Center" und das Congresshotel bestimmen das Bild des zentralen Platzes. Entlang der Magistrale stehen die denkmalgeschützten achtgeschossigen **Plattenbauten** des WK III (1959–1961).

Wohnkomplex I

Das kleine Geviert Bautzener Allee/Liselotte-Herrmann-Straße/Stauffenbergstraße/Käthe-Niederkirchner-Straße bildet den Wohnkomplex I, für den am 15. Juni 1957 am Wohnblock der heutigen Otto-Damerau-Straße 2–10 der Grundstein gelegt wurde. Im selben Jahr wurde in der heutigen Konrad-Zuse-Straße 9–13 erstmals in der DDR ein Plattenbau aus industriell gefertigten Bauteilen errichtet.

020ol dk

Brigitte Reimann

Mein Tipp: In der Liselotte-Herrmann-Straße 20 wohnte von 1960 bis 1968 die Schriftstellerin *Brigitte Reimann,* eine **Gedenktafel** am Haus erinnert daran. In der Brigitte-Reimann-Straße 8 gibt es eine nach der Autorin benannte **Begegnungsstätte.** Der Kunstverein Hoyerswerda lädt von dort aus zu Stadtspaziergängen auf den Spuren der Schriftstellerin und ihres Werkes ein.

■ **Brigitte-Reimann-Begegnungsstätte,** Brigitte-Reimann-Straße 8, Tel. (03571) 412016, www.kunstverein-hoyerswerda.de, Mo.–Fr. 8–13.30 Uhr, sonst nach tel. Vereinbarung (nachgebildete Wohnung der Schriftstellerin, Bibliothek)

⌃ Charmant: die Lange Straße in der Altstadt

› Am Lausitzer Platz

Wohnkomplex II

Zum Wohnkomplex (WK) II braucht man nur die Bautzener Allee zu überqueren. Dieses Quartier entstand ab 1957, ab 1962 auch in Plattenbauweise – aber mit steilen Dächern. Hier stehen zahlreiche **Skulpturen,** die während der Bildhauersymposien zu den Themen „Jahr des Kindes" sowie „Jahr der Behinderten" geschaffen wurden. Über die Röntgenstraße (im WK II sind die Straßen nach Wissenschaftlern benannt, im WK I nach Hoyerswerdaer Bürgern und nach antinationalsozialistischen Widerstandskämpfern, im WK III nach deutschen Dichtern) gelangt man auf die Albert-Einstein-Straße und über diese wieder zurück zum Schwarze-Elster-Kanal.

Weitere Sehenswürdigkeiten

Die **Elsterstraße** entlang des Flusslaufes ist nach Norden hin identisch mit der B96 (Zittau – Insel Rügen) und nach Süden mit der B97 (Dresden – Guben). Von der Neustadt bequem zu erlaufen ist das **Lausitz-Bad,** ein Hallenbad mit Piratenschiff, Strömungskanal, beheiztem Außenbecken, Gondelteich und sonstigen Raffinessen. Über die Südstraße ist mit dem Auto in fünf Minuten das Gewerbegebiet erreicht (mit dem Bus Linie 2 ab Bahnhof Lausitzer Platz bis Kaufland). Dort ist das **Konrad-Zuse-Computermuseum** zu finden. 15 Min. zu Fuß ist es von dort zum Bahn-Haltepunkt Hoyerswerda-Neustadt, wo die ODEG-Bahn nach Görlitz verkehrt.

128ol dk

- **Konrad-Zuse-Computermuseum,** Industriegelände Straße E, Nr. 8, Tel. (03571) 478957, www.konrad-zuse-computermuseum.de, Di.–Do. 9–15 Uhr, So. 15–17 Uhr (Geschichte der Zahlen- und Rechentechnik, Lochkartentechnik, der Erfinder Konrad Zuse und seine Firma, DDR-Rechentechnik, Büro- und Heimcomputer ab der ersten Generation)

Praktische Informationen

Anreise

- **A4** bis Ottendorf-Okrilla, dann B97
- **B96** (Zittau – Insel Rügen)
- **Bahn,** Görlitz – Hoyerswerda, Dresden – Ruhland – Hoyerswerda

Info

- **Tourist-Information Lausitzer Seenland,** Schlossergasse 1, Tel. (03571) 456920, www.hoyerswerda.de, Mai bis Sept. Mo.–Sa. 9–13 und 14–18 Uhr, Okt. bis April 10–16 Uhr

Unterkunft/Gastronomie

- **Achat-Hotel Lausitz**③, Bautzener Allee 1a, Tel. (03571) 4700, www.achat-hotel.de (Tagungshotel in zentraler Lage)
- **Hotel Zur Mühle**③, An der Mühle 4, Tel. (03571) 4770, www.muehle-hoywoy.de, Mo. 15–22 Uhr, Di.–Do. 11–22 Uhr, Fr., Sa. 15–23 Uhr, So. 12–20 Uhr (ruhig gelegen zwischen Rathaus und Schloss, Sommergarten, Lausitzer Küche)

An der Schwarzen Elster

Dörgenhausen

An der B 97, in einer parkartigen Aue der Schwarzen Elster, liegt das nach Hoyerswerda (5 km) eingemeindete Dorf Dörgenhausen. Der Name bedeutet „Häuser der Thüringer" und erinnert an die deutsche Besiedlung im 13. Jahrhundert. Auch der sorbische Name – Nemcy – spricht von den Deutschen. Die **Christkönigskapelle** wurde 1953 errichtet, die Christusfigur am Eingang der Kirche schuf 1998 der Hoyerswerdaer Bildhauer *Jürgen von Woyski.* Eine Rarität ist die sanierte Bockwindmühle aus dem Jahr 1707. Der Windmühlenverein lädt zu Führungen durch das Bauwerk ein, zum Deutschen Mühlentag am Pfingstmontag wird immer ein **Mühlenfest** gefeiert. Dörgenhausen liegt am Rande des Naturschutzgebietes **Dubringer Moor,** dahin führen markierte Wanderwege (siehe unten).

■ **Windmühlenverein Dörgenhausen,** Tel. (03571) 924689, 403884, www.bockwindmühle dörgenhausen.de (Gruppen können Führungen vereinbaren)

Dubringer Moor

Eine kleine Stadt an drei Flüssen ist das deutsch-sorbische Wittichenau, nur fünf Kilometer entfernt von Hoyerswerda. Die Schwarze Elster und ihre Nebenflüsse Klosterwasser und Schwarzwasser durchqueren den Ort. Zwei Kilometer

129ol dk

entfernt liegt das **Naturschutzgebiet Dubringer Moor,** der **größte Moorkomplex der Oberlausitz.** Der Froschradweg und der Krabat-Rundweg führen durch dieses Naturparadies. Zahlreiche bedrohte Vogelarten sind zur Brutzeit im Dubringer Moor zu Hause, so die Rohrweihe, Roter und Schwarzer Milan, der Seeadler und der Graureiher. Durch das Moor führt ein 4,5 Kilometer langer Naturlehrpfad. Der kürzeste Zugang zu diesem Rundweg erfolgt vom Waldbad Wittichenau, das nahe der Landstraße Kamenz – Wittichenau (Bus Linie 182 Kamenz – Hoyerswerda) liegt. Hinter dem Bad gibt es einen Wegweiser zur Schowtschikmühle. Die heute privat genutzte Wassermühle ist die Letzte von einstmals fünf in dieser Gegend. Von nun an immer den Wegweisern „Rundweg" folgen.

In die entgegengesetzte Richtung geht es zur Teichwirtschaft Zelder, einer Ausflugsgaststätte am Rande des Moores (4 km) und nach Wittichenau.

Eine **Sage** berichtet vom Versunkenen Schloss im Dubringer Moor. Dessen Ritter soll seiner Hartherzigkeit wegen damit bestraft worden sein, dass er niemals zur Ruhe kommen kann. In den 1980er Jahren fand man im Moor Scherben und die Reste einer Schanze aus vorchristlicher Zeit, die als Fluchtburg gedient haben soll.

☒ Das Dubringer Moor bei Wittichenau

Wittichenau

An einem Pfeiler in der gotischen **Pfarrkirche** von Wittichenau (1440) erinnert eine Tafel an den kroatischen Obristen *Johannes Schadowitz* (1624–1704), der dort begraben liegt – es ist die Grabstätte des sagenhaften **Krabat** („Kroate"), für den auch ein Denkmal auf dem Wittichenauer Marktplatz errichtet wurde. Durch den Ort verläuft auch der Radwanderweg „Auf den Spuren des Krabat". Den barocken Hauptaltar der Kirche schuf der in Wittichenau gebürtige sorbische Bildhauer *Mathias Wenzel Jäckel* (1655–1738), von dem auch zwei Skulpturen auf der Prager Karlsbrücke sowie Figuren im Kloster St. Marienstern stammen.

Aus Wittichenau stammen *Georg August Swotlick,* der die Bibel ins Sorbische übertrug, und *Xaver Jakub Ticin* (1656–1693), der Verfasser der ersten obersorbischen Grammatik. Der katholische Sozialpädagoge und Publizist *Günter Särchen* (1927–2004) erwarb sich unter den Gegebenheiten der DDR einzigartige Verdienste um die deutsch-polnische Versöhnung.

Praktische Informationen

Info

- **Stadtinformation,** Markt 1, Tel. (035725) 75522, www.wittichenau.de, Mo.–Fr. 8–12 Uhr, Do. auch 13–18 Uhr
- Öffentliche **Wanderungen** in das Dubringer Moor unternimmt hin und wieder auch das Museum der Westlausitz in Kamenz, www.museum-westlausitz.de (siehe Kapitel „Im Land der Sorben, Kamenz")

Unterkunft

■ **Landgasthof und Pension Dubringer Moor** ①, Wittichenau, Dubring 3, Tel. (035725) 70648 (am Frosch- und Krabatradweg, Kleintiergehege, Moorwanderungen)

■ **Pension Haus Irmi**①, Wittichenau, Kamenzer Str. 71, Tel. (035725) 70633, www.pension-haus-irmi.de (am Frosch-, Krabat- und Elsterradweg, Frühstück mit Bio-Produkten)

■ **Ferienwohnung Fichert**①, Wittichenau/OT Spohla, Spohla 44, Tel. (035725) 70225, www.unterkunft-lausitz.de (Vierseiten-Bauernhof, Garten mit Teich, Fahrräder gratis)

Gastronomie

■ **Zelders Teichwirtschaft und Fischgaststätte**①, Neudorf, Teichhaus 46, Tel. (035725) 70333, www.zelders-fisch.de, Ostern bis Anfang Okt. Sa./So./Feiertage 10–20 Uhr (am Rande des Naturschutzgebietes Dubringer Moor, Fischgaststätte und Fischerklause, frischer Fisch aus heimischen Gewässern sowie Seefisch-Spezialitäten, Kahnverleih während der Öffnungszeiten)

Zeißholz

Braunkohle

Im Heidedorf Zeißholz (11 km von Hoyerswerda) lag früher die Braunkohle so dicht unter dem Sandboden und an manchen Stellen gar unter freiem Himmel, dass die Bauern sie nur aufsammeln mussten und an die umliegenden Glasfabriken verkaufen konnten. Schon 1848 sprach man dort von „Bauernbergbau". Im **Dorfmuseum** Zeißholz, das in einem der ältesten erhalten gebliebenen Dreiseithöfe der Oberlausitz – seit 1401 ist der Hof belegt – von einem Verein betrieben wird, werden noch Arbeitsgeräte aus dieser Zeit aufbewahrt, ebenso Maschinenteile der früheren Brikettfabrik und eine Sammlung von Zierbriketts und historischen Fotos. An dem kleinen sehenswerten Museum führen der Krabat- und der Froschradweg vorbei. Die Brikettfabrik „Saxonia" war von 1887 bis 1911 in Betrieb, die Brikettfabrik „Zeißholz" von 1911 bis 1992. 1909 wurde am Dorf die Grube „Clara III" eröffnet. 1928 fand man in der Grube eine Kanne voller Gold- und Silbermünzen: Die **Zeißholzer Kanne** ist im 4. Jahrhundert bei Kiew hergestellt worden und auf dem Handelsweg nach Zeißholz gelangt. Sie befindet sich heute im Kulturhistorischen Museum Görlitz.

■ **Dorfmuseum Zeißholz,** Zur Eibe 1, www.fuer-zeissholz.de, Mai bis Okt. Mo.–Do. 13–16 Uhr, So. 13.30–17.30 Uhr (150 Jahre Bauern-Bergbau-Geschichte und sorbische Stube im denkmalgeschützten Dreiseit-Bauernhof)

Lauta

Gartenstädte

Die kleine grüne Stadt Lauta (13 km von Hoyerswerda) liegt an der Grenze von Ober- und Niederlausitz und von Sachsen zu Brandenburg. Im Zuge der Gründung einer Aluminiumhütte mit eigenem Kraftwerk in Lauta wurde ab 1918 für die Arbeiter und Angestellten die Gartenstadt **Lauta-Nord** errichtet. Die unter Denkmalschutz stehende Anlage ist sehr gut erhalten. Die Gartenstadt **Erika** entstand zwischen 1915 und 1928 im Ortsteil Laubusch. Auch hier lohnt sich für Architekturinteressierte ein Rundgang. Die **Gartenstadtidee** geht auf den Engländer *Ebenezer Howard* (1850–1928) zurück und begründete städteplanerische und architektonische Alternativen zum Wohnen in den wuchernden Großstädten. Die erste deutsche Gartenstadt ist Hellerau, das heute zu Dresden gehört.

Die **Dorfkirche,** errichtet im 15. Jahrhundert, wurde Ende des 17. Jahrhunderts barock ausgestattet. 1924 wurden die evangelische und die katholische Kirche von Lauta-Stadt eingeweiht.

Lauta ist von Heide und Gewässern umgeben. Viele **Radtouren und Wanderungen** führen ins Lausitzer Seenland. Neben der Gartenstadt Lauta-Nord liegt der Stadtpark, zu dem ein großer **Erlebnisspielplatz** gehört. Durch den Park von Laubusch führt ein Waldlehrpfad.

Praktische Informationen

Unterkunft

- **Pension Opitz**①, Lauta Süd, Lessingplatz 4, Tel. (035722) 30762, www.tagebauen.de (einfache, preiswerte Pension für Touren ins Lausitzer Seenland und in die Niederlausitz, Garten, Grillplatz, Selbstversorgung, Bahnhof Lauta 1 km)

Museum

- **Museumshof Großkoschen,** Großkoschen, Dorfplatz 13, Tel. (03573) 81458, www.museumshof-grosskoschen.de, Mai bis Okt. tgl. 10–17 Uhr, Nov. bis April nach Vereinbarung (bäuerliches Leben in einem typischen Vierseithof der Region, am Senftenberger See, Donnerstag ist Backtag)

Die neuen Seen im Norden

Das Herzstück des Lausitzer Seenlandes sind die durch Kanäle verbundenen großen Seen an der sächsisch-brandenburgischen Landesgrenze zwischen Hoyerswerda und Senftenberg. Ein beliebtes Urlaubs- und Wochenendziel für Badegäste und Wassersportler, die „Lausitzer Badewanne", ist schon seit 40 Jahren der **Senftenberger See,** nahe der B96. Strände gibt es in Senftenberg und Großkoschen, hier auch den weitläufig grünen Familienpark-Campingplatz. Maritimes Flair bietet der Stadthafen mit Seebrücke in Senftenberg. Hier legen auch Fahrgastschiffe an, die über den See kreuzen. Rund um das Gewässer führt ein 18 Kilometer langer Radweg.

Eine der jüngsten Wasserflächen in Sachsen ist der **Geierswalder See,** östlich von Senftenberg. Am Sandstrand bei Geierswalde kann man baden, surfen oder vom Wassersportzentrum aus die Segel setzen. Asphaltierte und gut markierte Wege verbinden den Geierswalder See mit seinen Nachbarn: dem **Partwitzer See** und den noch in Flutung befindlichen **Blunoer Südsee, Neuwieser See** und **Sedlitzer See.** Die ersten künstlich geschaffenen, schiffbaren Kanäle im Lausitzer Seenland sind der Koschener Kanal zwischen Geierswalder und Senftenberger See sowie der Barbara-Kanal zwischen dem Geierswalder und Partwitzer See, weitere Kanäle sind im Bau oder geplant.

Als Landmarke inmitten des Seen- und jungen Heidelandes ragt zwischen Geierswalder und Sedlitzer See der **„Rostige Nagel“** auf. 30 Meter hoch, aus rostrotem Stahl, ist er Skulptur und Aussichtsturm zugleich, ein Sinnbild für die Industriegeschichte und den Wandel dieser Landschaft. Von der Plattform des frei zugänglichen Stahlmonuments bietet sich ein großartiger Rundblick über Seen und Wälder, zu den Niederlausitzer Kohlekraftwerken und dem Oberlausitzer Bergland. In der „Rostlaube“ beim Turm gibt es einen Imbiss sowie Andenken und Wanderkarten.

■ **Landmarke „Rostiger Nagel“,** am Sornoer Kanal zwischen Sedlitzer und Geierswalder See (frei zugänglich, bei Eisglätte und Gewitter Betreten verboten. Vom Strand bei Geierswalde 7 Kilometer, von Großkoschen 5 Kilometer Asphaltweg)

Ein weiterer markanter Aussichtspunkt ist der **„Schiefe Turm“** am Südufer des Senftenberger Sees, bei Peickwitz. Ebenfalls frei zugänglich und 30 Meter hoch, bietet er einen wunderbaren Blick über den See mit seiner geschützten Insel und der Uferheide. Der Rastplatz ist zu Fuß und mit dem Fahrrad auf markierten Wanderwegen erreichbar.

■ **Aussichtsturm Peickwitz „Schiefer Turm“,** Senftenberger See, Südufer bei Peickwitz (Ortsteil von Senftenberg), frei zugänglich, am Radweg Senftenberger See

Von den IBA-Terrassen am noch entstehenden Großräschener See in Südbrandenburg bis zum Bärwalder See, der größten Wasserfläche in Sachsen, verbindet die 180 Kilometer lange **Seenland-Route** 16 Wasserflächen. Ein außergewöhnlicher **Fahrradwanderweg,** fast ohne Steigungen, in jungen Wäldern und sonnigen Abschnitten, immer wie-

130ol dk

◁ Blick auf den …

▷ … und Blick vom „Rostigen Nagel“

131ol dk

der mit reizvollen Ausblicken auf Gewässer. Markiert ist die Route durch ein blaues Quadrat mit abgerundeten Ecken.

Das Lausitzer Seenland ist eine **Landschaft im Entstehen.** Noch sind nicht alle Halden und anderen ehemaligen Tagebauflächen begehbar. Abgesehen davon, dass einige auch ganz und gar der Natur vorbehalten bleiben sollen, müssen unbedingt Beschilderungen respektiert werden, die das Betreten bestimmter Uferbereiche und Halden untersagen.

Praktische Informationen

Info/Verkehr

- **Tourist-Information Senftenberg,** Markt 1, Tel. (03573) 1499010, Mo. 10–18 Uhr, Di.–Fr. 9–18 Uhr, Juni bis Sept. auch Sa. 10–13 Uhr (mit Fahrradverleih)
- **Tourist-Information Partwitzer See,** Schäfereiweg (Am Rundweg), Tel. (035751) 15311, www.partwitzer-hof.de, Mai, Sept. Sa., So. 11–17 Uhr, Juni Mo.–Fr. 13–16 Uhr, Sa., So. 11–17 Uhr, Juli, Aug. Mo.–Fr. 12–17 Uhr, Sa., So. 10–17 Uhr
- **IBA-Terrassen Großräschen,** Seestraße 100, Tel. (035753) 26111, www.iba-terrassen.de, März bis Okt. Di.–So. 10–16 Uhr (Besucherzentrum am Rande des ehemaligen Tagebaus Meuro, Panoramablick auf den entstehenden Großräschener See, Tourist-Information, Ausstellung, Café, Bühne; Projekt der Internationalen Bauausstellung „Fürst-Pückler-Land" 2000–2010, Anreise über A 13, B 169, Regionalbahnlinie Berlin – Lübbenau – Senftenberg)
- **Fahrradbus ins Lausitzer Seenland,** Bus Linie 150/166 (ohne Umsteigen) Kamenz – Hoyerswerda, www.vvo-online.de (April bis Okt. Sa., So., in Kamenz Anschluss an die Städtebahn Dresden – Kamenz; über Großkoschen, Geierswalde, Klein Partwitz; Tageskarte für VVO-Verbundraum)
- **Hintergrundinformationen** finden sich auf www.lmbv.de

132ol dk

Unterkunft

■ **LausitzResort**③, Geierswalder See, www.geierswaldersee.de (Ferienanlage auf dem Wasser, schwimmende Ferienhäuser und Feriendecks am Südufer des Sees)

■ **Schwimmendes Haus**②, Partwitzer See, Aqua Terra Lausitz GbR Elsterheide, Tel. (035751) 15311, www.partwitzer-hof.de (kleines zweigeschossiges Haus auf dem See, für zwei bis drei Gäste, vollständig zur Selbstversorgung ausgestattet, ganzjährig mietbar)

■ **Familienpark Großkoschen**①, Straße zur Südsee 1, Tel. (03573) 8000, www.senftenberger-see.de (Fünf-Sterne-Campingplatz, ganzjährig, frei zugänglicher, schöner Badestrand für Textil und FKK, Anreise über B96)

Bluno

Am Ufer des Blunoer Südsees – bis zum Jahr 2015 soll er auf 350 Hektar Wasserfläche heranwachsen, ein Surf- und Segelparadies –, an der B156 und direkt an der Grenze zu Brandenburg, liegt das kleine sorbische Dorf Bluno. Hier steht **eine der ältesten Fachwerkkirchen Europas.** Sie wurde 1673 erbaut. Zur Ausstattung gehören eine Holzskulptur der Madonna mit dem Kinde aus dem Jahre 1450 und die Figurengruppe einer Marienbekrönung aus dem 16. Jahrhundert.

Bei Bluno sowie auf dem Landsteg zwischen Blunoer Südsee und Partwitzer See gibt es Aussichtspunkte zur entstehenden Seenlandschaft. Sehenswert sind auch die benachbarten **Dörfer** Klein Partwitz, Sabrodt, Bergen, Tätzschwitz, Seidewinkel und Geierswalde, die in der Gemeinde Elsterheide zusammengeschlossen sind.

☒ Schönwetterwölkchen an den neuen Seen

Praktische Informationen

Info

■ **Evangelisches Pfarramt Bluno,** Dorfaue 36, Tel. (03564) 22505 (Besichtigung der Kirche)

Unterkunft/Gastronomie

■ **Gasthof Zum Anker**①, Klein Partwitz, Lindenallee 5, Tel. (035751) 20701, www.gasthof-zum-anker.de, Mo., Mi.–So. ab 11.30 Uhr (zwischen den Seen, Biergarten, Streichelgehege, Quadcenter)

■ **Ferienwohnung Zur Schmiede**①, Bergen, Am Anger 11, Tel. (03571) 928322, www.ferienwohnung-im-bauernmuseum.de (ein denkmalgeschützter Vierseithof mit kleinem sorbischem Bauernmuseum mitten im ruhigen Dorf)

Museum

■ **Ostereiermuseum,** Lausitzer Heimatverein, Sabrodt, Dorfstraße 41, Tel. (03564) 22045, www.ostereiermuseum.de (Ostereier aus vielen Ländern, Siegerkollektionen des sorbischen Ostereierwettbewerbes, Bräuche und Spiele rund um das Ei, Sonderausstellungen; Besichtigung nach Anmeldung)

133ol dk

5 Görlitz und das Neißeland

Sieben Jahrhunderte Architektur erwarten die Besucher der Altstadt und des Gründerzeitviertels der Neiße-Stadt Görlitz. Kurze Wege über die Brücken führen in die polnische Schwesterstadt Zgorzelec. An der Neiße liegen der Berzdorfer See, ein weltoffenes Kloster und die Kulturinsel.

< Die Altstadtbrücke von Görlitz nach Zgorzelec

Görlitz und das Neißeland

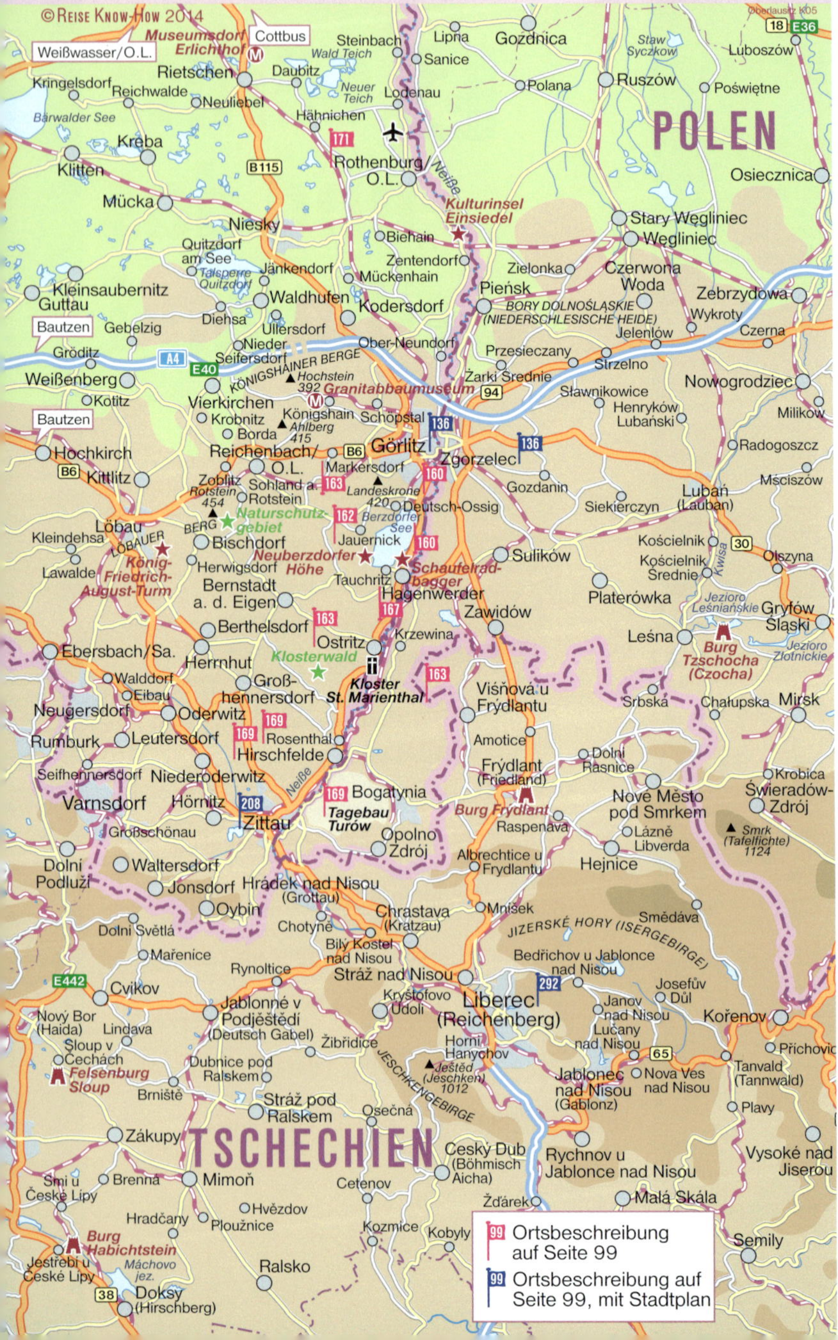

GÖRLITZ UND DAS NEISSELAND

In der deutsch-polnischen Europastadt an der Neiße (60.000 Einwohner in Görlitz, 40.000 in Zgorzelec) stehen weit **mehr als 3000 denkmalgeschützte Bauwerke aus sieben Jahrhunderten** beisammen. Die Görlitzer Altstadt und das daran anschließende Gründerzeitviertel bilden einzigartig harmonische Ensembles. Nachdem Görlitz infolge des Zweiten Weltkrieges in die deutsche und eine polnische Stadt geteilt wurde und sechs Jahrzehnte durch eine Staatsgrenze getrennt war, können Görlitz und Zgorzelec nun erstmals zu einem urbanen Stadtorganismus zusammenwachsen. Das braucht seine Zeit und auf beiden Seiten die Menschen, die das wollen. Ihre gute Absicht haben beide Städte mit der **Proklamation der Europastadt Görlitz/Zgorzelec** am 5. Mai 1998 bekundet.

Görlitz bringt in diese Verbindung die **schönen alten Häuser** ein, Zgorzelec die **jungen Menschen.** Das ist etwas plakativ gesagt, aber so erleben es viele Besucher der beiden Städte, und das macht ja auch beider Charme aus. Die Wege sind kurz über die beiden innerstädtischen Brücken, keinerlei Kontrollen hindern mehr am Übergang. Längst ist es alltäglich, auf beiden Seiten des Flusses die Sprache der Nachbarn zu hören.

Die weitere Reise führt den Fluss entlang, stromaufwärts zum neu entstandenen **Berzdorfer See,** in das 780 Jahre alte **Kloster St. Marienthal** und mit der Bahn bis Zittau, stromabwärts in einen **„Grüngeringelten Abenteuerfreizeitpark“.**

NICHT VERPASSEN!

- Auf der **Görlitzer Brüderstraße** vor **Rathaustreppe** und **Schönhof** verweilen | 142
- Gute Stube mit Renaissance-Bebauung: der Görlitzer **Untermarkt** | 145
- **Bahnfahrt im Tal der Neiße:** Von Görlitz bis Zittau | 167

Diese Tipps erkennt man an der gelben Hinterlegung.

Görlitz/Zgorzelec

Persönlichkeiten

In Görlitz lebten der Renaissance-Architekt *Wendel Roskopf* (1480–1549), der Schuster und Philosoph **Jakob Böhme** (1575–1624), der Barockdichter **Andreas Gryphius** (1616–1664), der Opernkomponist *Johann Adam Hiller* (1728–1804), Goethes und Herders Muse **Minna Herzlieb** (1789–1865), der expressionistische Maler *Otto Mueller* (1874–1930) und der Grafiker und Schriftsteller *Johannes Wüsten* (1896–1943). Der Schriftsteller **Arno Schmidt** (1914–1979) ging in Görlitz zur Schule. In Görlitz geboren wurden der Kunsthändler und Verleger *Paul Cassirer* (1871–1926), der Kabarettist *Werner Finck* (1902–1978), der Wirtschaftswissenschaftler *Oskar Morgenstern* (1902–1977) und die österreichische Kinderbuchautorin *Mira Lobe* (1913–1995).

Geschichte

Anfänge

In einer Urkunde *Heinrichs IV.* aus dem Jahr 1071 wurde Görlitz als „villa gorelic“ erstmals erwähnt. An der Kreuzung zweier bedeutender Handelswege gelegen, entwickelte sich die böhmische Burgsiedlung ab dem 12. Jahrhundert zu einer überregional bedeutenden **Handelsstadt.** Ihre Keimzelle wird in der heutigen Nikolaistadt, nördlich der Altstadt, vermutet; ab dem 12. Jahrhundert wurde rund um den heutigen Untermarkt eine regelmäßige Stadtanlage errichtet. 1303 erhielt Görlitz das Stadtrecht auf Basis des Magdeburger Rechts.

040ol dk

Starke Zünfte

Die **Tuchweberei** gewann überregionale Bedeutung. Mit dem Stapelrecht für den Färbstoff Waid ab 1339 erhielt Görlitz das wichtigste Privileg für den **Waidhandel** in Ost- und Südosteuropa. Ab 1346 gehörte Görlitz zum Oberlausitzer Sechsstädtebund. Innerhalb der mächtigen Stadtmauer – im 15. Jahrhundert hatte sie 21 Türme – kam es mehrfach zu erbitterten Auseinandersetzungen zwischen den Zünften und dem Stadtrat. Der erste große Streit wird für 1326 verzeichnet, der bekannteste ist der Tuchmacheraufstand von 1525, dessen Anführer öffentlich hingerichtet wurden.

Reformation

Von den Hussitenkriegen blieb die wehrhafte Stadt weitgehend verschont. Besonders auf das Drängen der Zünfte hin setzte sich in Görlitz die Reformation durch. Große Teile der Bürgerschaft fühlten sich dem schlesischen Reformator **Kaspar von Schwenckfeldt** (1490–1561) verbunden, unter dessen Einfluss auch der Schuster und Philosoph *Jakob Böhme* stand. 1547 wurde Görlitz mit den anderen Sechsstädten beim Oberlausitzer Pönfall bestraft (siehe unter Zittau). 1563 kam das Franziskanerkloster an die Stadt, mit der Auflage, dort ein Gymnasium einzurichten – daraufhin wurde dort das heute wieder bestehende Gymnasium Augustum gegründet.

◁ Das Grab des Philosophen Jakob Böhme auf dem Görlitzer Nikolaifriedhof

Krieg und Brände

Den Schlachten des **Dreißigjährigen Krieges** hielten die Görlitzer Mauern nicht mehr stand. 1641 wurde die Stadt von den Schweden besetzt und zur Festung gegen die anrückenden kursächsisch-kaiserlichen Truppen umgerüstet. Dem fielen die Vorstädte und Teile der Befestigung zum Opfer. Nach zehnwöchiger Belagerung mussten die Schweden die von der gegnerischen Artillerie gezeichnete Stadt aufgeben. Kurz nach dem Wiederaufbau, 1691 und 1717, vernichteten Brände erneut große Bereiche der Stadt. Der **Neuaufbau** erfolgte, bis heute sichtbar, **im barocken Stil.**

Blütezeit

Bereits seit 1635 gehörte Görlitz, mit der gesamten Oberlausitz, der sächsischen Krone. Mit dem Wiener Kongress 1815 wurde Görlitz preußisch. Nach dem Mittelalter und der Zeit der Renaissance erlebte Görlitz im 19. Jahrhundert seine dritte Blütezeit. Im Jahr 1871 zählte Görlitz knapp 43.000 Einwohner, 1910 lebten hier schon fast 86.000 Menschen.

Görlitz wurde **Industrie- und Garnisonsstadt.** 1828 wurde der Waggonbau gegründet, er zählt bis heute zu den größten Industriebetrieben der Stadt. Ein weiterer bis heute bestehender Traditionsbetrieb ist die 1869 gegründete Landskronbrauerei. Zwischen der Bahnlinie, die Görlitz mit Berlin, Dresden und Breslau verband, entstanden neue Wohn- und Handelsquartiere, so die Straßburg-Passage und das Warenhaus, beides herausragende Bauten des Jugendstils.

Görlitz
0 200 m
©Reise Know-How 2014
15°
Nikolai-Friedhof
Große Wallstraße
Kleine Wallstraße
Grab von Jakob Böhme
Heiliges Grab
Friedhofstraße
Heilige-Grab-Straße
Nikolaigraben
Wall-garten
Nikolai-kirche
Nikolai-zwinger
Hotherstraße
ul. Wrocławska
Altstadt-brücke
Plac Pocztowy
Zgorzelec
Hugo-Keller-Straße
Langenstr.
Brüderstr.
ul. Daszyńskiego
Neiße
Pontestraße
G ö r l i t z
Kloster-platz
Uferstraße
Bautzener Straße
2
Landeskrone
3
(auf Landeskrone)
Bismarckstr.
Ausschnitt rechts
Anschluss unten
Uferstr.
Stadtpark
Krölstraße
Hospital-straße
Berliner Straße
Jakobstraße
Konsulstr.
Schützenstraße
Mühlweg
Meridianstein
Stadthalle
Stadt-brücke
Am Stadtpark
Bahnhof ca. 800 m
5
4
1

Zgorzelec
Anschluss oben
ul. Romualda Traugutta
ul. Daszyńskiego
ul. Kościuszki
Uferstraße
Z g o r z e l e c
8
Stadtpark
Stadt-brücke
ul. J. Piłsudskiego
ul. Armii Krajowej
Am Stadtpark
ul. Bohaterów Getta
ul. Daszyńskiego
ul. Bohaterów
G ö r l i t z
ul. Partyzantów
ul. Domańskiego
ul. E. Plater
Neiße
Park Odrodzogeno
Dr.-Kahlbaum-Allee
Brückenstraße
ul. Cienista
Dom Kultury/ Ruhmeshalle
ul. Stanisława Konarskiego
ul. Warszawska
Freibad, Schwimmhalle
6
Bahnhof, Landskronbrauerei
ul. Parkowa
7
Obermühle
ul. Śląskich

Görlitz Zentrum

0 — 200 m

Übernachtung

1 Pension Am alten Waschhaus
2 Gästehaus Lisakowski
3 Burghotel Landeskrone
4 Pension Haus Wiesbaden
5 Pension Alt-Görlitz
6 Pension Gründer
7 Brauhaus an der Obermühle
8 Stellmacherhof (Zagroda Kolodzieja)
9 Romantik Hotel Tuchmacher
10 Hotel Dreibeiniger Hund
11 Hotel Zum Klötzelmönch
12 Herberge Zum sechsten Gebot
17 Hotel Börse und Gästehaus im Flüsterbogen
18 Hotel und Pension Nino
19 Kaufmannsburg Frenzelhof
21 Pension Goldene Feder
22 Pension Picobello

Essen und Trinken

3 Burghotel Landeskrone
7 Brauhaus an der Obermühle
8 Stellmacherhof (Zagroda Kolodzieja)
10 Gasthof Dreibeiniger Hund
13 Lucie Schulte
14 Café Kretzschmar
15 Café am Flüsterbogen
19 Kaufmannsburg Frenzelhof
20 Salü
23 Przy Jakubie (Bei Jakob)
24 Görlitzer Kartoffelhaus

Sonstiges

16 Handwerkerey

Altstadt
Gründerzeitviertel

Politik, Kultur und Wissenschaft

Bereits seit 1812 konnten sich wieder **Juden** in der Stadt niederlassen, 1911 wurde die Neue Synagoge eingeweiht. Neben der seit 1779 bestehenden Oberlausitzischen Gesellschaft der Wissenschaften gründete sich 1823 die Naturforschende Gesellschaft. 1876 wurden die **Schlesischen Musikfeste** das erste Mal ausgetragen, sie bestanden bis 1942 und werden seit 1990 in unregelmäßiger Folge weitergeführt. 1921 beschloss die **SPD** in der Stadthalle ihr „Görlitzer Programm", mit dem sie sich zur Weimarer Republik bekannte und von der USPD sowie KPD abgrenzte. Der Publizist *Ludwig Kunz* (1900–1976) gab ab 1923 die literarischen Flugblätter „Die Lebenden" heraus, in denen unter anderen *Alfred Döblin, Erich Mühsam, Max Hermann-Neisse* und *Johannes Wüsten* Texte veröffentlichten.

NS-Regime

Während des nationalsozialistischen Pogroms am 9. November 1938 wurden jüdische Läden verwüstet und Görlitzer Juden in die KZs verschleppt. Die **Synagoge wurde angezündet,** das Feuer konnte aber von der Feuerwehr – wie es heißt, herbeigerufen von um ihre eigenen Häuser besorgten Nachbarn – gelöscht werden. Die Waggonfabrik WUMAG wurde Rüstungsbetrieb. Am Stadtrand mussten Häftlinge in einem **Außenlager des KZ Groß Rosen** Zwangsarbeit verrichten. In der Oststadt (heute Zgorzelec) wurden französische, belgische und polnische, zeitweise auch sowjetische, amerikanische, britische und italienische Kriegsgefangene interniert. Zu ihnen gehörte der französische **Komponist Olivier Messiaen,** der dort sein berühmtes „Quatuor pour la fin du temps" (Quartett für das Ende der Zeit) komponierte und am 15. Januar 1941 mit Lagerinsassen vor 5000 Kriegsgefangenen aufführte. Angesichts der herannahenden Front sprengte die SS im Februar 1945 alle sieben Neiße-Brücken. Reichspropagandaminister *Joseph Goebbels* brüllte am 8. März 1945 in der Stadthalle seine letzte Ansprache zum „Durchhalten", nachdem er am Nachmittag auf dem Marktplatz in Lauban (heute Lubań) Volkssturm und Hitlerjungen in den Kampf geschickt hatte.

Flucht und Vertreibung

Mit dem Ende des Krieges kamen Zehntausende Flüchtlinge und Vertriebene aus dem Osten in Görlitz an, auf der Suche nach Essen und Unterkunft. **Die Neiße wurde zur Grenze, die Oststadt polnisch.** Ab 21. Juni wurden die letzten Deutschen aus Zgorzelec vertrieben. In der nun westlichsten Stadt Polens wurden in der Folge aus dem Osten vertriebene Polen angesiedelt. 1949 wurden zudem noch 15.000 Bürgerkriegsflüchtlinge aus Griechenland untergebracht. In den folgenden Jahrzehnten wurde Zgorzelec praktisch zur Wohnstadt für die Beschäftigten des Braunkohletagebaus und Kohlekraftwerkes Turów (Türchau) und für polnische Soldaten.

> In der Görlitzer Krebsgasse

Görlitzer Abkommen

Am 6. Juli 1950 unterzeichneten in der einstigen Oberlausitzer Ruhmeshalle (Dom Kultury) in Zgorzelec die Ministerpräsidenten Polens und der DDR das Görlitzer Abkommen, das die **Oder-Neiße-Grenze als Staatsgrenze** zwischen beiden Ländern anerkannte. Bis 1972, als beide Länder den pass- und visafreien Grenzverkehr eröffneten, blieb diese Grenze von beiden Seiten her nahezu unüberwindlich, im Jahr 1980 wurde sie angesichts der Demokratiebewegung in Polen durch die DDR wieder geschlossen.

17. Juni 1953

Görlitz war neben Berlin **eines der Zentren des Arbeiteraufstandes** vom 17. Juni 1953. Bis 14 Uhr, als der Ausnahmezustand verhängt wurde und die Niederschlagung des Aufstandes begann, waren fast alle Institutionen staatlicher Macht in den Händen der Aufständischen.

Renaissance der Altstadt

In den 1980er Jahren befand sich die historische Altstadt in einem alarmierenden Zustand, der durch die Umweltbelastung aus den nahen Kohlekraftwerken noch verschärft wurde. Ganze Häuser und Straßenzüge waren unbewohnt und unbewohnbar geworden. In den Plänen der DDR-Behörden galt die Altstadt bereits als Abrissgebiet. Durch den politischen Umbruch in letzter Minute gerettet, erlebte die Görlitzer Altstadt nach der Wiedervereinigung eine Renaissance. Görlitz wurde **eine der Modellstädte der Stadtsanierung,** die Restaurierung von sieben Jahrhunderten Architekturgeschichte zum Arbeitsfeld ambitionierter Architekten und Bauhandwerker aus ganz Deutschland. Mit der Altstadtbrücke wurde am 20. Oktober 2004 die zweite innerstädtische Brücke wiedereröffnet. Beide Städte bewarben sich gemeinsam um die Ausrichtung der Europäischen Kulturhauptstadt 2010, unterlagen aber im Finale Essen und dem Ruhrgebiet.

134ol dk

Sehenswert in Görlitz und Zgorzelec

Altstadt und Gründerzeitviertel

Altstadt und Gründerzeitviertel sind zwei **nebeneinanderliegende Stadtteile,** die am besten in wenigstens zweistündigen Spaziergängen kennenzulernen sind. Die Altstadt wird geprägt von Renaissance und Barock, aber auch Gotik und Romanik sind dort zu entdecken, und neben den Gründerzeitbauten ist vor allem Jugendstil zu sehen. Stimmungsvolle Cafés, Kneipen und Restaurants in historischen Höfen und Kellergewölben sind in der Altstadt zu Hause, während das Gründerzeitviertel zum Einkaufen einlädt – was nicht heißt, dass es hier keine Gaststätten und dort keine Läden gäbe. Von beiden Vierteln sind es nur wenige Schritte zum Stadtpark und zu den beiden Neißebrücken, die nach Zgorzelec führen.

Den Übergang von der Altstadt ins Gründerzeitviertel markiert der **zentrale Marienplatz,** wo Brunnen und Bänke einladen. Nebenan, am Demianiplatz, halten alle Linien der Straßenbahn und gibt es öffentliche Toiletten.

Via Regia

Der Bummel durch die **Altstadt** folgt zunächst einer jahrhundertealten Handelsstraße, der Via Regia, die vom Obermarkt über die Brüderstraße zum Untermarkt führt. Schon im Mittelalter verband diese „Hohe Straße" oder „Königsstraße" den Rhein mit der Oder. Farbenprächtige Renaissancefassaden säumen die schmale **Brüderstraße;** wie überall in der Altstadt sind die Fundamente der Häuser älter als es die Fassaden ablesen lassen. Eines der charakteristischen Görlitzer Bürgerhäuser ist die Brüderstraße 11 mit prächtigem Sitznischenportal. Gegenüber haben die städtische Tourist-Information und das private Tourismusbüro „i-vent" ihren Sitz. Das Bürgerhaus Brüderstraße 14 ist Sitz der zweisprachigen Schlesien-Information.

Schönhof

Die Blickachse der sich verjüngenden Gasse führt zu einem brandroten **Renaissance-Erker,** der eines jeden Schritte Einhalt gebietet. Sieben Jahrhunderte Görlitzer Geschichte begegnen einander an diesem Ort unbeschreiblicher Schönheit, Eleganz und Macht. Der Erker gehört dem Schönhof, dem ältesten Renaissancebürgerhaus nördlich der Alpen. Die in einer Spirale aufsteigende **Freitreppe** gegenüber führt zum ältesten Teil des Rathauses. Es sind diese beiden Insignien bürgerlichen Selbstbewusstseins, die hier die Schwelle zum Untermarkt markieren, einem der schönsten historischen Plätze Europas.

▷ Blick durch die Brüderstraße auf den Schönhof

135ol dk

Wendel Roskopf der Ältere (1480–1549) hatte am Vladislav-Saal der Prager Burg die Sprache der Renaissance kennengelernt. In Görlitz konnte er ein Jahr nach dem Stadtbrand 1525 sein Wissen anwenden und auf den Fundamenten der Fürstenherberge Roter Hof einen Neubau errichten. Der Schönhof wurde lange Jahre als Wohn- und Brauhaus genutzt, 1617 und 1716 wurde er an der Fassade umgebaut. Er diente zuletzt als Jugendherberge und stand dann jahrelang leer. Die Gedanken des Baumeisters aber sind seit fast fünf Jahrhunderten erlebbar. Nach der Restaurierung des Schönhofes wurde darin schließlich im Jahr 2006 das **Schlesische Museum** eröffnet. Das von einer Stiftung getragene Museum präsentiert im Schönhof und seinen Nachbargebäuden eintausend Jahre schlesische Geschichte.

■ **Schlesisches Museum,** Brüderstraße 8, Tel. (03581) 87910, www.schlesisches-museum.de, Di.–So. 10–17 Uhr (auch Sonderausstellungen)

Hallenhäuser

Der Schönhof ist eines der Görlitzer Hallenhäuser, ein Patrizierhaus, das die **Nutzung als Wohn-, Repräsentations- und Geschäftshaus** vereinte. In der Altstadt, besonders am Ober- und Untermarkt, an der Brüder-, Peter-, Nikolai- und Neißstraße sind zahlreiche Hallenhäuser heute noch zu erleben. Ein repräsentatives Portal gewährte die Einfahrt für Fuhrwerke, in der ebenerdigen Eingangshalle wurde gehandelt, verhandelt und gezecht. Die Hallenhäuser hatten Braurecht, sie konnten Gäste beherbergen und bewirten.

136ol dk

043ol dk

Rathaus

Das Rathaus besteht aus einer **Gruppe von vier Gebäuden** aus unterschiedlichen Bauzeiten. Der älteste Teil mit dem schlanken Rathausturm (14. Jh.) wurde in der Renaissancezeit um den Gerichtsflügel mit der geschwungenen Freitreppe erweitert. Das anschließende schmale Gebäude mit dem heutigen Eingangsportal ist aus dem 14./15. Jahrhundert. Es geht in den jüngsten Bereich des Rathauses (1902/03) über, der eine stattliche Neorenaissancefassade trägt. Von der ersten Etage des Rathauses (nach der Treppe rechts durch die Schwingtür) ist es möglich, in den reizenden Renaissanceinnenhof zu schauen. Die Turmuhr (1584) mit den beiden übereinanderliegenden Zifferblättern ist ein Werk von *Bartholomäus Scultetus* (1540–1614).

Untermarkt

Der Untermarkt ist die gute Stube, die beste dieser Stadt. Wer sich hier bewegt, nimmt sich Zeit, dafür sorgt schon das schöne Kopfsteinpflaster. Hier stehen prächtige Renaissancebauten mit einladenden Höfen – Untermarkt 22 mit seinem toskanischen Flair – und der Barockbau der **Alten Börse** (1706), heute ein Hotel. In der „Zeile", wie die Bürgerbauten in der Mitte des Platzes genannt werden, ist neben den Barockhäusern die **Waage** erhalten geblieben, 1600 vom Stadtbaumeister *Jonas Roskopf* errichtet. Es war nicht in Görlitz, wer den Gesichtern in den Konsolköpfen der Waage nicht in die Augen gesehen hat. Das Porträt des Baumeisters ist darunter, mit Zirkel, des Maurermeisters, mit Kelle, und des Waagemeisters, mit Gewicht.

In die **Höfe** am Untermarkt 22 führt ein spätgotisches Rundbogenportal, das wohl der intimste öffentliche Ort in Görlitz ist. Die Hohlkehle des **Flüsterbogens** mag schon vieles gehört haben, was nur für die eine oder den einen bestimmt war, am anderen Ende des Bogens stehend. Es sind dort immer und immer wieder zwei am Flüstern …

⌃ Was diese beiden einander wohl via Flüsterbogen anvertrauen?

‹ Der Untermarkt mit einem der Rathaus-Gebäude

Das Eckhaus zur Peterstraße wurde 1558 als **Ratsapotheke** im Renaissance-Stil überformt, die Baugeschichte dieses Bürgerhauses reicht freilich viel weiter zurück. Die **Sonnenuhr** wurde von *Zacharias Scultetus* geschaffen, dem Bruder von *Bartholomäus Scultetus,* einem der bedeutendsten Renaissancegelehrten der Oberlausitz und Bürgermeister von Görlitz. Heute lädt hier ein beliebtes Café zur Rast ein, und man kann gar nicht genug würdigen, wie gut ein gepflegter Jazz in diese Räume und auf das Pflaster des Untermarkts passt.

Das Gasthaus über den **Hirschläuben** an der Ostseite des Platzes war im 18. Jahrhundert das geistige Zentrum der Stadt. Unter den spätgotischen Arkaden lädt heute die „Handwerkerey" ein, historisches Kunsthandwerk kennenzulernen.

138ol dk

Peterstraße

An der Peterstraße stehen wieder **Hallenhäuser,** die ihre heutige Gestalt in der Renaissance- und Barockzeit erhalten haben. In Peterstraße 4 wohnte *Bartholomäus Scultetus,* sehenswert ist der großzügige Innenhof. Das Eckhaus Peterstraße 8 wurde 1528 von *Wendel Roskopf dem Älteren* erbaut. Es hat, wie viele Renaissancebürgerhäuser in dieser Stadt, ein reiches **Sitznischenportal.** Der Renaissancesaal mit der bemalten Holzbalkendecke und der Festsaal mit dem Schlingrippengewölbe nach dem Vorbild des Vladislav-Saales der Prager Burg stehen aber nur Hotelgästen zur Besichtigung offen (Hotel Tuchmacher).

Wenn sie nicht für Hotels und Restaurants genutzt werden, sind die Hallenhäuser in der Regel verschlossen. Ihre großartige Innenarchitektur kann deshalb nur bei Führungen besichtigt werden – und **am Tag des offenen Denkmals** im September, der in Görlitz als ein Fest der Baukultur begangen wird.

Nikolaivorstadt

Die **Nikolaistraße** führt hinunter zum **Nikolaiturm** (14. Jh.), der zur Stadtbefestigung gehörte und heute als Aussichtsturm dient. Jenseits der Rothenburger Straße liegt auf einem Hügel die Nikolaivorstadt. Sie ist eines der ältesten Stadtquartiere und hat sich mit **maleri-**

[<] Der Nikolaiturm, im Hintergrund die Türme der Kirche St. Peter

schen Straßen – der Lunitz und dem Steinweg, der Großen und Kleinen Wallstraße – ihre historische Gestalt bewahrt. Dazu gehören auch Spuren der Industrialisierung in diesem einst von Handwerkern und Arbeitern bewohnten Viertel. An der **Nikolaikirche,** der ältesten Kirche der Stadt, liegt auf dem stimmungsvollen **Nikolaifriedhof** auch der Schuster und Philosoph *Jakob Böhme* begraben. Vom Obersteinweg bieten sich mehrere reizvolle Durchblicke zur Altstadt. Eine der bedeutendsten Görlitzer Kulturstätten ist das Heilige Grab in der parkartigen Anlage hinter der Nikolaivorstadt.

Heiliges Grab

Das Heilige Grab (1481–1504) ist ein Zeugnis spätmittelalterlicher Frömmigkeit von europäischem Rang, der **erste allegorische Landschaftsgarten der deutschen Kulturgeschichte.** Die Anlage besteht aus der Doppelkapelle zum Heiligen Kreuz, der Salbungskapelle mit einer Skulptur von *Hans Olmützer* und der Grabkapelle. Sie erinnert an die Grabeskirche in Jerusalem, die es in der Form, wie sie in Görlitz als Vorbild diente, nicht mehr gibt. Die haltbare Legende, wonach der Kaufmannssohn und spätere mehrfache Bürgermeister *Georg Emmerich* (1422–1507) die Anlage zur Buße gestiftet haben soll, weil er die Nachbarstochter *Benigna* geschwängert und ihr die Ehe verweigert habe, ist zwar nicht lückenlos durch die Forschung belegbar, wird aber wohl alle noch folgenden Erkenntnisse überdauern. Wie es der Frau und dem Kind ergangen ist, berichtet die Geschichte nicht.

■ **Heiliges Grab,** Heilig-Grab-Straße 79, Tel. (03581) 315864, www.heiligesgrab-goerlitz.de, April bis Sept. Mo.–Sa. 10–18 Uhr, So./Feiertage 11–18 Uhr, Jan., Feb., Nov., Dez. bis 16 Uhr, März und Okt. bis 17 Uhr (Führungen Mo.–Sa. 11 und 15 Uhr, So./Feiertage 11 und 15 Uhr und nach Vereinbarung)

Wieder am Nikolaiturm angekommen, kann man den Weg entlang der Stadtmauer durch die Parkanlage des 1954 angelegten **Nikolaizwingers** fortsetzen. Vom **Wallgarten** aus, unterhalb des Vogtshofes (Studentenwohnheim), bieten sich interessante Blicke auf die Dachlandschaft entlang der Neiße und das Panorama von Zgorzelec. Der Weg endet an der Bastei vor der Peter-und-Paul-Kirche. Von dort sind die Altstadtbrücke zu sehen und das Treiben am Görlitzer Brückenkopf.

Pfarrkirche St. Peter und Paul

Diese Kirche ist ein **Wahrzeichen der Stadt.** Ihr neogotisches Turmpaar und der mächtige Ostchor sind weithin sichtbar. 1372 wurde sie zur Hauptkirche der Stadt, ihre Geschichte reicht ins 10. Jahrhundert zurück. Spätromanische Elemente sind im Portal an der Westfassade erhalten geblieben. Renaissance-Kleinode sind die im Stil *Wendel Roskopfs* gestalteten Portalvorhallen an der Nord- und an der Südseite. 1423 erfolgte der Umbau zur fünfschiffigen Hallenkirche. Dabei entstand die dem heiligen Georg geweihte Unterkirche, einer der schönsten spätgotischen Räume der Oberlausitz. 1497 war die Kirche fertiggestellt, 1691 fiel sie einem Brand zum Opfer. Der innerhalb von fünf Jahren vollzoge-

139ol dk

Die Kirche St. Peter ist das Wahrzeichen der Stadt Görlitz

ne Wiederaufbau wurde mit der Aufstellung des prächtigen Hochaltars des sächsischen Hofbildhauers *George Heermann* (u.a. Palais im Großen Garten, Dresden) abgeschlossen. Die nach ihrem verspielten Zierrat benannte **Sonnenorgel** aus dem Jahr 1703 ist ein Werk des aus Italien stammenden kaiserlichen Hofbaumeisters *Eugenio Casparini*. Der Görlitzer Bildhauer *Johann Conrad Büchau* schuf den Orgelprospekt.

■ **Sonnenorgel in der Stadtkirche St. Peter und Paul, „orgel punkt 12"**, April bis Okt. Di., Do., So., Nov. bis März So. 12 Uhr Orgelmusik, ca. 40 Min., Eintritt frei, um eine Spende wird gebeten

Waidhaus

Es spricht in besonderer Weise von der Görlitzer Geschichte, dass neben dieser Kirche ein Profanbau in hochrangiger architektonischer Qualität das Stadtbild über der Neiße bestimmt. Das Waidhaus ist ein sieben Jahrhunderte altes Wohn- und Wirtschaftsgebäude. Entstanden ist es als Freihof. Der Name deutet auf den **Färbstoff** des Mittelalters und der frühen Neuzeit, das **Waid,** hin. Das Stapelrecht für Waid begründete die wirtschaftliche Macht der Stadt. Das Haus diente auch als Schule, Brauhof und Druckerei. Ein Fortbildungszentrum für Handwerk und Denkmalpflege hat heute dort seinen Sitz.

Hinunter zur Neiße

Ein Fußweg führt hinunter zur Neiße. Die 2004 wiedererrichtete **Altstadtbrücke** lädt dazu ein, den polnischen Teil der Europastadt zu besuchen. Am Ufer steht dort das **Wohnhaus von Jakob Böhme.** Es wird von einem Verein zur Besichtigung geöffnet.

■ **Jakob-Böhme-Haus,** ul. Daszyłskiego 12, Di.–Do. 12–14 Uhr, Fr.–So. 12–17 Uhr (Leben und Werk von *Jakob Böhme,* Sonderausstellungen)

„Przy Jakubie", Bei Jakob, heißt das Nachbarhaus – eine Gastwirtschaft, die erste in dieser nun auch von weiteren Restaurants belebten Häuserzeile und mit ihrem Ambiente und der erlesenen Jazzmusik noch immer das erste Haus am Platz.

Vor dem östlichen Brückenkopf wurde nach historischem Vorbild der be-

140ol dk

schauliche Postplatz (Plac Pocztowy) am **Töpferberg** rekonstruiert. Jahrzehntelang lag hier nur eine überwucherte Schutthalde. Heute geben Wohnhäuser, Läden und die Postmeilensäule dem Platz als Entree zur Oststadt wieder ein stimmungsvolles Antlitz.

Ochsenzwinger

Auf deutscher Seite lädt nun der Ochsenzwinger ein, eine **Gartenanlage** über der einstigen Stadtmauer. Den Zugang eröffnet ein schmiedeeisernes Tor, der Garten liegt auf mehreren Terrassen. Den Ausgang markiert der „Schwedische Fähnrich", ein Wehrturm. Dahinter mündet die Bergstraße in einen Parkplatz, dort gibt es eine Mauer, auf der in großen Lettern „Wählt Thälmann" gefordert wird – ein Relikt der Dreharbeiten zu dem Defa-Film (1985) über den von den Nationalsozialisten ermordeten KPD-Vorsitzenden. Görlitz war und ist **Filmstadt,** hier wurden z.B. 1969 die Komödie „Jungfer, sie gefällt mir" nach *Heinrich von Kleists* „Der zerbrochene Krug" gedreht, 1980 der DEFA-Märchenfilm „Gevatter Tod", 2008 „Der Vorleser" mit *Kate Winslet,* 2011 Szenen für „Die Vermessung der Welt" und 2013 für „The Grand Budapest Hotel" und „The Monuments Man".

Blick von der Kirche St. Peter hinüber nach Zgorzelec

Biblisches Haus und Barockhaus

Auch an der Kränzelstraße und am Handwerk stehen **sehenswerte Bürgerhäuser.** An der von der Neiße zum Untermarkt ansteigenden Neißstraße ist besonders das Biblische Haus (Nr. 29) beachtenswert. Es erhielt 1570 sein heutiges Antlitz. Die helle Fassade wurde mit Szenen aus dem Alten und Neuen Testament plastisch gestaltet. Heute haben das Kulturamt und die **Oberlausitzische Gesellschaft der Wissenschaften** (gegründet 1779) ihren Sitz im Biblischen Haus, das also zu den üblichen Bürozeiten geöffnet ist.

Das benachbarte Barockhaus Neißstraße 30 beherbergt die **Städtischen Sammlungen** und die **Oberlausitzische Bibliothek der Wissenschaften.**

045ol dk

■ **Oberlausitzische Bibliothek der Wissenschaften,** www.olb.goerlitz.de, Di., Do. 10–17 Uhr, Fr. 10–13 Uhr (wichtigste Regionalbibliothek zwischen Dresden und Breslau, 65.000 Bände mit einem Erscheinungsjahr vor 1900, umfangreiche Bestände zur Regionalkunde Oberlausitz/Niederschlesien, *Jakob Böhme, Arno Schmidt*)

Obermarkt

Der anschließende Weg über den Untermarkt führt noch einmal zum Rathausturm und zur Ratstreppe. An der **Brüderstraße** laden stimmungsvolle Cafés und Antiquariate ein. Am weitläufigen Obermarkt stehen stattliche Bürgerhäuser und die **Dreifaltigkeitskirche.** Sie ist die einstige Kirche der Franziskaner und wird deshalb auch „Mönchskirche“ genannt. Von der wertvollen Ausstattung sind besonders der Flügelaltar mit der „Goldenen Maria“, die Grablegungsszene von *Hans Olmützer* sowie die Skulpturengruppe „Christus in der Rast“ in der gotischen Barbarakapelle beachtenswert. Die Kirchenglocken läuten sieben Minuten vor der Zeit – zur Erinnerung an den Tuchmacheraufstand von 1527. Damals soll die Stadtwache auf diese Weise alarmiert worden sein. Ein gemeißelter Stein in der **Verrätergasse** zwischen Obermarkt und Langenstraße markiert „D.V.R.T.“ – Der Verräterischen Rotte Tür. Beim Tuchmachermeister *Peter Liebig* hatten sich Görlitzer Handwerker verschworen. Sie wollten Mitspracherechte im Stadtrat durchsetzen. Nach der Vereitelung des Aufstandes wurden die Anführer hingerichtet.

◁ Historischer Ort: die Verrätergasse

Am westlichen Ausgang des Obermarktes, der auch Schauplatz Görlitzer Volksfeste ist, steht der **Reichenbacher Turm.** Er wurde als Teil der Stadtbefestigung 1376 erstmals erwähnt und dient heute als Aussichtsturm und Ausstellungsort. 1490 wurde am Reichenbacher Tor eine moderne Bastei erbaut. Ihre namensgebende Feuerprobe bestand sie im Dreißigjährigen Krieg unter den Schweden, die Görlitz besetzt hatten und 1641 dem Ansturm kaiserlicher Truppen trotzten. Seitdem heißt diese Bastei **Kaisertrutz.** Sie diente als Hauptwache, Arrestlokal und Waffendepot. Heute beherbergt sie die Dauerausstellung zur Kulturgeschichte der Stadt und der östlichen Oberlausitz sowie Sonderausstellungen.

■ **Reichenbacher Turm,** Platz des 17. Juni, April bis Okt. Mo.–So. 10–17 Uhr

Demianiplatz und Marienplatz

Die Grünanlage des Demianiplatzes führt hinüber zu den Quartieren der Gründerzeit. An den damals das Stadtbild prägenden Bürgermeister *Gottlob Demiani* (1783–1846) erinnert ein Denkmal am **Stadttheater.** Das auch „Kleine Semperoper" genannte neoklassizistische Haus wurde 1851 eröffnet. Als Musiktheater genießt es weit über Görlitz hinaus einen guten Ruf. Den hatte auch „Deutschlands schönstes **Kaufhaus**", das am benachbarten Marienplatz steht. Es wurde 1912/13 als „Kaufhaus zum Strauß" in streng gegliederten Jugendstilformen erbaut und ist mit dem von einem farbigen Glasdach überwölbten Innenhof und symmetrisch über Treppen erschlossenen Verkaufsgalerien unverändert erhalten geblieben. Nach der Pleite einer Warenhauskette wurde das traditionsreiche Haus im Herbst 2009 geschlossen und 2013 an einen Investor verkauft, der es als „Kaufhaus des Ostens" wiedereröffnen will.

Der **Dicke Turm** auf dem Marienplatz macht seinem Namen alle Ehre, freundlich hell ist er auch. Als Schmuck trägt er ein Sandsteinrelief von *Briccius Gauske* (der auch am Breslauer Rathaus mitgewirkt hat). Es zeigt das 1433 von Kaiser *Sigismund* verliehene Stadtwappen, ihm zur Seite Maria und Barbara. Die Wappeninschrift bedeutet: „Der Tapferkeit ist kein Weg unmöglich". Der Turm wurde schon 1250 erbaut.

Postplatz

Der prächtigste Platz der Gründerzeit in Görlitz ist der Postplatz. In der zentralen Grünanlage präsentiert sich auf einem Marmorbrunnen eine bronzene Frauengestalt – die **Muschelminna.** Um die stolze Dame herum gruppieren sich das Postamt (1855), das Landgerichtsgebäude (1865), gründerzeitliche Wohn- und Geschäftshäuser. Im reizvollen Kontrast dazu befindet sich die spätgotische **Frauenkirche** (1473). Bemerkenswert sind das zierliche Maßwerk und das feingliedrige Netzrippengewölbe.

Synagoge

Hinter der Frauenkirche steht ein neues Kaufhaus, links davon liegt die Struvestraße. Diese führt über die Bismarckstraße hinweg an den Rand des Stadtparks. Dort steht die ehemalige Synago-

141ol dk

ge, ein beeindruckender Jugendstilbau. Erbaut wurde sie 1909–1911 nach Plänen des Dresdner Architektenbüros Lossow & Kühne (Leipziger Hauptbahnhof). Sie ist die **einzige Synagoge in Sachsen,** die in der nationalsozialistischen **Pogromnacht** am 9. November 1938 **nicht zerstört wurde.** Nach dem Brandanschlag hatte die Feuerwehr rechtzeitig löschen können, vermutlich, um das Übergreifen des Feuers auf Nachbargebäude zu verhindern. Die Synagoge stand jahrzehntelang leer oder wurde als Lager missbraucht.

Das Bauwerk wird **derzeit restauriert.** Ein „Kulturforum Görlitzer Synagoge" soll die Mauern wieder mit Leben erfüllen, in einer Form, die ihre einstige Bestimmung respektiert.

Stadtpark

Der Stadtrundgang führt nun ins Grüne und schließlich über die Neiße nach Zgorzelec. Gleich hinter der Synagoge und bis hinunter zum Fluss erstreckt sich der Stadtpark. Er wurde ab 1830 angelegt, also gleich zu Beginn der Industrialisierung der Stadt. Hier wandelt man am besten mit Muße umher, ein **Naturerlebnis** zu allen Jahreszeiten. Charakteristisch sind die weiten Wiesen und die Vielfalt an Laub- und Nadelgehölzen. Es gibt die Rosenterrasse, einen Spielplatz, Denkmäler und an der Stadthalle den **Meridianstein.** Er wurde 1961 zum Gedenken an *Jurij Gagarin,* den ersten Menschen im All, aufgestellt und markiert den durch Görlitz führenden 15. Längengrad. Nach ihm ist die Mitteleuropäische Zeit ausgerichtet.

☒ Die Ruhmeshalle (Dom Kultury) in Zgorzelec

Stadthalle

Die Görlitzer Stadthalle wurde für die **Schlesischen Musikfeste** errichtet und 1910 eröffnet. Sie ist das größte Konzerthaus zwischen Dresden, Breslau und Prag. Das Jugendstilgebäude fasst bis zu 1700 Gäste. Nachdem die Stadthalle fast 100 Jahre lang Konzertstätte, Tagungs- und Ausstellungsort war, musste sie 2004 geschlossen werden. Wann sie saniert wiedereröffnet werden kann, ist noch unklar.

Stadtbrücke

Die Stadtbrücke war fast sechs Jahrzehnte lang die einzige direkte **Verbindung zwischen Görlitz und Zgorzelec** und eine der wenigen zwischen Deutschland und Polen. Seit Kurzem erst darf sie eine normale Brücke mitten in Europa sein.

Dom Kultury

Das bedeutendste Baudenkmal in Zgorzelec ist schon beim Überqueren der Brücke gut zu sehen – die **Oberlausitzer Ruhmeshalle,** wie sie historisch heißt, oder das heutige Dom Kultury (Haus der Kultur). Von der Brücke und durch einen Park sind es keine 10 Minuten Fußweg dorthin. Einer der bekanntesten Monumentalbauten des wilhelminischen Deutschland wurde 1902 fertiggestellt und 1904 als Museum der Öffent-

Johannes Wüsten – Kupferstecher und Schriftsteller

Als in der zweiten Hälfte des 15. Jahrhunderts der Kupferstich als neue grafische Technik Verbreitung fand, waren es *Martin Schongauer* und *Albrecht Dürer,* die ihn künstlerisch meisterhaft gebrauchten. In Deutschland und den Niederlanden blieb die Technik noch bis Anfang des 19. Jahrhunderts als Ausdrucksmittel erhalten.

Ein junger Görlitzer Künstler entdeckte den Kupferstich am Ende der 1920er Jahre für sich und damit für die deutsche Kunst wieder. *Johannes Wüsten* (1896–1943) war kein Unbekannter mehr, als er 1928 auf einer Oberlausitzer Kunstschau und in der von *Ludwig Kunz* herausgegebenen künstlerisch-literarischen Zeitschrift „Die Lebenden" seine ersten **Kupferstiche** zeigte. Das Motiv der „Lastträger" in einem der ersten Stiche hatte er zehn Jahre zuvor als Gemälde zu ähnlich beklemmend-sozialkritischer Ausdruckskraft gestaltet. Geschult an den Meistern des späten Expressionismus und der Hamburger Sezession hatte *Wüsten* zunächst Stilleben und Porträts gemalt. Er gehörte zum Kern der Görlitzer Künstlerszene der 1920er Jahre.

Schon in den **Gemälden** fand *Wüsten* zu seiner klaren Handschrift, die Anregungen der Romantik und des Surrealismus wie der Neuen Sachlichkeit aufnahm. Im Kupferstich entdeckte der Künstler schließlich ab 1927 die seinem Ausdruckswillen adäquate grafische Technik.

Johannes Wüsten wurde 1896 in Heidelberg als Sohn eines freireligiösen Predigers geboren. Schon ein Jahr darauf übersiedelte die Familie nach Görlitz. Seine erste **Ausbildung als Maler** erhielt er 1914 bei *Otto Modersohn* in Worpswede. Nach dem Ersten Weltkrieg übersiedelte *Wüsten* nach Hamburg, wo der junge Expressionist Mitbegründer der Hamburgischen Sezession wurde. 1922 kehrte er nach Görlitz zurück. Zwei Jahre lang bestand die von ihm mitbegründete Werkstatt für Keramik und Fayence „Seidenberger Manufaktur Bellermann und Wüsten".

Innerhalb weniger Jahre schuf *Wüsten* ein umfangreiches grafisches Werk, er äußerte sich in Rundfunkessays zur Technik des Kupferstichs, leitete die Grafikklasse und künstlerische Zirkel in seiner Stadt, schrieb **Dramen und Erzählungen,** veröffentliche im liberalen „Neuen Görlitzer Anzeiger" heimatkundliche Miniaturen, Glossen und kunsttheoretische Studien.

Wüsten leitete auch eine Arbeiterspielgruppe. 1932 trat er in die **KPD** ein, schon 1933 war er Leiter einer illegalen KPD-Ortsgruppe und von Widerstandsgruppen. Sein bekanntestes Schauspiel, „Die Verrätergasse", wurde durch die Arbeiterspielgruppe „Rote Bühne" 1932 an vielen schlesischen Theatern aufgeführt. Im Roman „Rübezahl" behandelt *Wüsten* die Not der schlesischen Weber im 18. Jahrhundert.

Nach der Machtübernahme der Nazis wirkte *Wüsten* im **antifaschistischen Widerstand.** 1934 emigrierte er in die Tschechoslowakei. Nach der Besetzung des Landes musste er ins Asyl nach Frankreich fliehen. Zu Kriegsbeginn wurde *Wüster* in einem Lazarett von der Gestapo verhaftet. Der nationalsozialistische „Volksgerichtshof" in Berlin verurteilte ihn wegen „Vorbereitung zum Hochverrat" zu 15 Jahren Zuchthaus. 1943 starb er im Zuchthaus Brandenburg an offener Tuberkulose.

Um die Verbreitung des reichen literarischen Werks von *Johannes Wüsten* machten sich der Greifenverlag Rudolstadt und der Insel-Verlag Leipzig verdient. Zu *Wüstens* 70. Todestag erschien im Neisse Verlag Dresden eine Neuausgabe des „Rübezahl"-Romans. Im Görlitzer Viadukt-Verlag sind journalistische Beiträge *Wüstens* veröffentlicht worden. Die in den Städtischen Sammlungen Görlitz zur DDR-Zeit gezeigte Kabinettausstellung gibt es leider nicht mehr.

lichkeit übergeben. Die 42 Meter hohe Kuppel mit Kaiserkrone erinnert an die alte Kuppel des Berliner Reichstages. *Hugo Lederer* (Fechterbrunnen, Breslau) schuf die Figurengruppen „Krieg" und „Frieden" an der Fassade, der Dresdner *Reinhard Schnauder* die Reliefs. In der Ruhmeshalle befand sich ein Kaiserstandbild von *Johannes Pfuhl*.

Das Museum präsentierte vor allem Oberlausitzer Bildende Kunst. 1950 wurde in dem Haus das Görlitzer Abkommen zwischen der DDR und der VR Polen unterzeichnet. Als Kulturhaus von Zgorzelec wird es für Konzerte, Theater- und Filmaufführungen, Ausstellungen und das Vereinsleben genutzt. Unter anderem ist dort das Mandolinenorchester der Stadt zu Hause.

Bummel in Zgorzelec

In Zgorzelec sind es vor allem die vielen kleinen **Läden,** die zum Bummeln einladen. Ein klassisches Stadtzentrum gibt es nicht. Viele Wege treffen sich an der ul. Piłsudskiego sowie an der Kreuzung von ul. Daszyńskiego, ul. Bohaterów Getta und ul. Warszawska. Vielerorts laden **Bars** ein. Das sind in Polen einfache Lokale mit Selbstbedienung, in denen es für wenig Geld polnische Gerichte gibt. Es lohnt sich allemal, dort ein **Bigos** zu bestellen, das Nationalgericht aus Kraut und Fleisch (zumal auch die Aussprache leicht ist, denn man spricht es so wie es geschrieben wird, ganz ohne Zischlaut).

Auf der polnischen Seite führt die ul. Daszyńskiego, auf der deutschen von der Stadthalle aus die Uferstraße an der Neiße entlang zur **Altstadtbrücke,** zu Fuß braucht man kaum 15 Minuten.

143ol dk

Die Neiße entlang

Ein schöner Spazierweg entlang der Neiße beginnt an der **Obermühle** (Kahlbaum-Allee am Stadtpark) und führt dann direkt ans Ufer. Flussaufwärts geht es zum Brauhaus an der Obermühle, wo im Sommer Kähne vermietet werden, dann unter dem Eisenbahnviadukt hindurch und weiter durch die Neiße-Aue – entweder auf markiertem Weg hinauf zum denkmalgeschützten Backsteinbau der **Landskronbrauerei,** von dort zum Bahnhof, oder weiter auf dem Inselweg, der in die Zittauer Straße mündet. Von dort ist die Rückfahrt mit der Straßenbahn möglich.

■ **Landskronbrauerei,** An der Landskronbrauerei 116, Tel. (03581) 465121, www.landskron.de, Führungen Mo.–Do. während der laufenden Produktion sowie Sa./So. (östlichste Brauerei Deutschlands, denkmalgeschützte Fabrik)

⌃ Das Restaurant Stellmacherhof in Zgorzelec

042ol dk

Praktische Informationen

Anreise

- **A4**, Ausfahrt Görlitz
- **Bahn,** Dresden – Görlitz – Wrocław, Cottbus – Görlitz – Zittau

Info

- **Görlitz-Information,** Obermarkt 32, Tel. (03581) 47570, www.goerlitz.de, Ostern bis Okt. Mo.–Fr. 9–18 Uhr, Sa. 9–17 Uhr, So./Feiertage 9–16 Uhr, Nov. bis Ostern Mo.–Fr. 9.30–18 Uhr, Sa., So./Feiertage 9.30–14.30 Uhr (Ecke Brüderstraße)
- **Tourist-Büro i-vent,** Obermarkt 33, Tel. (03581) 421362, www.goerlitz-tourismus.de, April bis Okt. Mo.–Fr. 9–18 Uhr, Sa. 9.30–17 Uhr, So./Feiertage 9.30–15 Uhr, Nov. bis März Mo.–Fr. 9–18 Uhr, Sa. 9.30–15 Uhr
- **Schlesien-Information,** Brüderstraße 14, Tel. (03581) 8794686, www. schlesien-heute.de, Mo.–Fr. 9.30–17.30 Uhr (Vermittlung von Tages- und Mehrtagesreisen ins Riesengebirge, nach Breslau und zu anderen Zielen in Schlesien, Reisen nach Krakau und Lemberg, Stadtführungen in Görlitz, Bücher, Informationsmaterial)

⌃ Renaissance-Erker des Schönhofs

› Barockfassade an der Neißstraße

047ol dk

Führungen

Buchung in den Touristeninformationen:

- **Historische Altstadt,** 90 Min.
- **Mit dem Görlitzer Stadtwächter durch die Altstadt,** 60 Min.
- **Mit dem Görlitzer Nachtwächter an sagenumwobenen Orten,** 60 Min.
- **Görlitzer Stadtschleicher/Görlitz erfahren.** Mit dem Kleinbus durch die Stadt, je 90 Min.
- **Nachtführung Görlitzer Sagen,** 120 Min.
- **Sagenspektaculum.** Mit Schreyhals und Spielmann unterwegs, 60 Min.
- **Görlitzer Sagen und Geschichte.** Stadtrundgang, Sagen in der Schankwirtschaft, 120 Min.
- **Heiliges Grab und Reformation.** Mit dem Kirchenältesten in Görlitzer Kirchen, 120 Min.
- **Mit Meister Gerber auf der Via Regia.** Handwerk und Handel, Werkstattbesuch, 120 Min.
- **Mit Oberbürgermeister Hugo Sattig durch die Gründerzeit,** 90 Min.

Unterkunft

- **Romantik Hotel Tuchmacher**③, Peterstraße 8, Tel. (03581) 47310, www.tuchmacher.de (in einem der architektonisch wertvollsten Renaissance-Bürgerhäuser der Stadt)
- **Hotel Börse und Gästehaus im Flüsterbogen**③, Untermarkt 16, Tel. (03581) 76420, www.aufnachgoerlitz.de (Barockpalais inmitten des Untermarktes)
- **Hotel und Gasthof Dreibeiniger Hund**②, Büttnerstraße 13, Tel. (03581) 423980, www.dreibeinigerhund.de (barockes Handwerkerhaus in der Altstadt, Keller aus dem 14. Jahrhundert)
- **Kaufmannsburg Frenzelhof**②, Untermarkt 15, Tel. (03581) 420872, www.frenzelhof.de (Görlitzer Hallenhaus gegenüber dem Rathaus, Wurzelkeller – größte Görlitzer Kellergaststätte)
- **Hotel Zum Klötzelmönch**②, Fleischerstraße 3, Tel. (03581) 47580, www.kloetzelmoench.de (Barockhaus in der Altstadt, Hochzeitssuite)

■ **Hotel und Pension Nino**②, am Altstadttor, Brüderstraße 2, Tel. (03581) 4292661, www.pension-nino.de (italienisches Flair in der Altstadt)

■ **Brauhaus an der Obermühle**②, An der Obermühle 5, Tel. (03581) 879832, www.obermuehle-goerlitz.de (hausgebrautes Bier am grünen Neiße-Ufer, ideal für Radwanderer, Ruderboote)

■ **Pension Alt Görlitz**②, Blumenstraße 9, Tel. (03581) 411514, www.alt-goerlitz.de (großzügig, ruhig, nahe der Altstadt)

■ **Herberge Zum sechsten Gebot**②, Untermarkt 22, Tel. (03581) 411245, www.aufnachgoerlitz.de (ruhiges Haus hinter dem Flüsterbogen)

■ **Pension Goldene Feder**②, Handwerk 12, Tel. (03581) 400403, www.pension-goerlitz.de (behaglich, ruhige Lage in der Altstadt)

■ **Pension Haus Wiesbaden**②, Schulstraße 7, Tel. (03581) 420850, www.pension-haus-wiesbaden.com (ruhig gelegen nahe am Bahnhof im Gründerzeitviertel)

■ **Pension Am alten Waschhaus**②, Große Wallstraße 3–5, Tel. (03581) 408667, www.pension-am-alten-waschhaus. de (Erinnerungen an Schlesien, großer Garten, Buch- und Spielzeugladen, der Gastwirt spricht auch polnisch)

■ **Stellmacherhof (Zagroda Kołodzieja)**②, Zgorzelec, Aleje Lipowe 1, Tel. (0048) 75 7757770, tgl. ab 12 Uhr, www.zagrodakolodzieja.pl (Restaurant und Pension in einem stattlichen Umgebindehaus, das von dem durch Kohleabbau devastierten Wigancice/Weigsdorf hierher umgesetzt und detailgetreu wieder aufgebaut und liebevoll authentisch eingerichtet wurde. Hervorragende polnische Küche, Garten, am Stadtrand unweit der Abfahrt der A4 gelegen. Doppelzimmer 220 Złoty)

■ **Gästehaus Lisakowski**①, Landeskronstraße 23, Tel. (03581) 400539, www.gaestehaus-lisakowski.de (nahe am Bahnhof im Gründerzeitviertel)

■ **Pension Gründer**①, Rotdornweg 5, Tel. (03581) 750635, www.pension-gruender.de (am

144ol dk

Stadtrand, Blick zur Landeskrone, Garten, Grillplatz, Ferienwohnung für Rollstuhlfahrer geeignet)

- **Pension Picobello**①, Uferstraße 32, Tel. (03581) 420010, www.picobello-pension.de (in der Altstadt am Neiße-Ufer, großes Haus mit einfachen Zimmern, Sonnenterrasse, Grillplatz)
- **Zahlreiche Ferienwohnungen**① ab 40 €, **Privatzimmer** ab 14 €

Gastronomie

- **Lucie Schulte**②, Untermarkt 22, Tel. (03581) 410260, tgl. 12–15 und 17.30–23 Uhr, www.lucieschulte.de (die Toskana in der Görlitzer Altstadt, internationale Küche in den Höfen, exzellente Weinhandlung anbei)
- **Salü**①, Schwarze Straße 7, Tel. (03581) 412410, Mo.–Sa. ab 18 Uhr (Kneipe in einer der dunkelsten Görlitzer Gassen, gut für die Seele, den Gaumen und die Gespräche)
- **Café am Flüsterbogen**①, Untermarkt 21, Tel. (03581) 414542, tgl. ab 13 Uhr (das „FlüBo", klein und gemütlich, der Treff für Stammgäste und Touristen, mit Straßenplätzen im Herzen der Altstadt)

Mein Tipp: **Przy Jakubie (Bei Jakob)**①, Zgorzelec, ul. Daszyłskiego 11, Tel. (004875) 7717983, www.restauracieprzyjakubie.pl, tgl. 12–22 Uhr (Restaurant, Café und Kneipe mit der besten Musik zwischen Dresden und Breslau – der Inhaber ist Jazzfreund und Plattensammler; polnische Küche; Straßenlokal mit Blick auf die Neiße und die Görlitzer Altstadt; im Nachbarhaus hat *Jakob Böhme* gewohnt. Über die Altstadtbrücke, dann rechts entlang der Neiße. Es gibt an der Brücke keine Wechselstube, erst im Zentrum – hin und zurück 30 Minuten Fußweg. Bei Jakob Zahlung in Euro möglich)

145ol dk

Blick auf den Dicken Turm

Das Wohnhaus von Jakob Böhme, daneben das Lokal Przy Jakubie

- **Stellmacherhof**②, siehe „Unterkunft"
- **Café Kretzschmar**①, Untermarkt 24, Tel. (03581) 667415, Mo.–Sa. 9–20 Uhr, So. 10–20 Uhr (Schauen, Schlemmen, Plaudern unter dem Kreuzgewölbe der 1552 erbauten Ratsapotheke, Straßencafé auf dem historischen Pflaster des Untermarktes, Eistheke, Live-Musik, hauseigene Konditorei)
- **Görlitzer Kartoffelhaus**①, Steinstraße 10, Tel. (03581) 412702, www.goerlitzer-kartoffelhaus.de, tgl. ab 11 Uhr (Schlesisches und Sächsisches mit Kartoffeln und vielerlei aus der Region, liegt zwischen Gründerzeitstadt und Altstadt, auch Straßenlokal)

Weitere Museen

- **Senckenberg Museum für Naturkunde,** Am Museum 1, Tel. (03581) 47605100, Di.–So. 10–17 Uhr, www.naturkundemuseum.goerlitz.de (Vivarium, Erdgeschichte der Oberlausitz, Tiere und Pflanzen der Oberlausitz, Regenwald, Savanne, Evolution, Virtuelle Bodensäule)
- **Muzeum Łużyckie (Lausitz-Museum),** Zgorzelec, ul. Daszyńskiego 15, Mo.–Fr. 9–17 Uhr, Sa./So. 13–17 Uhr (wechselnde Ausstellungen zur Geschichte der Region)

Landeskrone

Der **Görlitzer Hausberg** erhebt sich weithin sichtbar, wie es sich für eine Krone gehört, auf 420 Meter direkt am Stadtrand. Über die Promenadenstraße südlich des Bahnhofes ist er mit der Straßenbahn (Linie 2) und dem Auto schnell erreicht. Hausbier der Görlitzer ist übrigens das Landskron. Zum Gipfel führt ein **Serpentinenweg,** zunächst zu einer frühzeitlichen Wallanlage – schon in der Bronzezeit war der Berg besiedelt –, die später als slawische Schanze diente. Im Mittelalter stand auf dem Gipfel eine Burg, von der die Handelsstraße Via Regia überwacht wurde.

Die Landeskrone ist **vulkanischen Ursprungs,** wird also von einem Basaltkegel gebildet. Fauna und Flora sind von bemerkenswerter Vielfalt. Auf dem Gipfel stehen ein im Burgenstil errichtetes Hotel (1863) mit Restaurant und Terrasse sowie ein **Aussichtsturm.** Die Sicht auf das Iser- und Riesengebirge ist erstklassig.

Unterkunft/Gastronomie

- **Burghotel Landeskrone**②, Fahrstraße 1, Görlitz, Tel. (03581) 74320, www.burghotel-landeskrone.de, Familienzimmer 100 €, Restaurant tgl. 10–23 Uhr (ruhige Lage, exzellente Fernsicht)

Berzdorfer See

Am südlichen Stadtrand von Görlitz ist aus dem einstigen Braunkohletagebau Berzdorf ein See als **Erholungsgebiet** entstanden. Zwischen Neißelauf und Hügelland erwarten 960 Hektar Wasser die Badegäste und Wassersportler. Der Strand, mit Campingplatz, liegt der Stadt am nächsten bei Deutsch-Ossig am Nordufer, weitere bei Hagenwerder im Osten (günstig für Bahnreisende auf der Strecke Görlitz – Zittau, Haltepunkt Hagenwerder) und bei Tauchritz im Süden. Alle Strände verfügen über Parkplätze, Anfahrt über die B 99.

Rund um den See gibt es Wege zum Wandern, Joggen, Reiten. Am besten ist es, hier mit dem Fahrrad unterwegs zu sein, so auf dem 18 Kilometer langen

048ol dk

› Technikdenkmal: der Schaufelradbagger SRs 1200

Rundweg. In dem zum Wäldchen herangewachsenen Haldengebiet zwischen Tauchritz und Jauernick steht der 26 Meter hohe **Aussichtsturm** Neuberzdorfer Höhe. Von Jauernick bietet sich eine schöne Sicht über den See bis zum Riesengebirge.

Ein **Technisches Denkmal** steht am Bahnhof Hagenwerder, der Schaufelradbagger SRs 1200. 30 Jahre lang war er am Tagebau Berzdorf in Aktion. Besucher können auf den Bagger klettern und bekommen Technik- und Bergbaugeschichte und eine besondere Aussicht zugleich geboten. Am Rundweg liegt das barocke **Wasserschloss Tauchritz** (1687), das derzeit restauriert wird.

■ **Technisches Denkmal Schaufelradbagger,** am Bahnhof Hagenwerder, Mai bis Okt. Di., Do. 14–18 Uhr, Sa./So. 10.30–18 Uhr

Praktische Informationen

Info

■ **www.berzdorfer-see.eu** (die offizielle Seite zum See)

■ **www.info-berzdorfersee.de** (Geschichte und Freizeitangebote)

Unterkunft

■ **Ferienwohnung am Berzdorfer See**①, bis sechs Pers. (80 €), Familie *Dienst,* Dorfstraße 73, Jauernick-Buschbach, Tel. (035829) 60835, www.fewo-berzdorfersee.com (direkt am See und am Rundweg im historischen Dorf)

■ **Ferienwohnung am Berzdorfer See**①, bis vier Pers. (60 €), *Daniela Burghardt,* August-Bebel-Straße 8, Hagenwerder, Tel. (03581) 4295185), www.ferienwohnung-berzdorfer-see.de (an der Bahnstrecke Zittau – Görlitz)

Gastronomie

■ **Gaststätte Zum alten Bahnhof**①, im Bahnhof Hagenwerder, Di.–Do. 11–15 Uhr, Fr 11–14 und 17–20 Uhr, Sa./So. 11–20 Uhr (eine der letzten Bahnhofskneipen)

Sonstiges

■ **Märchenspiele,** geschnitzte und mechanisch bewegte Holzfiguren, die den Alltag in der Oberlausitz zeigen, Tauchritz, April bis Okt. Sa./So./Feiertage 13–17 Uhr

Radtour im Hügelland

Zwischen dem Seifersdorfer Tal, einem Landschaftspark nördlich der Dresdner Heide, und Görlitz liegt die **Sächsische Städteroute,** ein Radwanderweg quer durch das Land, der auf diesem rund 160 Kilometer langen Teilstück mit Kamenz, Bautzen, Löbau und Görlitz vier der Oberlausitzer „Sechsstädte" (siehe unter Geschichte) verbindet. **Markiert** ist die Route durch hügeliges Land mit einem **roten S.**

Vor Görlitz passiert der Radweg die sanften Berge um das Dorf Jauernick. Hier rücken bei guter Sicht auch schon mal drei weitere Gebirge ins Bild: der Jeschkenkamm im Lausitzer Gebirge mit dem markanten Jeschken (Ještěd, 1012

Meter), das Isergebirge mit der Tafelfichte (Smrk, 1124 Meter) und das Riesengebirge mit der Schneekoppe (Sněžka/Śnieżka, 1602 Meter). Während die Augen in der Ferne schweifen, liegt die Erfrischung ganz nah: nach gemütlicher Talfahrt im Berzdorfer See.

Jauernick

Kirche St. Wenzeslaus

Die **Wiege des Christentums in der östlichen Oberlausitz** steht auf dem Kreuzberg im malerischen Dorf Jauernick (10 km von Görlitz). Schon im Jahr 967 wurde an diesem Ort von böhmischen Missionaren eine Kirche errichtet. Die ältesten Teile der spitztürmigen **Bergkirche** St. Wenzeslaus sind aus dem Jahr 1230. Das reich geschmückte Portal zeigt das Wappen der Marienthaler Äbtissin. Vom Gipfel des **Kreuzberges** (364 Meter) inmitten des Dorfes bietet sich ein schöner Blick bis zum Iser- und Riesengebirge. Spaziergänge führen zum Ufer des Berzdorfer Sees.

⌃ Das Kloster St. Marienthal in Ostritz

Praktische Informationen

■ **St.-Wenzeslaus-Stift**②, Jauernick-Buschbach, Dorfstraße 30, Tel. (035829) 6270, www.st-wenzeslaus-stift.de (katholische Herberge mit Einzel-, Doppel-, Dreibettzimmern, Übernachtung/Vollpension p.P. ab 45 €)

146ol dk

Markersdorf

Dorfmuseum

Das Dorf im Dorf: In einem 250 Jahre alten Vierseithof in Markersdorf (7 km von Görlitz) ist noch lebendig, was einst den bäuerlichen Alltag bestimmte. Im Dorfmuseum Markersdorf ist eine **Kleinbauernwirtschaft** zu besichtigen, mit Apfel und Schwein, Bauerngarten und Dorfschule. Neben der Arbeit werden in vielen Festen die Traditionen gepflegt.

■ **Dorfmuseum Markersdorf,** Kirchstraße 2, Tel. (035829) 60329, www.oberlausitz-museum.de, Mai bis Okt. Di.–Fr. 10–16 Uhr, Sa./So. 10–17 Uhr, Nov. bis April Di.–So. 10–16 Uhr

Kloster St. Marienthal in Ostritz

Den Bahnhof im Ausland, die Steckdose im Wind und das Kloster weltoffen – die Neißestadt Ostritz mit ihren 3000 Einwohnern hat schon ihre Eigenarten. Als **Energieökologische Modellstadt,** die als erste Stadt Deutschlands ihren Energiebedarf aus regenerativen Quellen bezieht (Wasser, Wind, Sonne und Holz), wurde sie als Projekt für die EXPO 2000 ausgewählt. 1992 gründeten die Schwestern des **Zisterzienserinnenklosters** St. Marienthal im barocken Ensemble des Klosters ein Internationales Begegnungszentrum, das von einer Stiftung geführt wird.

Wer aus Zittau oder Görlitz **mit der Bahn** anreist, verlässt den Zug am **polnischen Haltepunkt Krzewina Zgorzelecka** und überquert die Neiße-Brücke – ohne jede Prozedur. Während der Zeit der sozialistischen „Brudervölker" galten zuweilen bizarre Regelungen auf dieser Bahnstrecke: So mussten während der Fahrt auf polnischem Territorium die Fenster geschlossen bleiben.

Vom Grenzübergang führt ein drei Kilometer langer, markierter **Wanderweg** ins Kloster, dort gibt es Anschluss an einen Wanderweg durch das wildromantische Neißetal bis Hirschfelde (Bahn/Bus nach Zittau und Görlitz). Markierte Wanderwege bietet auch der **Klosterwald** am Neißetal, so zum Verlassenen Kreuz oder zum Dorfbrunnen, einem moosigen Schlund mitten im

Zisterzienserinnenkloster und Begegnungszentrum St. Marienthal

Das Zisterzienserinnenkloster St. Marienthal ist der älteste ununterbrochen geführte Zisterzienserinnenkonvent auf deutschem Boden. Seine Gründungsgeschichte ist verbunden mit Böhmen. Mit den Folgen des Zweiten Weltkrieges geriet es in Grenzlage zu Polen. Heute ist St. Marienthal ein **lebendiges, traditionelles und weltoffenes Kloster** zugleich. Die Zisterzienserinnen und ein Internationales Begegnungszentrum teilen sich die Räume von St. Marienthal. Gemeinsam haben sie 1992 eine Stiftung gegründet, die geistige Brücken bauen will, über politische und konfessionelle Grenzen hinweg.

Sechzehn Frauen leben im Kloster nach den Ordensregeln der Zisterzienser zwischen Gebet und Arbeit – **ora et labora** –, nicht viel anders als vor sieben Jahrhunderten. Im Internationalen Begegnungszentrum finden sich jährlich mehr als 100.000 Gäste ein: Seminarteilnehmer, Urlauber, Ausflügler. St. Marienthal ist Reiseziel und Bildungsstätte; erst die Mauern der Klausur markieren die Grenze zum scheinbar zeitlosen Reich der Stille.

Die älteste bekannte Urkunde für das Kloster St. Marienthal ist auf den 14. Oktober 1234 ausgestellt. **Königin Kunigunde,** Gemahlin König *Wenzels des Einäugigen,* stiftet darin „dem Zisterzienserorden für das Kloster, das Tal der Heiligen Maria genannt wird, und den gottgeweihten Nonnen, die im Habit und unter der Disziplin ebendieses Ordens dort Gott dienen, das Anwesen, das Syfridistorph heißt".

Bis zum 19. Jahrhundert erstarkte das Kloster St. Marienthal zu einer der größten Oberlausitzer Grundherrschaften, der zuletzt 25 Ortschaften mit 16.000 Menschen untertänig waren.

Die **Hussiten** fielen 1427 ein und zerstörten das Kloster. Der Konvent kam für drei Jahrzehnte in einem klostereigenen Haus bei Görlitz unter, bis das eigene Haus wieder aufgebaut war. **Mehrfach brannte die Anlage ab,** 1515 und 1542, noch einmal 1683. Der Gegenpart immer wiederkehrender Zerstörungen lieferten Hochwasser der Neiße.

Während sich in der Oberlausitz die lutherische Reformation schnell verbreitete, blieben katholische Inseln erhalten, so die Zisterzienserinnenklöster St. Marienstern im sorbischen Gebiet und St. Marienthal. 1635 wurde die Lausitz von Böhmen getrennt und Kursachsen angeschlossen, zugleich garantierte der Prager Traditionsrezess den Klöstern Marienstern, Marienthal und Neuzelle **freie Religionsausübung.** Unter Äbtissin *Anna Friedrich* begann 1683 der barocke Neubau des Klosters. Auf einer Anhöhe über dem klösterlichen Weinberg ließ Äbtissin Mühlwenzel 1728 eine spätbarocke Kreuzigungsgruppe aufstellen. Sie bildete den Abschluss des Kreuzweges, der in dreizehn Stationen den Stationsberg hinaufführt.

Drei Frauenklöster in Deutschland – Marienthal, Marienstern und Lichtenthal – haben die **Säkularisation durch Napoleon überlebt.** Den neuen Verhältnissen nachgebend, beschloss der Konvent eine „weltliche Tat" – am 4. Juli 1838 eröffnete er für 60 Mädchen eine **Klosterschule.** Für die Umgegend, besonders die ärmere, war die unentgeltliche Erteilung des Unterrichts von großer Bedeutung. 1938, im hundertsten Jahr ihres Bestehens, wurde diese Schule von den Nationalsozialisten verboten.

> Traditionell und weltoffen

Während des Zweiten Weltkrieges leistete ein Teil des Konvents im Kloster Lazarettdienst. In der **Zeit der Nazidiktatur** geriet das Kloster an den Rand des finanziellen Ruins. In den letzten Kriegstagen verlief die Hauptkampflinie entlang der Klostermauer. Als eine SS-Einheit einrücken wollte, stellte Äbtissin *Celsa Pia* den Schwestern die Entscheidung frei, das Kloster zu verlassen. Der Konvent weigerte sich geschlossen. Während der letzten Kämpfe fanden Familien aus Ostritz und Umgebung Unterschlupf.

Klösterlicher Grundbesitz war von der Bodenreform ausgenommen, das Kloster konnte auch unter den DDR-Verhältnissen fortbestehen. 1955 eröffnete St. Marienthal ein **Caritas-Pflegeheim St. Josef** für 40, später 60 Menschen mit geistiger Behinderung. 25.000 Pilger zogen am 9. September 1984 auf die Wiese vor dem Kloster, das Jubiläum „750 Jahre Zisterzienserinnenabtei St. Marienthal" zu feiern. Aus diesem Anlass trat der Konvent erstmals freiwillig vor die Klostermauern.

Den besten Blick auf die Anlage **bietet der Stationsberg:** den Klosterwald zur Rechten, Hügel zur Linken, die Neißebiegung verdeckt durch den Konventbau, der in diesem Bild seine repräsentative Westseite zeigt; im Zentrum die Zwiebelkuppel mit der Marienkrone. Ein Pfad führt zur Klostermauer mit dem ersten Tor und über eine kleine Straße zum zweiten Tor. Inmitten des Hofes steht der Dreifaltigkeitsbrunnen aus dem Jahr 1704; im achteckigen Sandsteinbecken eine barock gewundene Brunnensäule, die eine Weltkugel trägt, verziert mit wolkigen Engelsköpfen und Dreifaltigkeitsrelief.

Der einstige **Wirtschaftshof** ist der Mittelpunkt des offenen Klosters, der die sakralen Bauten des Konvents verbindet mit den Einrichtungen des Begegnungszentrums in den ehemaligen Wirtschaftsgebäuden.

058ol dk

Vom Konvent ragt nur der **Kuppelbau der Kreuzkapelle** in diesen Platz. 1756 wurde sie als Wallfahrtskirche errichtet. Mit ihrer roten Kuppel über dem quadratischen Grundriss eine sehr böhmisches Kirche, der Blickfang des Hofes. Die farbenfroh ausgemalte Kuppel der Kapelle wird *Giovanni Battista Casanova* zugeschrieben, dem Dresdner Akademieprofessor und älteren Bruder des bekannteren Abenteurers und Frauenhelden. In der Gruft liegt mit ihrem Ehemann begraben der Musikstar des Biedermeier: **Henriette Sontag.** Auf den europäischen Opernbühnen wurde sie gefeiert. Ihre jüngste Schwester lebte als Nonne in St. Marienthal und wurde von der Sängerin oft besucht. *Henriette Sontag* starb am 17. Juni 1854 bei einem Gastspiel in Mexiko an der Cholera. Ihr letzter Wunsch war, in St. Marienthal begraben zu werden. Der Name der umschwärmten Sängerin geriet zur Zierde des frommen Hauses.

Zur Neiße hin wird der Nordflügel abgeschlossen durch die **Klosterkirche.** Vom gotischen Vorgängerbau ist kaum noch etwas zu sehen. Der Baukörper wurde 1683 barock umgestaltet, der Chor 1740 angebaut. 1859 wurde das Innere historisierend-neoromanisch ausgemalt und nach der Hochwasserkatastrophe im Stil der Zeit ausgestattet. Die Wandmalereien im Chor von dem Breslauer *Karl Schall* nach Entwürfen von *Adolph Seiler* (1859) stellen Heilige des 12./13. Jahrhunderts dar. Altäre und Kanzel gestaltete der Münchener Holzbildhauer *Joseph Elsner.* Im Westjoch bilden Nonnenchor und Nonnenempore zwei Etagen, in die kaum die Sonne dringt. Besucher betreten die Kirche im niedrigen Nonnenchor. Alles Licht scheint sich in dem bunten Glasfenster über dem Altar zu sammeln wie in einem Fokus.

Morgens um viertel fünf versammeln sich die Zisterzienserinnen zum ersten Gebet des Tages, um sieben zur Heiligen Messe. **Sechsmal täglich ist Gebetszeit.** Wer zu den Gebetszeiten die offene Kirche betritt, kann den Schwestern beim Gesang zuhören.

Der Rundgang trifft auf die **Probstei,** einen schlichten Barockbau, mit dem Probsteigarten, der zum „Biblischen Garten" gestaltet wurde – ein Garten zum Entspannen und Meditieren für die Gäste des Begegnungszentrums. Hinter der Mauer erstreckt sich zur Neiße hin der zum Klausurbereich gehörende Klostergarten. Die Ernte aus ökologischem Anbau dient der Selbstversorgung des Klosters und der Bewirtung seiner Gäste.

Freunde des Klosters aus Ost und West, zumeist Angehörige der frommen Schwestern, trafen sich nach dem Ende der DDR in der Abtei. Sie sahen die denkmalgeschützten, leer stehenden Gebäude der ehemals klösterlichen Landwirtschaft, die symbolträchtige Lage des Klosters. Mit Geld allein wäre die Sanierung zwar zu bezahlen gewesen, ein Ort 700-jähriger Geschichte braucht aber mehr: Ideen, die bis übermorgen reichen. **Bildung, Begegnung, Besinnung,** für dieses Programm richtete die Abtei das „Internationale Begegnungszentrum St. Marienthal" als Stiftung ein. Vorsitzender des Stiftungsrates ist die Äbtissin, des Stiftungsvorstandes die Priorin. Im Kuhstall entstanden ein Gästehaus mit Speisesaal und Vortragsraum, in der Mühle die Ausstellung zur ökologischen Energieerzeugung. Damit es nicht graue Theorie bleibt, hat das Bildungszentrum die alte Wasserturbine wieder in Betrieb genommen, eine 110-Kilowatt-Anlage an der Neiße, die auch demonstriert, wie fortschrittlich die Nonnen schon früher waren. 1910, unter Äbtissin *Michaela,* war das E-Werk in Betrieb genommen worden, zur Eigenversorgung des Klosters.

Information

- www.kloster-marienthal.de
- www.ibz-marienthal.de

Wald, der letzten Spur des in den Hussitenkriegen verwüsteten Syfridistorph, mit dessen Stiftung durch die böhmische Königin *Kunigunde* im Jahr 1234 die Geschichte des Klosters der Zisterzienserinnen begonnen hatte.

Praktische Informationen

Anreise

- **A4** bis Görlitz, dann B99 Richtung Zittau bis Ostritz
- **Bahn,** Görlitz – Zittau bis Krzewina Zgorzelecka, über die Neiße-Brücke, dann markierter Fußweg 30 Min. oder Linienbus bis Ostritz/St. Marienthal

Info/Unterkunft

- **Internationales Begegnungszentrum St. Marienthal**②, St. Marienthal 10, Tel. (035823) 770, www.ibz-marienthal.de (Gästehäuser mit Ferienzimmern sowie Gruppenzimmer in den denkmalgerecht restaurierten ehemaligen Wirtschaftsgebäuden des Klosters, sehr ruhig an der Neiße gelegen, Tagungsräume, Vollpension möglich, Führungen Ostern bis Okt. tgl. 15 Uhr (Nov. bis Ostern nur an den Wochenenden), Klosterausstellung „ora et labora", Garten der Bibelpflanzen, Energie-Werk-Stad(t)t mit historischem Sägewerk, Wald-Erlebnispfad, östlichster Weinberg Deutschlands)

Gastronomie

- **Klosterschenke**①, Klosterstraße 138, Tel. (035823) 87715, www.kloster-service.de, Mo.–So. 11–22 Uhr (historische Gastwirtschaft im Umgebindehaus vor dem Kloster, Gartenlokal unter Kastanien, regionale Küche, Mai bis Okt. zusätzlich Kiosk auf der Neiße-Halbinsel)

Eine Bahnfahrt im Tal der Neiße

Zwischen Görlitz und Zittau

Eine halbe Stunde nur dauert die **Bahnfahrt** entlang der Neiße zwischen Görlitz und Zittau, aber diese kurze Fahrt führt wie ein Steckbrief vor Augen, was die südöstliche Oberlausitz auszeichnet. Nirgends sonst treffen die Kontraste so nah aufeinander wie hier. Wer es so bedeutungsschwer nicht mag, kann auch einfach nur aus dem Fenster schauen und sich am Naturerlebnis Neißetal erfreuen – die sehr freundlichen Schaffnerinnen der ODEG (Ostdeutschen Eisenbahngesellschaft) servieren auch gern einen Kaffee am Platz.

- **Bahnstrecke** Görlitz – Zittau; Fahrt mit ZVON-Ticket oder Sachsenticket

Hagenwerder

Bald nach dem Verlassen des Görlitzer Bahnhofs kommt eine Erinnerung an die Industriegeschichte der Region ins Bild, das ausgeweidete **einstige Turbinenhaus des Kraftwerkes** Hagenwerder. Die Kühltürme des 1997 stillgelegten Werkes wurden längst gesprengt. Zwischen dem Gleis und der Neiße liegt das **Freibad** Hagenwerder, das in der Jugendszene einen klangvollen Namen hat für das alljährliche „House-of-Summer"-Festival elektronischer Musik und das Indierock-Festival mit dem schönen Namen „la pampa".

059ol dk

Das Dörfchen Deutsch-Ossig wurde noch 1988 entsiedelt, da es nur wenige Meter vor der Tagebaukante lag. Am Ufer des Berzdorfer Sees bekommt es nun eine neue Zukunft.

Nun rollt der Zug an dem gewaltigen Schaufelradbagger entlang, der am Rande des einstigen Tagebaus, des heutigen Sees, seinen Museumsplatz erhalten hat (siehe „Berzdorfer See"). Das **Bahnhofsgebäude** von Hagenwerder sieht noch fast so aus wie auf alten Ansichtskarten. Zum **Berzdorfer See** hin wächst junger Birkenwald, der immer wieder einmal die Sicht freigibt auf die riesige Wasserfläche und ihre Ufer. An den Stränden tummeln sich die Erholungssuchenden.

Wie in alten Zeiten: der Bahnhof von Hagenwerder

Rechts und links der Neiße

Nun beginnt der schönste Teil der Reise: Zunächst mäandert die Neiße durch die Wiesen, dann geht es durch das tief eingeschnittene, **von üppigem Wald gesäumte Flusstal.** Der Zug wechselt dabei mehrfach die Seite, mal fährt er auf der polnischen, mal auf der deutschen. Von den vorderen Plätzen kann man über die Schultern des Zugführers hinweg in den dichten, je nach Jahreszeit farbigen Naturtunnel schauen und immer wieder den rauschenden Fluss entdecken.

Im Winter blinkt auf der rechten Seite auch einmal kurz das Kuppeldach des Klosters St. Marienthal durch die Bäume. Die winzigen polnischen Dörfer an der Strecke gehörten einst zum Klosterbesitz. Breite Wiesen und Hügelland folgen, und bald wird der **Haltepunkt Krzewina Zgorzelecka** erreicht.

101ol dk

Rosenthal

Kurz vor dem Haltepunkt Hirschfelde ist rechts an der Neiße der Ortsteil Rosenthal mit seinen Umgebindehäusern zu sehen. Links, im dichten Wald auf polnischer Seite, müssen noch die Ruinen der **Burg Rohnau** liegen. Vom Zug aus sind sie nicht zu erkennen. Erbaut wurde sie im 13. Jahrhundert, als Räubernest von den Sechsstädten zerstört im Jahre 1399.

⌃ Die Neiße, einer der letzten naturbelassenen Flüsse Deutschlands und Polens, hier bei Ostritz

Hirschfelde

Nächster Halt ist Hirschfelde. 81 Jahre lang produzierte hier das **Kraftwerk** Hirschfelde Strom vor allem für Dresden. Als es 1911 durch die AEG in Betrieb genommen wurde, war es das modernste Werk Europas. Im November 1992 wurde es abgeschaltet, 2013 auch das Museum geschlossen.

Braunkohletagebau

Kurz, bevor die Türme Zittaus zu sehen sind, rückt links das **Isergebirge** ins Bild, in der Ferne die breite Glatze der **Tafelfichte** (Smrk), mit 1124 Metern die zweithöchste Erhebung dieses Gebirges. Doch noch zeichnen die Halden des polnischen Braunkohletagebaus **Turow** den Horizont. Im Winter ist auch ein Blick in die Grube möglich. Die dampfenden Kühltürme gehören zum Kohlekraftwerk unmittelbar an der Grube, die auf der Höhe von Drausendorf der Neiße am nächsten kommt. In Fahrtrichtung rechts sind die Hügel nördlich Zittaus zu sehen.

In Zittau endet diese Fahrt auf einer Bahnstrecke, die zu den interessantesten der Oberlausitz gehört.

Kulturinsel Einsiedel

Bei **Zentendorf** an der Neiße, am östlichsten Punkt Deutschlands, liegt die Kulturinsel Einsiedel, ein Freizeitpark aus Natur und in der Natur. Die Firma Künstlerische Holzgestaltung Jürgen Bergmann hat in der ihr eigenen und unverwechselbaren Handschrift diese **Spiellandschaft aus Holz** seit 1990 in die Neiße-Aue gebaut. Seitdem ist die Kulturinsel ein Ort besonderer Abenteuer. Im **Grüngeringelten Abenteuerfreizeitpark** kommen schon mal große und kleine Kinder abhanden – in der Spielburg oder auf dem Wikingerschiff, im Kletterwald, in diversen Geheimgängen, im Fontänental oder am Wildwasserbach, vor der Märchenbühne, in der Raubritterburg, im Fresstempel … oder im **Museumsbaumhaus.** Die Einsiedel-Insulaner bauen überhaupt sehr gern Baumhäuser, mehrere dienen als Hotel. Und sie feiern oft: Komplexum, Pyromanum, Bierradlum, Pfingstums-Feiertagsfeierei mit Kinderspektakulum, Mystum, Folklorum und Spielum. Die Inselsprache ist also auch eine besondere, aber man versteht sie dann schon. Für die Kleinsten gibt es ein Schatzsucherspiel und etwas zu gewinnen.

Eine Wanderbrücke führt in die **Niederschlesische Heide** an der polnischen Seite der Neiße, in einen der größten Waldkomplexe (siehe auch „Polnische Oberlausitz"). Die Kulturinsel bietet Exkursionen an. Allein sollte dahin aber niemand ohne genaue Karte und Kompass aufbrechen, es gibt nur wenige markierte Wege.

■ **Kulturinsel Einsiedel,** Neißeaue/OT Zentendorf, Tel. (035891) 4910, 49150, 49124, www.kulturinsel.de, März bis Nov. tgl. ab 10 Uhr, Tageskarte 11,50 €, Kinder von 4–14 Jahren 8,50 € (Preis nach Gewicht), Familienkarte 34 €, Ermäßigung ab 16 Uhr, für Geburtstagskinder bis 14 Jahre freier Eintritt, ebenso für Körperbehinderte

Praktische Informationen

Anreise

■ **A4,** Abfahrt Kodersdorf Richtung Görlitz, bis Rothenburg, S127 Richtung Görlitz (20 km von Görlitz)
■ **Buslinien** 139 und 140 ab Görlitz bis Zentendorf/Kulturinsel

Unterkunft

■ **Baumhaus-Hotel**③ mit Baumhaus-Wohnungen für zwei Erwachsene/zwei Kinder, mit Frühstücksbuffet, Eintritt Kulturinsel im Übernachtungspreis inbegriffen

Rothenburg

Direkt an der Neiße

Den Ortsnamen Rothenburg gibt es in Deutschland fünfmal, Rothenburg in der Oberlausitz ist **Deutschlands östlichstes Städtchen** (4800 Einwohner). Es liegt direkt am Grenzfluss Neiße, der sich hier eine besonders reizvolle Flussniederung geschaffen hat, und südlich der Muskauer Heide. Der **Marktplatz** mit dem klassizistischen Rathaus (1800) und der Stadtkirche aus derselben Zeit bildet den höchsten Punkt der auf einem Hügel errichteten Stadt. Unterhalb der Kirche erstreckt sich zur Neiße hin ein **Landschaftspark** mit uralten Eichen, vielen Rhododendron- und Azaleenbüschen. Am **Neiße-Ufer,** durch die naturbelassene Flussaue, lässt es sich wunderbar wandern, hier entlang führt auch der **Oder-Neiße-Radweg.** Das Camp von Neiße-Tours ist Startpunkt für Schlauchbootfahrten durch nahezu unberührte Natur. Reisende können sich allein auf den Weg begeben oder an geführten **Bootstouren** teilnehmen.

Drei Kilometer südlich des Marktplatzes, im **Ortsteil Geheege,** teilt eine **Wasserscheide** den aus Biehain kommenden Bach in zwei Arme – der eine führt zum Schöps, zu Spree, Havel und Elbe und damit zur Nordsee, der andere zur Neiße und damit zur Oder und in die Ostsee.

Der Rothenburger **Flugplatz** ist eine Adresse für Fracht- und Geschäftsflüge, aber auch für Hobbyflieger und Flugsportler. Wer lieber auf dem Boden der Tatsachen bleibt, kann sich im Luftfahrttechnischen Museum umsehen.

■ **Luftfahrttechnisches Museum,** Friedensstraße 105a, Tel. (035891) 47280, www.luftfahrtmuseum-rothenburg.de, März bis Okt. tgl. 9–17 Uhr

Praktische Informationen

Info

■ **Rothenburg-Information,** Görlitzer Straße 1 (beim Markt), Tel. (035891) 77490, www.rothenburg-ol.de

Unterkunft

■ **Hotel Zur Krone**①, Marktplatz 10, Telefon (035891) 78660, www.martinshof-diakonie werk.de (historisches, saniertes Haus)

■ **Bergschenke**①, Straße des Friedens 11, Tel. (035891) 7225 (an der Straße Rothenburg – Bad Muskau, mit Gastwirtschaft, DZ 30 €)

■ **Neiße-Tours**①, Camps in Rothenburg und Bad Muskau, Tel. (035891) 77931, www.neisse-tours.de, Freiluftgaststätte in Rothenburg direkt am Camp, Zeltplatz (Bootsfahrten auf der Neiße, Zelt ab 5 €)

Weitere Museen

■ **Stadtmuseum,** Brunnengasse 2, Tel. (035891) 35318, Mo., Di., Fr. 9–15 Uhr, Do. 10–17 Uhr, Sa./So. 14–17 Uhr

■ **Heimatstube Nieder-Neundorf,** Görlitzer Landstraße 71, Tel. (035891) 35198, Di. ab 19 Uhr (zur 600-jährigen Geschichte von Nieder-Neundorf)

029ol dk

Bad Muskau 6 und Umgebung

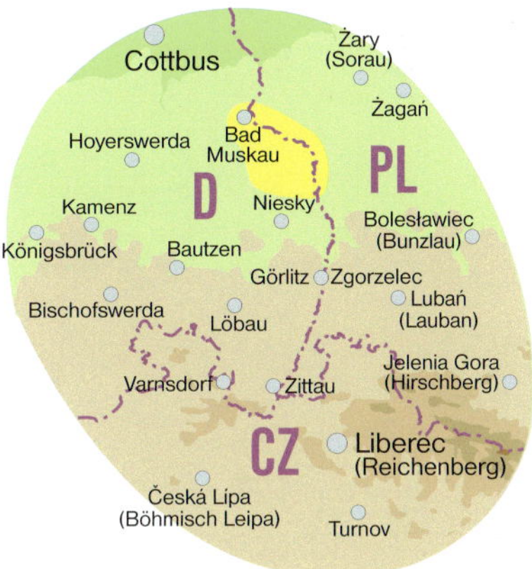

Das Weltkulturerbe in Bad Muskau zeigt sich zu jeder Jahreszeit in neuem Licht. Eine Teufelsbrücke ragt aus dem Rhododendron im Park von Kromlau. Glasdesign kommt aus Weißwasser. Im Erlichthof bei Rietschen stehen die Kulturdenkmäler aus dem Kohlerevier.

[<] Herzstück von Pücklers Park in Bad Muskau: das Neue Schloss

Bad Muskau und Umgebung

BAD MUSKAU UND UMGEBUNG

Die Reise beginnt in Bad Muskau an der Neiße mit Spaziergängen durch das grüne Weltkulturerbe, Pücklers Park. Sie begegnet dem besessenen Fürsten, einer abessinischen Prinzessin und einem „Guten Meister zweiten Ranges". Der Park im benachbarten Kromlau inszeniert ein blumenduftendes Märchen. Sand und Kiefern, das ist auch die Landschaft funktionellen Glasdesigns in Weißwasser und die Heimat der „Lausitzer Füchse". Traditionelle Holzblockhäuser aus der nördlichen Oberlausitz mussten dem Braunkohleabbau weichen; in Rietschen gesellen sie sich zum Museumsdorf Erlichthof, Handwerker sind dort nun zu Hause. In die Muskauer Heide sind die Wölfe zurückgekehrt.

NICHT VERPASSEN!

- Natur als Kunstwerk: Weltkulturerbe **Pücklers Park in Bad Muskau** | 180
- Natur als Kunstwerk II: der **Kromlauer Park** | 185
- Mit Volldampf auf schmalen Schienen: die **Waldeisenbahn Bad Muskau** | 188

Diese Tipps erkennt man an der gelben Hinterlegung.

Pücklers Park in Bad Muskau

Überblick und Geschichte

Fürst Pückler

Sachsens anerkanntes **Weltkulturerbe** gedeiht in Pücklers Park an der Neiße im Norden der Oberlausitz. Der exzentrische Fürst *Hermann Pückler* hat hier die **Natur zum Kunstwerk geformt** und der Kunst die Natur geschenkt. Sein Lebenswerk geriet zur immerwährenden Einladung an den Menschen, zu einem Fest der Sinne, das keine Regularien kennt außer denen, die der Natur eingeschrieben sind. Schon immer und immer noch steht Pücklers Park allen offen, die an diesem Fest teilhaben möchten.

Geschichte

Begonnen hat Muskau als Handelsstadt im Gefolge der deutschen Kolonisation, erstmals wird es 1249 urkundlich erwähnt. Der Name – ursprünglich Mužakow – weist auf frühe sorbische Besiedlung hin. Bis ins 18. Jahrhundert lebten die Muskauer von der **Töpferei,** später auch vom **Bergbau** in den nahen Kohlefeldern. In den letzten Tagen des Zweiten Weltkrieges wurde die Stadt zu 80 Prozent zerstört. Beim Wiederaufbau wurde auch der Park gerettet, aber der größte Teil liegt jenseits der **Neiße-Grenze** in **Polen.** Seit dem Beitritt Polens zur Europäischen Union ist Pücklers Park wieder ungeteilt erlebbar.

Muskauer Faltenbogen

Erdgeschichtlich interessant ist der Muskauer Faltenbogen, eine Stauchendmoräne. Auf einer Breite von 40 Kilometern hat das Inlandeis die vor ihm liegenden Sand- und Braunkohlemassen zu einem hufeisenförmigen Hügelzug gestaucht. Das geschah vor 450.000 Jahren. Die daraus entstandene **wellige Heidelandschaft** gilt als die schönste ihrer Art in Nordmitteleuropa. Sie kann als deutsch-polnischer Geopark auf zahlreichen Radwanderwegen erlebt werden.

Leopold Schefer

Bad Muskau war zeitlebens die Heimatstadt des **Komponisten und Schriftstellers** *Leopold Schefer* (1784–1862), den *Arno Schmidt* einen „Guten Meister zweiten Ranges“ nannte – das war ein literarischer Ritterschlag.

Park- und Kurstadt

Bad Muskau profiliert sich als Park- und Kurstadt an der Neiße. Im Jahr 2004 wurde der Pückler-Park als UNESCO-Weltkulturerbe anerkannt. Seit dem Jahr 2005 führt Bad Muskau das Prädikat **„Ort mit Moorkurbetrieb“.**

Polenmarkt

Trotz des weltberühmten Parks schien Bad Muskau lange Zeit vor allem für den „größten Polenmarkt“ an der deutschen Grenze bekannt zu sein. Zehntausende reisten mit ihren Autos und in Bussen

147ol dk

an, um jenseits der Grenze auf Schnäppchensuche zu gehen. Inzwischen hat das riesige Areal von Marktständen im polnischen Nachbarort Łęknica **an Bedeutung verloren,** viele Stände haben bereits geschlossen.

Sehenswert in Bad Muskau

Altes und Neues Schloss

Vor dem Grenzübergang nach Polen weisen Schilder flussabwärts zum Park. Der Weg führt entlang des von *Pückler* angelegten Flussarms **Hermannsneiße** zum Alten und zum Neuen Schloss. Im Alten Schloss, einem Renaissancebau aus dem 16. Jahrhundert, waren lange Zeit das Museum und die Tourist-Information untergebracht, die inzwischen in das Neue Schloss umgezogen sind; das Alte dient als Standesamt. Das Neue Schloss ist das Herzstück des Parks. Dafür wurde das barocke Pückler-Schloss 1864 bis 1866 im Stil der Neorenaissance umgestaltet. 1945 wurde es durch Brandstiftung zerstört, 1995 begann der Wiederaufbau. Heute erstrahlt es wieder in seiner ganzen Pracht. Am schönsten aber ist der Blick von der Terrasse des Schlosses über die **Schlosswiese** in die harmonische Weite des Parks.

Die Hermannsneiße

Pücklers Park in Bad Muskau

Essen und Trinken
1 Café Fürst Pückler
2 Oleander

www.fotolia.de ©T. Linack

Pücklers Park

Der Landschaftspark lässt sich am besten beim entspannten Umherstreifen auf den zahlreichen Wegen erleben. Am schönsten ist, sich von den reizvollen **Sichtachsen** einfach verführen zu lassen. Zwischen Altem und Neuem Schloss liegt der **Luciensee,** von der Brücke an der Mündung der Hermannsneiße öffnen sich gern fotografierte Ansichten beider Schlösser.

Über der Hermannsneiße spannen sich kleine Brücken, beim Neuen Schloss die gusseiserne blaue **Fuchsienbrücke.** Weiter hinaus in dieser Richtung, hinter der **Tränenwiese** mit ihren einsamen betagten Bäumen, ist der **Eichsee** mit dem Wasserfall zu entdecken. Über die Neiße und die **Jeanetteninsel** führt eine Doppelbrücke hinüber in den polnischen Teil des Parks. Der flussnahe, von der Eiszeit geformte und von *Pückler* gestaltete **Terrassenpark** gibt wunderbare Sichten in die Landschaft frei. Ein beliebter Aussichtsplatz ist der **Pücklerstein** – aber das ist nicht das Grab, der Meister ruht neben seiner *Lucie* im Branitzer Park bei Cottbus.

^ Das Alte Schloss

> Die Bergkirche

Der aus der Ferne auffällige prächtige **Viadukt** am Herrenberg gehört zum **Oberpark,** der an die Heide erinnert und Heimat einer reichhaltigen Flora und Fauna ist. Noch weiter draußen erstreckt sich das Hochplateau der **Braunsdorfer Felder,** die einen Panoramablick über den Park und die Muskauer Heidelandschaft eröffnen. Über die Felder führt die **Kastanienallee.**

Evangelische Kirche

Auf deutscher Seite verbindet ein kleiner Spaziergang den Muskauer Marktplatz mit einer Stätte der Besinnung und dem romantischen Bergpark. Die Berliner Straße führt zur evangelischen Kirche. Dort, nahe der hinteren Kirchmauer, liegt das **Grab der Machbuba,** der geheimnisvollen abessinischen Kindfrau, an deren Seite *Pückler* wohl seine glücklichsten Stunden verbrachte. Auch *Leopold Schefer* liegt hier begraben.

Bergpark

Auf der gegenüberliegenden Straßenseite führt der Oberweg in den zerklüfteten Bergpark. Die spätromanische **Bergkirche** ist einer der ältesten noch erhaltenen Kirchenbauten der Oberlausitz. 1346 wurde sie erstmals erwähnt, 1785 wurde der letzte Gottesdienst abgehalten. Man möchte sie nicht Ruine nennen, obwohl allein die Seitenmauern aus Feldsteinen, die Fenstergewände und das Portal erhalten geblieben sind – in einer Anmut, die das Kleinod so erscheinen lässt, als würde gar nichts fehlen.

033ol dk

Hermann Fürst von Pückler

„Wer mich ganz kennenlernen will, muss meinen Garten kennen, denn mein Garten ist mein Herz", schrieb der **Landschaftsarchitekt, Schriftsteller, Weltreisende und Dandy** *Hermann Fürst von Pückler* (1785–1871) auf dem Zenit seines Lebenswerkes. Als er 1785 geboren wurde, war das Heidestädtchen Muskau an der Neiße vor allem durch Töpferwaren bekannt. Der Junge wurde in der Bildungsanstalt der Herrnhuter Brüderunität, im Dannenberghaus von Uhyst/Spree, erzogen, später in Halle und in Dessau. An der Leipziger Universität und beim Militär gab er nur Gastspiele. So flog er aus der Armee wegen eines Duells. 1811 erbte er die Herrschaft Muskau. Die alltäglichen Geschäfte übergab er seinem Freund, dem Schriftsteller und Komponisten *Leopold Schefer.*

Pückler zog als Kavallerieoffizier ins Feld gegen Napoleon. 1812 entdeckte er auf einer Reise durch England die dortigen Gärten und Parks und seine Berufung als Landschaftskünstler. 1817 heiratete er die neun Jahre ältere **Lucie von Hardenberg** (1776–1854). Er gehörte zu den größten Landbesitzern des Königreiches Preußen, dem Muskau seit dem Wiener Kongress 1815 zugeteilt war.

Im Alter von 30 Jahren begann *Pückler,* das bei Muskau sich trichterförmig ausbreitende **Neißetal** zu einem Landschaftspark umzugestalten. In einem Brief vom 1. Mai 1815 eröffnete er der Muskauer Bürgerschaft seine Pläne, um sie zum Verkauf des Landes zu bewegen.

Pückler stürzte sich geradezu besessen ins Gelände. Fachkundiger Partner war ihm der 1817 eingestellte Garteninspektor **Jacob Heinrich Rehder** (1790–1852), sein Werk vollendete ab 1852 *Rehders* Schüler **Eduard Petzold** (1815–1891). Die **Hermannsneiße** wurde angelegt, ein künstlicher Flussarm, und am Schloss der **Luciensee,** benannt nach *Pücklers* Gattin. 1819 war der Zusammenfluss mit der Neiße fertiggestellt. Für den Umbau des Neuen Schlosses konnte *Pückler* seinen Freund **Karl Friedrich Schinkel** (1781–1841) gewinnen. Ab 1820 wurden zwei englische Gärtner für die Gestaltung des Vergnügungsplatzes am Neuen Schloss engagiert. Brücken und Inseln entstanden, weitere Pflanzungen folgten – drei kanadische Pappeln auf der Schlosswiese, die Blutbuche. 1823 wurde im **Hermannsbad** der Kurbetrieb eröffnet. Nach 1831, der Park hatte Gestalt gewonnen, folgten Arbeiten jenseits des östlichen Neißeufers.

In die Zeit des Schlossumbaus fiel der Entschluss des Ehepaares, sich scheiden zu lassen – zum Schein – und für *Pückler* in England eine „Geldheirat" zu organisieren. Dieser Plan misslang jedoch. Mangels Mitgift begab *Pückler* sich von England auf eine **Reise nach Ägypten,** wo er mit allen Ehren empfangen wurde.

Auf dem Kairoer Sklavenmarkt kaufte er 1837 die im Krieg in Gefangenschaft geratene Tochter eines abessinischen Stammesfürsten. Über das Alter des Mädchens gibt es keine gesicherten Angaben; war sie elf, war sie vierzehn Jahre alt? Die Prinzessin führte den schönen Namen **Machbuba.** *Pückler* nahm sie auf Reisen mit, lehrte sie lesen und schreiben, bis sie – vor allem auf Betreiben seiner geschiedenen Frau – in Muskau bleiben musste, wo der Fürst selbst selten zu sehen war. Die innige Zuneigung beider ist durch Briefe belegt. Doch schon bald erkrankte das Mädchen, vermutlich an Lungentuberkulose. Auch eine Kur in Marienbad half nicht. 1840 verstarb *Machbuba;* der Fürst war wieder einmal auf Reisen.

[>] Die Fuchsienbrücke beim Neuen Schloss

Ohne Wissen seiner Frau hatte *Pückler* schon auf der Rückreise aus Afrika, in Wien, über den Verkauf seiner Standesherrschaft verhandelt. *Lucie* vermochte es aber, den Verkauf noch einmal zu verhindern. 1845 war es soweit. **Geldnot** zwang Pückler, die Standesherrschaft Muskau für 1,2 Millionen Taler zu verkaufen. Ein Landschaftspark war fertiggestellt, der die Ausmaße, wie sie in *Pücklers* Standardwerk, den „Andeutungen über Landschaftsgärtnerei" (1834), entworfen worden waren, noch überstieg.

Neue Herrscher über Muskau wurden die **Grafen Nostitz und Hatzfeld,** die den Park bald an den steinreichen Prinzen *Friedrich der Niederlande* verkauften. Dieser stellte den in Weimar tätigen Garteninspektor *Eduard Petzold* ein. An *Petzold* war es nun, Muskau im Sinne der Pücklerschen Idee zu vollenden.

Fürst *Pückler* folgte seiner *Lucie* auf **Schloss Branitz** in der Niederlausitz. Eigentlich war für den alten Mann nun die Zeit gekommen, seinen Lebensabend auf der Parkbank zu genießen. Aber schon 1846 begann er in Branitz, Bäume zu fällen und Bäume zu pflanzen. Wieder entstand eine faszinierende Landschaft. Dürrejahre und das preußische Eisenbahnprojekt kamen dazwischen, *Pückler* war von Krankheit geplagt, doch der wesentliche Teil des Parks war fertiggestellt, bevor der Meister 1871 verstarb. Sein Leichnam ruht in einer der Seepyramiden von Branitz, neben *Lucie.* Sie war 1854 verstorben. Außer den beiden Lausitzer Parks hat *Pückler* in den Jahren 1844 bis 1849 noch den von *Peter Joseph Lenné* begonnenen Park von Babelsberg geprägt.

Auch **als Schriftsteller** erwarb sich Pückler, der viel geschrieben hat, bleibenden Ruhm auf außergewöhnliche Weise – sein bis heute bekanntestes literarisches Werk sind die „Briefe eines Verstorbenen". *Pückler* hatte sie während seiner Reisen durch England verfasst – für *Lucie.* Deren und Schefers Idee war es, sie bei *Rahel Varnhagen von Ense* (1771–1831) anonym in Druck zu geben. *Goethe* soll so entzückt wie irritiert gewesen sein – wer war denn nun dieser Anonymus? Neugier auf fremde Länder und Sitten scharte das Lesepublikum um diese Reisebriefe. Wer, wenn nicht *Pückler,* hätte anschaulich schildern und verspotten können, wie es so zugeht, fern da draußen?

030ol dk

Sonstiges

Zurück in die Nähe des Marktes und zum Grenzübergang führt die Bergsche Kirchgasse. An der Neißebrücke gibt es zu beiden Seiten ein Dutzend Imbissbuden; die Muskauer Cafés und Restaurants liegen im Park und am Markt.

Praktische Informationen

Anreise

- **B115,** Görlitz – Bad Muskau
- **Bahn,** Görlitz – Weißwasser – Cottbus; Bus, Weißwasser – Bad Muskau

Info

- **Tourismuszentrum Muskauer Park,** Neues Schloss, Telefon (035771) 63100, www.muskauer-park.de, April bis Okt. tgl. 10–18 Uhr, Nov. bis März tgl. 10–17 Uhr (Buchung von Parkführungen und Kutschfahrten, mit Buchhandlung und Verkauf von Handwerksartikeln; Parkplan 2 €)
- **www.muskauer-faltenbogen.de** (Informationen zum Geopark)
- **www.park-muskau.de** (unterhaltsam-informative private Seite, Parkführungen)

Unterkunft

Mein Tipp: **Parkstadthotel**②, Schulstraße 45, Telefon (035771) 6860, www.parkstadthotel.de (April bis Okt., Neubau im Kurbad-Stil, idyllisch am Wald und in der Nähe der Neiße gelegen, direkt am Oder-Neiße-Radwanderweg. Wanderweg zum Pückler-Park. Mit Liebe und Leidenschaft geführtes Familienhotel im Ortsteil Köbel. Reichhaltige, frisch zubereitete Frühstücks- und Abendbuffets, deutsche und internationale Küche. Besonderes Angebot: Über den Verein „Der Osten lädt ein", www.der-osten-laedt-ein.de, werden Zimmer für den Zeitraum von Sonnabend bis Sonnabend vergeben. Am Ende des Aufenthaltes bestimmt der Gast selbst, wie viel er für die Übernachtungen zahlen möchte. Es erfolgt kein Zimmerservice, Mahlzeiten sind in dieser freiwilligen Selbsteinschätzung nicht enthalten. Zusätzlich behindertengerechte Ferien-Holzhäuser für zwei bis sechs Pers., z.B. für drei Wochen ab 40 €/Nacht. Fahrradverleih.)

Gastronomie

- **Café Fürst Pückler**①, Schlossvorwerk, Bauhof 14, Tel. (035771) 64488, April bis Okt. tgl. 11–19 Uhr, März, Nov. Sa./So./Feiertag 11–19 Uhr (gemütlich in historischen Räumen, Gartenlokal unter Kastanien)
- **Oleander**①, Turmvilla, Hermannsbad 9, Tel. (035771) 50880, www.turmvilla.de, Mo.–Fr. 17–23 Uhr, Sa./So. 11–23 Uhr (familienfreundliches Restaurant im Soziokulturellen Zentrum „Turmvilla" im Pücklerschen Badepark, mit Biergarten; Seminar- und Gästehaus)

Museum

- **Ausstellung „Pückler? Einfach nicht zu fassen",** Neues Schloss, www.muskauer-park.de, April bis Okt. tgl. 10–18 Uhr (Leben und Werk des Fürsten, Abenteurers, Gartenkünstlers, Schriftstellers und Lebemanns, am authentischen Ort dargestellt)

⊡ Kitsch oder Kunst?
Die Rakotzbrücke im Kromlauer Park

Grotten im Kromlauer Park

Angeregt durch die Gartenkunst des Fürsten *Hermann Pückler* im benachbarten Muskau begann 1844 in Kromlau (6 km von Bad Muskau) der Gutsbesitzer **Friedrich Hermann Rötschke** mit der Gestaltung eines Parks. Über Jahre hinweg bepflanzte er nahezu die gesamte mulden- und hügelreiche Gutsfläche neu. Rings um einen etwas strenger gegliederten zentralen Teil gruppierte er den waldartigen Park mit Nadel- und Laubgehölzen, überraschenden Blickachsen, Lichtungen, kleinen Wasserlöchern, Säulenhügeln und Grotten. Zu jeder Jahreszeit lässt die Komposition der Bäume reizvolle Ansichten und Farbspiele erleben. Die vielen kleinen Grotten und anderen Bauwerke geben dem Park eine märchenhafte Note. Tiefsinnigem Streit über Kunst oder Kitsch zum Trotze wurde die **Rakotzbrücke,** ein freitragender Brückenbogen aus Basalt- und Granitgestein, über dem 25 Meter breiten Rakotzsee zum Wahrzeichen des Kromlauer Parks und mit dem Namen „Teufelsbrücke" versehen. Der Park ist bei freiem Eintritt immer zugänglich. Ein betörendes Erlebnis bereitet im Mai/Juni die **Rhododendronblüte.** Tausende Blüten duften dann, dass es eine Freude ist. Vom **Eichenhügel** bietet sich ein Blick über den gesamten, 200 Hektar großen Park. Alljährlich zu Pfingsten wird das **Park- und Blütenfest** gefeiert.

Praktische Informationen

Info

- **Tourismusbüro Kromlau,** Halbendorfer Straße 6, Tel. (03576) 222828, www.kromlau-online.de (vermittelt auch Parkführungen)

Gastronomie

- **Gasthaus Alte Provinz**②, Halbendorfer Straße 7, Tel. (03576) 218404, www.alteprovinz-kromlau.de, Di.–So. 11–14 Uhr, ab 17 Uhr (romantische historische Gastwirtschaft, gutbürgerliche, am Wochenende auch mediterrane Küche, Gartenplätze, Ferienwohnung)

Weißwasser

Glasfabriken

Am nördlichen Rand der Oberlausitz liegt die alte Glasmacherstadt Weißwasser (9 km von Bad Muskau). In der zweiten Hälfte des 19. Jahrhunderts sind hier mehrere Glasfabriken gegründet worden, die erste 1873 in der Nähe des Bahnhofs. Alle Glassorten wurden in Weißwasser hergestellt. **„Lausitzer Glas"** ist bis heute ein Begriff für funktionales Design. Künstlerischer Leiter der Vereinigten Lausitzer Glaswerke Weißwasser war in den 1930er Jahren der Bauhaus-Schüler und Pionier des Industriedesigns *Wilhelm Wagenfeldt.*

☒ Glasmacherbrunnen vor dem Bahnhof in Weißwasser

Eishockey

Weißwasser ist aber auch die Stadt des Eissports. Seit den 1930er Jahren wird in der Stadt Eishockey gespielt. Die **„Lausitzer Füchse"** genießen als traditionsreiche Mannschaft einen legendären Ruf.

- **Eisstadion,** Prof.-Wagenfeldt-Ring 74, Tel. (03576) 287115, www.eissport-weisswasser.de (öffentliches Eislaufen, Spiele der Eishockeymannschaften, Eisdisco)

Plattenbauten

Die noch junge Stadt in der Heide (17.500 Einwohner) wird weitflächig durch Siedlungen in Plattenbauweise geprägt. Durch das nahe **Braunkohlekraftwerk Boxberg** hatte die Stadt einen rasanten Zuwachs erlebt, innerhalb von drei Jahrzehnten erreichte sie die dreifache Einwohnerzahl. In den vergangenen zwanzig Jahren aber hat sie die Hälfte der Einwohner wieder verloren.

Glasmuseum

Entlang der Bahnlinie sind Rudimente historischer **Glaswerke** und der Neubau der Stölzle Lausitz GmbH zu sehen. Diese und die Telux Spezialglas GmbH sind die letzten Glaswerke im heutigen Weißwasser. Vor dem Bahnhof steht der **Glasmacherbrunnen** aus dem Jahr 1922. Die Bahnhofsgegend ist das historische Glasmacherviertel der Stadt. In der Forster Straße 12, die parallel zu den Bahngleisen verläuft, steht die **Villa Gelsdorf** (1925). Der aus Schlesien stammende

034ol dk

Wilhelm Gelsdorf war 1877 der erste Unternehmer in Weißwasser, der erfolgreich eine Glashütte betrieb. Seit 1996 beherbergt die Villa das einzige Glasmuseum der ostdeutschen Bundesländer. Es präsentiert die mit dem Glas verbundene Stadtgeschichte, die Technologie der Glasherstellung, Rohstoffe und Holzformen, die Veredlung und die Sorten des Glases, die Glasgravur als besondere Form der Veredlung. Einen herausragenden Platz erhielten die Sammlungen mit Arbeiten von *Wilhelm Wagenfeldt* (1900–1990) und seinem Schüler und Nachfolger *Friedrich Bundtzen* (1910–1989).

■ **Glasmuseum,** Forster Straße 12, Tel. (03576) 204000, www.glasmuseum-weisswasser.de, Mo., Di., Do. 8–15 Uhr, Mi. 8–17 Uhr, Sa. 13–17 Uhr, So./ Feiertag 14–17 Uhr (auch Sonderausstellungen)

Praktische Informationen

Info

■ **Touristinformation,** Schmiedestraße 3, Tel. (03576) 404413, www.touristinfo.stadtverein-weisswasser.de, Mo.–Fr. 9–16 Uhr

Unterkunft/Gastronomie

■ **Hotel Kristall**②, Karl-Liebknecht-Straße 34, Tel. (03576) 2640, www.hotelkristall.de, Mo.–Sa. ab 17 Uhr (moderner Bau im Stadtzentrum, große Zimmer, Tagungsräume)

■ **Prenzels Hotel**②, Straße des Friedens 11, Tel. (03576) 27820, www.hotelprenzel.de (eröffnet 1923, ältestes Hotel der Stadt, im Stadtzentrum; The Lords waren auch schon da)

Weitere Museen

■ **Handwerks- und Gewerbemuseum Sagar,** Skerbersdorfer Straße 68, Tel. (035771) 60896, www.museum-sagar.de, Ostersonntag bis 3. Okt. Mo.–Fr. 9–15 Uhr, Sa./So./Feiertage 15–18 Uhr (bei Krauschwitz zwischen Weißwasser und Bad Muskau, Gewinnung und Verarbeitung von Ton, Eisenerz und Holz, Schauanlage: 110 Jahre altes Sägegatter; jährlich am dritten Sonntag im September Museumsfest)

Sonstiges

■ **Waldeisenbahn Muskau,** fährt auf der Strecke Weißwasser – Kromlau (20 Min.) – Bad Muskau (40 Min.), www.waldeisenbahn.de (600-Millimeter-Schmalspurbahn, die einzige dieser Art in Deutschland, Start 1895 als Pferdebahn, im Jahr darauf mit Dampflok, bis 1978 und seit 1992, Fahrpreis: mit Dampflok Weißwasser – Bad Muskau und zurück 8 €, mit Diesellok 6,30 €, Park-zu-Park-Ticket einfach, mit Fahrrad, unter Dampf 8,50 €, Familien-Tageskarte Dampf 31,90 €, Diesel 24,90 €)

www.fotolia.de © Frank-Peter Funke

Schrotholzhäuser in Rietschen

Museumsdorf Erlichthof

Am südlichen Rand der Muskauer Heide liegt die alte Glasmachergemeinde Rietschen (35 km von Görlitz, Bahnlinie Görlitz – Cottbus). Im Museumsdorf Erlichthof an der Straße nach Bad Muskau haben zahlreiche **Schrotholzhäuser,** die traditionellen Holzblockhäuser der Region, aus Dörfern, die dem Braunkohleabbau weichen mussten, eine neue Heimstatt bekommen. In dem Ensemble sind nun neben der Natur- und Tourist-Information traditionelles Handwerk, Handel und Gewerbe zu Hause. Eine Ausstellung informiert über die **Lausitzer Wölfe,** die zurückgekehrten Heide-Bewohner.

Der Erlichthof ist Ausgangspunkt für **Wanderungen** (mit dem Rad oder zu Fuß) in das Rietschener und Daubitzer Teichgebiet, eine Landschaft von herber Schönheit. Am Markt von **Daubitz** stehen die Kirche (1916, mit Fresken des schlesischen Malers *Joseph Langer*), das Pfarrhaus (1767) und die Alte Schule (1799). Im Gewandhaus befindet sich ein Schulmuseum. Das **Schloss Niederspree** liegt einsam inmitten des Teichgebietes und bietet insbesondere Schulklassen Unterkunft.

☐ Im Museumsdorf Erlichthof

Praktische Informationen

Info/Museen

- **Museumsdorf Erlichthof,** Turnerweg 6, Tel. (035772) 40235, www.erlichthofsiedlung.de, Di.–So. 10–17 Uhr
- **Kontaktbüro Wolfsregion Lausitz,** Am Erlichthof 16, Tel. (035772) 46762, www.wolfsregion-lausitz.de (Ausstellung über die in freier Natur lebenden Lausitzer Wölfe)
- **Schulmuseum,** Daubitz, Am Markt, März bis Okt., So 14–16 Uhr
- **Naturschutzzentrum Schloss Niederspree,** Niederspree 6, Hähnichen, Tel. (035894) 30234, www.schloss-niederspree.de (April bis Okt. vielfältige Angebote besonders für Schulklassen, einfache Gästezimmer; Anreise mit der Bahn auf der Strecke Görlitz – Cottbus bis Hähnichen, dann 6 km mit Fahrrad oder zu Fuß, Gruppen werden auf Wunsch abgeholt)

Unterkunft/Gastronomie

- **Forsthaus am Erlichthof**②, Am Erlichthof 1, Tel. (035772) 40562, Di.–So. 11–23 Uhr, www.forsthaus-erlichthof.de (Blockhaus Baujahr 1813, im Museumsdorf, DZ ab 59 €, Lausitzer und Schlesische Küche)
- **Hotel-Pension Weiser**②, Hähnichen/Ortsteil Quolsdorf, Heinrichswalde 7, Tel. (035894) 30470, www.pensionweiser.de (im Biosphärenreservat, Fahrräder 5 €/Tag)
- **Hofladen auf dem Erlichthof**①, Tel. (035771) 50643, Gruppenunterkunft bis neun Pers., drei Pers. ab 12 € p.P.
- **Schokoladen auf dem Erlichthof**①, Tel. (035772) 48985, DZ ab 30 €, Frühstück 7 €
- **Ferienhaus Erlicht**①, auf dem Erlichthof, bis vier Pers., 20 € p.P.

7 Die polnische Oberlausitz

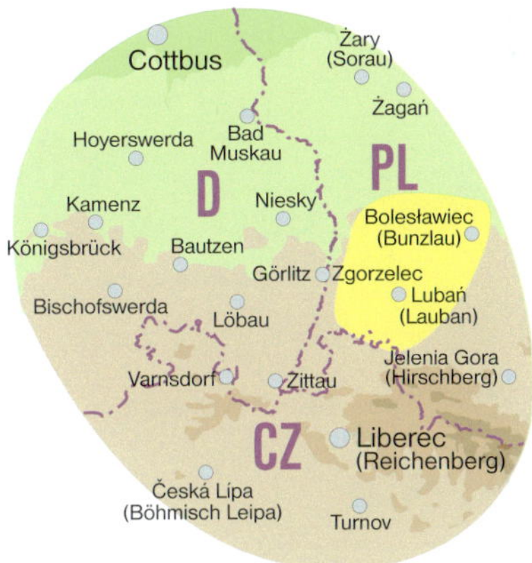

Der Queis (die Kwisa) kommt aus dem Isergebirge und markierte über Jahrhunderte die natürliche Grenze der Oberlausitz und Niederschlesiens. Zwischen Neiße und Queis liegen stille Dörfer, prächtige Schlösser und mit Lauban eine Stadt, die der Welt die Nase putzte.

< Der Brüderturm ist das Wahrzeichen der Stadt Lubań

Polnische Oberlausitz

0 10 km

POLNISCHE OBERLAUSITZ

Seine „stockschlesischen Eltern" verärgerten den in Hamburg geborenen Schriftsteller **Arno Schmidt.** Die von ihnen geliebten „buckligen Gegenden" waren seine Landschaft nicht. Erst der Blick ins Lexikon beruhigte den Fünfundzwanzigjährigen: aus den „sogenannten ‚Lausitzen'" stammte die Familie, man gehörte also entfernt zu *Lessing* und *Schefer,* und das Land war flach: „Da war ich beruhigt." Seitdem die Neiße Grenzfluss ist, liegt die östlichste Oberlausitz in Polen, in der Wojewodschaft Niederschlesien. Lauban war eine der Oberlausitzer „Sechstädte". Mit zahlreichen noch heute erlebbaren Spuren ist die Stadt durch *Arno Schmidt* in die Literatur eingeschrieben.

Schloss Tzschocha ragt als Stein gewordener Rittertraum über den Felsen des Queisufers auf. Ausflüge führen in die Niederschlesische Heide, eines der größten Waldgebiete Mitteleuropas.

NICHT VERPASSEN!

- „Brand's Haide" und „Schwarze Spiegel": **mit Arno Schmidt durch Lauban** | 194
- Ein Traum von einer Ritterburg: **Burg Tzschocha** | 199

Diese Tipps erkennt man an der gelben Hinterlegung.

Lubań (Lauban)

Überblick und Geschichte

Taschentücher

„Lauban putzt der Welt die Nase" – die über 700 Jahre alte Stadt am Queis, eine beliebte Zwischenstation für Reisen ins Iser- und Riesengebirge, produzierte im 19. Jahrhundert in einhundert Textilbetrieben Taschentücher. Daher dieser schöne Werbespruch. Ende des Zweiten Weltkrieges kam Lauban zu Polen.

Arno Schmidt

Über *Arno Schmidt* (1914–1979), einen der wichtigsten deutschen Schriftsteller des 20. Jahrhunderts, der seine **Jugend in Lauban** verbracht hat, fand die Stadt Eingang in die moderne Literatur. In vielen Werken *Schmidts,* so in „Schwarze Spiegel" und „Abend mit Goldrand", finden sich Bezüge zu Lauban. Eine literarische Spurensuche ist heute noch ergiebig, wenngleich das alte Lauban in den letzten Kriegstagen untergegangen ist.

Zweiter Weltkrieg

Lauban war bereits von der sowjetischen Armee eingenommen worden, als es der **Wehrmacht** unter General *Remer* – der einer der lautstärksten Rechtsextremisten und Holocaustleugner in der Bundesrepublik werden sollte – im Februar 1945 gelang, die Stadt zurückzuerobern. *Goebbels* eilte zu seinem letzten Wochenschau-Auftritt auf den völlig zerstörten Laubaner Marktplatz; das Foto, das ihn bei der Begrüßung eines Hitlerjungen zeigt, ging um die Welt. Bei den anschließenden Kämpfen wurde die Stadt zu 60 Prozent vernichtet.

Neubauten

Anstelle der kriegszerstörten und in den 1950er Jahren abgerissenen Renaissancewohnhäuser inmitten des Ringes (also des Marktplatzes) wurden zwischen 1997 und 2002 historisierende Neubauten errichtet. Die **Lausitz-Galerie** erinnert an das zerstörte Ensemble und gibt der Laubaner Altstadt wieder ein urbanes Zentrum. Lubań heute (23 km von Görlitz) hat 22.700 Einwohner und engagiert sich sehr für wirtschaftliche und touristische Zusammenarbeit mit den deutschen Nachbarn.

Mit Arno Schmidt durch Lauban

Altstadt

Auf dem **Rynek** (Ring) mit seinem neualten Antlitz soll der kleine Rundgang durch Lauban beginnen. Das **Rathaus** (16. Jh.) ist eines der schönsten Renaissancegebäude in Schlesien. Hier befinden sich heute der Ratssaal der Stadtverordneten, das **Regionalmuseum,** die Stadtbibliothek und das Standesamt.

■ **Regionalmuseum (Muzeum Regionalny),** Rynek 1, Tel. (0048) 75 7223213, Di.–Fr. 9–15.30 Uhr, Sa./So. 10–16 Uhr.

149ol dk

Der **Krämerturm,** von der Lausitz-Galerie umbaut, ist noch ein Teil des ersten, durch einen Brand zerstörten Rathauses. Einen Saal der Stadtbibliothek haben deutsche und polnische Literaturfreunde vor Jahren mit Werken von **Arno Schmidt** sowie von ihm besonders geschätzter deutscher Schriftsteller ausgestattet; der „Arno-Schmidt-Saal" beherbergt heute eine Bibliothek deutschsprachiger und internationaler Literatur. *Arno Schmidt* hatte damals selbst gern die Laubaner Bibliothek genutzt.

⌃ Der Rynek mit Rathaus und Krämerturm

Vom Rathaustorweg aus über den Rynek gehend, am **Glockenturm** der gotischen, 1760 zerstörten Dreifaltigkeitskirche vorbei, ist bald der nadelspitze Turm der neogotisch strengen **Dreifaltigkeitskirche** (1861) zu sehen. Vor dem Kirchenportal stehend, erkennt man links, hinter der Feuerwehr, einen Pfad am Hang. Dort befand sich vor der Zerstörung der Stadt die **Walkgasse,** in der *Arno Schmidt* als Jugendlicher wohnte. Der Autor hat ja seine Figuren gern mit einem Flachmann für die besonderen Momente ausgestattet, also dort wäre der richtige Ort …

Brüderturm

Oder am mächtigen Brüderturm (1318), dem **Wahrzeichen der Stadt.** Er steht am südlichen Rand der Altstadt, die Brüderstraße (ul. Bracka, sprich: Bracka) führt vom Rathaus dorthin; ihm gegenüber befand sich früher die Kreuzkirche. Dieser Ort wird in *Arno Schmidts* Erzählung „Schwarze Spiegel“ in einem der seltsamsten und anrührendsten Lie-

› Das Haus zum Schiff

besbriefe der deutschen Literatur genannt: „Gestern ging ich am Haus Deiner Eltern in der Brüderstraße vorbei und habe, im Schatten der Kirche, lange ins Lampenlicht gestarrt, bis die Fenster neidisch und scheinheilig anliefen, wie Nachbarsaugen; die kranke bleiche Abendluft kam, kalt und süß, wie eine schlanke grauhaarige Geliebte, ‚zart und schwerfällig' fiel mir ein, und ‚Nebel', ach unser Leben …" In der Brüderstraße wohnte *Johanna Wolff, Schmidts* ewig große, unerreichte Jugendliebe.

Weitere Sehenswürdigkeiten

In Uhrzeigerrichtung am einstigen Stadtwall (Podwale) sind es nur wenige Schritte bis zum **Getreidehaus.** Der dreistöckige Salz- und Getreidespeicher wurde 1539 aus Basaltsteinen erbaut, zuletzt diente er als Stadtgefängnis, heute steht er leer. Über den pl. Strażacki und die Ratuszowa geht es zur ul. Stara, dort steht das 1715 erbaute **„Haus zum Schiff"** (Dom pod okrętem). Sein hoher Giebel erinnert an einen umgedrehten Schiffsrumpf, aber seinen Namen verdankt es dem Relief eines Segelschiffes am Portal. Das Patrizierhaus ist heute Sitz des Finanzamtes.

Die grüne Promenade führt nun zu den Rudimenten der **Stadtmauer,** die von 1318 an bis Ende des 19. Jahrhunderts mit einer Breite von über zwei Metern, mehreren Bastionen und einem oberen Gehweg die Stadt umschloss.

Viel mehr ist vom alten Lauban nicht geblieben, einige Gründerzeitwohnhäuser noch und das **Alte Gymnasium** (1588/1752) in der ul. Szkolna (Schul-

150ol dk

151ol dk

In der Brüderstraße wohnte Johanna Wolff, Arno Schmidts unerreichbare Jugendliebe

straße), das der Verwaltung dient. Dafür ist das neue Lubań eine zwar kleine, aber doch recht lebhafte Stadt. Wer noch einer Spur in die Vergangenheit und auch zu *Arno Schmidt* folgen möchte, sollte zum nahen **Bahnhof** gehen. Die „runden Eisensäulen" des preußischen Klinkerbaus sind in die Literatur eingegangen („Brand's Haide"), die noch vorhandenen Einschusslöcher der letzten Kriegstage nicht. Hinter dem Bahnhof wird der **Steinberg** sichtbar, damals wie heute ein Ausflugsziel, für das *Arno Schmidt* aber nur Spöttisches übrig hatte: „nichtswürdiger klein=beleibter Hügel". Lieber ging er in die **Queis-Badeanstalt.** Das Flussbad lag dort, wo heute die Straße nach Jelenia Góra die Kwisa – den Queis – überquert, rechts in der Wiesen- und Buschebene. Der junge *Arno* hatte „viele Träume dahin verlegt".

Praktische Informationen

Anreise

- **Schnellstraße,** Zgorzelec – Lauban – Jelenia Góra
- **Bahn,** Wrocław – Bolesławiec – Jelenia Góra

Info

- **Tourist-Information,** ul. Bracka 12, Tel. (0048) 75 7222541, www.luban.pl, Mo.–Fr. 7.30–15.30 Uhr (am Brüderturm, Homepage auch deutsch)
- **www.luban.com.pl** (private Seite, mit historischen Ansichtskarten)

Unterkunft

- **Motel Łużycki**②, ul. Papieża Jana Pawla II 51, Tel. (0048) 75 7223946, www.motelluzycki.com.pl, tgl. ab 7 Uhr (ein bisschen viel Dekoration, aber schmackhafte Küche, helle und bequeme Zimmer, bewachter Parkplatz)

Gastronomie

- **Motel Łużycki**②, siehe „Unterkunft“
- **Restaurant Barkarola**①, ul. Izerska 8, Tel. (0048) 75 7224625, www.barkarola.euroadres.pl, Do.–Di. 10–21 Uhr (sympathisches, preiswertes Lokal am Busbahnhof, Pizza, Nudelgerichte, Kuchen)

Burg Tzschocha

Auf den ersten Blick möchte man sie „Neuschwanstein der Oberlausitz“ nennen. Die auf dem Steilufer über dem Queis (Kwisa) märchenhaft aufragende Burg Tzschocha (Czocha) wirkt, als habe hier jemand seine fast schon klischeehafte Vorstellung einer Ritterburg verwirklicht. Aber tatsächlich geht die Baugeschichte von Burg Tzschocha bis ins 13. Jahrhundert zurück, insofern ist sie auch ein authentisches Zeugnis des Mittelalters. Damals wurde sie als böhmische **Grenzveste** gegen Schlesien errichtet. Böhmisch-oberlausitzische Adelsgeschlechter bestimmten die wechselvolle Burggeschichte. 1703 erwarb *Johann Hartung von Uechtritz* das Anwesen, sein Wappen ziert noch heute das frühbarocke Hauptportal. Ein Brand vernichtete 1793 große Teile des Schlosses.

1909 erwarb der Dresdner *Ernst Friedrich Gütschow*, Direktor der Zigarettenfabrik Jasmatzi & Söhne, Tzschocha als Wohnsitz. Er ließ es bis 1914 durch den Berliner Burgenarchitekten *Bodo Ebhardt* (1865–1945) umbauen, und dieser, Begründer und Präsident der Deutschen Burgenvereinigung, schuf auf den mittelalterlichen Grundmauern ein Traumschloss, das die alten Zeiten aufleben ließ. Die Giebel und Türme zitieren Formen der Renaissance, die schier unzähligen Zimmer und Flure feiern hohe Gotik. Im Barockgarten auf dem Gelände der Vorburg steht eine verkleinerte Kopie des Fechterbrunnens von *Hugo Lederer* (1871–1940), den Breslau-Reisende vom dortigen Universitätsplatz kennen.

Zum Kriegsende 1945 wurde das Schloss geplündert, Ende der 1940er Jahre als Wohnhaus und ab 1952 als Erholungsheim der polnischen Armee genutzt. Seit 1992 erfährt es eine Restaurierung und lädt als **Hotel** ein. Das Märchenschloss mit seinen geheimnisvoll unübersichtlichen Gängen, dem Rittersaal, den nie ein Ritter betreten hat, mit drehbaren Bücherregalen und abgründigen Fensterblicken ins Queis-Tal ist ein beliebter Festplatz für Hochzeiten, als Tagungs- und Urlaubsort.

152ol dk

Rückansicht des Rathauses von Lubań

153ol dk

Für Hotelgäste, aber auch für Besucher, die nur mal vorbeischauen möchten, gibt es **Führungen** in deutscher und polnischer Sprache, ein Restaurant und im Burghof einen Biergarten. **Ausflüge** lohnen sich hinunter zum Queis, besonders zur benachbarten Talsperre Marklissa **(Jezioro Leśniańskie)** und zur 4 Kilometer entfernten Talsperre Goldentraum **(Jezioro Złotnickie).** Rund um die Seen führen markierte Wanderwege, auch Bootsfahrten kann man unternehmen.

Praktische Informationen

Unterkunft/Gastronomie

■ **Schloss Tzschocha** (Zamek Czocha)②, Sucha (Lesna), Tel. 0048 75 7211553, www.zamekczocha.com (mittelalterlich erscheinende Schlossanlage, 109 Betten in Einzel- bis Vierbettzimmern, Restaurant, Wanderwege an der Talsperre, Schlossbesichtigung 15/7 PLN)

☒ Märchenhaft: Burg Tzschocha

In der Niederschlesischen Heide

Östlich der Neiße, zwischen Zgorzelec und der niederschlesischen Töpferstadt Bolesławiec (Bunzlau), erstreckt sich mit der Niederschlesischen Heide (Bory Dolnośląskie) **eines der größten zusammenhängenden Waldgebiete Mitteleuropas.** Auf einer Fläche von 1650 Quadratkilometern, mehr als das Doppelte des Elbsandsteingebirges, liegen nur wenige Dörfer, Siedlungen und Kleinststädte. Schier unendlicher Kiefernwald, Torfmoore, Sümpfe und Wiesen sind der Lebensraum vieler seltener Tiere und Pflanzen. Einzigartig ist, **dass dieser Naturraum größer wird,** denn immer weniger Menschen sehen in den winzigen Heidedörfern für sich eine Zukunft, sie wandern ab in die Städte. Historisch gehörte der westliche Teil dieser Heide zur Oberlausitz, ein großer Teil davon als Görlitzer Stadtwald.

Touristisch ist die Niederschlesische Heide bisher **wenig erschlossen.** Es gibt aber Rad- und Wanderwege und einige historische Bauwerke, die besichtigt werden können. Imker, Bäckereien und Bauernhöfe bieten ihre schmackhaften Erzeugnisse an, die alle kein Biosiegel tragen, weil sie das gar nicht nötig haben: Hier ist Bio Tradition. Töpfereien und andere Handwerksbetriebe laden in ihre Werkstätten und auf Märkte ein. Doch kann man als **Radfahrer** damit rechnen, kilometerweit auf menschenleeren Wegen unterwegs zu sein, auf den

Märkten kaum weitere Ausländer zu treffen und sich ohne gute **Wanderkarte** zu verirren. Empfehlenswert ist die Karte „Niederschlesische Wälder", Maßstab 1:75.000, erschienen im Plan-Verlag Jelenia Góra. Sie enthält auch vielfältige touristische Informationen. Erhältlich ist sie in Görlitz in der zweisprachigen Schlesien-Information und in der Via-Regia-Buchhandlung, beides Brüderstraße, sowie in den grenznahen polnischen Buchhandlungen.

Die Niederschlesische Heide bei Parowa, nördlich von Węgliniec

Der kürzeste Weg für Radfahrer in die Heide führt über die Neißebrücke von **Deschka** (bei Rothenburg) nach **Pieńsk** (Penzig). In dem einstigen Glasmacherstädtchen beginnen mehrere markierte Radrundwege. In Penzig hatte der später international anerkannte Glaskünstler *Richard Süßmuth* (1900–1974) ab 1924 eine Werkstatt. Glasfenster von ihm sind in der Kohlfurter Eisenbahnerkirche zu sehen. Das Städtchen Kohlfurt, heute **Węgliniec,** ist im 19. Jahrhundert an einem Eisenbahnknotenpunkt mitten in der Heide entstanden. Heute verkehren von hier Züge nach Wrocław (Breslau), Zgorzelec, Görlitz, Dresden und Jelenia Góra (Hirschberg). Mitten durch die Heide führt die einstündige Bahnfahrt in das einst Niederlausitzer Städtchen **Żary** (Sorau), wo der Komponist *Georg Philipp Telemann* (1681–1767) wirkte und

183ol wb

der Schriftsteller *Christian Morgenstern* (1871–1914) zur Schule ging. Das als Inselbahnhof zwischen den Gleisfächern errichtete klassizistische **Bahnhofsgebäude** von Węgliniec mit seinen gusseisernen Säulen ist erhalten geblieben, wenngleich bis jetzt in einem beklagenswerten Zustand. Nördlich des Städtchens liegt ein Teich- und Sumpfgebiet, in das ebenfalls markierte Radwege führen. Man muss sich vom Bahnhof nicht weit entfernen, um eine Gegend vorzufinden, wie sie schon vor hundert Jahren auf einer Kohlfurter Ansichtspostkarte illustriert wurde: Dort umarmen sich zwei Füchse und sagen Gute Nacht, und der Jäger schaut zu.

Ein kulturhistorischer Erinnerungsort von europäischem Format ist das weltvergessene Dorf **Sławnikowice,** 16 Kilometer von Zgorzelec entfernt. Im damaligen Kieslingswalde wurde am 10. April 1651 der universale Naturforscher im Zeitalter der Frühaufklärung geboren, **Ehrenfried Walther von Tschirnhaus.** Mit seinen Forschungen schuf er die Voraussetzungen für die Herstellung europäischen Porzellans sowie für die Gründung von Glas- und Porzellanmanufakturen. 1708 wurde er in der schlichten Dorfkirche von Kieslingswalde beigesetzt. Das heute privat genutzte klassizistische Herrenhaus gegenüber der Kirche steht auf dem Gelände des einstigen Gutes derer *von Tschirnhaus.*

Über Jahrhunderte gehörte auch die Herrschaft Wehrau zur Oberlausitz. Unweit des heutigen Dorfes Osiecznica (45 km von Zgorzelec, Anreise über A4) steht eines der prächtigsten Bauwerke der Region. **Schloss Klitschdorf** (Kliczków) wurde im 16. Jahrhundert im Renaissancestil errichtet und im 19. Jahrhundert mit Elementen der englischen Gotik umgebaut. Den Zweiten Weltkrieg überstand es fast unbeschadet, doch die Inneneinrichtung wurde von sowjetischen Soldaten geplündert. Seit 1999 lädt das restaurierte Schloss als luxuriöses Tagungshotel und Spa-Zentrum ein. Im Rahmen von Führungen kann es besichtigt werden.

Praktische Informationen

Unterkunft/Gastronomie

- **Schloss Klitschdorf** (Zamek Kliczków)③, Osiecznica, Tel. (0048) 757340700, www.kliczkow.com.pl (auch deutsch) (prächtiges Tagungs- und Urlaubshotel, Spa-Zentrum, Angebote für Kinder, Restaurant in drei Sälen und im Schlosshof, Termine für Führungen auf der Website)

www.fotolia.de © Thomas Glaubitz

8 Zittau und Umgebung

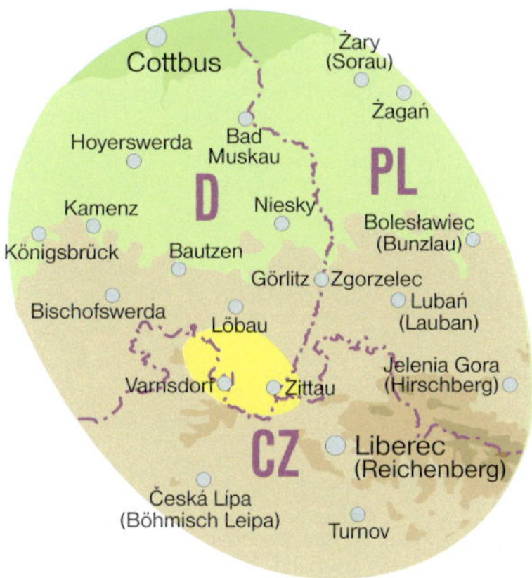

Zittau galt als „die Reiche“ im Oberlausitzer Sechsstädtebund. Mit ihren beiden Fastentüchern aus der Zeit der Renaissance besitzt die Stadt Kunstwerke von europäischem Rang.

Die malerischen Umgebindehäuser an den Ufern der Mandau und der Spree sind bewohnte Denkmäler jahrhundertealter Volksarchitektur.

‹ Blick über Zittaus Rathausplatz

Zittau und Umgebung

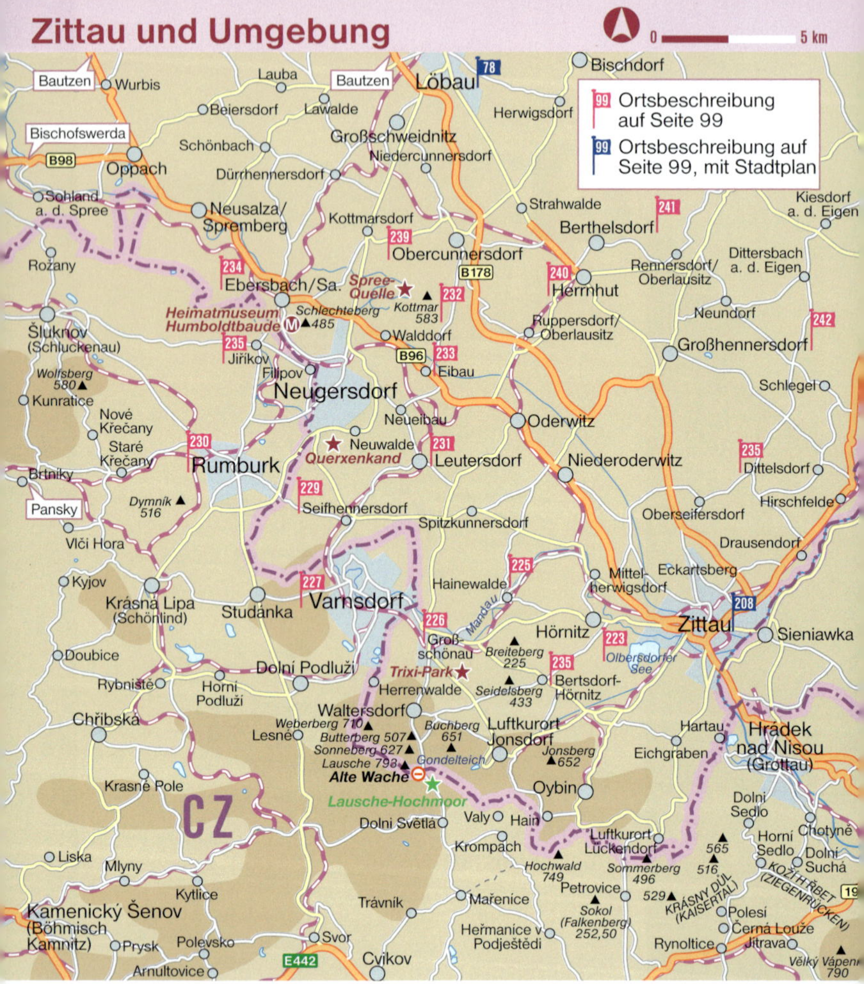

ZITTAU UND UMGEBUNG

Ein Stadtrundgang führt durch Zittau zu Denkmalen aus sechs Jahrhunderten Kulturgeschichte. Die Stadt an Neiße und Mandau ist Ausgangsort für Wanderungen in das Zittauer Gebirge, auf halbem Weg blinkt der Olbersdorfer See, ein Freizeitparadies mit Campingplatz.

An den Ufern der Mandau liegen wie aneinandergekettelt die einstigen Weberdörfer mit ihren denkmalgeschützten Umgebindehäusern. In Hainewalde, Großschönau, dem tschechischen Ört-

chen Varnsdorf, in Seifhennersdorf, im tschechischen Rumburk und in Leutersdorf gibt es architektonische Schätze ebenso zu entdecken wie die zahlreichen, nicht sehr anstrengenden Wanderwege und die Geschichten des Räuberhauptmanns *Karasek*. Familienfreundliche Ausflüge und Spazierwege erschließen auch die hügelig grüne Landschaft rund um die drei Quellen der Spree.

Dittelsdorf, Bertsdorf-Hörnitz und Obercunnersdorf sind drei außergewöhnlich erlebenswerte Dörfer in der Oberlausitzer Umgebindelandschaft. Von Zittau, aber auch von Löbau oder Görlitz aus sind sie auf kurzen Wegen zu erreichen, sie selbst laden mit Ferienwohnungen in der Volksarchitektur oder mit gemütlichen Pensionen zu längeren Aufenthalten ein. Dann liegen die Wanderwege gleich vor der Haustür.

Ein abschließender Rundgang durch Herrnhut begibt sich noch einmal in die Kulturgeschichte. Die weltweit tätige Brüdergemeine – als Gemeinschaft der aus Böhmen hierher ins Exil gekommenen protestantischen Glaubensbrüder – hat vor fast 300 Jahren an diesem Ort ihren Anfang genommen.

NICHT VERPASSEN!

- Textile Bilderbibeln: die **Zittauer Fastentücher** | 216
- Bindfäden aus dem Computer: das **Deutsche Frottier- und Damastmuseum** in Großschönau | 226
- Architektonische Juwelen: die **Umgebindedörfer** der Region | 235

Diese Tipps erkennt man an der gelben Hinterlegung.

Zittau – Stadt der Fastentücher

Überblick

Dreiländereck

Die **Barockstadt am Gebirge** ist immer etwas böhmisch geblieben mit ihren Plätzen und Gassen, Handelshäusern und Wohnhöfen. Dazu hat sie eine Spur Preußisch aufgelegt mit Schinkelscher Handschrift. Eine kleine Stadt (29.000 Einwohner) mit den Jahresringen großer Geschichte, gelegen am Dreiländereck von Deutschland, Polen und der Tschechischen Republik, an den Ufern der Mandau und der Neiße. Die Hochschule Zittau/Görlitz, das Internationale Hochschulinstitut als kleinste universitäre Einrichtung Sachsens und die Neisse University prägen den Alltag der Hochschulstadt mit 4000 Studenten aus 31 Ländern.

Persönlichkeiten

Zittau war **Geburts- und Wirkungsort** des Pädagogen und Theaterschriftstellers *Christian Weise* (1642–1708), hier lebten die Komponisten *Andreas Hammerschmidt* (1612–1675) und *Heinrich Marschner* (1795–1861) sowie der Schinkel-Schüler *Carl August Schramm* (1807–1869), hier wurde die Schriftstellerin *Lisa Tetzner* (1894–1963) geboren und lebte zuletzt der Schriftsteller *Willy Meinck* (1914–1993).

Kulturdenkmäler

Wertvolle Kulturdenkmäler sind in den vergangenen Jahren **saniert, restauriert, wiederbelebt** worden: Bürgerhäuser und Brunnen, Gasthäuser in historischen Gemäuern; die Kirche zum Heiligen Kreuz und das einstige Franziskanerkloster als Museen für die beiden Fastentücher – einzigartige Zeugnisse der Frömmigkeit und Kunstwerke von europäischem Rang –; die Johanniskirche als Wahrzeichen der Stadt und ihr schiefer Turm als bester Aussichtspunkt, das Salzhaus als Deutschlands größter denkmalgeschützter Speicher.

Geschichte

Anfänge

Die Geschichte der Stadt geht auf die Gründung eines Waldhufendorfes namens „Sitte" im frühen 13. Jahrhundert durch deutsche Siedler zurück. 1238 wurde Zittau erstmals urkundlich erwähnt. König *Ottokar II. von Böhmen* umritt 1255 die Siedlung und legte damit den bis heute sichtbaren Verlauf der Stadtmauer fest. Mit königlichen Privilegien ausgestattet, unter böhmischer Krone, kam Zittau bald zu **Reichtum und Macht.** 1346 wurde der Oberlausitzer Sechsstädtebund gegründet, Zittau galt in diesem Bündnis als „die Reiche".

⟩ Das imposante Rathaus am Markt

Reformation und Kriege

Schwere Verluste erlitt Zittau erstmals mit den Hussitenkriegen im 15. Jahrhundert, dazu kamen Stadtbrände und Pestepidemien. Unter dem Stadtprediger *Lorenz Heidenreich* (1480–1557) wurde in Zittau die Reformation eingeführt. Der daraus resultierende Unwille Zittaus wie der anderen Sechsstädte, den böhmischen König im Schmalkaldischen Krieg gegen die Protestanten zu unterstützen, führte zum **Pönfall** von 1547, einer königlichen Bestrafung der Städte, die vor allem den Verlust der wirtschaftlichen Privilegien und die Entwaffnung der Städte bedeutete. Zittau konnte die Folge dieser Strafaktion relativ bald überwinden und unter Bürgermeister *Nikolaus von Dornspach* noch einmal eine Blütezeit erleben. 1635 kam die Oberlausitz zu Sachsen. Nach den Zerstörungen im **Dreißigjährigen Krieg** wurde die Stadt im barocken Stil wieder aufgebaut. **Böhmische Exulanten,** die ihres Glaubens wegen aus der Heimat geflohen waren, siedelten sich an und prägten fortan mit die Geschicke der Stadt.

Stadtentwicklung und Wirtschaft

Im **Siebenjährigen Krieg,** am 23. Juli 1757, wurde Zittau von österreichischen Truppen **in Brand geschossen,** da sich in der Stadt die Preußen stationiert hatten. Nahezu die gesamte Stadt fiel in Trümmer, darunter die Johanniskirche und das Rathaus; beide Bauwerke konnten erst Jahrzehnte später wieder aufgebaut werden. Zwischen 1820 und 1869 wurde im Zuge der wirtschaftlichen Entwicklung die Stadtmauer abgetragen. An ihrer Stelle entstand der bis heute erhal-

050ol dk

tene **Grüne Ring** mit zahlreichen öffentlichen Bauten. Zittau entwickelte sich zum **Zentrum des Maschinenbaus** und der **Textilindustrie.** Nahe der Stadt wurden Gruben für den Abbau von **Braunkohle** geöffnet, und es entstanden mehrere Tagebaue.

20. Jahrhundert

Anfang des 20. Jahrhunderts war Zittau das Zentrum einer der am dichtesten besiedelten Industrieregionen Sachsens und pflegte zugleich einen guten Ruf als „Gärtnerstadt". Während der **NS-Zeit** bestanden in Zittau Außenlager der KZ Groß Rosen und Auschwitz zur Zwangsarbeit in einem Teilbetrieb der Junkers AG. Die 1906 erbaute Zittauer Synagoge wurde in der „Reichskristallnacht" gesprengt und später abgerissen.

Nach dem Ende des Krieges zogen Tausende Flüchtlinge und Vertriebene durch Zittau. Mit der Grenzziehung in der Neiße geriet Zittau an den äußersten Rand Deutschlands und der neu gegründeten **DDR.** Diese territoriale Lage, die Abschottung der DDR auch gegenüber den sozialistischen Nachbarn ČSSR und

VR Polen, die Ausweitung des Braunkohleabbaus sowie die ineffizienten Kraftwerke am Stadtrand hatten eine katastrophale Lebensqualität für die Zittauer zur Folge. Nach der friedlichen Revolution 1989 durchlebte Zittau einen schwierigen **Strukturwandel.** Heute profiliert sich die Stadt im Maschinenbau, in der Oberflächenbearbeitung, als Zulieferer der Automobilindustrie sowie als international anerkannter Bildungsstandort und im Tourismus.

Sehenswert in Zittau

Markt

Aus der Ferne erscheint Zittau als eine von Bergen sanft umrahmte kleine **Stadt der Türme.** Der Doppelturm der Johanniskirche, der Rathausturm, die Türme der Klosterkirche und des Johannisgymnasiums überragen die Altstadt. Das **Rathaus** (1840–1845) an der östlichen Schmalseite des Marktes ähnelt einem oberitalienischen Palazzo Grande. Es wurde vom Stadtbaumeister *Carl August Schramm* nach Plänen *Karl Friedrich Schinkels* im Neorenaissancestil erbaut. Sein prächtiger Bürgersaal mit Skulpturen und Kassettendecke ist Tagungsort des Stadtparlamentes und Konzertsaal. In der barocken Bebauung des Marktes setzt das Rathaus einen preußischen Akzent: Sachsens Glanz und Preußens Gloria. Das einstige **„Gasthaus zur Sonne"** war eines der vornehmsten Hotels der Stadt (Markt 9), der Barockbau entstand 1710. Markt 13 zeigt schlichte Rokokoformen, es ist die 1767 unter dem Einfluss *Johann Christoph Knöffels* neu gestaltete **Fürstenherberge.** Hier wohnten die Gäste des Rates. Das **Alte Amtsgericht** (Markt 14) ist ein frühbarocker Bau von 1678 mit Umbauten aus dem 19. Jahrhundert. Das prächtigste Gebäude an der Nordseite des Marktes ist das **Noacksche Haus** (Markt 6) von 1689. Die Westseite des Platzes markiert der **Marsbrunnen** (1585), um den öfters die Händler ihre Stände aufbauen. Die Marsfigur ist eine Kopie aus dem 19. Jahrhundert, das Renaissance-Original steht im Franziskanerkloster (Städtische Museen). Und nebenan liegt die Zukunft: Im spätbarocken Eckhaus am Mandauer Berg heißt das **Internationale Hochschulinstitut Zittau** „Willkommen in Europa". Es wurde 1993 als kleinste universitäre Einrichtung in Sachsen gegründet und gehört seit 2013 zur Technischen Universität Dresden, einer der elf Exzellenz-Universitäten Deutschlands. So kommt internationales Studententreiben mitten in die Stadt, zumal auch der Hochschulcampus nicht weit entfernt liegt.

Johanniskirche

Die klassizistisch-monumentale Johanniskirche ist natürlich längst zu sehen und weist nun den weiteren Weg. Sie wurde 1837 nach Plänen *Karl Friedrich Schinkels* und unter Leitung seines Schülers *Carl August Schramm* vollendet, nachdem die gotische Johanniskirche mitsamt der Silbermannorgel bei der Beschießung der Stadt durch die Österreicher im Siebenjährigen Krieg, am 23. Juli 1757, zerstört worden war. Seltsam ist, dass die Kirche **zwei ungleich aussehende Türme** hat. Einer stammt vom gotischen Bau, der andere wurde 1802 dane-

www.fotolia.de © hecht7

bengestellt. *Schinkel* sah in dieser Asymmetrie den „vermittelnden Stil" zwischen mittelalterlicher und moderner Architektur. Bald begann der neue Turm sich zu neigen. Bis heute weicht er deutlich von der Lotrechten ab, doch sind sowohl die Türmerwohnung als auch die Aussichtsplattform längst sichere Orte. Zittau hat mit dem **schiefen Turm** sein Wahrzeichen.

Die Kirche dient mit 1200 Sitzplätzen als **Konzertsaal** und Begegnungsort. Herausragend in der klassizistischen Ausstattung ist die aus Jonsdorfer Sandstein nach Art des Dänen *Bertel Thorwaldsen* gefertigte Christusfigur (1887). Das Wandgemälde des Evangelisten Johannes schuf 1836 *Wilhelm Bernhard Rosendal* (Berlin). Zur **Aussichtsplattform** in 60 Metern Höhe führen 266 Stufen, der Aufstieg lohnt sich!

■ **Johanniskirche,** Tel. (03583) 510933, April bis Okt. Mo.–Fr. 12–18 Uhr, Sa./So./Feiertage 10–16 Uhr, Nov. bis März Mo.–Fr. 10–16.30 Uhr, Sa./So./Feiertage 10–16 Uhr

Dornspachhaus

Am Johannisplatz vor der Kirche steht dieser herausragender Renaissancebau. Das **älteste erhaltene Bürgerhaus** der Stadt wurde 1553 für den berühmten Bürgermeister *Nikolaus von Dornspach* erbaut. Heute beherbergt es eine Gastwirtschaft mit Oberlausitzer Küche. Im idyllischen Innenhof und unter den Gewölben der Gaststube ist gut zechen.

Zwischen mittelalterlicher und moderner Architektur: die Johanniskirche

051ol dk

Altes Gymnasium und Klosterkirche

Das Grabmal des auch in seiner Statur beeindruckenden *Dornspach* befindet sich an der Mauer des einstigen Johanniskirchhofes. Von dem verdienstvollen Stadtoberhaupt gestiftet wurde das **Alte Gymnasium,** das 1586 eingeweiht wurde. Das in einer Renaissance-Antiqua gezeichnete Zitat des *Cicero* lautet: „Wir können dem Staate keine wertvollere Gabe bringen, als wenn wir die Jugend lehren und erziehen, zumal bei Sitten und Zeiten, wo sie so verdorben ist, dass man sie durch die Machtmittel der Gesellschaft zügeln und halten muss."

Der **Torbogen** über der Kirchgasse verband seit 1602 die beiden Schulgebäude, er geleitet heute zum ehemaligen Franziskanerkloster, das zu den Städtischen Museen gehört, und zur Klosterkirche **St. Petri und Paul.** Die Baugeschichte der Klosterkirche reicht zurück bis in das 13. Jahrhundert. Ihre Barockhaube auf dem 70 Meter hohen, schlanken Turm (15. Jh.) erhielt sie 1758. An der Südwand des Langhauses (Klosterplatz) liegen barocke Betstuben. Im Kirchenschiff und Chor sind Zeugnisse der Gotik zu bewundern, so das Kreuzrippen- und Netzgewölbe, und der Barockzeit, besonders der Altar (1669), die hölzerne Kanzel und der Orgelprospekt.

⌃ Die Klosterkirche St. Petri und Paul am Städtischen Museum im einstigen Franziskanerkloster

Stadtmuseum

Im ehemaligen Franziskanerkloster (1268) – zur Reformation wurde es aufgelöst, aber nicht wie anderswo niedergebrannt; Zittau gewährte den letzten Mönchen sogar eine Leibrente – befindet sich das 1854 gegründete Stadtmuseum, das älteste kommunale Museum Sachsens. Kreuzgang und Mönchsstuben geben den Kunstschätzen und Zeugnissen der Stadtgeschichte ein authentisches Ambiente. Ein im 19. Jahrhundert entstandener Erweiterungsbau der im städtischen Besitz befindlichen Klosteranlage – Küche und Speisesaal des Armenhauses, dann Museum – dient seit dem Jahr 2003 als Präsentationsort für das **Kleine Zittauer Fastentuch** – „klein" heißt 4,30 Meter hoch und 3,50 Meter breit. Zum Großen Fastentuch kommen wir noch. Für Sonderausstellungen genutzt wird der **Heffterbau,** einer der kostbarsten Bauten des frühen Barock in Sachsen. Er wurde im Auftrag des Bürgermeisters *Heinrich von Heffter* 1661/62 auf den Mauern des Refektoriums (Speisesaals) der Mönche errichtet, diente als Exulantenkirche, von 1709 bis 1951 als Rats-/Stadtbibliothek. Die unteren Geschosse tragen Holzbalkendecken, der Saal im zweiten Obergeschoss barocken Stuck und ein Deckengemälde des Zittauers *Nikolas Prescher:* „Die Büchse der Pandora". Eines der Wahrzeichen Zittaus ist der reizende **Giebel** des Heffterbaus, am besten zu sehen vom Hof zwischen der Schule und der Klostermauer sowie von der Mündung der Pfarrstraße auf den Grünen Ring.

052ol dk

Kulturhistorisches Museum Franziskanerkloster und Kleines Zittauer Fastentuch 1573, Klosterstraße 3, Tel. (03583) 554790, www.zittau.eu, April bis Okt. tgl. 10–17 Uhr, Nov. bis März Di.–So. 10–17 Uhr, (einziges Arma-Christi-Tuch in Deutschland, Klosterhof mit barocken Grufthäusern, Stadtgeschichte, Stadtmodell vor 1757, Bildende und sakrale Kunst, nachgestaltete Folterkammer)

Vor dem Museumseingang steht der **Grüne Born,** ein Brunnen mit schmiedeeiserner Haube (1679). Auf der anderen Seite des Stadtringes (Theaterring) befindet sich das **Gerhart-Hauptmann-Theater,** eröffnet im Jahr 1936 und heute mit eigenem Ensemble eines der kulturellen Zentren der Stadt.

Grüner Ring/Altstadt

Der Grüne Ring folgt dem Lauf der ehemaligen Stadtmauer. Als **Parkanlage** umschließt er die Altstadt. Hier stehen repräsentative öffentliche Bauten aus dem 19. Jahrhundert: dem Theater gegenüber die neogotische **Baugewerkschule** (1846/48) des Schinkel-Schülers *Carl August Schramm,* heute Sitz der Volkshochschule, sowie die beiden Häuser des **Christian-Weise-Gymnasiums** (1866 und 1869/71). Am Glockenturm der Schule liegt der Haberkornplatz mit dem Marmor-Denkmal für Bürgermeister *Ludwig Haberkorn,* in dessen dreißigjähriger Amtszeit sich Zittau zur modernen Industriestadt wandelte. Die Konstitutionssäule erinnert an Sachsens erste Verfassung (1833). In reizvollem Kontrast stehen das opulente **Neue Postamt** und (noch ein *Schramm*) das dem englischen Tudorstil nachempfundene, für einen Fabrikanten errichtete **Wäntighaus,** jetzt Sitz der Polizei, daneben der Jugendstilbau des Gerichtes. Unterhalb der Post setzt sich der Grüne Ring fort, der Parkweg führt zur Freitreppe des **Stadtbades.** Der spätklassizistische Bau von 1871/73 ist eines der ältesten Hallenbäder Deutschlands – seit der Sanierung und dem Anbau eines Glasflügels auch eines der jüngsten und sicherlich schönsten. Vor dem Stadtbad steht die von *Schinkel* entworfene korinthische Säule, die an eine eisenhaltige Mineralquelle erinnern soll.

Der Spaziergang durch den Grünen Ring ließe sich von hier rund um die Altstadt fortsetzen; vom Haberkornplatz aus wären wiederum über die Bahnhofstraße der **Bahnhof,** die zentrale Bushaltestelle und die Schmalspurbahn bald erreicht. Der hier beschriebene Rundgang aber soll nun in die Innenstadt fortgesetzt werden, über die Bautzener Straße, den Boulevard der Zittauer.

Innere Weberstraße

Kulturhistorisch bedeutsam ist die spätbarocke **Alte Post** (1746) mit ihrem prächtigen Giebel. Am Johannisplatz zweigt rechts die Innere Weberstraße ab, die mit barocken Bürgerpalästen an Zittaus beste Zeit erinnert. Das **Priebersche Haus** (Nr. 12) wurde 1770 erbaut, die schlichte Fassade wird durch einen Balkon mit schmiedeeisernem Geländer

◁ Ein Wahrzeichen der Stadt: der Giebel des Heffterbaus

Die Zittauer Fastentücher

Das **56 Quadratmeter große spätgotische „Zittauer Fastentuch"** von 1472 zeigt **Szenen aus dem Alten und Neuen Testament.** Auf zehn Bildzeilen reihen sich jeweils neun quadratische, mit kurzen Textzeilen versehene Tafeln. Sechs Jahrzehnte lagerte diese Bilderbibel unter Verschluss. 1994 wurde sie von der namhaften Textilwerkstatt der Abegg-Stiftung in Riggisberg im Berner Oberland restauriert. Nach Präsentationen in Riggisberg und in der Kölner Kunst-Station St. Peter kehrte das Fastentuch 1997 zu den Zittauern zurück. Seitdem ist es im Museum Kirche zum Heiligen Kreuz zu sehen.

Fastentücher – auch „Hungertücher" oder, nach dem Tempelvorhang in Jerusalem, „velum templi" genannt – dienten seit dem frühen Mittelalter dazu, **in der Fastenzeit die Altare zu verhüllen.** Die Gläubigen blickten nicht mehr auf die im Chor angeordneten Heiligtümer, sondern in stiller Einkehr und Buße auf das schlichte Meditationstuch.

Zwei Stilgruppen sind überliefert: Mit Tempera- oder Leimfarben direkt auf ungrundiertes Leinen gemalt wurden die älteren, „alpenländischen" Fastentücher; indes die aus dem westfälischen Münsterland bekannten Hungertücher bestickt sind mit schwarz-weißen Bildern. In Österreich blieben 14, in der Schweiz zwei alpenländische Fastentücher des „Feldertypes" erhalten; in Deutschland nur das Zittauer.

Der Gewürz- und Getreidehändler *Jakob Gürteler* hat dieses Tuch 1472 gestiftet. Mehr als zweihundert Mal hing es zur Fastenzeit zwischen den Pfeilern der spätgotischen **Johanniskirche,** bis es, wie Chronist *Jonann Benedict Carpzov* notierte, „vom Staube ziemlich verderbet und mürbe worden, dass zu befürchten war, es möchte einmal unter dem Gottesdienst herabreißen, und durch seinen Fall Schaden und Lermen in der Kirche anrichten." Ab 1672 lag es im Depot, 100 Jahre später meinten die Zittauer, es sei verschollen oder bei der Beschießung der Stadt 1757 vernichtet worden.

1840 fanden sie es wieder, zusammengerollt hinter einem Bücherregal der Ratsbibliothek. Der Sächsische Altertumsverein in Dresden stellte es ab 1842 im Barockpalais des Großen Gartens aus. Zwar kehrte das Fastentuch 1877 an die Neiße zurück, doch die Zittauer bekamen es nur noch viermal zu sehen. Die Stadt besaß keinen so großen Ausstellungsraum, sie konnte das Tuch nur im Bürgersaal des Rathauses und in Kirchen zeigen. 1945 versteckte das Stadtmuseum seinen Schatz vor der drohenden Bombengefahr im Zittauer Gebirge, auf der Burgruine Oybin. Dort entdeckten es am Kriegsende **sowjetische Soldaten,** die sich aus dem Leinen ein Zelt bauten. Ein alter Mann fand Wochen später auf dem Oybin einen zerfetzten und verdreckten Lappen, das Fastentuch ... Mit einem Leiterwagen brachte er es ins Museum. Örtliche Kulturpolitiker behandelten den peinlichen Fall auf ihre Art – er wurde verschwiegen.

Das Tuch wurde vermutlich von Mönchen des Franziskanerklosters bemalt. Auf einigen Feldern sind apokryphe, das heißt, mit der Heiligen Schrift nicht identische Szenen dargestellt. Eine auf Wesentliches reduzierte, **poetische Formensprache in erdnahen Farben** gibt den gotischen Tafelbildern über die religiöse Botschaft hinaus expressive Ausdruckskraft. Die Bildzeilen sind umrahmt von einer Bordüre mit Blatt- und Tierornamenten sowie Symbolen der vier Evangelisten. Den unteren Rahmen schmücken die Wappen von Böhmen und Zittau, in der Mitte die Jahreszahl 1472 und ein Hinweis auf den Stifter. Ein spätmittelalterlicher Comic, der neben der biblischen Geschichte auch von seinem jüngsten Schicksal kündet. Die oberen und unteren Bildzeilen leuchten mit schier ungebro-

190ol cv

chener Kraft, zwischendrin schimmern nur Farbtorsi aus dem verwaschenen Leinen.

Das Tuch bleibt Ruine auch nach der Restaurierung, ein Denkmal. Künstlerisch steht es neben dem Fastentuch von Gurk (Kärnten), dem heute wohl ältesten alpenländischen Velum. Die Malereien „sind von guter Qualität, da waren keine mittelmäßigen Auftragnehmer dran, sondern Künstler von Rang", erklärte die Chefrestauratorin der Abegg-Stiftung, *Regula Schorta*.

In besserem Zustand ist das **„Kleine Zittauer Fastentuch".** Auch dieses 100 Jahre jüngere Meisterwerk wurde in Riggisberg restauriert und ist nun in Zittau zu sehen. Es misst 4,30 mal 3,50 Meter und ist in seinem kunsthistorischen Wert nicht geringer zu schätzen als das größere. Ein unbekannter Meister malte es im Jahr 1573. Zittaus Chronist *Carpzow* hatte 1716 das Temperabild beschrieben, „worauf Christus am Creutz nebst einen Engel, in der Hand einen Becher haltend, abgebildet, unterm Creutze stund Maria, oben und unten aber waren alle Instrumenta passionis Christi nebst des Verräthers Juda Kopff und Beutel zu sehen." Die Kunstwissenschaft teilt dieses alpenländische Feldertuch dem „Arma-Christi-Typ" zu, davon gibt es in der Schweiz vier, eines in Österreich und nur dieses in Deutschland. Fast 100 Jahre lang hing es mit dem großen Tuch in der Johanniskirche.

Das Große Zittauer Fastentuch von 1472 ist in der Kreuzkirche zugleich in seiner einstigen **liturgischen Funktion** zu erleben – das bietet kein anderes Museum. Die Kreuzkirche, ein gotischer Einstützenraum böhmischer Prägung, und das Velum bilden eine stilistische Einheit.

Die Kunstprofessorin *Mechthild Flury-Lemberg:* „Wie die Figur der Uta in Naumburg verbunden ist und Grünewalds Isenheimer Altar mit dem elsässischen Colmar (...), so werden die beiden Fastentücher als Kunstwerke berühmt, die zu sehen man unbedingt Zittau besucht haben muss."

⌃ Detail des Großen Zittauer Fastentuches

verziert. Zwischen 1710 und 1717 ließ Kaufmann *Heinrich Grätz* ein Haus (Nr. 20) für seinen Sohn bauen, dreigeschossig, sieben Achsen breit, mit reich verzierter Einfahrt.

An der Mündung der Inneren Weberstraße zum Stadtring steht die kleine spätgotische Dreifaltigkeitskirche, auch **Weberkirche** genannt. Sie wurde um 1500 an einem Wehrturm der Stadtmauer errichtet. Beim Umbau 1889 wurde das neogotische Portal in die Westseite eingebracht. Auf dem Friedhof sind Grabdenkmäler des 16. bis 19. Jahrhunderts zu finden.

Westvorstadt

Vom Ring weg führt die **Äußere Weberstraße** in die Westvorstadt, einem typischen Arbeiterwohnviertel kleiner Industriestädte des frühen 20. Jahrhunderts. Wandermarkierungen weisen den kurzen Fußweg zum **Westpark** und zum Erholungsgebiet am **Olbersdorfer See.**

Marktgassen

Von der Inneren Weberstraße zweigt die Innere Oybiner Straße ab, dort die Brunnenstraße, die wieder zum Markt führt. Es lohnt sich, die dem Markt nahen Gassen, wie den Mandauer Berg, die Baderstraße, die Böhmische Straße oder das Apothekergässchen zu durchstreifen. Sie haben sich etwas vom **böhmischen Flair der Handelsstadt** bewahrt und erzählen Zittauer Geschichte.

Vom Rathaus, wo die Zittau-Information ihren Sitz hat, gelangt man auf die Johannisstraße, wo im 16. Jahrhundert ein Dutzend Bierhöfe beieinanderlagen, mit Ausschank! Heute gibt es hier wieder mehrere Gastwirtschaften. Im Klosterstübl wird Oberlausitzer Küche schmackhaft zubereitet.

Salzhaus

Frauenstraße und Theatergäßchen führen auf einen der schönsten Plätze der Oberlausitz, auf die **Neustadt.** Inmitten des großzügigen, kopfsteingepflasterten und von stattlichen Häusern umsäumten Areals steht das Salzhaus, auch **Marstall** genannt. Ein wuchtiger Speicherbau mit Mansardendach, denkmalgerecht saniert und von der Christian-Weise-Bibliothek, kleinen Läden und Restaurants genutzt. 1511 wurde das Salzhaus auf den Mauern eines mittelalterlichen Speichers errichtet, bis 1730 mehrmals erweitert. Das massige Bauwerk wird durch 459 Fenster und Dachluken gegliedert. In seiner wechselvollen Geschichte diente es vielen Zwecken, der Zweitname Marstall weist auf die Nutzung als Pferdestall. Nachdem die Stadt im Siebenjährigen Krieg zerstört worden war, tagte im Salzhaus der Stadtrat. Der Speicher bot Raum für Waffenkammer und Getreideboden sowie der Communalgarde einen trockenen Exerzierplatz. Stadtarchiv und Theaterrequisite waren dort mal zu Hause – und Zittauer, denen das Salzhaus Wohnadresse war, bis in die 1980er Jahre.

[>] Das Salzhaus mit dem Herkulesbrunnen

Neustadt

Die Neustadt ist Zittaus erste Stadterweiterung, der Name ist also von „Stätte" abgeleitet, es heißt demnach „auf der Neustadt", nicht „in der Neustadt", und auf der Neustadt gibt es an den stattlichen Bürgerhäusern manches zu entdecken, drinnen hier und da auch ein gepflegtes Bier. Ältestes Zittauer Gasthaus ist der **„Goldne Stern"** (Neustadt 14). In dem spätbarocken Bau auf mittelalterlichem Gewölbe geht es heute irisch zur Sache: Ein Irish Pub begrüßt die Gäste. Zu den beachtenswerten Bürgerhäusern gehören das für den damaligen Bürgermeister *Jakob von Hartig* errichtete Eckhaus Neustadt 23 (1683), das Haus Neustadt 32 mit Renaissanceportal und der im 19. Jahrhundert umgebaute „Sächsische Hof" auf der Neustadt 34. Vor dem Nordgiebel des Salzhauses steht der **Herkulesbrunnen** (1709), einer der schönsten Zittauer Brunnen, vermutlich das Werk von *Johann Michael Hoppenhaupt* (1685–1751).

Kirche zum Heiligen Kreuz

Von der Neustadt führt die Frauenstraße zur wenige Schritte nahen Kirche zum Heiligen Kreuz, dem Museum für das **Große Zittauer Fastentuch** von 1472. Diese einzigartige spätgotische Textilbibel ist, neben dem Kleinen Fastentuch und der Altstadt insgesamt, der wertvollste Schatz der Stadt Zittau. Allein für diese 56 Quadratmeter große Leinenmalerei wurde die reizvollste Zittauer Kirche restauriert und als Museum eingerichtet. Sie ist ein so zierliches wie wehrhaftes, im Innern überraschend lichtes Bauwerk, das sich an böhmischen Vor-

154ol dk

bildern orientiert, die größte **„Einstützenkirche“** des einst böhmischen Raumes. Ihr Sternengewölbe wird von einem einzigen, wie ein Schirm aufragenden Pfeiler getragen. Ein Spitzbogen führt in den Chor, der auch von den naiv bemalten Emporen eingesehen werden kann. Die Wände zeigen Fragmente von Malereien aus dem 15. Jahrhundert. Ähnliche, aber kleinere Kirchen stehen in Prag (Mariä Verkündigung, Vinohrady) und Ebersbach bei Görlitz (St. Barbara). Im schattigen Kirchhof befinden sich wertvolle Grufthäuser aus dem 18. Jahrhundert.

■ **Städtische Museen Zittau – Museum Kirche zum Heiligen Kreuz – Großes Zittauer Fastentuch 1472,** Frauenstraße 23, Tel. (03583) 5008920, www.zittau.eu, April bis Okt. tgl. 10–18 Uhr, Nov. bis März Di.–So. 10–17 Uhr (Zittaus wertvollster Kunstschatz in einer gotischen Einstützenkirche böhmischer Prägung, Reste gotischer Wandmalerei, Kreuzkirchhof mit barocken Gruftbauten)

Hillersche Villa

Mein Tipp: Nach so viel Geschichte führt der kurze Weg auf die andere Straßenseite direkt ins Heute von der besten Seite. In der Hillerschen Villa – sie gehörte der Fabrikantenfamilie *Hiller,* deren Erfinder- und Unternehmergeist von Gardinenkordeln über die Phänomen-Fahrräder letztlich zu den Robur-Lastwagen führte, die jeder kennt, der in der DDR aufgewachsen ist – lädt seit Jahren eine der beliebtesten Zittauer Kneipen ein, das **„Jolesch“,** benannt nach Tante Jolesch aus dem Buch des österreichischen Schriftstellers *Friedrich Torberg* (1908–1979). Näheres gibt's bei einem tschechischen oder polnischen Bier oder einem Kaffee zu erfahren. Die Villa ist eine zuverlässige Adresse für Konzerte, Lesungen, Ausstellungen, Workshops; Eigentümer ist das in Zittau allerorten bekannte **Multikulturelle Zentrum,** ein gemeinnütziger Verein, der Anfang der 1990er Jahre gegründet wurde. Seine Geschichte führt zurück in Zeiten der DDR-Opposition. Die Villa wurde dem Verein zur öffentlichen Nutzung überlassen von den Enkeltöchtern des Unternehmers *Hiller* und dessen Ehefrau, die als „Halbjüdin“ von der Deportation freigekauft werden und somit das NS-Regime überleben konnte.

Grüner Ring

Im Grünen Ring, der Parkanlage rund um die Altstadt, gegenüber der Kreuzkirche, liegt der Jungfernteich. Dort steht der lustige **Schleifermännchenbrunnen** (1824). Der Parkweg führt zu einer Riesenplatane, am Wege stehen Denkmalbüsten des Schulrektors und Theaterdichters *Christian Weise,* des Komponisten *Heinrich Marschner* und des Heimatforschers und Gärtners *Carl Gottlob Moráwek.* Die **Fleischerbastei** ist die einzige erhaltene Bastei der Stadtbefestigung aus dem 16. Jahrhundert und Heimstatt der **„KultUhr“,** auch dies eine sehr beliebte Zittauer Kneipe. Vor dem mächtigen Gemäuer blüht in den Farben der Jahreszeit eine **Blumenuhr.** Sie zeigte erstmals

▷ Die Schmalspurbahn verlässt den Bahnhof

1907 die Zeit an und wird immer wieder mit mehr als 4000 Blumen belebt. Das Uhrwerk stammt aus einer alten Turmuhr. Dazu erklingt halbstündlich ein Glockenspiel aus Meissener Porzellan.

Durch diesen Park streifend, kann man eine erholsame Stadtlandschaft erleben, mit alten Bäumen, mit Rabatten, Terrassen, Brunnen, Bänken. Hin und wieder geraten die Türme und Häuser der Stadt in den Blick. Ein kurzer Weg führt von der Blumenuhr über den Ring zur **Frauenkirche.** Die im Kern spätgotische Begräbniskirche hat ein Renaissanceportal. Auf dem Kirchhof stehen Grabdenkmäler aus der Zeit seit dem 17. Jahrhundert.

Unter dem **Viadukt** der Eisenbahnstrecke (Dresden –) Zittau – Liberec und über die Gleise der Schmalspurbahn hinweg führt ein Spazierweg zur Weinauallee und in den am Ufer der Neiße gelegenen Weinaupark. Hier befinden sich der sympathische **Tierpark,** die Ausflugsgaststätte Zur Weinau und der **Grenzübergang ins polnische Dorf Sieniawka.** Das einstige Kleinschönau gehörte früher zu Zittau, heute zur Gemeinde Bogatynia. Der Markt mit seinen ehemals Hunderten Verkaufsständen hat an Bedeutung verloren. Mit dem Fahrrad kann man entlang des Tagebaues Turów nach Bogatynia fahren. Der **Neißedammweg** auf deutscher Seite führt zur Brücke Friedensstraße (Übergang nach PL/CZ) und weiter zum Dreiländereck sowie zum Übergang nach Hrádek nad Nisou (Kristyna-See).

■ **Tierpark,** Weinaupark, Tel. (03583) 701122, April bis Okt. 9–18 Uhr, Nov. bis März 9–15.30 Uhr (mit Streichelgehege)

156ol dk

054ol dk

Praktische Informationen

Anreise

- **A4,** Ausfahrt Bautzen Ost, B6/B178 über Löbau; oder Ausfahrt Weißenberg, bis Löbau, dann B178
- **Bahn,** Regionalexpress Dresden – Bischofswerda – Wilthen – Zittau –Liberec – Tanvald

Info

- **Tourist-Information,** Markt 1 (Rathaus), Tel. (03583) 752200, www.zittau.de, Mo.–Fr. 9–18 Uhr, Sa. 9–13 Uhr, Mai bis Okt. auch So. 13–16 Uhr

Führungen (Auswahl)

- **Rathausführung,** Mi. 15 Uhr
- **Kellerführung,** jeden zweiten Sa. 10 Uhr
- **Abendspaziergang „Der Grüne Ring",** Mai bis Okt. Fr. 17.45 Uhr
- **„Sagenhaft" – mittelalterliche Stadtführung,** Nachtspaziergang bei Fackelschein, März bis Dez. Sa., Beginn zwischen 20/22 Uhr
- **„Mit dem Zittauer Nachtwächter unterwegs"** – Historie und Histörchen aus der Zittauer Geschichte, Sa. 20 Uhr ab Salzhaus
- **Christian-Weise-Rundgang,** Anmeldung in der Tourist-Information

Unterkunft

- **Schloßhotel Althörnitz**③, Zittauer Straße 9, Tel. (03583) 5500, www.schlosshotel-althoernitz.de (Barockschlösschen mit Park und Teich am Stadtrand, nahe am Olbersdorfer See, Schlosssuite 150 €, DZ im Schlossanbau 95 €)
- **Hotel Dreiländereck**③, Bautzner Straße 9, Tel. (03583) 5550, www.hotel-dle.de (im Stadtzentrum, hoteleigenes Parkhaus)
- **Hotel Dresdner Hof**②, Äußere Oybiner Straße 9, Tel. (03583) 57300, www.hotel-dresdner-hof.de (am Stadtrand Richtung Olbersdorfer See, Kinder bis 14 Jahre übernachten gratis)
- **Hotel Zittauer Hof**②, Neustadt 28, Tel. (03583) 5409480, www.zittauerhof.de (kleines Hotel in einem denkmalgeschützten Bürgerhaus inmitten der Altstadt)
- **Hotel Schwarzer Bär**②, Ottokarplatz 12, Tel. (03583) 5510, www.hotel-schwarzer-baer.de (kleines Hotel in 300 Jahre altem Baudenkmal am Rande der Altstadt)

Gastronomie

- **Dornspachhaus**②, Bautzner Straße 2, Tel. (03583) 795883, www.dornspachhaus.de, tgl. 11.30–22 Uhr (gemütliche Wirtsstube im Renaissancebürgerhaus, Biergarten im Arkadenhof, Oberlausitzer Küche)
- **Café Jolesch**①, Klieneberger Platz 1, Tel. (03583) 514020, www.jolesch-zittau.de, tgl. ab 18

157ol dk

Uhr (Café, Restaurant, Kneipe, Galerie, eine der beliebtesten Zittauer Adressen, tschechisches und polnisches Bier, mediterrane Küche)

- **KultUhr**①, Karl-Liebknecht-Ring 9, Tel. (03583) 700479, www.kultuhr-kneipe.de, tgl. 11.30–14 und 18–1 Uhr (uriges Wirtshaus in der Fleischerbastei – dort, wo die Blumenuhr tickt; sieben Sorten Fassbier unter uralten Bäumen)
- **Wirtshaus Zum Alten Sack**①, Marstall, Neustadt 47, Tel. (03583) 540459, www.zumaltensack.de, tgl. ab 12 Uhr (urige Kneipe im Salzhaus, Oberlausitzer Küche – die Kartoffel steht an erster Stelle, „Mit dem radelnden Wirt unterwegs": fünfstündige geführte Radtour)
- **Vinyl**①, Brunnenstraße 5, Tel. (03583) 510944, tgl. ab 18 Uhr, www.vinyl-zittau.de (Musikkneipe, immer etwas zwischen 1960er- und 1980er-Musik auf dem Teller)

▲ Das Zittauer Stadtbad

◀ Die Fleischerbastei mit der Blumenuhr

Olbersdorfer See

Zwischen Zittau und dem Zittauer Gebirge liegt **Olbersdorf** auf halbem Wege. Die Zittauer Türme und die Bergsilhouette in Sichtweite laden zu Spaziergängen und Wanderungen ein, doch bietet auch der Ort Erlebenswertes. Der Olbersdorfer See ist ein ehemaliger Braunkohletagebau. Auf dem Campingplatz am Nordufer stehen Zelte, Wohnmobile und Campinghütten. Der bewachte Sandstrand ist gratis zugänglich. Einen unbewachten Strand (auch Nacktbadestrand) gibt es am Südwestufer. Vom Zeltplatz führen markierte **Wanderwege** auf die Olbersdorfer Höhe (308 m) und ins Gebirge. Das historische Olbersdorf/Niederdorf und das Neubaugebiet Oberdorf sind Haltepunkte der Schmalspurbahn.

158ol dk

Am Olbersdorfer See führte die zweite Sächsische Landesgartenschau 1999 den **Wandel vom Braunkohletagebau zur Erholungslandschaft** vor. Bis 1991 wurden hier 21,3 Millionen Tonnen Rohbraunkohle gefördert. Spuren und Zeugnisse der 250-jährigen Bergbaugeschichte im Zittauer Becken sowie die zurückkehrende Natur zeichnen Olbersdorf als Erholungsort aus, der die **Industriegeschichte** der Region dokumentiert, und das durchaus unterhaltsam. Die südliche Oberlausitz ist eben nicht nur die Landschaft der Umgebindehäuser mit gemütlich „rollenden" Pensionären. Bergbau und die darauf folgende Landschaft werden auf einem zur Landesgartenschau angelegten **Lehrpfad** erläutert, der über zehn Kilometer rund um den See führt. Ein **Natur-Lehrpfad** verbindet über 15 Kilometer die Stätten des Bergbaus in Zittau, Olbersdorf und Hartau; der Weg lässt sich gut mit dem Fahrrad absolvieren.

Praktische Informationen

Unterkunft/Gastronomie

- **Hotel Haus am See**②, Olbersdorf, Südstraße 14, Tel. (03583) 5548100, www.haus-am-see.com (direkt am Olbersdorfer See, 10 Min. Fußweg bis Zittau Markt)
- **SeeCamping Zittauer Gebirge**①, Zur Landesgartenschau 2, Tel. (03583) 696292, www.sachsencamping.de, Mi.–Fr. 11.30–14 und 17.30–21 Uhr, Sa. 11.30–22 Uhr, So. 11–21 Uhr (ganzjährig geöffnet am naturbelassenen Strand zwischen Stadt und Gebirge, Campinghütte, Stellplätze, kostenfreier Badestrand, Surfen, Beachvolleyball, Erlebnisrestaurant)
- **Ferienwohnungen**① in Seenähe ab 22 €

Der Olbersdorfer See, im Hintergrund das Zittauer Gebirge und der Jeschken

Am Ufer der Mandau

Hainewalde

Kanitz-Kyawsche Gruftkapelle

Im Wiesental der Mandau erstreckt sich über vier Kilometer der Ort Hainewalde (9 km von Zittau). Auf dem Kirchhof der stattlichen Pfarrkirche (1705/11) steht das **bedeutendste Werk barocker Grabmalkunst** in der Oberlausitz, die Kanitz-Kyawsche Gruftkapelle (1715), vermutlich eine Arbeit von *Franz Biener* (Loretokapelle Rumburg). An den Fassaden der von der dynamischen Formensprache des böhmischen Barock beeinflussten Kapelle stehen lebensgroße Allegorien, „und zwar derart, dass einer Allegorie der irdischen Trübsal eine solche der himmlischen Seligkeit gegenübergestellt ist", wobei es dem Künstler gefiel, bei Figuren des irdischen Leidens „einen zynischen Realismus" *(Cornelius Gurlitt)* auszubilden.

Barockkirche

Die Barockkirche, eine der schönsten sächsischen Dorfkirchen, ist für ihre stilreine, unversehrt erhaltene **Innenausstattung** bekannt. Altar, Kanzel und Taufbecken sind Arbeiten des aus Böhmen stammenden *Johann Michael Hoppenhaupt.*

Neues Schloss

Am Mandau-Ufer steht in einem Park das Neue Schloss der Herrschaft von Kanitz und Kyau. Die Gemeinde und ein Verein engagieren sich für die Erhaltung dieses barocken Kleinods. 1933 wurde dort ein KZ betrieben, danach eine militärische Ausbildungsstätte. Vom Kriegsende bis 1975 diente es als Wohnhaus, dann stand es leer, zuletzt war es einsturzgefährdet. Inzwischen ist der Bestand gesichert, und bei Festen sowie am Tag des offenen Denkmals kann die über einer Terrassenanlage mit Freitreppe gelegene Anlage erlebt werden. Das benachbarte Torhaus des **Alten Schlosses** (1564) mit seinem Renaissanceportal wurde privat instand gesetzt.

Breiteberg

Eine halbe Wanderstunde nah liegt der Breiteberg (510 m). Dort gibt es einen Aussichtsturm und eine Bergbaude. Der Breiteberg ist seit jeher die **Heimat der Querxe,** der Kleinsten aus der Oberlausitzer Sagenwelt.

■ **Berggaststätte Breitebergbaude**①, Hainewalde, Am Breiteberg 22, Tel. (035841) 35666, www.breitebergbaude.de, Mi.–Fr., So 11–22 Uhr, Sa. 11–24 Uhr (Hausmacherkost um 8 €).

Praktische Informationen

Unterkunft/Gastronomie

■ **Herberge Zittauer Gebirge**①, *Heribert Lauber,* Bergstraße 11, Tel. (035841) 32441, www.herberge-zittauer-gebirge.de (Umgebindebauernhof mit zwei Ferienwohnungen und Matratzenlager)

■ **Schullandheim Eurohof Dreiländereck①**, Scheibe 15, Tel. (035841) 2355, www.eurohofdreilaend.de (Mehrbett- und Doppelzimmer für Kinder- und Jugendgruppen und deren Betreuer, kindgerechte Themenangebote zu Natur und Ökologie, 2 km Fußweg vom Bahnhof Hainewalde, Bahnlinie Zittau – Großschönau)

Großschönau

Weberdorf

Im Tal der Mandau liegt das historische Zentrum von Großschönau (11 km von Zittau), einem typischen Weberdorf im Oberlausitzer Bergland. Umgebindehäuser unter betagten Bäumen bestimmen das Ortsbild ebenso wie die Textilfabriken der Gründerzeit. Großschönau ist Ausgangspunkt für **Wanderungen** zum Lauschegebiet und in die abwechslungsreiche Gegend um Varnsdorf sowie für **Radtouren** im Bergland und Ausflüge ins nahe Zittau.

159ol dk

◁ Umgebindehäuser in Großschönau

Trixi-Park

Für den **Familienurlaub** die beliebteste Adresse ist der Trixi-Park. Dazu gehören das Waldstrandbad, ein Campingplatz, eine Bungalowsiedlung, Skateranlage und Minigolf, Gondelteich, Sauna und Restaurants. Trixi ist ein Walross, das mitten auf der zwei Hektar großen Wasserfläche zum Rutschen einlädt. Der Oberlausitzer Künstler *Joachim Liebscher* hat es ins Wasser gesetzt, just als sich in der Elbe bei Magdeburg ein verirrter Seehund tummelte, der Trixi genannt wurde.

■ **Trixi-Park,** Jonsdorfer Straße 40, Tel. (035841) 6310, www.trixi-park.de (ausgezeichnet als familienfeundlichster Ferienpark Sachsens, Freibad, tropisches Bad, Waldseilpark, Restaurant; Ferienhäuser, z.B. für vier Pers. ab 63 €, im Hauspreis tgl. 3 Stunden Eintritt ins Bad enthalten; Campingplatz, Bushaltestelle vor dem Haus)

Deutsches Damast- und Frottiermuseum

Am Großschönauer Ufer der Mandau stand 1856 der erste Frottierwebstuhl Deutschlands. In die Industrie- und Kulturgeschichte des Ortes führt das hochinteressante Damast- und Frottiermuseum. Das klassizistisch schlichte Bürgerhaus des Museums, erbaut 1807 für den Textilfabrikanten und Kaufmann *Christian Friedrich Waentig*, gibt einem der schönsten Umgebinde-Ensembles der Oberlausitz einen städtischen Akzent. In der **Schauwerkstatt** für Frottierwarenerzeugung wird die jüngere Geschichte der Textilindustrie lebendig gehalten. Hier funktionieren unter der Obhut des Museumsvereins noch über 40 Maschinen und Webautomaten, die aus dem Bestand der ringsum zusammengebrochenen Textilbetriebe geborgen werden konnten. Siehe auch Exkurs „Computer aus Bindfäden".

■ **Deutsches Damast- und Frottiermuseum,** Schenaustraße 3, Tel. (035841) 35469, www.ddfm.de, Mai bis Okt. Di.–So. 10–12 und 14–17 Uhr, Nov. bis April Di.–Fr. 10–12 und 13–16 Uhr

Saalkirche

Die barocke Saalkirche unweit des Museums wurde 1705 auf Fundamenten einer älteren Kirche errichtet. Das Westportal entstand im 18. Jahrhundert in klassizistischen Formen. Im lichten Saal steht ein klassizistischer Altar (1802) mit einem Auferstehungsbild von **Eleazar Zeissig,** genannt *Schenau* (1786). Der Großschönauer Maler und Professor an der Dresdner Kunstakademie hat mit über 600 Entwürfen für die Meissener Porzellanmanufaktur den Stil dieser weltberühmten Stätte mitgeprägt.

Praktische Informationen

Info

■ **Tourist-Information,** Waltersdorf, Hauptstraße 28, Tel. (035841) 2146, www.grossschoenau.de, Mai bis Okt., Febr. Mo.–Fr. 9–12 und 13– 17 Uhr, Sa. 10–12 Uhr, außerhalb der Saison: Mo./Mi. 9–12 Uhr, Di./Do. 9–12 und 14–17 Uhr, Fr. 9–12 und 14–16 Uhr (auch für Großschönau zuständig)

Unterkunft/Gastronomie

■ **Pension und Landgasthaus Bad Neuschönau**①, Gründischer Weg 2, Tel. (035841) 37777, www.bad-neuschoenau.de (sächsische Küche)

■ **Trixi-Park**①, siehe oben

Weitere Museen

■ **Motorrad-Veteranen- und Technikmuseum,** David-Goldberg-Straße 27, Tel. (035841) 38 885, www.motorrad-veteranen-museum.de, April bis Okt. Mo.–Fr. 10–12 und 13–15 Uhr, Sa./So. 10–12 und 13–17 Uhr (Vom Laufrad zum Motorrad. Geschichte der Phänomen- und späteren Robur-Werke Zittau)

Varnsdorf

Jugendstilvillen

Mit Seifhennersdorf und Rumburk bildet das nordböhmische Varnsdorf (Warnsdorf) ein dicht besiedeltes Industriegebiet im Tal der Mandau. Mit dem wirtschaftlichen Umbau wird nun auch der Tourismus entdeckt und gefördert. Varnsdorf hat 16.000 Einwohner. Das Bild der Stadt wird von Betonhochhäusern dominiert, aber es sind auch sehenswerte Fabrikbauten, Fabrikantenvillen und Kirchen zu entdecken.

Die spätbarocke **Kirche Peter und Paul** (1774) trägt eine Gedenktafel für die erste vollständige liturgische Aufführung der „Missa Solemnis" von *Ludwig van Beethoven* (1830). Als „Kirche ohne Turm" wird die neogotische **Kirche des heiligen Borromäus** (1903/1912) in der ul. Karlova bezeichnet. Die interessantesten **Bauten im Jugendstil/Sezessionsstil** sind das ehemalige Bankgebäude (heute Schule) in der Masaryka und die Häuser in der Legii ul.

Computer aus Bindfäden

Der **Damastzugwebstuhl** war bis ins 19. Jahrhundert hinein das komplizierteste mechanische Gerät, das der Mensch entwickelt hatte. Die Ausführung einer künstlerischen Idee wurde in tausend mechanische Schritte zerlegt, jeder Schritt fixiert im Zusammenspiel von Fäden, Schnüren und Schlingen. Die beiden einzigen funktionsfähigen Damastzugwebstühle weltweit stehen in Großschönau, im **Deutschen Damast- und Frottiermuseum.** Keinen anderen Ort gibt es in Deutschland, an dem so viel und so lange Damast gewebt wurde. Über 900 „Zugwebstühle" klapperten in den hiesigen Umgebindehäusern. Damast verhieß Wohlstand und vielen Gewerken ein Auskommen.

Nach dem Dreißigjährigen Krieg waren zwei Großschönauer Leineweber, die Gebrüder **Friedrich und Christoph Lange,** im Auftrag der Stadt Zittau nach Holland gewandert. Sie mussten dort den Damastwebern monatelang auf die Finger schauen, bis sie deren Geheimnis entschlüsselt hatten und mitnehmen konnten.

Wenn die Museumsmitarbeiter heute den Bindfadencomputer in Kurzlektionen vorstellen, verheddern sich die Besucher schon mal zwischen „Kettatlas" und „Schussatlas". In der Beletage des kleinen Museums werden sie belohnt für ihre Geduld mit einer **erlesenen Schau** edler Gewebe, von Allegorien und biblischen Szenerien, bebildert mit Pflanzen und Tieren, Stadtansichten, Wappen. In den Vitrinen liegen Bildgewebe für Königshäuser und für Vereine, für Gedenktage und patriotische Feste.

„Damast" oder „Damask" hießen schon im Mittelalter alle figurengemusterten Gewebe, die aus dem Orient über Damaskus nach dem Okzident eingeführt wurden. Die Kunst des Damastwebens gelangte im Mittelalter nach Oberitalien und in der Renaissance nach Lyon, Flandern und Holland. Ursprünglich gab es Damast nur aus Seide, erst die Holländer benutzten die Damasttechnik zur Herstellung von Leinengeweben. Ab 1666 wurde in Großschönau „Gezogenesweberei" betrieben. Zu den Auftraggebern zählten reiche Häuser in ganz Europa, auch in Russland und Amerika.

Der Franzose *Joseph-Marie Jacquard* leitete mit der Konstruktion eines neuartigen Webstuhls 1805 das Ende der klassischen Damastweberei ein. 1834 stand der erste **Jacquard-Webstuhl** in Großschönau. Teurer Damast wurde durch die billigere und täuschend ähnliche Jacquardware verdrängt. Der Name blieb: Damast heute ist Jacquardware. Auch von diesem Wandel erzählt das Museum.

Die Idee, im einstigen Geschäftssitz ein Museum einzurichten, geht auf den in Großschönau gebürtigen Textilfabrikanten **Theodor Haebler** zurück. Er hatte das Gebäude zu diesem Zweck 1937 der Gemeinde geschenkt. *Haebler* aber musste in die USA auswandern, das Museum konnte erst 1947 eröffnet werden. Zu sehen bekommen hat er es nicht mehr; als er es 1952 besuchen wollte, verweigerten die DDR-Behörden dem Neunzigjährigen die Einreise. *Theodor Haebler* verstarb im selben Jahr in New York.

www.fotolia.de © Erica Guilane-Nachez

‹ Jacquardwebstuhl

Seifhennersdorf

An der Grenze zu Tschechien

Kilometerlang erstreckt sich im Tal von Mandau und Leutersdorfer Wasser die kleine Stadt Seifhennersdorf (16 km von Zittau). Von der einstigen Bedeutung als Weberdorf künden viele **Umgebindehäuser.** Seifhennersdorf, bis dahin das größte Dorf der DDR, wurde 1974 zur Stadt erklärt. Mit der Lage an der tschechischen Grenze empfiehlt es sich für **Ausflüge ins Böhmische,** vor allem in die reizvolle Umgebung von Krásna Lípa (Schönlinde), wo sich Lausitzer Gebirge und Böhmische Schweiz treffen. Aber auch das Zittauer Gebirge ist schnell erreicht.

Hinter dem **Rathaus** (1925), das in der Art der Gartenstädte die regionale Architektur zitiert und zugleich versachlicht, befinden sich das Fremdenverkehrsamt und das **Karasek-Museum.**

■ **Karasek-Museum,** Nordstraße 21a, Tel. (03586) 451567, www.karaseks-revier.de, Di.–Fr. 9–12 und 13–16.30 Uhr, So 13–16.30 Uhr (Ausstellung zum Räuber- und Schmugglerwesen in der Oberlausitz und in der böhmischen Enklave Niederleutersdorf, original eingerichtete Leineweber-Wohnstube um 1800)

Die **Kreuzkirche** im Stadtzentrum galt mit 2450 Plätzen als eine der größten und dabei besonders harmonischen Landkirchen Sachsens. Der frühklassizistische Bau brannte 1935 bis auf die Grundmauern ab, er wurde äußerlich nahezu originalgetreu wieder aufgebaut und im Innern zeitgemäß schlicht ausgestattet. Vor der Kirche steht das 1929 eingeweihte Denkmal für die Gefallenen des Ersten Weltkrieges, entworfen von dem in Seifhennersdorf geborenen Mitbegründer des Deutschen Werkbundes, *Bruno Paul* (1874–1968).

Wegweiser für Wanderungen stehen am Museum und vor dem **Bahnhof.** Mit den Zügen der Vogtlandbahn sind die tschechische Stadt Varnsdorf sowie Großschönau, Hainewalde, Zittau und die wiederum tschechischen Orte zwischen Hrádek nad Nisou und Liberec direkt zu erreichen. Im Norden der Stadt, an der Straße nach Neugersdorf, liegt das **Querxenland** mit dem Waldbad Silberteich, ein Erholungszentrum für Kinder und Familien.

Praktische Informationen

Info

■ **Tourist-Information,** Nordstraße 21a, Telefon (03586) 451567, www.karaseks-revier.de, Di.–Fr. 9–12 und 13–16.30 Uhr, So 13–16.30 Uhr

Unterkunft/Gastronomie

■ **Hotel Zur Linde**①, Warnsdorfer Straße 14, Tel. (03586) 404379, www.hotel-zurlinde.com, tgl. ab 17 Uhr, Sa./So. auch 11–14 Uhr (ruhig gelegen nahe der Grenze, preiswerte Küche)

■ **Kinder-Erholungszentrum Querxenland**①, Viebigstraße 1, Tel. (03586) 45110, www.querxenland.de (Mai bis Sept., Angebote für Schulen, Familien, Kindergruppen, Freibad, Sportanlagen)

■ **Bildungs- und Begegnungsstätte Windmühle**①, Neugersdorfer Straße 7, Tel. (03586) 340980, www.windmuehle-seifhennersdorf.de, Mai bis Sept. Sommercafé So. 14–17 Uhr (Umgebindehaus mit Gästezimmern, Konferenzhaus, Seminarräume, Angebote für Familien)

Rumburk

Wanderungen in Böhmen

Am Schnittpunkt des Handelsweges zwischen der Lausitz und Böhmen und der Salzstraße zwischen Meißen und Zittau entstand im 13. Jahrhundert eine Burg, in deren Umgebung bald Siedlungen heranwuchsen. 1347 erhielt Rumburk (Rumburg) das Stadtrecht. Die kleine **tschechische Stadt** ist Ausgangspunkt für Wanderungen in das Schluckenauer Bergland, ins Kreibitzer Bergland und in die Böhmisch-Sächsische Schweiz.

Loretokapelle

Architektonisches Kleinod ist die barocke Loretokapelle mit dem einstigen Laurentiuskloster, 1709 fertiggestellt als Kopie der Kapelle in Loreto – mit dem Unterschied, dass Baumeister *Johann Lukas Hildebrandt* (1668–1745) Sandstein verwendete und nicht Marmor. Im **schlichten Innenraum** steht eine geschwärzte Statue der Maria mit dem Kind (1694). Die Reliefs wurden von italienischen Meistern geschaffen, die Statuen der zehn Sybillen und zehn Propheten an der Außenseite vom Bildhauer *Franz Biener* aus Schirgiswalde. Die plastische Gestaltung diente der Anbetung der Jungfrau Maria. Der Legende nach sollen Sibyllen als heidnische Wahrsagerinnen mit ihren Andeutungen über die heilige Jungfrau und Jesus die christliche Epoche vorausgesagt haben.

■ **Loreto-Kapelle,** Tř. 9. května 149, April bis Okt. Di.–Sa. 9–16 Uhr, Nov. bis März 10–17 Uhr

Die Kapelle ist vom deckenbemalten Kreuzgang (1743/49) des einstigen Klosters umgeben. Dort befindet sich auch die Stadtinformation. Das Bauensemble wird derzeit restauriert, es ist aber ganzjährig zugänglich, und es gibt Ausstellungen und Konzerte.

Marktplatz

Auf dem Marktplatz steht eine frühbarocke **Pestsäule** (1681) mit Heiligenstatue (1725). Die Nordseite des Platzes wird von Laubengängen geschlossen, die Südseite vom Betonplattenbau eines Hotels. Hinter dem Hotel steht das mehrfach umgebaute Renaissanceschloss des Fürsten *Anton Florian von Liechtenstein,* heute das **Stadtmuseum.** Neben einer Ausstellung zur Geschichte der Stadt wird das Werk des in Schönlinde (Krásna Lípa) beheimateten Malers *August Frind* (1852–1924) gezeigt.

■ **Muzeum Rumburk,** Na Valech 401/4, Tel. (00420) 412 332194, Mi., So 9–15 Uhr (Stadt- und Regionalgeschichte, Galerie August Frind, im Dezember Krippenausstellung)

Dymník

Vom stadtnahen **Aussichtsturm** auf dem Dymník (Rauchberg, 516 m) bietet sich eine schöne Sicht auf das Bergland. Ein blau markierter **Wanderweg** führt aus der Stadt bis zum Gipfel (3 km) mit Bergbaude. Die Wanderung kann auf einem Wald- und Wiesenweg (gelb) bis nach Zahrady u Rumburku (Bahn-Haltepunkt) fortgesetzt werden. Weiter (gelb, rot) bis zum Wegweiser am Waldrand, der einen Abstecher zum Veronikabrunnen (Studánka Veronika) anbietet und rechts steil auf den **Wolfsberg** (Vlčí hora, 580 m) führt (6,5 km). Vom steinernen Aussichtsturm reicht der Blick bis in die Sächsische Schweiz mit den markanten Tafelbergen Lilienstein und Königstein, den vulkanischen Großen Winterberg und Rosenberg, weiter zum Böhmischen Mittelgebirge, zum Zittauer Gebirge, Jeschkenkamm, Kottmar und Bieleboh. Die Rückkehr ist mit der Bahn (Sachsen-Böhmen-Ticket, jedoch nicht mit dem Euro-Neiße-Ticket) ab **Pansky** (Herrenwalde, „Bedarfshalt“, rechtzeitig bemerkbar machen) möglich (fährt täglich, ab Rumburk Bahn nach Zittau) sowie ab Seifhennersdorf (über Rybniště, mit Sachsen-Böhmen- und Euro-Neiße-Ticket).

Leutersdorf

Berühmt geworden ist das Örtchen Leutersdorf durch den **Räuberhauptmann Johann Karasek** (1764–1809) und als eines der größten Oberlausitzer Weberdörfer. *Karasek* hatte in Neuwalde bei Leutersdorf, damals eine böhmische Enklave, im Wirtshaus Greibich gelebt. Das Haus steht nicht mehr. Aber der Karasek-Weg erinnert an den im Prager Stadtteil Smíchov geborenen „Diebstähler, Schalk und boshaften Bösewicht“ (aus den Gerichtsakten), der seine letzten acht Lebensjahre in den Dresdner Kasematten zubringen musste. Das Gericht hatte auf Tod am Rad geurteilt, dagegen ging *Karaseks* Verteidiger erfolgreich in Berufung.

Der **Oberkretscham** Leutersdorf, wo *Karasek* im August 1800 für sechs Tage dem staunenden Volk als Gefangener vorgeführt wurde, ist heute ein beliebter Gasthof. Davor steht eine Übersichtstafel für Wanderer. Bis zum **Waldbad Silberteich** sind es 3,5 Kilometer.

Praktische Informationen

Info

- **www.leutersdorf.de**

Unterkunft/Gastronomie

- **Hotel Oberkretscham**①, Friedrich-Ludwig-Jahn-Straße 16, Tel. (03586) 787571, www.oberkretscham.de (typisches Oberlausitzer Gasthaus, Oberlausitzer Küche)
- **Pension/Café Blaue Steine**①, Seifhennersdorfer Straße 12a, Tel. (03586) 386166, www.blauesteine.net (Rad- und Wanderwege in der Nähe)

⌃ Die Kirche von Leutersdorf

An den Quellen der Spree

Es gehört zur jüngeren Oberlausitzer Folklore, sich vorzustellen, mit dem Daumen die Spree-Quelle zu verschließen und zuzuschauen, wie die Berliner auf dem Trockenen sitzen. Drei Daumen wären schon nötig, denn der Hauptstadtstrom entspringt am Berg Kottmar, in Ebersbach und in Neugersdorf. Das braucht seine Zeit, deshalb gibt's dazu in Eibau die Schwarzbierquelle.

Kottmar

Aussichtsturm auf 583 Metern

In **Walddorf,** unweit der B 96 zwischen Ebersbach und Eibau gelegen, stehen einige schöne Umgebindehäuser. In der „Spinnwebe" werden kunsthandwerkliche Textilien angeboten, auch Kurse im Spinnen und Weben (siehe unter Eibau). Bekannt ist der Ferienort durch seine Nähe zum Kottmar (583 m), einem der höchsten und interessantesten Berge der Oberlausitz. Bemerkenswert ist seine Lage am Rand zweier großer Naturräume, im Osten des Oberlausitzer Hügellandes, im Westen des Lausitzer Berglandes.

Aus Phonolith ist 1881 der **Aussichtsturm** errichtet worden. Die Inschrift über der Tür verheißt: „Blick hernieder in der Täler Grün, Glück und Freude mögen dort erblühn".

■ **Aussichtsturm** auf dem Kottmar-Gipfel, Tel. (03586) 702516, Mai bis Okt. tgl. geöffnet

Nicht selten zieht sich der Kottmar als Wetterscheide einen kräftigen Regen zu. Er gilt aber auch als relativ schneesicheres Ziel für **Wintersportler.** Gleich am Parkplatz in Walddorf liegt der Zugang zur Rodelbahn. Die **Wanderwege** auf dem Kottmar sind gründlich markiert, es ist daher ausgeschlossen, sich zu verlaufen. So gibt es den Bierweg, den Wurzelweg, den Weg zur Stärksten Fichte und, rund um den Berg, den Sagenweg.

Kein Wanderer verlässt den Kottmar, ohne an seiner Westseite die **Spreequelle** besucht zu haben. 1921 wurde der Sprudel als Gedenkstätte für Heimatfreunde gestaltet, die im Ersten Weltkrieg gefallen waren. Der Weg dorthin ist leicht zu finden, vom Parkplatz sind es nur 500 Meter. Weniger bekannt ist, dass nicht nur die Spree dem Kottmar entspringt. Aus dem Nordhang quillt das Kunnersdorfer Wasser, aus dem Osthang das Ruppersdorfer Wasser und der Petersbach, von der Südseite nimmt das Landwasser seinen Lauf.

Die Bockwindmühle von **Kottmarsdorf** wurde 1843 erbaut. Eine gute Gelegenheit, sie zu besichtigen, ist das Mühlenfest alljährlich am Pfingstmontag, dem Deutschen Mühlentag.

> Der Faktorenhof in Eibau

■ **Bockwindmühle Kottmarsdorf,** Obercunnersdorfer Straße, Tel. (035875) 62395, www.kottmarsdorf.de, Mai bis Okt. Di.–Do., Sa./So./Feiertage 14–16 Uhr (Besichtigung mit Führung, für Gruppen auch zu anderen Terminen)

Eibau

Schwarzbier

Bis Mitte des 19. Jahrhunderts war Eibau (15 km von Zittau) das Führende unter den Oberlausitzer Weberdörfern. In den folgenden Jahrzehnten wurde es zwar aus dieser Position verdrängt, doch hat die Industrialisierung weiterhin den Ort geprägt. Das heute bekannteste Erzeugnis aus Eibau ist das Schwarzbier. Alljährlich Ende Juni wird beim Eibauer **Bierzug** der historisch verbürgte Bierstreit zwischen Görlitz, Löbau und Zittau im 17. Jahrhundert gefeiert und ordentlich begossen.

Faktorenhof

Ein Prachtstück barocker sächsischer Landarchitektur ist auf der Hauptstraße 214 der Dreiseithof mit dem Faktorenhof. Die Anlage mit **Herrenhaus, Gesindehaus und Scheune** wurde im 18. Jahrhundert erbaut und wird nun als Tourist-Information, Museum, Standesamt, Gaststätte und Tagungsraum genutzt. Im Obergeschoss des Herrenhauses erzählen die Malereien an den Wänden, Balkendecken und Paneelen von den Handelsverbindungen der Faktoren, die als Auftraggeber der Weber für weltweiten Absatz der Oberlausitzer Leinen sorgten.

184ol dk

Das im Faktorenhof eingerichtete **Heimat- und Humboldtmuseum** vereint eine naturwissenschaftliche Sammlung, besonders zu heimischen Vögeln und Schmetterlingen, mit Exponaten zur Ortsgeschichte, zur Weberei, zur Brautradition und – ja, das gibt's – zum Flugwesen am Kottmar.

■ **Faktorenhof Eibau,** Hauptstraße 214a, Tel. (03586) 702051, www.faktorenhof-eibau.de, Mo.–Fr. 10–12 Uhr, 13–16.30 Uhr (restaurierter Dreiseithof, Architekturdenkmal des 18. Jh., eines der Zentren der Oberlausitzer Traditionspflege, Heimat- und Humboldtmuseum, Ausstellung für den Maler *Max Langer,* Touristinformation, rustikale Gaststätte „Brauhaus")

Praktische Informationen

Info

■ siehe „Faktorenhof"

Unterkunft/Gastronomie

■ **Berggasthof Beckenbergbaude**②, Beckenbergstraße 5, Tel. (03586) 387673, www.beckenbergbaude.de (preiswerte Wanderunterkunft, Berggasthof tgl. ab 11 Uhr)

■ **Pension Alte Näherei**①, Hauptstraße 272, Tel. (03586) 300423, www.alte-naeherei.de (nahe am Berg Kottmar, mit Garage für Motorräder und Fahrräder)

■ **Pension Kottmarschenke**①, Kottmarhäuser 3, Tel. (03586) 702620, www.kottmarschenke.com (am Spreeradweg und vielen weiteren Wanderwegen gelegen, nahe der Spreequelle, preiswerte Wanderunterkunft)

■ **Haus Spinnwebe**①, Lange Gasse 7, Tel. (03586) 310078, www.spinnwebe.de (Zimmer und Ferienwohnung, Laden und Schauwerkstatt zur Handweberei und Spinnerei im Umgebindehaus)

Ebersbach

Eine weitläufige dörfliche Kleinstadt mit stattlichen **Umgebindehäusern,** das ist Ebersbach (16 km von Zittau). Die Stadt liegt zwischen den Quellen der Spree und der tschechischen Grenze. Wo noch vor einigen Jahren die größte Textilfabrik stand, legte sich die Stadt einen Park an, das neue Stadtzentrum. Am Rande des Platzes steht das Rathaus mit der Tourist-Information und einer der ältesten öffentlichen Bibliotheken Deutschlands. Das Ortsbild wird von zweistöckigen Umgebindehäusern bestimmt. Bemerkenswert sind die granitenen Türstöcke, die den Häusern Solidität geben und vom Wohlstand vormaliger Besitzer künden. Am Ostrand der Stadt, unweit des Gasthofes Goldener Löwe, steht das **Hugenottenhaus** (Oststraße 28). Schöne Häuser finden sich **Am Mühlgraben** und in dessen Umgebung.

Schlechteberg

Bei der barocken Pfarrkirche treffen zwei Straßen auf die B96 – die eine führt nach Kottmarsdorf mit der Bockwindmühle, die andere auf den Schlechteberg (485 m) mit dem **Humboldtmuseum.** Wanderer erreichen den Schlechteberg auf dem mit einem Eberkopf markierten, elf Kilometer langen Rundweg, der auch zum Spreeborn und in das malerische Viertel an der Unteren Viebiggasse führt. Unterhalb der Humboldtbaude liegt ein **Botanischer Garten.** Das 1912 gegründete Museum beherbergt neben Volkskundlichem eine zoologische Abteilung mit 200 Präparaten: Vögel, Säugetiere und Schmetterlinge. Ein **Aus-**

sichtsturm gestattet einen Rundblick über die sächsisch-böhmische Lausitz.

■ **Heimatmuseum Humboldtbaude,** Schlechteberg 1, Tel. (03586) 365504, www.ebersbach-neugersdorf.de, Mi.–Fr 10.30–17 Uhr, Sa./So./Feiertage 14–17.30 Uhr (naturkundliche und heimatgeschichtliche Sammlung)

Jiřikov

Vom Bahnhof erreicht man in 20 Minuten Fußweg den Marktplatz des **böhmischen Städtchens** Jiřikov (Georgswalde). Dort steht die barocke Georgskirche (1728) mit einer ausdrucksstarken Skulpturengruppe (1769); im Ortsteil Filipov erhebt sich die weithin sichtbare neoromanische Wallfahrtskirche (1885).

In Ebersbach wurde in einer Textilhändlerfamilie der Grafiker und Typograf *Paul Sinkwitz* (1899–1981) geboren.

Die Umgebindedörfer

Dittelsdorf

Unbedingt ansehen! Der **ganze Ort steht unter Denkmalschutz.** Dittelsdorf (12 km von Zittau) liegt an den Hängen zweier Bäche und ist **vollständig mit Umgebindehäusern bebaut,** viele in der seltenen Langständerbauweise. Dabei reichen die Ständer in einem Stück vom Sockel bis zur Dachkante. An den einstigen Weberhäusern sind architektonische Details erhalten geblieben wie in kaum einem anderen Ort. Die Kirche entstand 1850 nach Entwürfen des Zittauer Baudirektors *Schramm.*

Heimatmuseum

Das Heimatmuseum in einem der wertvollsten, um 1775 erbauten Umgebindehäuser präsentiert Künstler, die aus der Oberlausitz hervorgegangen oder ihr besonders verbunden sind, sowie Ausstellungen zur **Heimatgeschichte und Denkmalpflege.** Das wichtigste Exponat dieses ungewöhnlichen Museums ist das Haus selbst. Kleinodien sind die barocken grünen Fensterverkleidungen. Die niedrigen Räume – Stube, Kammern, Flur – geben den Ausstellungen ein einzigartiges Ambiente. Das Haus war schon halb verfallen, als die Gemeinde 1992 beschloss, es für ein Heimatmuseum instand zu setzen. Finanzielle Unterstützung gab die Deutsche Stiftung Denkmalschutz.

■ **Heimatmuseum,** Hirschfelder Straße 31, Tel. (035843) 22839, 25959, nach Ostern und im Sept. zu den Sonderausstellungen Sa./So. 14–17 Uhr

Bertsdorf-Hörnitz

Das schönste Dorf der Oberlausitz – sagen die Bertsdorfer über Bertsdorf. Wer an einem sonnigen Sommerabend über die von einem Seitenarm der Mandau begleitete Dorfstraße spaziert und zu den vielen Umgebindehäusern und Vorgärten schaut, mag diesem Eigenlob wohl gern zustimmen. Von nahen Bergen, besonders vom **Breiteberg** (510 m) und vom **Seidelsberg** (433 m), bieten

Hecht und Knagge

Aufgewachsen zwischen Bergen; sein Körper: **Holz, Lehm, Stroh, Schiefer.** Das Antlitz gealtert in Würde und jung wie ein Baum im Frühjahr. Auffallend die Bogengalerie, wie Augenbrauen über den verzierten Fenstern. Die Bauteile dieser hölzernen Bogen heißen Rähm und Kopfband, Spannriegel und Knagge; sie können als Bogen ausgeschnitten sein und verziert mit Schnitzwerk. Schiefersonnen strahlen vom Giebel. Hecht und Ochsenaugen träumen als Fensterformen am hohen Dach. Monogramme, Hauszeichen, Jahreszahlen markieren das Türgewände aus Sandstein. Kantig profilierte Bohlen nehmen das Bogenspiel auf und zeichnen das Umgebindehaus als Bild seiner Landschaft.

Als vielgestaltige **Sonderform der Holzbauweise** stehen die **Umgebindehäuser** in Dörfern und Kleinstädten der südlichen Oberlausitz in einzigartiger Konzentration – organisch gewachsene Dorfbebauung, Häusergruppen oder stattlicher Kretscham. Die Behausungen der Leineweber und Bauern, der Handwerker, Wirtsleute und Faktoren sind erhalten geblieben als **Zeugnisse der Alltagskultur und Volksbaukunst,** als lebendige Denkmale, in denen gelebt, gewohnt und gearbeitet wird.

Das Umgebindehaus bewährt sich als **ländliches Bauwerk für viele Anforderungen.** Seine Blütezeit erlebte es zwischen der Mitte des 18. und 19. Jahrhunderts. Die ältesten erhaltenen Umgebindehäuser sind rund 350 Jahre alt. Fränkische und thüringische Siedler, die im Zuge der Ostexpansion ab dem 10. Jahrhundert über Elbe und Saale zogen, haben die Fachwerkbauweise mitgebracht. Doch mit zunehmender Siedlungsdichte wurde Holz knapp und teuer. Fachwerkhäuser mit senkrechten Holzständern waren sehr stabil und holzsparend zu errichten.

www.fotolia.de © pureshot

160ol dk

Die Blockbauten mit ihren waagerechten Balken speichern die Wärme und entsprachen also besser dem wechselhaften Klima der Lausitz. Die beiden Konstruktionsarten in einem Bauwerk miteinander zu verbinden schien ideal; nur ist das aufgrund der Zellstruktur des Holzes nicht einfach möglich: Im Querschnitt, also quer zur Faser, schwindet es fünfzehn Mal stärker als längs zur Faser. Liegende Bohlen „verschwinden" unter der ihnen aufgebürdeten Last. Die Dorfhandwerker mussten Raum und Stütze voneinander trennen. Sie errichteten **zwei Häuser in einem:** Über der Blockstube das Fachwerk, abgestützt durch die Stander. Diese Stütze, mit einigen Zentimetern bis Dezimetern Abstand vor der Blockstube, „umbindet" das Erdgeschoss, nimmt die Last des Obergeschosses auf und leitet sie in das Fundament. Der Blockstube bleibt Raum, sich zu „setzen", ohne der Stützkonstruktion zu schaden. Während diesen senkrechten Ständern alle Tragefunktionen zufallen, übernehmen die waagerecht liegenden Hölzer nur noch die Wärmefunktion. Eine technisch wie ästhetisch überzeugende Bauweise.

Hartnäckig hält sich eine andere Erklärung für die **eigenwillige Ständer-Konstruktion,** wonach die vom Webstuhl ausgehenden Erschütterungen vom Haus ferngehalten werden sollten. Das aber ist in mehrfacher Hinsicht Unsinn. Umgebindehäuser gab es lange vor der Blütezeit der Hauswebereien. Hauswebstühle standen in vielen Gegenden Europas, ohne dass besondere Konstruktionsformen für Häuser entwi-

Detail eines Umgebindehauses in Großschönau

Schöne Schiefer-Schuppen kleiden dieses Haus

ckelt werden mussten. Nachgewiesen ist, dass das Umgebindehaus allmählich aus verschiedenen Vorstufen entstanden ist.

Die **Hausweberei** als lange Zeit dominierender Erwerbszweig in der Oberlausitz hat insofern etwas mit dem Umgebindehaus zu tun, als Leinenstoffe gleichmäßig klimatisierte und nicht zu trockene Räume brauchten, die bestens von den Blockstuben gewährleistet wurden. Neben der Weberei hatten die Häuser auch als Wohnung zu dienen. Man brauchte mehr Raum, den schuf man sich im Obergeschoss.

Bis heute haben sich **zwei Konstruktionsarten** in vielen Varianten erhalten. Bei den älteren Langständerbauten, auch Geschossbauten genannt, reichen die Ständer vom Sockel bis zur Dachkante, das Fachwerkgeschoss „hängt" dazwischen. Nach 1650 kam die Stockwerkbauweise auf, bei der die einzelnen Ebenen in sich abgeschlossene Konstruktionen bilden. Beides ließ sich mischen, und es war nicht selten, dass das Obergeschoss ebenfalls als Massivbau errichtet wurde. Mitte des 19. Jahrhunderts war Holz als Baustoff nahezu völlig durch Stein verdrängt.

Das **Verbreitungsgebiet** für diese Bauweise umfasste weite Teile Europas. In Jütland (Dänemark), Riga (Lettland), in Rumänien, Ungarn und Kroatien, um nur Beispiele zu nennen, sind Umgebindehäuser gebaut worden. Als westlichste Verbreitungsregion gilt der Schwarzwald. Heute stehen Umgebindehäuser in der Region zwischen Spreewald, Riesengebirge, Melnik und Ostthüringen. Eine geschlossene Bebauung ganzer Ortschaften gibt es nur in der Oberlausitz, südlich der Linie Bautzen – Görlitz, nördlich von Ceska Lípa und Jablonec n.N. in Böhmen.

Wer das Umgebindehaus erleben will, sollte durch das **Oberlausitzer Bergland** wandern, sich umsehen in den Dörfern und kleinen Städten, im besten Fall einige ruhige Tage wohnen zwischen Hecht und Knagge bei freundlichen Gastgebern. In dieser Kulturlandschaft ist das Kleinod der Holzbaukunst heimisch geworden. Hier haben die Leineweber und Bauern gelebt, der Natur das Baumaterial entnommen und die Bildmotive gesehen, die im Zierrat der Profilsäulen, der Fensterblendrahmen und Schiefergiebel, in Ochsenauge und Türstock wiederkehren. Umgebindehäuser waren immer Bauten des Alltags, sie sind dies bis heute.

Zu den **besonders erlebenswerten Ortsbildern** gehören Großschönau und Bertsdorf, die Kurorte Oybin, Jonsdorf und Lückendorf ebenso wie Walddorf, Eibau, Ober- und Niederoderwitz, der Ortsteil Läuterau in Seifhennersdorf, Mittelherwigsdorf, Spitzkunnersdorf, Oberseifersdorf sowie der Hirschfelder Ortsteil Rosenthal.

In Dittelsdorf steht das wohl **älteste noch erhaltene Umgebindehaus,** erbaut um 1525 auf der heutigen Dr.-Rudolf-Friedrichs-Straße 1. Das „Reiterhaus" in Neusalza-Spremberg, um 1660 erbaut, ist als Baudenkmal und Heimatmuseum eine echte Perle. Im Bautzener Oberland haben sich die Dörfer Weifa, Wehrsdorf, Neuschirgiswalde, Schönbach, Cunewalde und Taubenheim ihr Gesicht bewahrt: An den Ufern der Bäche beugen sich uralte Laubbäume, Blumengärten säumen die Dorfwege, über den Häusern schimmert der Horizont der nahen Berge.

Information

- **Tag des offenen Umgebindehauses,** letzter Sonntag im Mai, www.umgebindeland.de

060ol dk

sich reizvolle Fernsichten auf Zittau und die Gebirgsketten.

An der Landstraße nach Großschönau steht der **Mordstein;** er erinnert an die 22-jährige *Marie Rosine Wagner,* die an dieser Stelle am 26. Mai 1825 „von ihrem Bräutigam auf eine schauderhafte Weise ermordet“ wurde – sie hatte dem vom Militär beurlaubten Trinker die versprochene Heirat verweigert.

Praktische Informationen

Unterkunft/Gastronomie

- **Pension und Bergrestaurant Koitsche**②, Zittauer Straße 27, Tel. (03583) 50380, www.koitsche.de, Di.–So. ab 11 Uhr (beliebte Ausflugsgaststätte, Schweizer Küche, großartiger Ausblick)
- **Pension und Gaststätte Jägerwäldchen**①, Jägerwäldchen 1, Tel. (035841) 2659, www.jaegerwaeldchen.de, Di.–Sa. 11–14 Uhr, ab 17.30 Uhr, So./Feiertage ab 11 Uhr (Wildgerichte)

Obercunnersdorf

Das **Denkmaldorf** in der Umgebindelandschaft: Am Nordosthang des Kottmar in einer Talmulde gelegen, begeistert Obercunnersdorf (auch Ober-C genannt) als fast ausnahmslos mit **Umgebindehäusern** bebautes Ensemble. Ein Dorfbummel wird zum Erlebnis einer hochwertigen Volksbauweise und lebendigen Geschichte.

Vom Haus des Gastes, Hauptstraße 65, führen zwei markierte **Denkmalwege** durch dieses bewohnte Freilandmuseum. Im Haus des Gastes befinden sich neben Tourist-Information und Gemeindebibliothek die Heimatstube mit der Schuster- und Stellmacherwerkstatt.

⌃ Umgebindehäuser in Obercunnersdorf

Auffallend sind an den Umgebindehäusern die üppigen **Schieferverkleidungen** aus der Gründerzeit, wie Panzer eines Schuppentieres. Schiefer aus Thüringen konnte nach Eröffnung der Bahnstrecke als neuer Werkstoff eingesetzt werden, er ist wetterfest und bediente den Gestaltungswillen jener Zeit. Umgebinde im Obergeschoss auf massivem Laubengang hat die 1735 erbaute **Alte Post** (Hauptstraße 45). Fantasievolle Liebe zum handwerklichen Detail: Portaltüren mit reichen Verzierungen, unverschalte Blockstuben, zierliche Profilsäulen (etwa Hauptstraße 91, Max-Klühs-Straße 1) zeichnen viele Häuser aus. Ein Weberhaus, kaum höher als die Blumen im Vorgarten (Hauptstraße 151) und mehrstöckige Gewerbebauten wie das Faktorenhaus mit seinem Mansarddach (Hauptstraße 39) geben dem Dorf am Kottmar einen eigenwilligen Anstrich. Das kleinste Haus des Dorfes ist das **Schunkelhaus.** 1730 erbaut, hockt es auf einem Grundstück von nicht mehr als 90 Quadratmetern. Am Hang stehend, in sich gedreht, soll es wohl aussehen, als ob es „schunkle" – mit musikantenstadeligen Massenbewegungen hat dieses fast 300 Jahre alte Bauwerk aber wahrlich nichts gemein. In der 1,65 Meter hohen Stube erklärt ein Museum das Leben im Umgebindehaus.

Nicht nur jedes der über 260 Umgebindehäuser ist Denkmal in dem 1221 erstmals erwähnten Dorf, sondern die gesamte Dorfanlage ist harmonisch gewachsene Architektur. Für den Spaß sorgt das **Freizeit- und Erlebnisbad** am Ortsrand.

Praktische Informationen

Info

- **Haus des Gastes,** Hauptstraße 65, Tel. (035875) 60954, www.obercunnersdorf.de, Mo.–Fr. 10–17 Uhr, Sa. 10–14 Uhr, Feiertage 13–16 Uhr, Nov. bis April Mo.–Fr. 10–16 Uhr (Führung Do. 10 Uhr)

Brüderlich: Herrnhut und Großhennersdorf

Herrnhut

Brüdergemeine

Die Geschichte von Herrnhut, an der B178 zwischen Zittau und Löbau gelegen, ist mit der 1727 dort in den Waldgebieten des Reichsgrafen **Nikolaus Ludwig von Zinzendorf** gegründeten evangelischen Brüdergemeine verbunden. Die kleine Stadt ist bis heute Sitz und geistiges Zentrum der Herrnhuter Brüderunität. Einige Bauten im Herrnhuter Barock (1730–1760) prägen das planmäßig angelegte Stadtbild. In dem Waldstück am Stadtrand, nahe der Straße nach Zittau, wo der mährische Zimmerer *Christian David* am 17. Juni 1722 den ersten Baum fällte, steht ein **Gedenkstein** für die Ortsgründung. Unweit davon, am Rande der Stadt, steht das **Zentralarchiv** der Brüderunität (1891). Vom benachbarten Vogtshof (1734) führt ein unmarkierter Weg zum **Landschaftspark** auf dem Heinrichsberg.

Ortszentrum

Das Ortszentrum markiert der **Zinzendorfplatz** mit dem **Gemeinsaal,** dem Gebetshaus der Herrnhuter (1757), und dem Herrschaftshaus, heute Förderzentrum für geistig behinderte Jugendliche. Dahinter liegt der 1728 angelegte **Herrschaftsgarten,** ein frei zugänglicher Ort der Ruhe unweit der stark befahrenen Hauptstraße. Vom Gemeinhaus führt die Comeniusstraße zur Buchhandlung und zum **Heimatmuseum** und weiter zum Hutberg, an dessen Hang der Gottesacker liegt. Hier ruhen unter schlichten Grabsteinen der Zimmermann *David* sowie der Reichsgraf *Zinzendorf* mit seiner Familie. Vom **Hutbergaltan,** dem kleinen hölzernen Aussichtsturm aus dem 19. Jahrhundert, reicht der Blick an klaren Tagen über das Zittauer und Isergebirge hinweg bis zum Hohen Rad (1506 m) im Riesengebirge.

■ **Heimatmuseum,** Comeniusstraße 6, Tel. (035873) 30733, Di.–Fr. 9–17 Uhr, Sa./So./Feiertage 10–12 und 13–17 Uhr (Geschichte der Herrnhuter Brüdergemeine, Wohnkultur)

Völkerkundemuseum

Das Völkerkundemuseum dokumentiert in seiner ständigen Ausstellung die **Missionstätigkeit der Herrnhuter Brüder** sowie in Sonderausstellungen Kulturen ferner Völker und Länder.

■ **Völkerkundemuseum,** Goethestraße 1, Tel. (035873) 2403, www.voelkerkunde-herrnhut.de, Di.–Fr. 9–17 Uhr, Sa./So./Feiertage 9–12 und 13–17 Uhr (historische Kulturen der Indianer Nord- und Südamerikas, der Inuit Grönlands, Labradors und Alaskas sowie von Bevölkerungsgruppen Surinames; Sammlungen von Missionaren)

Berthelsdorf

Am Museum beginnt (grün markiert) eine **kulturhistorische Wanderung,** die zum benachbarten Berthelsdorf führt (2 km). In der barocken **Dorfkirche** ist am 13. August 1727 ein denkwürdiger Gottesdienst gefeiert worden, der die in Glaubensfragen zerstrittenen Herrnhuter Exulanten unter einer gemeinsamen Idee versöhnte – die Geburtsstunde der Brüdergemeine.

Das **Schloss** des Grafen *Zinzendorf* (1722) stand noch im Jahr 2001 vor dem Ruin, nachdem es ein halbes Jahrhundert lang als Verwaltungssitz und Wohnhaus gedient hatte. Ein Freundeskreis konnte das Schloss zum symbolischen Preis erwerben und hat es inzwischen nicht nur gerettet, sondern denkmalgerecht restauriert. Noch sind die Arbeiten nicht abgeschlossen, aber das Schloss steht bereits einem vielfältigen Kulturleben offen.

Der Wanderweg geleitet schließlich über eine historische **Lindenallee,** die beide Dörfer verbindet, zurück nach Herrnhut.

Praktische Informationen

Info

■ **Kultur- und Fremdenverkehrsamt,** Comeniusstraße 6, Tel. (035873) 30733, www.herrnhut.de, Mo. 9–14.30 Uhr, Di.–Fr. 9–17 Uhr, Sa./So. 10–12 und 13–17 Uhr (Stadtführung Mi. 10 Uhr)

Unterkunft

■ **Volksbadcamp Ruppersdorf**①, Volksbadstraße, Tel. (035873) 12924, www.volksbadcamp.de (ganzjährig geöffnet, ruhig gelegen, günstig für Radwanderungen, für Caravan, Wohnmobil und Zelt, Bungalow)

Großhennersdorf

Katharinenhof

Das Leben in Großhennersdorf (11 km von Zittau) wird seit fast drei Jahrhunderten vom Katharinenhof geprägt, Sachsens ältester **Bildungs- und Pflegeanstalt** für die von der Gesellschaft Benachteiligten und Ausgegrenzten und seit 100 Jahren Lebensstätte für Menschen mit geistiger Behinderung. **Henriette Sophie von Gersdorff** stiftete 1721, nach dem Vorbild der Franckeschen Stiftungen, einen Teil ihres Gutes für den Aufbau einer Schule für Armen- und Waisenkinder und nannte diese zu Ehren ihrer Mutter „Katharinenhof". *Henriette Catharina von Gersdorff* hatte nicht nur ihre Tochter im Geiste des Pietismus weltoffen erzogen, sondern auch ihren Enkel, den späteren Begründer der Herrnhuter Brüdergemeine *Nikolaus Ludwig von Zinzendorf.* Vom einstigen Schloss derer *von Gersdorff* stehen nur noch Mauerreste.

223 behinderte Kinder, Frauen und Männer, die im September 1940 im Katharinenhof lebten, wurden Opfer der nationalsozialistischen „Vernichtung lebensunwerten Lebens". Sie starben in der Gaskammer von Pirna-Sonnenstein oder im „Zwischenlager" Großschweidnitz. Eine **Gedenkstele** im Hof der Einrichtung erinnert an diese Menschen. Der Katharinenhof wird heute vom Diakoniewerk Oberlausitz geführt.

185ol dk

186ol dk

Umweltbibliothek

Aus einer Initiative der DDR-Opposition entstand die Umweltbibliothek Großhennersdorf, die ihren Sitz in der einstigen Bäckerei am Sportplatz hat. Sie versteht sich als Lernort sowie als **Informations- und Kommunikationszentrum** im Dreiländereck. Zum Bibliotheksbestand gehören rund 22.000 Medien, vor allem zu Themen der Ökologie und Zeitgeschichte, sowie das Archiv der Bürgerbewegungen im Regierungsbezirk Dresden.

Praktische Informationen

Info

- **Umweltbibliothek Großhennersdorf,** Am Sportplatz 3, Tel. (035873) 40503, www.umweltbibliothek.org, www.lernstrasse-energie.de, Mo. 9–15 Uhr, Di., Do. 11–18 Uhr, Fr. 9–13 Uhr

Unterkunft/Gastronomie

- **Landhotel Eulkretscham**②, Am Stausee 4, Tel. (035873) 440100, www.eulkretscham.de, Di.–So. ab 11 Uhr (historische Gastwirtschaft an der B178 zwischen Großhennersdorf und Herrnhut, direkt am Wald, gutbürgerliche Küche)

9 Zittauer Gebirge

Ein kleines Gebirge für große Naturerlebnisse. Sandstein und Basalt formen die Wanderwege, und der nächste Gipfel ist immer in der Nähe.

< Der Nonnenfelsen bei Jonsdorf

ZITTAUER GEBIRGE

Das Zittauer Gebirge ist eines der kleinsten deutschen Mittelgebirge, mit dem Gebirgsvorland bildet es **Sachsens jüngsten Naturpark.** Es ist **Teil des sächsisch-böhmischen Lausitzer Gebirges.** Den Großteil des Gebirges bilden Sandsteinfelsreviere. Der Kamm trennt die Gewässer zur Ost- und Nordsee. Die durch Vulkanismus entstandenen **Lausche** (793 m) und **Hochwald** (749 m) bilden die höchsten Erhebungen in Deutschland östlich der Elbe. Das Gebirge ist ein beliebtes Wander- und Wintersportgebiet. In den Felsrevieren um die Kurorte Jonsdorf und Oybin gibt es auch zahlreiche beliebte Klettergipfel für Bergsteiger.

Das Zittauer Gebirge ist ein **abwechslungsreiches,** zuweilen auch anspruchsvolles, aber doch überschaubares **Wandergebiet.** Sehenswert sind besonders die Burg- und Klosteranlage Oybin, die Mühlsteinbrüche und die Nonnenfelsen bei Jonsdorf. Zahlreiche markierte Wanderwege erschließen das Gebirge. Seit-

dem es an der **deutsch-tschechischen Grenze keine Grenzkontrollen** mehr gibt, kann der Naturraum auf allen Wegen durchquert werden, was Wanderern unzählige neue, reizvolle Möglichkeiten eröffnet, gerade auf böhmischer/tschechischer Seite, in diesem Kapitel beginnend mit dem Abschnitt „Baden bei Kristýna: Hrádek nad Nisou".

NICHT VERPASSEN!

- Mit der **Schmalspurbahn Ohne Jegliche Eile** durchs Gebirge | 254
- **Romantische Gotik** auf dem Oybin | 258
- Von der Krieche durch die Gasse in den Saal: **Wanderung rund um den Oybin** | 265
- Ins Schwarze Loch und zur Großen Orgel: Wanderung in die **Mühlsteinbrüche** | 269

Diese Tipps erkennt man an der gelben Hinterlegung.

Waltersdorf

Umgebindehäuser

In der Talsenke vor dem höchsten Berg der Oberlausitz, der Lausche (793 m), schlängeln sich über drei Kilometer die Dorfstraßen von Waltersdorf ins Tal. Ein **Denkmalpfad** führt zu den interessantesten, vorwiegend im 18. und 19. Jahrhundert erbauten Umgebindehäusern dieses Oberlausitzer Weberdorfes. Der sechs Jahrhunderte alte Ort zeichnet sich in der Umgebindelandschaft durch die aufwendige, künstlerisch **anspruchsvolle Gestaltung der Türstöcke** aus. Die Sandsteinportale, vor allem aus der zweiten Hälfte des 18. Jahrhunderts, geben dem Weberdorf seine einzigartige barocke Pracht und künden von der Begabung der einheimischen Steinmetzen und Bildhauer. Jedes dieser Portale erhielt sein Gesicht, das es bis heute auszeichnet, während die Namen der Meister in der Anonymität verloren gegangen sind. Zur Bildsprache des Türstockzierats gehören Pflanzenornamente, Muscheln, Wappen und geometrische Figuren. Die Liebe zum Detail wurde gepflegt in der Kalligrafie der Jahreszahlen auf den Schlusssteinen, im Schnitzwerk der zweiflügeligen Türen, an schmiedeisernen Fenstergittern im Sandsteingewände neben dem Portal. Im Oberdorf stehen Umgebindehäuser mit Blockstuben im Obergeschoss – eine architektonische Rarität, die der Ort seiner Nähe zu Böhmen verdankt (Hauptstr. 133, 143, 145).

Der Maler **Gerhard Richter** (geb. 1932), einer der bedeutendsten bildenden Künstler der Gegenwart, hat in Waltersdorf einige Jahre seiner Kindheit verbracht.

064ol dk

Lausche

Der mit 793 Metern **höchste Berg der Oberlausitz** bietet sehr gute Bedingungen für **Wintersport.** Waltersdorf gilt als der schneesicherste Ort des Zittauer Gebirges. An den Lauschehängen können Sportler zwischen drei leichteren und zwei schwierigeren Abfahrtspisten wählen. Das Angebot reicht von anspruchsvollen Sprungschanzen bis zum Rodelhang für die Kleinsten. Hinzu kommt ein 19 Kilometer langer Skiwanderweg mit gespurten Loipen, zudem gibt es Loipen auf dem Lauschekamm und Buchberg.

Andere Berge

Nicht allein die Lausche ist besuchenswert. Andere Gipfel sind bequemer zu erreichen und machen Kindern vielleicht mehr Lust auf den Wandertag. Alle Wege sind markiert und dauern nur rund eine Stunde. Die **Sängerhöhe** (499 m) bietet einen schönen Blick über das Dorf und zur Lausche sowie zum Kottmar. Mitten im Dorf liegt der **Butterberg** (507 m), um den ein bequemer Rundweg führt. Der Blick vom lauschenahen **Sonneberg** (627 m) ist etwas zugewachsen, aber der Aufstieg vom Steinbruch durch den Wald hat etwas Beruhigendes. Nicht ganz so nah liegt der **Buchberg** (651 m), der nun aber einen herrlichen Blick auf die böhmischen Berge erlaubt. Am weitesten von der Ortsmitte entfernt liegt der **Weberberg** (710 m), zu ihm führen mehrere Wege, und der Gipfelblick platziert die Lausche vor Hochwald und Riesengebirge – apart.

◁ Umgebindehaus in Waltersdorf

Lausche-Hochmoor

Ein sächsisch-böhmisches Naturschutzprojekt befasst sich seit 1999 mit der Renaturierung des Lausche-Hochmoores. Das Gebiet unmittelbar hinter der **„Alten Wache“**, dem historischen Grenzübergang, auf böhmischer Seite ist durch einen Rundweg erschlossen, der besonders in den Morgen- und Abendstunden das besondere Erlebnis abgeschiedener Natur bietet – obwohl man fleischfressende Hochmoorpflanzen am Wegesrand nicht entdecken wird. Der Weg durch das Moor dauert ungefähr eine Stunde.

Praktische Informationen

Info

- **Naturparkhaus Zittauer Gebirge,** Hauptstraße 28 (im Niederkretscham bei der Kirche), Tel. (035841) 2146, www.grossschoenau.de, Mo., Di., Do., Fr. 10–17 Uhr (Nov. bis April bis 16 Uhr), Sa., So., Feiertage 14–17 Uhr (Ausstellung zur Geschichte und Ökologie des Zittauer Gebirges 3/1,50 €)

Unterkunft/Gastronomie

- **Familienhotel Hubertusbaude**②, An der Lausche 4, Tel. (035841) 6320, www.hubertusbaude.de (wunderbar gelegen am Lauschehang, Babybetreuung, Kinderclub)

- **Hotel Rübezahlbaude**②, Hauptstraße 165, Tel. (035841) 3390, www.ruebezahlbaude (am Fuße der Lausche beim Grenzübergang „Alte Wache", schöne Fernsicht, Oberlausitzer Spezialitäten)
- **Sonnebergbaude**②, Hauptstraße 154, Tel. 035841) 3300, www.sonnebergbaude.de (Skilift vor dem Haus, preisgünstige Küche für Wanderer)
- **Pension und Gasthaus Auf der Heide**②, Hauptstraße 120, Tel. (035841) 3060, www.gasthofaufderheide.de (nahe an der Bushaltestelle, Panoramaterrasse)
- **Pension Grenzbaude**①, Hauptstraße 161, Tel. (035841) 2683, www.grenzbaude-waltersdorf.de (am Fuße der Lausche gegenüber dem Skilift, Grillplatz, Lagerfeuerecke)
- **Ferienwohnungen Landrock „An der Wache"**①, Hauptstraße 166, Tel. (035841) 35068, www.ferienwohnung-landrock.de (für Wanderer und Skifahrer eine der besten Lagen im Zittauer Gebirge, einstige Zollstation direkt am Grenzübergang, mehrere Wanderwege und Loipen vor dem Haus, ab 30 €/Tag für zwei Personen)
- **Campinghof Sell**①, Saalendorf 5, Tel. (035841) 36357, www.sell-hof.de (zwischen Waltersdorf und Jonsdorf, ganzjährig geöffnet, auch für Caravan/Wohnmobil)
- Zahlreiche gemütliche und preiswerte **Ferienwohnungen** in Umgebindehäusern

Museen

- Ausstellung im **Naturparkhaus,** siehe „Info"
- **Volkskunde- und Mühlenmuseum,** Dorfstraße 89, Tel. (035841) 72872, www.volkskunde-muehlenmuseum.de, Di.–Sa. 10–12 und 13.30–16.30 Uhr, So. (Mai bis Okt., Weihnachten) 13.30–16.30 Uhr (Geschichte der Müllerei, dargestellt in der ältesten Mühle des Ortes, Ortsgeschichte, Leben und Werk des Komponisten *Friedrich Schneider*)

Luftkurort Jonsdorf

Eingebettet in dicht bewaldete Berge liegt der Kurort Jonsdorf, eine der beiden **Endstationen der Schmalspurbahn.** Am Bahnhofsvorplatz informieren Wegweiser und Übersichtskarte über die vielen Wanderrouten. Kurpark und Tourist-Information, der ländliche Bahnhof und die Kirche markieren das Zentrum des weit verstreuten Ortes. Für einen kurzen Aufenthalt zuerst zu empfehlen sind die **Mühlsteinbrüche,** der Terrassenweg am **Jonsberg** und ein Be-

161ol dk

Paddeln mit Blick auf den Nonnenfelsen

such nebenan im Böhmischen. Im Ort gibt es ein kleines **Gebirgsbad** und das **Freizeit- und Eissportzentrum** (im Sommer für Inlineskating). Rodelbahnen laden am Jonsberg und Buchberg ein. Neben den Umgebindehäusern mit kunstvollen Türstöcken aus Sandstein ist die barocke, 1730/31 erbaute **Dorfkirche** sehenswert. Zwischen den Häusern Im Wiesental gedeiht auf 1800 Quadratmetern ein **Oberlausitzer Bauerngarten.** Der Besuch ist auch für Rollstuhlfahrer geeignet. Auf der anderen Straßenseite, vor dem einstigen Ferienhaus der in Zittau geborenen Märchen- und Jugendbuchautorin **Lisa Tetzner** (1894–1963), informiert eine Schautafel über deren Leben und Werk.

Sagenhafter Gründer des Ortes war der **Schäfer Jonas,** ein Mönch des Cölestinerklosters auf dem Berg Oybin. Mit der Eröffnung einer Kaltwasserheilanstalt 1841 durch Dr. *Karl Linke* begann die touristische Entwicklung des einstigen Leineweberdorfes.

Schmetterlingshaus

Farbenfroh und exotisch bezaubern die Bewohner des Schmetterlingshauses ihre Besucher. Hier leben mehr als **35 Schmetterlingsarten sowie Reptilien, Schlangen und Spinnen.** Und weil kein Schmetterling auf Blumen verzichten mag, blüht es auch jederzeit ganz prächtig in diesem in Sachsen einzigartigen Tropenhaus.

■ **Schmetterlingshaus,** Zittauer Straße 24, Tel. (035844) 76420, www.schmetterlingshaus.info, tgl. 10–18 Uhr (mit der Schmalspurbahn bis Haltestelle Kurort Jonsdorf)

Praktische Informationen

Info

■ **Tourist-Information,** Auf der Heide 11, Tel. (035844) 70616, www.jonsdorf.de, Mo.–Fr. 9–12 und 14–17 Uhr, Sa. 9–12 Uhr

Unterkunft/Gastronomie

■ **Hotel und Ausflugsgaststätte Gondelfahrt** ②, Großschönauer Straße 38, Tel. (035844) 7360, www.hotel-gondelfahrt.de (historisches Ausflugsziel am Gondelteich vor den Nonnenfelsen, Gartenlokal, Bushaltestelle vor der Haustür)

■ **Hotel und Gasthof Dammschenke**②, Großschönauer Straße 65, Tel. (035844) 72777, www.dammschenke.de (historischer Gasthof, nahe der Bushaltestelle)

■ **Haus am Jonsberg**②, Hainstraße 15, Tel. (035844) 780, www.haus-am-jonsberg.de (barrierefrei, Physiotherapie, Bewegungsbad)

■ **Hotel und Restaurant Kurhaus**②, Auf der Heide 9, Tel. (035844) 7110, www.kurhaus-jonsdorf.de (inmitten des Kurorts, Kurpark vor der Tür, nah am Bahnhof, Kegelbahn, hält Oberlausitzer Brauchtum hoch)

■ **Jonsberg-Hütten**②, Zittauer Straße 21, Tel. (035844) 80090, www.jonsberg-huetten.de (bietet rustikale kanadische Blockhütten mit zwei bis drei Schlafräumen, Wohnzimmer, Küche; am hang gelegen mit Blick zur Kleinbahn, Spiel- und Liegewiese, Grillplatz)

■ **Pension Bergfreund**①, Lauscheweg 8, Tel. (035844) 70641, www.pension-bergfreund.de (am Wald gelegen, Wander- und Skiwege vor der Tür, Grill- und Lagerfeuerplatz, Wanderquartier pro Person 18 €)

■ **Pension und Gaststätte Zum Bahnel**①, Zittauer Straße 53, Tel. (035844) 76371, www.bahnel.de (im restaurierten Bahnhofsgebäude der Kleinbahn)

■ **Jugendherberge**①, Hainstraße 14, Tel. (035844) 72130, www.jonsdorf.jugendherberge.de (Ü/F ab 14,25 €, Mitgliedschaft im DJH erforderlich, www.jugendherberge.de)

■ **Gasthof und Pension Weißer Stein**①, Zittauer Straße 4, Tel. (035844) 76374, www.pension-weisser-stein.de (Umgebindehaus am Rande des Kurortes, Biergarten)

■ **Berggasthof Nonnenfelsen**①, Tel. (035844) 76300, www.nonnenfelsen-berggasthof.de, April bis Okt. tgl. 10–17 Uhr, Nov. Sa., So. 10–17 Uhr, Dez. bis März Mi.–So. 10–17 Uhr (urige Baude mit Biergarten auf den steil aufragenden Nonnenfelsen, schöne Aussicht, wenn die Fahne weht, ist geöffnet. Hinweise am Fuß des Felsens beachten)

■ Zahlreiche **Ferienwohnungen und Privatzimmer**①

Museum

■ **Weberstube,** Lindenweg 9, Tel. (035844) 72 040, www.weberstube-jonsdorf.de, Di., Do. 10–12 und 14–17 Uhr, Fr. 14–17 Uhr, Sa. 10–12 Uhr (Umgebindehaus mit Schauwerkstatt, Laden für Webereierzeugnisse, Kunsthandwerk, Publikationen)

Kurort Oybin

Burg- und Klosteranlage

Wenn die Schmalspurbahn im Kurort Oybin (1100 Einwohner) schnaufend ihre letzten Fahrtmeter geschafft hat, steht sie am Fuße des Berges, nach dem der **bekannteste Ferienort des Zittauer Gebirges** benannt ist. Kurort Oybin lagert sich im Talkessel, umsäumt von einem Kranz aus Wald und Fels. Schon Spaziergänge führen auf einige der besten Aussichtspunkte, wie den Scharfenstein, Töpfer oder Hochwald; Halbtageswanderungen auf markierten Wegen zu allen erlebenswerten Orten des Zittauer Gebirges. Doch lebt Oybin selbstverständlich vor allem vom Charme seiner einzigartigen Burg- und Klosteranlage (siehe „Romantische Gotik auf dem Oybin"). Am ruinengekrönten Fels bestimmen Umgebindehäuser, Hotels und die barocke Hochzeitskirche das Ortsbild.

067ol dk

■ **Burg- und Klosteranlage Berg Oybin,** Tel. (035844) 7330, www.burgundkloster-oybin.de, April bis Okt. tgl. 9–18 Uhr, Nov. bis März tgl. 10–16 Uhr (Ruinen von Burg, Kaiserhaus und Cölestinerkirche, Aussichtsturm, Bergfriedhof, Camera Obscura, Ausstellungen, Bergrestaurant, Kiosk; im Sommer Burg- und Klosterfeste, Ausflüge in die Romantik, Mönchszüge, Konzerte)

Bergkirche

Einem Schwalbennest ähnlich schmiegt sich die im satten Ocker des böhmischen Dorfbarock gehaltene Bergkirche an den **Oybinberg.** Hier werden im Wechsel mit der Lückendorfer Kirche Gottesdienste gefeiert, als „Hochzeitskirche" bittet sie zum Jawort unter barocken Deckenmalereien oder zur Abendmusik bei Kerzenschein. Zur Besichtigung steht die Kirche täglich geöffnet, regelmäßig werden Führungen angeboten. Seinen **bezaubernden Reiz** birgt das kleine Gotteshaus **im Innern.** Die niedrige Pforte führt in den schummrigen Raum mit dem Atem von Holz und Fels, in der naiven Bildsprache dörflichen Spätbarocks und der ornamentalen Fülle des Rokoko. Wie in einem Konzertsaal führen abgegriffene Bankreihen, der Neigung des felsigen Untergrunds folgend, zum hölzernen Lettner vor dem Altar. In den Bankreihen markieren typografisch interessante Emailleschilder die Stammplätze, das älteste stammt aus dem Jahr 1790. Anfangs galten diese Plätze als „Weibersitze", die Männer standen auf den Emporen. Die Emporenbrüstungen wurden 1723–1737 durch den Großschönauer Musterzeichner *Johann Christian Schmied* in Grisaille-Malerei mit bäuerlichen Blumenmustern und biblischen Szenen ausgestaltet. An der unteren Empore werden die Sieben Bitten des Vaterunser dargestellt, an der oberen die Seligpreisungen der Bergpredigt, in der Kastendecke Szenen zwischen Sündenfall und Jüngstem Gericht. Das Rokoko-Retabel auf dem Sandstein-Altartisch schufen 1773 der böhmische Holzbildhauer *Max* und der Zittauer Maler *Cuno*. Unter der Kanzel ist ein Relief mit Abendmahldarstellung zu sehen. Die Technik der Holzbemalungen erinnert an Marmor, an die Pracht spätbarocker Kirchen und Adelspaläste.

◁ Kurort Oybin, Blick zur Bergkirche

Praktische Informationen

Info

■ **Haus des Gastes,** Hauptstraße 15, Tel. (035844) 73311, www.oybin.com, Mai bis Okt. Mo.–Fr. 9–17 Uhr, Sa./So. 9–12 Uhr, Nov. bis April Mo.–Fr. 10–17 Uhr, Sa./So. 10–12 Uhr (Veranstaltungsräume und Ausstellungen, rollstuhlgerecht)

Unterkunft/Gastronomie

■ **Hotel Am Berg Oybin**②, Friedrich-Engels-Straße 34, Tel. (035844) 7320, www.hotel-oybin.de (einstiges Eisenbahnstationsgebäude am Schmalspurbahnhof, Oberlausitzer Küche, Terrasse)

■ **Hotel Haus Hubertus**②, Hubertusweg 10, Tel. (035844) 7830, www.hotel-haushubertus.de (Lage am Wald, günstige Gruppenpreise)

■ **Hotel Nensch**②, Friedrich-Engels-Straße 17, Tel. (035844) 70418, www.hotel-nensch.de (beim Schmalspurbahnhof, das intime Hotel ist aus einer der ältesten Schankstuben Oybins entstanden)

Ohne Jegliche Eile – mit der Schmalspurbahn durch das Gebirge

Wenn das **„Boahnel"** seine weiße Dampfwolke flaggt und über den Zittauer Bahnhofsplatz bimmelt, erleben Gäste und Einheimische dies wie eine Ehrenrunde für die Lok. In Eile sollte nicht sein, wer mit der Schmalspurbahn durch das Gebirge dampft. Dafür ist die Strecke viel zu schön. Fünfzig Minuten auf Spurweite 750 Millimeter braucht sie für zwölf Kilometer von Zittau nach Oybin oder Jonsdorf.

Schneesturm und Regen hatten am 24. November 1890 die Dekoration des Festzuges zerfetzt, der die private Zittau-Oybin-Jonsdorfer Eisenbahn – **Z.O.J.E.** – eröffnete. Aus diesem Namen wurde im Volksmund bald **„Zug Ohne Jegliche Eile"**.

Als Oybin 1873 in den Verband Sächsischer Sommerfrischen aufgenommen wurde, kam der Gedanke auf, Zittau und den Gebirgsort durch eine Bahn zu verbinden. Erst im August 1888 konstituierte sich die Z.O.J.E. Ein Abzweig nach Jonsdorf, zu den Steinbrüchen und Leinewebereien, war vorgesehen, doch Olbersdorf wollte keinen Abzweigbahnhof. Also erhielt Bertsdorf den „Knotenpunkt". Schon damals verhinderte Geldmangel weitreichendere Pläne. Die **Zittauer Bahn** sollte bis an die Grenze geführt und mit einer in Böhmen geplanten verbunden werden. Am 1. Juli 1906 kaufte die Sächsische Staatsbahn die Schmalspurbahn, um sie dem stetig gewachsenen Fahrgastaufkommen anzupassen.

065ol dk

Ab 1913 wurde ein zweites Gleis befahren. Pfingsten 1914 fuhren die Züge ab Zittau im 10-Minuten-Takt. Die heute noch gebräuchliche Stammlokomotive kam 1928 auf die Strecke. In den 1950er Jahren bekam die Bimmelboahne ihre Bedeutung als **Ausflugsbahn** zurück. Güterverkehr wurde immer mehr auf die Straße verlegt. Obwohl die Züge im Zittauer Gebirge oft voll besetzt waren, erhielt die Schmalspurbahn nie wieder so einen dichten Fahrplan wie vor dem Krieg.

Die Olbersdorfer Kohlegrube hätte beinahe auch diese Schmalspurbahn verschlungen. Für die letzte Fahrt am 27. Mai 1990 waren schon die Tickets gedruckt. Eine **Bürgerinitiative** und die ökonomischen Realitäten verhinderten diesen 1976 beschlossenen Frevel.

Die Fahrt führt entlang der Zittauer Villenviertel in die Vorstadt. Nach der Station Zittau/Haltepunkt unterquert die Bahn den 860 Meter langen Neiße-Viadukt – ein Bauwerk mit 34 Steinbögen, auf dem die tschechische Bahn zwischen Liberec und Varnsdorf verkehrt.

Bei Olbersdorf/Niederdorf blinkt der See – einst Braunkohletagebau, nun Erholungsgebiet. Der Zug fährt am Neubaugebiet Olbersdorf/Oberdorf vorbei und erreicht in Bertsdorf das Zittauer Gebirge. Wer nach Oybin will und in einem Jonsdorfer Zug sitzt, oder umgekehrt, muss eventuell umsteigen (Fahrplan beachten). Bei Bahnfreunden beliebt ist die gleichzeitige **Ausfahrt zweier dampfbetriebener Züge aus dem Bahnhof Bertsdorf** – ein Schauspiel, das auf dieser Spurweite nur hier zu erleben ist.

Der Interessenverband der Zittauer Schmalspurbahnen betreibt im ehemaligen Güterschuppen am Bahnhof Kurort Oybin ein **Museum der Schalspurbahnen.** Dort werden Zeitzeugen ausgestellt und Souvenirs verkauft. Dem Verein ist es zu verdanken, dass mehrere schon ausrangierte historische Eisenbahnfahrzeuge heute wieder fahrtauglich sind, darunter ein „heberleingebremster Oberlichtpersonenwagen", Baujahr 1899; Kleinbahnkenner werden wissen, was gemeint ist. Auch alle anderen sind eingeladen zu Sonderfahrten mit Veteranen der Bahngeschichte.

Informationen

- **Fahrpreis:** Zittau – Jonsdorf/Oybin 9 €, mit Rückfahrt 14 €, Kinder 5/8 €; Auskunft über Kombinationen und Ermäßigungen unter www.soeg-zittau.de und am Schmalspurbahnhof Zittau
- **SOEG** – Sächsisch-Oberlausitzer Eisenbahngesellschaft, Kundenbüro, Zittau, Bahnhofstraße 41, Tel. (03583) 540540, www.soeg-zittau.de, Mo.–Fr. 8.30–13 und 13.30–15.30 Uhr, Sa./So./Feiertage 8.30–13 Uhr (Fahrplanauskunft, Vorbestellungen, Veranstaltungen, Webcam; der Fahrkartenverkauf erfolgt in Zittau auf dem Schmalspurbahnhof sowie auf der Strecke im Zug)
- **Museum der Zittauer Schmalspurbahnen,** Bahnhof Kurort Oybin, Tel. (035844) 70446, Mai bis Okt. Di.–Fr. 13–16 Uhr, Sa./So./Feiertage 13–17 Uhr, im Winter nach Bedarf und auf Bestellung
- **www.bimmelbahn.de** (Sächsische Schmalspurbahnen)
- **www.zoje.de** (Interessenverband der Zittauer Schmalspurbahnen)

< Genuss für Eisenbahn-Fans: der Zug Ohne Jegliche Eile

066ol dk

■ **Hotel Oybiner Hof**②, Hauptstraße 5, Tel. (035844) 770, www.oybiner-hof.de (inmitten des Kurortes, Oberlausitzer Küche, Sommerterrasse)
■ **Parkhotel Zur alten Rodelbahn**②, Straße der Jugend 4, Tel. (035844) 7120, www.parkhotel-oybin.de (kleines, behagliches Haus am Ortsrand)
■ **Pension Abendröte**①, Jonsdorfer Straße 1, Tel. (035844) 70322, www.abendroete-oybin.de (schön am Wald gelegen, jede Woche kann man die Wirtsleute auf einer Wanderung begleiten)
■ **Töpferbaude**①, Töpferstraße 17, Tel. (035844) 72331, www.toepferbaude.de (Wanderunterkunft mit herrlichen Fernsichten, Grillplatz, Vermietung Mai bis Okt., Gaststätte April bis Okt. 10–18 Uhr, Nov. bis März Do.–So.)

Hain

Johannisstein

Der am Hochwald gelegene Oybiner Ortsteil Hain empfiehlt sich als Ausgangsort für Wanderungen auf den zweithöchsten Gipfel des Gebirges und ins Böhmische. Einen hervorragenden **Aussichtspunkt** bietet der unmittelbar an der Grenze liegende Johannisstein (Jánské kameny, 604 m), eine freiliegende Basaltader. Die Sicht reicht von der Lausche über den Berg Oybin, die Silhouette des Zittauer Gebirges mit dem Zacken des Scharfensteins bis zum Hochwald, am Horizont über das Gebirgsvorland und das Isergebirge.

Eine ebenfalls lohnende Aussicht bietet sich auf dem Fünfminutenweg ins böhmische **Valy** (Schanzendorf), wo von einer Wiese aus die Kegelberge des Lausitzer Gebirges und des Böhmischen Mittelgebirges zu sehen sind.

☒ Blick ins Oybintal und nach Zittau

Praktische Informationen

Unterkunft/Gastronomie

■ **Hochwaldbaude**①, Hochwaldweg 6, Tel. (035844) 70232, www.hochwaldbaude.de (höchstgelegene Gaststätte östlich der Elbe, einer der schönsten Aussichtsplätze im Zittauer Gebirge, pro Person ab drei Nächte ab 20 €)
■ **Gasthof Klette**①, Jonsdorfer Straße 6, Tel. (035844) 72431 (am Fuße des Hochwaldes)
■ Zahlreiche **Ferienwohnungen und -zimmer** ① (ab 11 €), auch in Umgebindehäusern

Luftkurort Lückendorf

Wandern und Wintersport

Auf der „Sonnenseite" des Gebirges liegt der Luftkurort Lückendorf (600 Einwohner). In dem weit verzweigten Tal bietet er Ausgangspunkte für Wanderungen beiderseits der sächsisch-böhmischen Grenze und für den **Kammweg** über den Hochwald bis zur Lausche und weiter bis zum Jeschken. Wintersportler loben den **Sommerberg** (der sehr gut auch Frühlingsberg, Herbstberg oder Winterberg heißen könnte) mit Piste und Loipe oder die sechs im Ort verteilten **Rodelhänge.** Im älteren Niederdorf stehen **Umgebindehäuser** aus dem 18./19. Jahrhundert.

Romantische Gotik auf dem Oybin

Vor 2500 Jahren, in der jüngsten **Bronzezeit,** bestand auf dem Plateau des Oybin eine Siedlung, die von Bronzegießerei lebte. Am Zugang vom Hausgrund wurde ein Sperrwall aus der Bronzezeit gefunden, bis auf die Burg hinauf Gießformen und Keramikscherben. Die erste urkundliche Erwähnung ist auf 1290 datiert: In einer Schenkungsurkunde wird ein Ztenko von Moibin als Zeuge benannt. Moibin, Ort der Moiba, ein slawischer Mädchenname.

Der **Sage** nach soll ein Bär den Jägern des böhmischen Landesherren *Quale von Leipa* den Weg auf den Felsen verraten haben. Fliehend nahm das Tier den einzigen Zugang in den Sandstein bis auf die mittägige Seite des Berges, wo er erlegt wurde. Davon berichteten die Jäger daheim bei Bärenbraten und Wein. Der Leipaer ließ sich ein Jagdhaus errichten, 1258.

Wegen seiner Lage an bedeutenden **Handelsstraßen,** der Gabler und Leipaer Straße, kam Zittau strategische Bedeutung zu. Die Handelsstraßen, bis heute unter diesen Namen als Wege erhalten, führten unweit des Oybin über den Gebirgspass nach Böhmen hinein. Der Wunsch, den Berg als Schutzwarte in der Nähe dieser Straße auszubauen, war wohl der wirkliche Grund für seine „Entdeckung".

Die Wachmannschaften aber erwiesen sich bald als das Übel, das sie bekämpfen sollten: „So unschädlich und erlaubt aber die Absicht gewesen war, zu welcher man das Jagdhaus benutzt hatte, so schädlich und unerlaubt war der Gebrauch, welcher von der neuen Burg auf diesem Berg gemacht wurde", tadelte vor 150 Jahren ein Reiseführer, „denn nur zu bald fingen die Ritter, welche sie bewohnten, an, dasselbe schlechte Handwerk zu betreiben, welches zur damaligen Zeit von sehr vielen Besitzern fester Schlösser betrieben wurde. Sie legten sich aufs **Rauben,** indem sie diejenigen plünderten, welche in der Nachbarschaft wohnten, oder die Gegend mit Kaufmannsgütern oder andern Gepäck passierten".

1280 stürmten Zittauer Bürger den Bergfried, und Frieden zog in die Berge. Als das Land Zittau dem böhmischen Adligen *Heinrich von Leipa* zugesprochen wurde, ließ dieser zwischen 1311 und 1316 die **Leipaburg** bauen. Von ihr sind bedeutende Teile als Ruinen erhalten geblieben: die Tortürme, Zwingermauer und die westliche Burgmauer mit dem Wohnturm, wo heute das Oybinmuseum eingerichtet ist.

Als 1349 *Karl IV.*, böhmischer König und Kaiser des Heiligen Römischen Reiches, den Oybin übernahm, ließ er die halb vergessene Festung zum repräsentativen Herrschaftshaus umbauen. Nachdem der Kaiser auf einer Reise nach Avignon die **Cölestinermönche** kennengelernt hatte, einen reformierten Zweig der Benediktiner, begleiteten ihn zwei Cölestiner bis nach Prag. Doch die Mönche fühlten sich in der europäischen Metropole nicht recht heimisch, es zog sie ins Einsame. Also schickte er die zwei Mönche mit kaiserlichem Empfehlungsschreiben nach Zittau. Der Burgverwalter nahm das Schlüsselbund, die Cölestiner auf dem Berge dankten Gott. Pfingsten 1366 bestiegen die ersten cölestinischen Väter den Berg.

Die besten Architekten und Baumeister hatte *Karl IV.* auf den Oybin geholt. Ihre **Steinmetzzeichen** sind der unscheinbare Stolz der Burgforscher. Am ersten Strebepfeiler des Kirchenunterbaus, dem sogenannten Kreuzgang, markiert eine rechtwinklig gezackte Linie die Prager Bauschule unter *Peter Parler von Gmünd.* Weitere Steinmetzzeichen sind in der Sakristei zu sehen. *Karl IV.* hatte *Parler* 1353 als Hofbaumeister und Leiter der Dombauhütte nach Prag berufen. Die Weihe sollte der Kaiser nicht mehr erleben; er starb 1378 auf dem Hradschin in Prag. Oybin hat

068ol dk

er vermutlich nur eine Nacht lang genießen können, im November 1369 in Gesellschaft des Generalabtes des Cölestinerordens. Die Cölestinermönche bewohnten seine Gemächer 125 Jahre lang, das Kloster war wirtschaftliches Zentrum der Region.

In der **letzten Blütezeit des Klosters,** die 1519 durch die Reformation beendet wurde, zogen noch einmal Baumeister auf den Berg. Vor dem Kirchportal entstanden eine Bibliothek und ein Kapitelsaal, auch am Kaiserhaus wurde wieder gebaut. Die beiden Vorhangbogenfenster, eines in der Bibliothek, das andere in der Nordwand des Kaiserhauses, zeigen bereits das architektonische Gesicht der Neuzeit.

Als das Kloster 1555, kurz bevor der letzte Mönch den Berg verließ, an die **böhmischen Jesuiten** ging, führten die neuen Verwalter den gesamten Bücherschatz nach Prag. Bald sollte sich zeigen, dass die Reformation den Mönchen das Leben gerettet und die Jesuiten das Kulturerbe nicht geraubt, sondern bewahrt haben.

Am 24. März 1577 zog ein fürchterliches Gewitter über das Kloster Oybin, „wobei der Blitz mehrere Mal einschlug und zündete", so 300 Jahre darauf ein Reiseführer. „Der **Brand** war fürchterlich und erreichte ein daselbst befindliches Pulvermagazin, durch dessen Explosion, verbunden mit der Wuth des Feuers, ward dieses schöne Kloster zerstört und zur Ruine; deren Ueberreste man noch heute mit Staunen über die Kühnheit der schönen Bauart wahrnehmen kann." Aus den Ruinen holten sich die Oybiner und Zittauer Baumaterial für ihre Häuser. Am 14. Mai 1681 bewegte sich der Felsen. „Bei ganz stillem Wetter", wie ein Zeitzeuge notierte. Bergfried und Mauern stürzten ein.

1707 zündelten die Schweden, 1708 spielten Russen mit Granaten, 1723 ballerten Zittauer Gymnasiasten mit einem Mörser herum. Folge: ein Todesopfer. „Nun schallen wieder", fährt

^ Burg- und Klosterruine Oybin

Christian Adolph Pescheck (1787–1859) in seiner **„Chronik des Oybin"** unter der Jahreszahl 1732 fort, „nach fast 200-jähriger Pause, Glockentöne am Oybin." Das Bethaus am Hang hatte einen Glockenturm erhalten. Zwei Jahre darauf wurde es zu der an den Fels gebauten Barockkirche erweitert.

Die ältesten bekannten **künstlerischen Darstellungen des Berges** wurden im 18. Jahrhundert angefertigt. 1745 malte *Johann Alexander Thiele,* Hofmaler und Vater der sächsischen Landschaftsmalerei, den „Oybin im Zittauer Gebirge" (Gemäldegalerie Alte Meister, Dresden). Thiele zeigte den Berg im vollen Mittagslicht, im Vordergrund wie auf einer Bühne eine Steinbruch-Szene, dunkel unter Bäumen den Ort.

Caspar David Friedrich, 1774 in Greifswald geboren, ging 1798 nach Dresden, das ihm bis zum Tode Heimatstadt bleiben sollte. In der Dresdner Galerie sah er niederländische und französische Landschaftsmalerei des 17. Jahrhunderts in Hauptwerken. Dresden war Zentrum der frühromantischen Bewegung junger Maler und Dichter. Mit dem jüngeren Malerfreund *Georg Kersting* begab sich *Friedrich* im Juli 1810 auf eine Reise zu Fuß ins Riesengebirge. Unterwegs besuchten sie den Oybin. *Friedrich* zeichnete vor Ort; die Motive werden in den späteren Gemälden wiederkehren. Eine aquarellierte Graphitskizze „Die Klosterruine Oybin" zeigt die Spitzbogenfenster der Sakristei in der Klosterkirche, wie sie bis heute zu sehen sind. Die Aquarellskizze „Gebirgslandschaft mit zwei Dächern im Vordergrund" zeichnete er unweit der Bergkirche mit Blick auf den damals noch turmlosen Hochwald.

Dreizehn Jahre später benutze *Friedrich* das Motiv der Klosterruine für das Gemälde **„Huttens Grab".** Der intime Ruinenraum, entflammt im Abendrot, das Gemäuer bemoost, von Baum und Gesträuch überwuchert. Auf einer Wandkonsole eine Skulptur, der Kopf abgeschlagen. Unter dem mittleren der drei gotischen Fenstergewände, halb zugewachsen, das Grabmal. Neben dem Monument, trauernd, sinnierend, gebeugt eine schwarze Männergestalt in altdeutscher Tracht. Das Bild hängt in der Kunstsammlung Weimar, ein Sinnbild für nationale Einheit und Freiheit zu Zeiten politischer Repression.

Auf dem Sims in der rechten Ecke des Bibliotheksfensters sitzt in *Friedrichs* Bild **„Der Träumer"** ein junger Mann, dessen Augen ziellos

069ol dk

nicht in den Ruinenraum, nicht in die Landschaft starren. Die an das Mauerwerk gelehnte, schwarz gekleidete Gestalt verwächst mit dem gotischen Bogen in der Ruine zur Silhouette, aus der heraus diese abstrakte Landschaft erst entsteht – Sehnsucht des Werdens in der Melancholie des Verfalls. *Friedrich* malte dieses Bild um 1835, im Alter von 61 Jahren. Es hängt in der Eremitage, St. Petersburg.

1836 malte *Friedrich* die **„Eule im gotischen Fenster".** Auch dieses Bild zitiert eines der Sakristei-Fenster in der Klosterruine. Keine Landschaft mehr, nur dürres Geäst und diese Eule im niedrigen Fenster des gruftig-dämmrigen Raumes. Als *Friedrich* an diesem Bild arbeitete, hatte er den ersten Schlaganfall erlitten. Nach dem zweiten, 1837, fiel er in geistige Umnachtung, bis zu seinem Tode 1840.

Caspar David Friedrichs engster Freund, der Arzt, Naturwissenschaftler, Philosoph und Maler **Carl Gustav Carus,** reiste zehn Jahre nach ihm von Prag über das Zittauer Gebirge ins Riesengebirge. *Carus* unternahm „Exkursionen in der malerischen Umgegend, von welcher besonders der Oybin mit seinen im höchsten Grade romantischen Ruinen mir einen großen Eindruck hinterließ und einige zeichnerische Studien veranlasste, an welchen ich mich noch jetzt gelegentlich erfreue …"

Er zeichnete das **„Fenster der Klosterkirchenruine Oybin",** dieses so geheimnisvoll-einsame Bibliotheksfenster, aus der Perspektive des Bergfriedhofes; grau aus dünnem Nebel schimmernd, hinter silhouettenhaften, jungen Bäumen. Das **„Fenster am Oybin bei Mondschein"** zitiert das Vorhanggewände unter dem Bibliotheksfenster, nur dass es auf dem Bild frei in nächtlicher Landschaft steht, wie ein Märchenfenster, von dicken Moospolstern überzogen, auf denen Gesträuch wuchert. Ein Paar, der Mann legt die Hand auf die Schulter der Frau, schaut durch dieses Fenster in die Ferne.

Um 1828, vor der zweiten Italienreise, malte *Carus* den **„Friedhof auf dem Oybin im Winter".** Wieder ist dieses Fenster im Bild, die Ruine am dunklen Tannenwäldchen, davor der weiße Friedhof. Wenige Grabkreuze, auch sie wie Ruinen, vom Schnee fast verdeckt bis auf dieses eine schmiedeeiserne Kreuz, das sich noch aufrecht hält, aber schon zur Erde neigt – hoffnungslose, in sich gekehrte Verlassenheit.

Seitdem Maler in der Romantik den Berg wiederentdeckten, zählt der Oybin zu den schönsten, aufregendsten deutschen Burgen, wird er neben den Schlossruinen Heidelberg und Paulinzelle genannt. „Der **äußerst romantische Felsen-Berg** gehört nicht wegen seiner Höhe und Größe, als vielmehr seiner schönen Lage, Gestalt und Beschaffenheit zu den interessantesten und sehenswürdigsten Bergen", schwärmte ein Reisebuch um 1840.

1803 begann man mit der Enttrümmerung der Klosterkirche, wobei weitere wertvolle Zeugnisse der Baugeschichte verloren gingen. Dafür legten die Verschönerer einen künstlichen Wasserfall und einen Teich an. 1883 eröffnete der Reisejournalist, Heimatgeschichtsforscher, Vertrauensmann der Sächsischen Denkmalkommission, Vorsitzende des Vereins Deutscher Philatelisten, Autografensammler, Naturheilkundler und in weiteren Ämtern so umtriebige wie erfolgreiche **Alfred Moschkau** (1848–1912) in der Leipaburg das bis heute (in anderer Form) bestehende Oybin-Museum.

Die Oybin-Ruinen sind beliebter Ort für **Konzerte, Umzüge, Theateraufführungen** wie den „Mönchszug auf dem Oybin" oder den „Ausflug in die Romantik". Sie bleiben eine der schönsten und kulturhistorisch wertvollsten Stätten der Oberlausitz und Sachsens.

◁ Die Klosterruine war Inspiration für viele Maler

194ol dk

Die barocke **Bergkirche** mit ihrem Dachreiter fügt sich an der Talsenke harmonisch in das Landschaftsbild ein. Sie wurde als Saalkirche 1690 aus den Steinen der Ruine des Karlsfrieds errichtet, der hölzerne Dachreiter 1697, die Sakristei 1775. Eine zweigeschossige hölzerne Empore wurde durch *Niklas Prescher* 1703 mit Darstellungen aus dem Leben Christi bemalt. Ins Oberdorf führt ein **Parkweg,** der sich ausweiten lässt zum Spaziergang in Richtung Oybin. Im Haus Oberaue 4 verbrachte über 30 Jahre hinweg der Schriftsteller **Ludwig Renn** (1889–1979) produktive Sommermonate.

Über die **Gabler Straße** – eine historische Passstraße – ist mit dem Auto die nahe gelegene und sehenswerte Stadt Jablonné v Podještědí (Deutsch Gabel) schnell erreicht, ab Petrovice (das böhmische Grenzdorf) auf schnurgerader Straße. Bis Prag ist es dann auch nicht mehr weit.

Praktische Informationen

Info

■ **Tourist-Information,** Kammstraße 13 (Hotel Zum Hochwaldblick), Tel. (035844) 72812, www.lueckendorf.de, Di. und Do. 10–16 Uhr

Unterkunft/Gastronomie

■ **Hotel Zum Hochwaldblick**②, Kammstraße 13, Tel. (035844) 7660, www.hotel-zittauergebirge.de (herrliche Panoramasicht, Rodelhang und Skiloipe vor dem Haus, regionale Küche)

⌃ Blick vom Sommerberg über Lückendorf zum Hochwald

- **Gasthof Alte Schmiede**②, Gabler Straße 8, Tel. (035844) 72662, www.alte-schmiede.net (Baudenkmal im Ortskern von Lückendorf, Essen am Schmiedefeuer)
- **Pension Jeschkenblick**②, Kammstraße 8, Tel. (035844) 72821, www.pension-jeschkenblick.de (direkt am Wald gelegen, schöne Sicht)
- Zahlreiche **Ferienwohnungen und -zimmer** ① (ab 11 €), auch in Umgebindehäusern
- **Franzis Blockhütte**①, Kammstraße 5a, Tel. (035844) 83936, Mo., So 12–16.30 Uhr, Di., Fr., Sa. 7.30–9.30 und 12–16.30 Uhr, Mi. 7.30–9.30 Uhr (Laden und Imbiss, Kaffee, Brot und Brötchen, Bier und Wein, Wanderkarten, Ansichtskarten und Tipps – alles, was man für eine Wanderung so braucht; kleine Preise und freundlichste Bedienung)

Wanderungen

Aus der Vielzahl der Wanderwege im Zittauer und (auf der böhmischen Seite) Lausitzer Gebirge werden im Folgenden 14 Halb- und Ganztagestouren vorgestellt. Hier ein Überblick zur ersten Orientierung:

Halbtageswanderungen

3–4 Stunden, für Kinder geeignet

- **Die Einstiegsroute: Auf dem Terrassenweg** (Kurort Jonsdorf – Kurort Oybin)
- **Die schönste Route: Rund um den Oybin** (Rundwanderung Kurort Oybin)
- **Großmutters Ruh:** Rund um den Hochwald (Kurort Oybin – Kurort Lückendorf)
- **Hintenrum: Auf dem Kammweg** (Waltersdorf Alte Wache – Kurort Jonsdorf)
- **Klassisch: In die Mühlsteinbrüche** (Rundweg Kurort Jonsdorf)
- **Abwechslungsreich: Durch das Weißbachtal** (Rundweg von Zittau, Grenzübergang Hrádek nad Nisou)
- **Baden bei Kristyna,** mit Vorschlägen für anschließende Radtouren (Ausflüge ab Zittau)
- **Bequem: Auf der Sonnenseite** (auch als Radtour möglich) (Waltersdorf Alte Wache – Kurort Jonsdorf oder Hain)

Tageswanderungen

4–6 Stunden, auch für größere, wandererfahrene Kinder geeignet

- **Aussichtsreich: Zum Tollenstein** (Waltersdorf Alte Wache – Tannenberg, mehrere Möglichkeiten der Rückfahrt mit der Bahn)
- **Historisch: Barock und Bauernhaus** (Waltersdorf Alte Wache – Kurort Jonsdorf)
- **Geheimnisvoll: Felstheater am Kaisergrund** (Rundweg vom Kurort Lückendorf)
- **Sagenhaft: Wiesenwege zum Schlossberg** (Rundweg vom Kurort Lückendorf)
- **Anspruchsvoll I: Von Zittau zum Jeschkenkamm** (Radtour) (Rundfahrt ab Zittau, Abkürzung und Rückfahrt mit der Bahn möglich)
- **Anspruchsvoll II: Vom Hochwald zum Jeschkengipfel** (Kurort Lückendorf – Jeschken, ab Liberec Rückfahrt mit der Bahn)

Zumindest auf allen Tageswanderungen sollte eine **Wanderkarte** mitgeführt werden (siehe „Praktische Reisetipps A–Z“), die Halbtagswanderungen folgen übersichtlich markierten Wegen.

Zur **Wanderausstattung** gehört Proviant, vor allem Getränke. Mit Ausnahme der letztgenannten Route gibt es entlang des Weges aber immer auch Restaurants. Es genügt normale, einfache Wanderbekleidung.

Die Einstiegsroute: Auf dem Terrassenweg

Wunderschöne Ausblicke

Diese **Dreistundentour** ist **für den ersten Urlaubstag** im Zittauer Gebirge oder für den Sonntagnachmittag geeignet: Von dem einen zum anderen der bekanntesten Kurorte führend, bietet sie neben dem Panoramablick über das Gebirgsvorland einen sonnigen Terrassenweg, eine der schönsten Ansichten des Berges Oybin mit seinen gotischen Ruinen und mit dem steilen An- und Abstieg auch eine Ahnung vom Gebirge, ohne gleich anspruchsvoll zu sein.

Unmittelbar neben dem **Schmalspurbahnhof Kurort Jonsdorf** steigt ein befestigter Weg stetig zum Jonsberg hinauf. Zurückblickend sieht man über den kleinen, in die Berge gebetteten Kurort und am Horizont auf die Lausche. Der Weg ist gelb markiert und erreicht nach zehn Minuten die Terrasse unter dem Gipfel des **Jonsberges** (652 m). Noch höher geht es auf dieser Tour nicht, sondern auf dem sonnigen Pfad nunmehr geradeaus – rechts den Berg, links das Tal. Nach zwei Kilometern zeigt ein Wegweiser links zum Rastplatz **Weißer Stein.** Ein lohnender Abstecher, fünf Minuten sind es bis zu dieser Bastei aus verkieseltem Sandstein (516 m). Dort schweift der Blick über das Gebirgsvorland zwischen Lausche (793 m) und Tafelfichte (1124 m), über Dörfer und Hügel. Inmitten dieses Bildes die Stadt Zittau, davor Olbersdorf und der See im ehemaligen Braunkohletagebau.

Nach der Rast zurück auf den Terrassenweg – auf der Karte als Haberlehnenweg bezeichnet – und links weiter, bald leicht bergab durch den Wald zur **Leipaer Straße.** Die mittelalterliche Handelsstraße führt heute als Fahrweg durch den Wald, historisch interessant, als Wanderweg nicht sonderlich einladend. Deshalb wird diese Wanderung ihm nur zehn Minuten folgen, nach links bergab, zu einem sagenhaften Ort, dem **Brotstein** und **Hungerbrunnen.** Ein grün markierter Weg führt vom Hungerbrunnen wieder ein Stück zurück auf der Leipaer Straße, dann halb links in den Wald zur **Katzenkerbe** und von dort auf den Ameisenberg. Die Katzenkerbe markiert einen von Menschenhand gehauenen Felsendurchbruch, hier entlang hatten Burgbesatzungen des Oybin den kürzesten Weg zur Leipaer Straße – ob als Wache oder als Räuber.

Links geht es hinauf zum 581 Meter hohen **Ameisenberg,** wo grandiose Aussichtspunkte einladen: von der Bastei über das ganze Oybintal in einer großartigen Felslandschaft. Rechts von der Katzenkerbe führt der gelb markierte Weg in einer Viertelstunde zum **Pferdeberg** (545 m). Er liegt dem Oybin, durch den Hausgrund getrennt, gegenüber und bietet prächtige Aussichten zum Burgberg. Wer einen bequemen Abstieg wünscht, bleibt zunächst auf der Höhe und folgt dem Wegweiser zum **Thomasweg.** Der andere, steile Weg in den **Hausgrund** zweigt unweit des Aussichtsplatzes vom Pferdeberg ab, geht über Sandsteinstufen und Wurzelweg in die Tiefe.

Nach diesem romantischen, etwa viertelstündigen Abstieg bietet der Haus-

> Die Kelchsteine sind ein Wahrzeichen der Region

grund zwei Varianten: Entweder gleich wieder bergan zur **Burg- und Klosteranlage Oybin** oder an der **Elfenwiese** vorbei den Berg Oybin im Tal umrunden. Der blinkende Hausgrundteich diente früher der Fischzucht für die Klosterbrüder. Hoch oben zeigen sich die Ruinen des Oybin in einem besonders malerischen Bild. Bald verlässt der bequeme Weg den Hausgrund, hält sich aber bis kurz vor dem Schmalspurbahnhof an den Bienenkorb-Oybin. Wer weiterwandern will, kann die Tour, wenn nicht auf den Oybin, fortsetzen zum Scharfenstein (blau/gelb) und durch die Kleine Felsengasse zum Töpfer.

Die schönste Route: Rund um den Oybin

Fantastische Felsformationen

Steile Wandabstürze nach Nord und West sowie nach Südost heben das fast ebene **Plateau des Töpfer** (561 m) scharf von der Umgebung ab. Aus dem Wald ragen bizarre Felsgruppen auf, die die Fantasie anregen: Ähnelt dieser Sandstein nun einer Schildkröte oder der Brütenden Henne? Jener einem Papagei oder dem Papa? Es gibt auch einen „Hundekopf“.

Die Wanderung führt vom Töpfergebiet aus durch abwechslungsreiche Felsgassen, auf Aussichtspunkte im „Felsenkranz", der den Kurort Oybin umzingelt, auf den zweithöchsten Gipfel des Zittauer Gebirges, zu fantastischen Felsgebilden. Am Schmalspurbahnhof Oybin beginnend und zunächst bis zum **Haltepunkt Teufelsmühle** auf einem Waldweg den Gleisen folgend, wird (blau) bald das Töpfergebiet erreicht. Nun der erste steile Aufstieg, rechts in den Wald hinein (gelb) stetig bergan, zuletzt sehr steil auf einem Weg, der **„Krieche"** heißt und über Sandsteinstufen, Holz- und Metallleitern führt. Wer sich einen kleinen Umweg leisten möchte, wandert zur **Gratzerhöhle** (gelb), in der zwischen 1862 und 1870 Angehörige der in Sachsen verbotenen religiös-freisinnigen Gemeinde Vorträge ihrer Prediger hörten; ein Gebiet, das an die Schrammsteine und das Dom-Gebiet in der Sächsischen Schweiz erinnert.

Der anstrengende Aufstieg endet auf dem Plateau vor der Berggaststätte (1905). Eine Leiter führt auf das Felsentor. Die Aussicht reicht von der Lausche über das Gebirgsvorland um Zittau mit seinen Türmen bis zum Jeschken.

Hinter der Töpferbaude lädt der markierte Wanderweg zum Abstecher ein – die **Böhmische Aussicht** ähnelt der vom Töpfer – dann wird bequem die **Kleine Felsengasse** erreicht. Entlang des Weges ragen schier unendlich formenreiche Sandsteinwände auf, Leitern und Treppen führen durch die Schlucht.

Weiter bis zur Wegkreuzung am Scharfenstein, dort kommen auch Wanderer an, die sich den Weg über den Töpfer geschenkt und von Oybin aus den Oberlausitzer Bergweg (blau) bevorzugt haben. Der **Scharfenstein** (569 m) als steil aus dem Wald ragender Felszacken trägt den Beinamen „Matterhorn des Zittauer Gebirges". Sandsteinstufen und Leitern führen hinauf, die Fernsicht reicht von der Lausche und dem spitzen Kleis (Klič, 760 m) über Oybintal und Kammweg zum Jeschken.

Weiter (gelb) bis zur Weggabelung, dort beginnt rechts die **Große Felsengasse** – eine Szenerie wild zerklüfteter Felswände in unbeschreiblicher Formenvielfalt. Dieser romantische Pfad gehört zu den klassischen Wanderwegen des Zittauer Gebirges. Bald führen Sandsteinstufen aus der schummrigen Gasse zur **Mönchskanzel,** die wie ein Schwalbennest am Fels klebt. Der Oybin mit Burgruine und Hochzeitskirche erscheint von dieser Kanzel herab wie ein Felshügel im grünen Meer. Nach weiteren fünf Minuten Weg endet die Felsengasse im **Muschelsaal.** Sandstein verwitterte hier zum filigranen Relief.

Wenige Meter weiter gibt es eine Wegkreuzung und den Hinweis auf den Europäischen Fernwanderweg, der nun zum Hochwald führt. Der anstrengende Weg bietet den abwechslungsreicheren Anstieg; der bequeme Weg ist monoton. Der **Hochwald** (749 m), zweithöchster Berg des Zittauer Gebirges, besteht auf sächsischer Seite aus Phonolith, auf böhmischer Seite aus Sandstein. Von seinen beiden Gipfeln bietet er die wohl großartigsten Aussichten. Der Rundblick vom ältesten **Aussichtsturm** dieses Gebirges wird sogar dem Lausche-Panorama vorgezogen; der Blick von der Hochwaldbaude auf dem Südgipfel präsentiert die böhmischen Berge.

Für den **Rückweg** gibt es mehrere Möglichkeiten: Richtung Hain auf dem

072ol dk

Hochwaldweg oder auf der „Alten Rodelbahn“ zum Kurort Oybin. Dort die erste Weggabelung nach rechts zum Ankohrweg, der bequem bis zur Hochwaldstraße führt. 50 Meter bergab entlang der Straße lassen sich nun nicht vermeiden, denn direkt an der Straße stehen die ziegelroten **Kelchsteine.** Die fünfzehn Meter hohe Felsgruppe erinnert weniger an weingefüllte Kelche denn an Pilze, urzeitliche Riesenpilze. Ihre Farbe verdankt sie dem hohen Gehalt an Eisenoxid, ihre Pilzform dem Einschluss einer weniger widerstandsfesten Sandsteinschicht zwischen zwei härteren Schichten. So wittert eine Hohlkehle aus, die auch Bergsteiger zu schätzen wissen. Von den Kelchsteinen ist es nun nur noch ein Spazierweg bis in den Oybiner Kurpark.

Die wildromantische Kleine Felsengasse

Großmutters Ruh: Rund um den Hochwald

Abwechslungsreiche Rundtour

Diese Tour verbindet einen der schönsten Wanderwege des Zittauer Gebirges mit **Fernsichten auf das Böhmische Bergland.** Vom Kurort Oybin geht es auf dem blau markierten Töpferweg zum Scharfenstein und zur Großen Felsengasse weiter bis auf den Hochwald – dieses Wegstück ist bereits oben unter „Die schönste Route: Rund um den Oybin“ beschrieben worden. Der Abstieg folgt dem Oberlausitzer Bergweg (blau) bis hinunter zur Kammbaude in Hain und dem Grenzübergang nach Valy (Schanzendorf). Ein asphaltierter Weg führt in den kleinen Ort, am Horizont stehen Vulkankegel wie vergessenes Spielzeug, im Zentrum die Zipfelmütze des Kleis.

075ol dk

In **Valy** (nahe der ersten Wegkreuzung) lädt die Gastwirtschaft Na Vyhlicke (Zur Aussicht) ein.

Die blaue Markierung weist den Weg von der Kirche an der Dorfstraße bis zur Wegkreuzung **Babiččin odpočinek** („Großmutters Ruh"). Für Großmütter und andere Ruhebedürftige steht dort eine Bank bereit, die Wanderung wird in Richtung Petrovice auf einem Terrassenweg des Hochwaldes fortgesetzt. Nach Felsengasse und Fernsicht wechselt die Landschaftsszenerie zu feierlich stillem Wald. Ein bequemer Weg erreicht das **Forsthaus Nr. 6** (Na Sestce). Früher war es ein sächsisches Forsthaus im böhmischen Wald, später Ausflugsgaststätte, heute dient das idyllisch gelegene Haus der Erholung. Weiter geht es entlang der roten Markierung auf einem bequemen Waldweg zum **Sokol** (Falkenberg, 592,50 m). Der Weg zum Gipfel lohnt sich nicht besonders, außer Rudimenten der seit dem 16. Jahrhundert verlassenen Alten Falkenburg ist wenig zu sehen.

Petrovice (Petersdorf) kündigt sich mit seinem Kirch- und Kapellenturm an, sehenswerte Umgebindehäuser stehen im Dorf und eine restaurierte Kapelle. Petrovice liegt an der Alten Gabler Straße, die im Mittelalter von Zittau über den Gebirgspass nach Gabel (Jablonné v. P.) führte.

Der Grenzübergang nach Lückendorf ist auf der schnurgeraden Dorfstraße bald erreicht, doch lassen sich vom Wegweiser an der Kreuzung weitere Ziele erwandern.

Weite Sicht vom Hochwald hinein nach Böhmen

Hintenrum: Auf dem Kammweg

Weniger bekannte Wege

Diese bequeme Wanderung auf weniger bekannten Wegen lässt sich mit einigen Abstechern zur abwechslungsreichen Halbtagestour ausweiten.

Vor dem Wanderer-Grenzübergang „Alte Wache" in Waltersdorf führt der Oberlausitzer Bergweg einige Meter direkt an der Grenze entlang, dann links in den Wald hinein als befestigter „Hohlsteinweg" in Richtung Jonsdorf. Links liegt der breite **Buchberg** (651 m), auf dessen Gipfelrücken zwei Nebenwege führen: Saubergweg und Südlicher Buchbergweg. Seiner schönen Aussicht wegen – Nonnenfelsen, Hochwald, Jeschken – ist der Buchberg diesen Abstecher wert. Nach einem reichlichen Kilometer auf dem breiten „Hohlsteinweg" im spitzen Winkel nach rechts (rot) abzweigen zum **Falkenstein,** einem beliebten Kletterfelsen an der Grenze. Die Felsengruppe der Rabensteine (543 m) steht im Böhmischen; an einer Stelle ist sogar noch die alte österreichische Grenzmarkierung zu erkennen.

Weiter entlang der sächsisch-böhmischen Grenze bis zum Grenzübergang (Wegweiser auf deutscher und tschechischer Seite), dort hat man die Wahl zwischen dem Orgelweg, der (zunächst entlang der Grenze) in die **Mühlsteinbrüche** führt (Anschluss: Lehrpfad) oder nach links auf breitem, leicht abschüssigem Weg (grün) zum **Nonnenfelsen.** Diese beiden Ziele werden in der folgenden Wanderskizze ausführlich beschrieben.

Klassisch: In die Mühlsteinbrüche

Abwechslungsreich und kindgerecht

Eine Wanderung durch die Mühlsteinbrüche gehört zu den klassischen Wegen im Zittauer Gebirge. Die Tour ist abwechslungsreich, nicht immer ganz unbeschwerlich, aber doch **auch für ungeübte Wanderer** ohne Eile als Halbtagesausflug zu bewältigen. So kann diese beliebte Route auf den Gebirgsurlaub einstimmen und auch Kinder begeistern.

Ein **Lehrpfad** erklärt den historischen Hintergrund, die Felsformationen, Flora und Fauna am Wege; die Markierung ist eindeutig und erspart an dieser Stelle ausführliche Wegbeschreibungen. Vom Gemeindeamt in Jonsdorf zum **Abenteuerspielplatz,** so beginnt die Wanderung auf einem Fußweg parallel zur Straße, an Umgebindehäusern und Felsen vorbei bis zur **Rutsche,** einer mit Sandsteinquadern ausgelegten Rinne, auf der die gebrochenen Steine zur weiteren Bearbeitung ins Tal befördert wurden. Damit die künftigen Mühlsteine nicht zerbrechen, ließ man sie an einer Kette wie mit einem Flaschenzug hinab.

Der Wanderweg steigt nun stetig bergan zum Sportplatz, wo eine große Orientierungstafel die Wege durch die Mühlsteinbrüche vorstellt. In der Nähe ragt das Felsgebilde **Drei Tische** auf, ein Kletterfelsen, dessen platte Gipfel von den Erzabscheidungen durchzogen sind, die in dieser Gegend vom Vulkanismus zeugen und dem Sandstein außergewöhnliche Festigkeit geben. Nun hinauf zur **Mausefalle** – die seit 1908 nicht zuschnappen will. Ein Fels hat dieses scheinbar fragile Gebilde geschaffen, das nun schon über ein Jahrhundert lang auf seine Maus wartet (Betreten verboten).

Der erste Steinbruch in den Mühlsteinbrüchen wurde 1580 im **Bärloch** in Betrieb genommen und erst 1863 eingestellt. Der Wanderweg erreicht den Aussichtspunkt Carolafelsen (569,50 m), weiter den oberen Zugang der Rutsche und steil bergan die Brüche am Weißen Felsen und Kellerberg, und schon ist die schwierigste Passage der Wanderung bewältigt. Im **Weißer-Felsen-Bruch** wurde bis zum Ersten Weltkrieg Sandstein gewonnen. Hier lädt nun ein Grillplatz ein (Infos zur Nutzung: Tourist-Information). 200 Meter sind es noch bis zur **Steinbruchschmiede.** Das unter den Bäumen geduckte Steinhaus, 1825 zum Bearbeiten der Werkzeuge errichtet, kann mit seiner Schauwerkstatt bei Führungen besichtigt werden. Eine Glocke läutete den Steinbrechern die Arbeitszeit. In der Schmiede wurde nicht nur der Hammer geschwungen, hier gab es in den Pausen Wurst und Brot, Bier und Schnaps. Im Krieg zerstört, wurde dieses Denkmal der Steinbrucharbeit in den 1950er Jahren von Jonsdorfer Heimatfreunden wieder aufgebaut.

Vom nahen Carolafelsen bietet sich noch einmal eine weite Sicht über das Gebirge. Am Weg dahin liegt das einstige **Schnapslager** – der Hochprozentige war „Medizin“ nach der gesundheitszehrenden Arbeit im Steinbruch. Eine Sandsteintafel unweit des Rastplatzes erinnert an den tödlich verunglückten Schulgeografen, Geologen und Erforscher der Südoberlausitz, Dr. *Kurt Heinke* (1890–1934), und an den Jonsdorfer Heimatforscher und Kantor *Reinhold Bauer* (1862–1937).

Auf dem Lehrpfad wird bald das **Schwarze Loch** erreicht, der anschaulichste Steinbruch dieses Gebietes. Zuerst geht es zum Norddurchbruch, einer von Hand ausgemeißelten Felsklamm, die zum Abtransport des Sandsteins gebraucht wurde. Dann direkt in den Kessel des Steinbruchs, auf einem Terrassenpfad zum Westdurchbruch. Den Kessel überblickend, kann man an der gegenüberliegenden Wand die Sonnenuhr erkennen, das Zeitzeichen der Steinbrecher. Der ehemalige Steinbruch ist als **Schaubergwerk** mit Führungen zugänglich. Vom Jonsdorfer Gebirgsverein 1880 betreut, werden hier Arbeitstechniken der damaligen Zeit und die Produkte des Steinbruchs vorgeführt. Auch eine Schutzhütte und einen Grillplatz gibt es.

■ **Schaubergwerk im Schwarzen Loch,** Mühlsteinbrüche Jonsdorf, Anmeldung über Tel. (0175) 4157635, www.gebirgsverein1880ev.de, Führungen April bis Okt. Mi. 14 Uhr, Juni bis Sept. auch Sa. 14 Uhr, ab Vereinshaus An der Sternwarte 6 (hinter der Tourist-Information, 300 m), Dauer zwei bis drei Stunden, 3/1 € (Mühlsteinabbruch und Geologie am authentischen Ort, Buchungen für Gruppenveranstaltungen möglich, außerhalb der Führungszeiten geschlossen)

Bizarre Felsgebilde begleiten den Weg, kurz nach dem Schwarzen Loch wartet ein kleiner Hauszoo: Bernhardiner, Nashorn, Löwe und Dackel heißen die Sandsteinformationen. Der Lehrpfad tangiert die **Jonsdorfer Felsenstadt,** ein Naturreservat zwischen Mühlsteinbrüchen und Nonnenfelsen. Hier dürfen die Wege nicht verlassen und keine „Andenken“ gesammelt werden. Nach einer Viertelstunde werden die **Kleine** und **Große Orgel** erreicht. Wie Orgeln sehen diese beiden benachbarten Sandsteine zwar nicht aus, eigentlich entziehen sie sich jedem Vergleich, diese kompakten Skulpturen aus parallelen, doppelfingerbreiten, vier- bis sechskantigen Sandsteinsäulen, die zum Boden hin zu einem Block zusammenfließen. Die Große Orgel hat einen Umfang von fünf mal neun Metern, die Kleine misst zwei Meter. Selbstverständlich stehen beide unter Naturschutz. Von der kleinen Plattform an den Orgeln bieten sich Einblicke in die Jonsdorfer Felsenstadt, zu den Nonnenfelsen und zur Lausche.

Wer sich bis hierher schon verausgabt hat, kann den bequemen Weg wählen, mit der roten Markierung auf dem Orgelweg Richtung Falkenstein, zunächst bis zur Grenze, weiter mit den Grenzsteinen bis zum Wegweiser und nach rechts bequem zum Nonnenfelsen.

Interessanter und schöner ist der **Alpenpfad,** durchaus etwas anstrengender, aber doch kein bisschen alpin. Der Weg zweigt vom Orgelpfad steil nach rechts oben ab, hinein in die Jonsdorfer Felsenstadt. Dabei begegnet er dem eigentlich im Riesengebirge beheimateten **Rübezahl,** einem der vielen Felsgebilde. Vom Scheitel des Alpenpfades führt der Weg bergab in die **Felsengasse** – das sind Kluftwände mit formenreichen Erz- und Kieselspuren aus der Vulkanzeit. Wieder zwei namhafte Felsgebilde, die einzigen dahin erlaubten Abstecher von diesem Weg durch das Naturschutzgebiet sind ausgeschildert: **Teekanne** und **Zwerg** sind mit etwas Fantasie zu erkennen.

Bald wird der Wanderweg bequemer, durch den Wald geht es zur **Schwarzwasserquelle** und nach ein paar weiteren Schritten zum **Gondelteich.** Hier kann man einkehren, ein Paddelboot

195ol dk

mieten oder die Wanderung an der Bushaltestelle abschließen.

Die beste Empfehlung ist, noch hinauf zum **Nonnenfelsen** zu gehen, auch Nonnenklunzen genannt. Wie eine Märchenburg steht die Felsgruppe über der Wiese im Jonsdorfer Talschluss.

Zum Nonnenfelsen mit seiner traditionsreichen **Ausflugsgaststätte** führt ein markierter, gar nicht so anstrengender, aber landschaftlich sehr schöner Weg, der Rückweg mitten durch die **Zigeunerstuben.** Das ist ein schattiger Abstieg durch die Felsenlandschaft. Mit seinen dicken Eisenerzplatten erinnert er an die Kraft des Vulkans, der diesen Weg geformt hat. Der Wanderweg durch die Zigeunerstuben mündet auf der Großschönauer Straße unweit des Gondelteiches und der Bushaltestelle.

⌃ Jonsdorfer Felsenstadt

Abwechslungsreich: Durch das Weißbachtal

Beschauliche Wanderung

Eine Wanderung auf abgelegenen Wegen, am tief eingeschnittenen Bachlauf und zu einer Burgruine mit spannender Geschichte. Der Rundweg lässt sich auch ausweiten um einen Abstecher zum östlichen Dreiländereck oder gleich zur Radtour zwischen Stadt und Gebirge.

Die **Weißbach** begleitet vom Grenzübergang Hrádek nad Nisou an die Wanderung durch einen jungen Wald, dann zwischen Bachufer, Wiese und Feldrain, immer unmittelbar an der sächsisch-böhmischen Grenze. (Ja, man sagt hier „die" Weißbach: eine Spur des Slawischen in der Sprache, dort ist der Fluss weiblich.) Zunächst gilt die grüne Markierung, nach der Wegkreuzung **Am Zigeunerwinkel** bis nach Lückendorf die gelbe. Der Wanderweg ist zunächst auch identisch mit dem Grenzverlauf.

Am **Böhmischen Tor** stehen historische Grenzsteine. Im Mittelalter war dieser Waldpfad ein Handelsweg. Nach rechts in den Wald zweigt der **Steinigte Weg** ab. Es gilt immer noch die gelbe Markierung, doch es lohnt sich, an der nächsten Kreuzung den markierten Weg zu verlassen und links auf dem **Scheibenbornweg** weiterzugehen. Bald folgt ein Rastplatz mit Bank und schöner Aussicht zu den böhmischen Bergkegeln.

Bei der Quelle des Scheibenborn lassen sich gern Eltern mit kleineren Kindern nieder, die dort am Wasser spielen können. Unterhalb der Quelle führt ein Pfad durch dichten Wald zum **Langen Grundweg,** der nun durch das Trockental allmählich nach Lückendorf ansteigt. Den Kurort erreicht er unweit des Grenzübergangs, man kann also die Tour auch dahin fortsetzen.

Für den Rundweg aber bietet sich der grün/gelb markierte Weg an, der nach rechts bequem auf den **Sommerberg** (496 m) führt. Der Sommerberg ist ein beliebtes Wintersportgebiet, aber auch in der Jahreszeit, die ihm den Namen gab, besuchenswert. Am prächtigsten zeigt er sich jedoch im Herbst, wenn sein Laubwald glüht.

Die Wanderung führt am Waldrand entlang bis zu einer großen Wiese, einem der schönsten Aussichtsplätze der Lückendorfer Gegend. Hier ist es möglich, die Wanderung abzukürzen – ein Wegweiser zeigt zum **Forsthaus,** einem Gehöft am Pass der Gabler Straße von Zittau nach Lückendorf. Dort hält der Bus nach Zittau (auch Parkplatz). Zu Fuß geht es weiter auf dem rot markierten **Fuchskanzelweg.** Im dicht bewaldeten Weißbachtal, an der höchsten Stelle des Straßberges (532 m), lädt der **Aussichtspunkt Fuchskanzel** zum Panoramablick über Zittau und Umgebung.

Nächstes Ziel ist die Ruine des **Karlsfried.** Nur noch wenige Mauerreste des Wart- und Torturmes erinnern an die im Jahre 1367 unter *Karl IV.* an der Gabler Straße erbaute Geleit- und Schutzburg. Der immer noch rot markierte Wanderweg strebt als schnurgerade Schneise aus dem Wald heraus und erreicht Neu-Hartau (Linienbus) sowie wieder den Grenzübergang nach Hrádek nad Nisou.

Hübsch und giftig: Fliegenpilze im Weißbachtal

Baden bei Kristyna: Hrádek nad Nisou

Dreiländereck

Wenige Schritte vom Grenzübergang Hartau/Hrádek nad Nisou entfernt liegt der beliebte Kristýna-See. Das Familienstrandbad für Ausflügler aus den drei benachbarten Länderzipfeln entstand in der gleichnamigen, in den 1970er Jahren aufgelassenen Kohlegrube; der See ist 14 Hektar groß und bis zu 28 Meter tief. Eine bequeme, viertelstündige Radfahrt verbindet das Zittauer Stadtzentrum über den Neißedammweg mit dem **Naherholungsgebiet.** Ob an den Sand- und Wiesenufern, im „Restaurace na Jihu" (Gasthaus im Süden) oder an den Kiosken mit Blick zum Kamm des Zittauer Gebirges, beim Baden oder Surfen, auch beim herbstlichen oder winterlichen Spaziergang – „Kristýna" vermittelt entspannte Stimmung in angenehmer Landschaft. Entlang der Neiße führt ein befestigter Weg vom See bis zur tschechischen Seite des Dreiländerecks und weiter zur Straße am tschechisch-polnischen Grenzübergang.

Die nahe gelegene tschechische Kleinstadt **Hrádek nad Nisou** (Grottau) ist Ausgangsort für Wanderungen zum Pfaffenstein (Popova skála) und dem Wald-Fels-Gebiet rund um den Kaisergrund (Krásny důl) oder nach Schloss Grafenstein (Grabštejn). Wanderwegweiser stehen am See und vor dem Bahnhof. Eine Tour zum Schloss Grafenstein und zu den Vorboten des Isergebirges lässt sich am besten mit dem Fahrrad unternehmen. Vom Bahnhof mit der gelben Markierung zunächst zum Renaissanceschloss **Grafenstein** (siehe „Anspruchsvoll I: Von Zittau zum Jeschkenkamm"). Noch vor der S-Kurve

073ol dk

am Schlossvorplatz zweigt links eine Straße nach **Uhelná** (Kohlige) ab. Ziemlich steil bergan geht es bis zu den wenigen Häusern dieses Bergdorfes, das direkt an der polnischen Grenze liegt und schon von *Gottlieb Korschelt* im Wanderführer „Zittau und Umgebung" als Ausgangsort für eine Tour zum Gickelsberg (Vyhledý/Gozlarz, 569 m) empfohlen wurde. *Korschelt* lobt den „prächtigen Blick auf das gesamte Zittauer Thalbecken, das Zittauer Gebirge und die Berge bei Weißkirchen in Böhmen".

Weiter nach rechts, ein Stück auf der Dorfstraße, dann auf einem Wiesenweg am Südhang des Steinberges (Kamenný vrch, 400 m), wobei die grüne Markierung aufgenommen wird. Der Straßenzustand lässt ahnen, dass an dieser Ecke selten jemand vorbeikommt. Der ausladende **Gickelsberg** kündigt bereits das Riesengebirge an. Seine in Polen liegende Nordseite besteht aus Granit, die südliche Kuppe aus Basalt. Nach der „Totalansicht des Zittauer Gebirges" *(Korschelt)* vom Gipfel geht es weiter auf der Allee bis zur ersten Wegkreuzung, dort bieten Wanderwegweiser mehrere Rückwege an. Mit der blauen Markierung geht es über Chrastava (Markt 5,5 km, Bahnhof 7 km) und entlang der Neiße nach Zittau (13 km), mit der grünen Markierung nach Chotyně (12,5 km, Bahnstation oder Straße nach Zittau) oder östlich über Albrechtice nach **Frýdlant** (12,5 km).

In **Chrastava** (Kratzau) wurden der Maler religiöser und historischer Themen, *Josef von Führich* (1800–1876) und der Maler und langjährige Präsident des Verbandes Bildender Künstler der DDR, *Willi Sitte* (1921–2013) geboren. *Führichs* Geburtshaus ist heute Museum.

■ **Führich-Haus (Rodny dům malíře Josefa Führicha),** Nejedleho 74, www.chrastava.cz, tgl. 9–12 Uhr, 13–16 Uhr (Ausstellung zu *Führichs* Leben und Schaffen, Zweigstelle des Stadtmuseums)

Auf dem Marktplatz steht vor dem prächtigen Rathaus (1646) eine barocke Pestsäule (1732). **Chotyně** (Ketten) ist ein reizvolles Dorf an der Neiße, unterhalb des Schlosses Grafenstein.

■ **Schloss Grafenstein (Zamek Grabštejn),** Chotyně (Ketten), www.grabstejn.mikroregion.info, April bis Okt. Di.–So. 9–17 Uhr (Renaissanceburg, älteste Bereiche 13. Jh., Führungen zur Kapelle der heiligen Barbara, Eintritt 80 Kč, deutschsprachige Führung 100 Kč; Konzerte klassischer Musik, Handwerkerfeste, Ritterturniere, Musik- und Theaterfest; Chotyně ist Station der Bahnlinie Zittau – Liberec)

An der Wegkreuzung **Pod Vysokem** gibt es die Möglichkeit, den blauen Wanderweg nach **Heřmanice** zu fahren, einem anscheinend weltvergessenen Dorf mit Umgebindehäusern, und weiter in die polnische Bergarbeiterstadt **Bogatynia** (Reichenau), der Rückweg folgt der Straße entlang des Tagebaus bis ins Grenzdorf Sieniawka und nach Zittau.

▷ Wildwiese am Weg nach Krompach

Bequem: Auf der Sonnenseite

Einstiegsroute

Diese Einstiegsroute für das Erlebnis der böhmischen, der sonnigen Südseite des Gebirges, hält sich zwar **meistens an Straßen,** doch sind diese landschaftlich abwechslungsreich und kaum befahren. Mehrere Gasthäuser laden zur Rast ein, selbst dann, wenn man noch gar keine nötig hätte. Wer auf den kurzen, romantischen Weg durch den Wald verzichtet, kann die Route mit dem Rad zurücklegen. Bis Krompach ist sie Teil des markierten Europäischen Fernwanderweges.

Von der **„Alten Wache“** in Waltersdorf führt ein Waldweg zur Feriensiedlung **Myslivny** (Jägerdörfel). Dort beginnen auch noch andere in diesem Buch beschriebene Wanderungen. Gleich hinter der beliebten Lauschebaude fällt die Straße zum Tal ab, mit einer schönen Sicht auf die blaugrünen böhmischen Basaltkegel. In **Horni Světla** (Oberlichtenwalde) stehen Umgebindehäuser, zumeist als Ferienunterkunft genutzt. Nach einer Linksbiegung geht es weiter auf der Dorfstraße ins Tal hinab bis ins dörfliche Dolní Světla (Nieder Lichtenwalde). Am alten Gasthof (Stará Hospoda) biegt der rot markierte Weg rechts ab bis etwa zur Mitte des Dorfes – dann aber am Laternenmast (beim „Kolonial“-Laden) nicht die Markierung übersehen. Links zwischen den Gärten den Berg hinauf in den Wald geht es weiter. (Mit dem Fahrrad weiter bis Juliovka und Krompach, dort wieder mit der roten Markierung.)

Der Waldpfad schlängelt sich unterhalb des **Plissenberges** (Plesivec, 652 m) bis zu einem Wiesenhang und gestattet hin und wieder sehenswerte Durchblicke auf die Berglandschaft. Ein beschaulicher Wiesenweg erreicht **Krompach.** Sehenswert, aber meist geschlossen, ist

178ol dk

die Barockkirche. In der Dorfmitte treffen sich gleich mehrere Wanderwege. Krompach mit seinen Umgebindehäusern gilt als eines der wertvollsten Dörfer der böhmischen Volksarchitektur, die sich in den Umgebindehäusern durch kräftige Farben und den betonten, meist weißen Fugenverstrich zwischen den Bohlen auszeichnet.

Die rote Markierung führt weiter zum **Hochwald** und bietet noch im Dorf zwei Abstecher an zu den „Tisy", den mit 250 und 300 Jahren ältesten Eiben Böhmens. Der Aufstieg zum Hochwald von der böhmischen Seite ist steiler, aber auch schöner als der von der sächsischen.

Der Heimweg von dieser Wanderung folgt der grünen Markierung durch Krompach und das sich unmittelbar anschließende Dorf **Valy** (Schanzendorf) bis nach **Jonsdorf.** In Valy ist es auch möglich, der gelben Markierung nach Hain zu folgen.

Aussichtsreich: Zum Tollenstein

Bequeme Tageswanderung

Eine bequeme und abwechslungsreiche Tageswanderung führt vom höchsten Berg des Zittauer Gebirges auf die Spitze des Kreibitzer Berglandes, durch einsame Wälder und auf eine Burgruine, der Rückweg ist auch mit der Bahn möglich. Die Wanderung beginnt wieder in Waltersdorf, an der **„Alten Wache"**, von wo ein leicht ansteigender Waldweg Myslivny (Jägerdörfel) erreicht. Also zunächst wie auf der vorangegangenen Tour, aber an der Lauschebaude nach rechts. Der Weg auf die **Lausche** über die böhmische Seite verheißt bald die schönsten Aussichten, als Serpentine klettert er stetig bergan.

Wer angesichts der längeren Wanderung den Aufstieg zur Lausche vertagen möchte, folgt an der Weggabelung links dem rot markierten Wanderweg, der unmittelbar an der Grenze und zuweilen identisch mit dem **Oberlausitzer Bergweg** durch den Kammwald führt. Rechts wird der Weberberg (710 m) sichtbar, links die Finkenkoppe (Penkavči vrch, 792 m), und der Wanderweg führt scharf nach links bergab zur Fernverkehrsstraße nach Lesne (Buschdörfel). Die Straße überqueren, wenige Schritte rechts am Straßenrand und wieder links hinauf durch den Ort – so führt der Weg auf den Wiesenhang am Fuße des **Tollenstein (Tolštejn),** einer der bekanntesten Burgruinen Böhmens. Wie ein Zacken ragt die Ruine aus dem Phonolithkegel. Der Aufstieg führt an den massiven Resten des halbrunden Turmes und der Ringmauer vorbei in den Burghof.

Erhalten geblieben ist Mauerwerk des Rittersaales mit seinen hohen Bogenfenstern. Wer über Eisenstiege und gesicherte Stege die Plattform auf dem Gipfelfelsen erreicht, kann Umfang und Form der einstigen Burg nachvollziehen und ritterlich die Fernsicht genießen.

Das nächste Ziel liegt zum Greifen nahe: Nur über diese Wiese, von der aus die Schweden im Dreißigjährigen Krieg, 1642, ihre Kanonen leergeschossen haben, und auf einem befestigten Serpentinenweg zum „Rigi Nordböhmens", wie der mächtige **Tannenberg (Jedlová,** 774 m) auch genannt wird. Der Koloss besteht im unteren Drittel aus Sandstein, darüber aus Phonolith. Die Aussicht wird schon in historischen Wanderführern wegen der „ungemein malerischen Durchblicke" gelobt, was ihr „zum besonderen Vorzug" gereiche *(Korschelt)*. Sie umfasst, jenseits der Lausche beginnend, die Tafelfichte, die Schneekoppe, Georgsberg und Geltsch, den Mileschauer und das Erzgebirge bei Nollendorf, den Borsberg bei Dresden-Pillnitz, das Lausitzer Bergland mit Valtenberg, Czorneboh und Landeskrone.

Bis hierher hat die Wanderung zwei bis drei Stunden beansprucht. Nun gibt es mehrere Wege zur Auswahl. Der bequemste: zum Bahnhaltepunkt Jiřetín pod Jedlovou (St. Georgenthal, eine Stunde) laufen und die Vogtlandbahn nach Großschönau – Zittau nehmen etwa 40 Min.). Oder wandern bis Rybniště (Teichstatt, zwei Stunden), dort dieselbe Bahnlinie benutzen. Die Wanderung lässt sich von Rybniště aus fortsetzen bis Krásná Lípa (Schönlinde, weitere zwei Stunden), von dort mit der Bahn über Rybniště (umsteigen) nach Zittau.

Der Weg zur Bergstadt **Jiřetin pod Jedlovou** (St. Georgenthal) führt über den **Kreuzberg** (Křížová hora, 562 m) mit dem spätbarocken, an einer Treppe aufgebauten Kreuzweg. Die Kirche wurde 1790 errichtet. Wie ein Schachbrett rund um den quadratischen Marktplatz liegt am Berghang das Städtchen. Die regelmäßig angelegten Straßen sind ländlich bebaut, zumeist mit Umgebindehäusern. Vom 16. bis 18. Jahrhundert wurde in dieser Gegend Silber-, Kupfer- und Zinnerz gefördert.

Historisch: Barock und Bauernhaus

Romantik und herrliche Natur

Natur pur: Man sollte schon in der Lage sein, auf einigen zusammengelegten Baumstämmen einen Bach zu überqueren, um diese romantische Tageswanderung zu erleben. Sie führt zu böhmischer Volksarchitektur und in reizvolle Landschaftsbilder. Zunächst geht es wieder (siehe „Bequem: Auf der Sonnenseite") von der **„Alten Wache"** in Waltersdorf nach Myslivne (Jägerdörfel) und von der Lauschebaude nach Horni Světla (Ober Lichtenwalde). Hier aber nach rechts aus dem Dorf hinaus (rot markiert), kurz auf einem Feldweg, dann in den Wald. Steil bergab auf dem Waldweg, folgt bald die im Wald versteckte **Talsperre Naděje.**

Hier gibt es die ersten Nebenwege: Den Blick über die Staumauer auf den schattigen See und den rot/gelb markierten Weg zur **Eishöhle (Ledová),** einer 30 Meter langen und bis zu sechs Meter hohen Pseudokarsthöhle, die auch im Sommer von meterdicken Eissäulen gefüllt wird. Zwar ist der Zugang zur Höhle versperrt, aber die Eisgebilde sind durch das Gitter sichtbar.

Wieder zurück am Stausee, wird die Wanderung in einem wildromantischen Tal fortgesetzt, das vom **Hammerbach** (Hamerský potok) gezeichnet wird. Wie dieser wilde Bach windet sich der Wanderweg durch den Wald. Mehrmals kann das Gewässer nur auf Baumstämmen und großen Steinen überquert werden. Die Geschichte des Dorfes **Hamr** (Hammer) ist mit den Mühlen verbunden, die einst am Bachunterlauf standen.

Nun ist die Frage: Natur oder Architektur? Der gelb markierte Weg begleitet weiter den Bach bis in das liebliche Antonital (Antonivovo Údolí) – eine Dorfstraße aber führt von Hamr nach **Naděje** (Hoffnung), einem Kleinod böhmischer Volksarchitektur. Im **Antonital,** das nach einer alten Glashütte benannt ist, treffen sich beide Wege. Nun mit der blauen Markierung am Waldrand entlang und über die Landstraße nach **Mařenice** (Groß Mergthal). Weithin sichtbar überragt die spätbarocke Maria-Magdalena-Kirche das von Umgebindehäusern geprägte Dorf. Es gibt einige gemütliche Wirtshäuser; die Dorfkneipe schlechthin mit dem böhmischsten aller denkbaren Namen ist das „U tři líp" (Zu den drei Linden) in einem Umgebindehaus mitten im Dorf. Im Sommer wird durch's Fenster nach draußen bedient.

■ **Hostinec U tři líp (Gasthaus zu den drei Linden),** Di.–So. 11–22 Uhr (urgemütliches Gasthaus mit Biergarten, schmackhaftes Essen, direkt an Rad- und Wanderwegen)

Soweit gestärkt, gibt es noch ein gutes Stück zu laufen. Mit der blauen Markierung zwischen den Wiesenhügeln über dem Dorf, am Nordhang des Schafsberges (Malý Ovci vrch, 495 m), wird die Wegkreuzung **„Großmutters Ruh"** (Babiččin odpočinek) erreicht. Von dort sind es durch Krompach und Valy noch fünf Kilometer bis zum Schmalspurbahnhof im Kurort Jonsdorf.

⊡ Kapelle in Petrovice

Geheimnisvoll: Felstheater am Kaisergrund

Sandstein und Wald

Eine Tageswanderung in Sandstein und Wald, mit Nebenwegen und dem Aufstieg zu einem der attraktivsten Aussichtspunkte des Gebirges.

Die Lückendorfer Dorfstraße führt ansteigend zum Grenzübergang und schnurgerade weiter nach **Petrovice.** Dort zeigt der Wanderwegweiser nach links (rot/blau) auf einen schmalen Weg, der sich bald verzweigt, die Wanderung folgt nun der blauen Markierung (an einem Haus ist nicht die Farbe der Markierung zu sehen, sondern nur das Wort *modry* = blau). Ein schattiger Terrassenweg im Wald hält sich an den Südhang des **Fuchsberges** (Lišči hora, 536 m) und gewährt immer wieder einmal Durchblicke zur Kirchkuppel von Jablonné v. P. (Gabel). So geht es bequem bis zum Feriendorf **Polesí** (Finkendorf), das 1638 von Bauern und einem aus dem Schuldienst entlassenen Lehrer gegründet worden sein soll. Der Ort wird von einem Sandsteinfelsen überragt, der sich besteigen lässt (Wegweiser). Dem Dorf schließt sich der Erholungsort **Černá Louže** (Schwarzpfütz) an. Hier gibt es einen großen Campingplatz.

Nun sind (gelb) 200 Meter Straße nicht zu vermeiden, dann wieder Wald, nochmal ein Stück Straße und durch den Wald bis zur Wegkreuzung in Horní Sedlo (Pass). Der grün markierte Weg führt in ein beliebtes Sandstein-Klettergebiet mit den sieben **Oberwegsteinen (Horni skály)** und dem markanten **Rabenstein (Vrany skály).** Kurz vor dem

Waldrand zeigt der Wegweiser nach **Dolní Sedlo** (Spittelgrund). Das folgende Wegstück am Waldrand bietet über Zittau und Hrádek nad Nisou einen Panoramablick auf Jeschkenkamm und Isergebirge. Bald zweigt der Weg ab in den Wald und trifft auf die Wegkreuzung unter dem Pfaffenstein.

Der malerisch verwitterte **Pfaffenstein** (**Popova skála,** 565 m) gehört zu den schönsten Stellen des Lausitzer Gebirges. Eine metallene Treppe führt auf die Spitze, wo sich eine feierliche Rundsicht bietet über Zittauer-, Jeschken- und Isergebirge, das Oberlausitzer Bergland und die Basaltkegel des Böhmischen Mittelgebirges, über die Dörfer in der Talweite, die Städte Zittau, Bogatynia, Chrastava und Hrádek nad Nisou.

Tief unten in diesem Waldteppich, aus dem hin und wieder nackte Felsen hervorlugen, wird die Wanderung fortgesetzt. Zunächst mit der Markierung blau/grün zum **Hufeisenstein** (Podkowa), dann ein paar Schritte zurück bis zum Abzweig des Weges (grün), der zum oberen Teil des **Kaisertales** (Krásny důl) führt, einem romantischen Trockental. Der Weg (blau/rot) steigt an und erreicht das **Felsentheater (Skalni divadlo),** wo plattenförmige Felsenklippen neben- und hintereinander stehen wie Kulissen eines Theaters (Wegweiser am oberen Ausgang). Die **Tobiaskiefer (Tobiašova borovice)** ist das nächste Ziel, ein über 250 Jahre alter verdorrter Baum mit 2,30 Metern Stammumfang, ein legendärer Schmugglertreffpunkt.

076ol dk

Wenige Meter unterhalb der Tobiaskiefer lädt eine Dreieck-Markierung zu einem Abstecher auf den **Raubschlossberg** (**Loupežnický vrch,** 529 m) ein. Der Gipfel mit dem offensichtlich künstlichen Plateau erinnert an die mittelalterliche Befestigung dieses vulkanischen Berges. Fernsicht bietet das Räubernest nur zum Hochwald.

Von nun an geht es zumeist bergab in Richtung Petrovice – erst durch den Wald, dann über eine Bergwiese – und von dort wieder nach Lückendorf.

Sagenhaft: Wiesenwege zum Schlossberg

Natur und Geschichte

In eine der ältesten Städte Nordböhmens führt diese landschaftlich reizvolle und historisch interessante **Tageswanderung.** Ein abwechslungsreicher Rundweg von Lückendorf über sonnige Wiesenhänge, durch die kleine Stadt Jablonné, auf einen sagenumwobenen Berg, durch einsame Wald- und Felslandschaft. Die Wanderung lässt sich erweitern um eine der schönsten Bahnfahrten dieser Region, von Jablonné v. P. oder von Lvová („Bedarfshalt", also am Bahnstein rechtzeitig bemerkbar machen) in rund 50 Min. mit dem Bummelzug nach Liberec (Reichenberg).

Die Gabler Straße als einstiger Handelsweg führt von Lückendorf direkt nach Petrovice, bis zum Wegweiser in der Dorfmitte. Dort zweigt rechts der Wanderweg ab (rot), unterhalb des Sokol bis 500 Meter vor das **Forsthaus Nr. 6,** wo im spitzen Winkel links die blaue Markierung den Weg nach Jablonné weist. Ein bequemer Talweg, der bald aus dem Wald zu einer Schonung führt und die Wiesen am Südhang des Gebirges erreicht.

Ein großartiges Panorama mit immer neuen Bildern in offener Landschaft begleitet nun den Weg. In der Ferne der Jeschkenkamm, die Kegelberge ganz nah mit ihren sattgrünen Mützen. Wiesen und Feldraine voller Blumen. (Hinweis: Wenn der Feldweg auf die Straße zwischen Heřmanice und Petrovice trifft, nach links abbiegen und nach 50 Metern wieder nach rechts auf den Feldweg, der zum Waldrand führt; dort ist wieder die blaue Markierung zu sehen; im Wald gabelt sich der Weg, nach rechts weiterlaufen.) Hinter dem kleinen Waldstück liegen die Wiesenhänge über **Jablonné v. Podještědi (Gabel).** Hier öffnet sich ein wunderbarer Fernblick, im Tal schimmert die Kuppel der Gabeler Laurentiuskirche, rechts zieht sich das Zittauer Gebirge hin, links der Jeschkenkamm und in der Ferne das Isergebirge.

Sanft steigt der Wiesenweg ins Tal hinab, vor der Stadt wird die belebte Fernstraße überquert, und gleich nach der Straße geht es rechts unterhalb des Bahndamms weiter zum Bahnhof. Wer die eingangs erwähnte Bahnfahrt erleben möchte, sollte sich jetzt nach den Fahrzeiten erkundigen und die Fahrkarte lösen. Die Wanderung erreicht bald die Staroměštska (Altstadt-Straße), wo ein Blockhaus als Denkmal böhmischer Volksarchitektur steht, und nach einigen Metern die mächtige **Kirche St. Laurentius** am ehemaligen Dominikanerkloster. Die an den Petersdom in Rom erinnernde Kirche gilt als einer der wertvollsten Barockbauten Nordböhmens.

www.fotolia.de © PHB.cz

In den Katakomben der Laurentiuskirche ruhen die Gebeine der Gründerin des Gabeler Klosters, der als Wohltäterin verehrten und 1995 heiliggesprochenen **Zdzislava.** Die Kirche kann jeweils eine halbe Stunde vor den Heiligen Messen (wochentags 18 Uhr, Sa./So. 9.30 Uhr) besichtigt werden. Eine gitterumschlossene Luke gewährt einen Blick auf die Grabstelle der *Zdzislava.* Während der Sommermonate steht zumeist das Haupttor der Kirche offen.

Gabels Marktplatz ähnelt dem vieler böhmischer Städte. Zentral der Brunnen mit Pestsäule (1686), die barocken und Gründerzeit-Wohnbauten mit kleinen Läden und der „Ceský Lev" (Böhmischer Löwe), ein uriges Gasthaus.

Von der Laurentiuskirche wird die Wanderung fortgesetzt (grün), Wegweiser zeigen nach Lvová und Schloss (Zamek) **Lemberk.** Uralte Alleen an Teichen führen zum Schlossberg. Auf dem Gipfel des Berges liegt der **Bredovsky-Sommergarten,** ein englischer Park mit Skulpturen aus der Werkstatt des böhmischen Barockmeisters *Mathias Bernhard Braun* (1684–1738). Anfang der 1990er Jahre war der Garten Veranstaltungsort internationaler Bildhauer-Workshops. Gastgeberin war eine Bürgerinitiative, die sich – letztlich erfolglos – gegen den Basaltabbau in dieser Region, besonders am Toltzberg (Tlustec), durch die tschechische Firma Beron engagierte.

Märchenhaft: Schloss Lemberk

Das ehemals Clam-Gallasche **Schloss Lemberk (Lämberg)** erhebt sich vierstöckig auf einem steilen Hügel – wie ein Märchenschloss ragt es in die Landschaft. Der älteste, gotische Teil stammt aus dem 13. Jahrhundert. In der zweiten Hälfte des 17. Jahrhunderts wurde die Burg durch *Heinrich Kurzbach von Trachenburg* zum barocken Schloss umgebaut. Durch die beiden von einem Turm beherrschten Tore gelangt man auf einen quadratischen Burghof und zum mächtigen Rundturm. Die Innenräume sind geschmückt mit italienischer Ornamentik. Sehenswert sind der Rittersaal, der Fabelsaal mit seinen 77 Spruchbildern an der Decke zu den Äsop-Fabeln, die Schlosskapelle und die beiden Zdzislava-Zimmer, in denen die Witwe des *Gallas I.* über 19 Jahre lang lebte. Im Schloss werden Ausstellungen zur Wohnkultur des 15. bis 19. Jahrhunderts und über das Leben der *Zdzislava* gezeigt.

■ **Schloss Lämberg (Zamek Lemberk),** www.zamek-lemberk.cz, April und Okt. Sa., So., Feiertage 9–15 Uhr, Mai, Juni, Sept. Di.–So 9–16 Uhr, Juli/Aug. Di.–So. 9–16.30 Uhr (Bauzeit 13. bis 18. Jh., Museum der heiligen Zdzislava, Eintritt 100 Kč, Bahnstation Lvová)

Der Wanderweg (grün) führt unterhalb des Schlossberges am Bach entlang (Bahnstation Lvová), überquert die Europastraße Liberec – Děčín und führt in den Wald hinein. Von Polesí führt die blaue Markierung auf einem bequemen Weg zurück nach Petrovice/Lückendorf.

☒ Umgebindehaus in Christophsgrund

Anspruchsvoll I: Von Zittau zum Jeschkenkamm

Radtour

Diese Radtour ist zwar nicht sehr lang, aber mit einigen Steigungen verbunden. Sie bietet das Landschaftserlebnis des Jeschkenkammes in einem großartigen Waldtal, böhmische Volksarchitektur in einer historischen Köhlersiedlung sowie kulturhistorisch interessante Ausstellungen. Sie lässt sich mit der Bahn abkürzen oder um interessante Wege erweitern.

Auf dem Neißedamm-Weg, der von Zittau über das Dreiländereck nach Hartau führt, ist der asphaltierte Wanderweg nach **Hrádek nad Nisou** in einer Viertelstunde erreicht (blau/rot). Die gelbe Markierung führt über den Bahnhof Hrádek n. N. und einen Feldweg mit Blick zum Isergebirge und zur Stadt Zittau bis zum dekorativ auf einem bewaldeten Berg-Riff platzierten **Schloss Grafenstein** (Grabštejn). Der Zugang zum musealen Teil des Schlosses befindet sich am Fuß des Bergriffs, zu erreichen vom Dorf Chotyně (Ketten). Diesem Weg folgt auch die weitere Radtour, die nun entlang der Neiße das Dorf Bíly Kostel (Weißkirchen) erreicht und bald **Chrastava** (Kratzau) passiert. Das Städtchen an der Neiße ist nicht sonderlich attraktiv; ein Abstecher wäre zum Marktplatz mit Empire-Rathaus und Barockbrunnen (1707) möglich. Es gibt auch ein Stadtmuseum sowie ein Feuerwehrmuseum.

Der Radwanderweg folgt (grün) flussaufwärts der Neiße zum Bahnhaltepunkt Chrastava-Andělska Hora (Engelsberg) mitten im Wald; von dort die Straße bergan nach Kryštofovo Údolí (Christophsgrund). Am Weg liegt die **Burgruine Hammerstein (Hamrštejn)**, die einen romantischen Anblick bietet, wenn die Bäume nicht belaubt sind. Der Aufstieg lohnt sich nicht.

Die Straße schlängelt sich entlang des Eckersbaches in den Ort, wo sich die steilen Ufer ausweiten zum weitläufigen, von Obstbaumwiesen und Mischwäldern gesäumten Tal – ein Naturbild von außergewöhnlicher Schönheit. In dem fast abgeschlossenen Naturkessel setzt die Baumblüte zwei Wochen später ein als etwa in Zittau; im Herbstlaub scheinen die Hänge zu brennen. In **Kryštofovo Údolí** stehen böhmische Umgebindehäuser mit schönen baulichen Details, Häuser wie gewachsen an diesem romantischen Sonnenplatz.

Den schönsten Blick auf das Tal bietet der Bahnhaltepunkt, einen steilen Kilometer von der Dorfstraße entfernt. Ein markierter Weg führt über den Kirchhof zu der aus Holz erbauten **St.-Christophorus-Kirche** (1683/86). Der schiefergedeckte Barockbau wurde 1992/95 restauriert; das Geld wurde vor allem mit Spenden ehemaliger deutschsprachiger Einwohner von Christophsgrund aufgebracht. Der Vorraum der Kirche ist meist geöffnet, sodass man auch außerhalb der Besichtigungszeiten in den reizvollen Innenraum mit der prächtigen Rokoko-Ausstattung schauen kann.

■ **St.-Christophorus-Kirche,** Juni bis Sept. So. 16–16.30 Uhr, Okt. bis Mai am letzten So. des Monats 15–15.30 Uhr (Einblick sonst auch durch das Türgitter möglich)

162ol dk

Neben dem Portal zum Kirchhof, das einen Totenkopf im Schlussstein trägt, befindet sich das Atelier des Keramikers *Jaroslav Lada.* Wer besichtigen oder kaufen möchte, klingelt am Tor. Weitere sehenswerte Keramikwerkstätten im Ort sind ausgeschildert. Direkt am Wanderweg, neben der Brücke steht das ehemalige Gasthaus Goldner Stern, das **Hostinec u Kryštofa** mit seiner **Sammlung böhmischer Krippen** (Vystava Betlému). Das kleine Museum im Gasthaus ist am Wochenende geöffnet und zeigt mehrere in dieser Region zur Weihnachtszeit angefertigte Krippen, einer in Bergbauregionen typischen Volkskunst. Den sehenswerten Ortsteil **Novina** (Neuland) überquert die Bahnlinie Liberec – Děčin auf dem historischen **Viadukt,** bevor sie den Jeschkenkamm am Kriesdorfer Sattel (Křižanske sedlo) im 822 Meter langen Tunnel unterquert.

Die Radwanderung führt auf asphaltierter Straße (gelb) durch das Waldtal (Lesni dul) bis kurz vor die Wegkreuzung Eduarduv buk (Eduardsbuche); sie wird von der grünen Markierung übernommen und zur Wegkreuzung Trávník (Rasenbank) auf dem **Jeschken-Hauptkamm** begleitet. Weiter mit der gelben Markierung unterhalb des Großen Kalkbergs (Vělký Vápenny, 790 m) zur nächsten Kreuzung (die gelbe Markierung führt weiter zur Ruine Roimund) und (rot) zur Europastraße E13 im Pankratzer Sattel (Jítravske sedlo), der natürlichen Grenze zwischen Lausitzer und Jeschkengebirge. Nun noch ein ordentlicher Anstieg, dann erreicht diese Tour über Dolní Suchá (Nieder Berzdorf) die Ausgangsstrecke Chotyně/Hrádek n. N./ Zittau.

Praktische Informationen

Info

- **www.krystofovoudoli.cz** (tschechisch)

Unterkunft/Gastronomie

- **Restaurace U Uhlířu**①, Kryštofovo Udolí 126, Tel. (00420) 48 2720357, Mi.–Fr. 17–22 Uhr, Sa. 12–24 Uhr, So. 12–20 Uhr (sehr gemütliche Gastwirtschaft im Umgebindehaus, böhmische Küche, Gartenlokal, Übernachtung 250 Kč, zu erreichen auf der Hauptstraße nach Noviny)
- **Restaurace U Kryštofa**①, Kryštofovo Udolí 26, Tel. (00420) 48 2720340, Mo./Di. 12–22 Uhr, Fr./Sa. 12–24 Uhr, So. 12–20 Uhr (einfaches Wirtshaus im Ortszentrum, Ausstellung von Weihnachtskrippen, gelegen an der Bushaltestelle Richtung Liberec und am Aufstieg zur Bahn)

Anspruchsvoll II: Vom Hochwald zum Jeschkengipfel

Kammwanderung

Konsequent wäre es, diese Kammwanderung auf der Lausche zu beginnen und vom höchsten Berg des Zittauer Gebirges zum Gipfel des Jeschkenkammes zu laufen. Wer am frühen Morgen schon auf der Lausche steht, den Kammweg auf sächsischer Seite nach Hain wählt und über den Hochwald ins Böhmische steigt, wird am Nachmittag im Turmcafé des Jeschken auf eine anstrengende, aber landschaftlich großartige, abwechslungsreiche Tour über zwei Gebirgskämme zurückblicken können. Doch wer es etwas bequemer möchte, beginnt diese Wanderung auf dem Hochwald oder am

163ol dk

Lückendorfer Grenzpass. Alle Wege treffen sich in Petrovice, unweit der Kirche. Von dort bis zum Ziel gilt die **rote Markierung des Europäischen Fernwanderweges.** Wo auch immer die Wanderung begonnen wird: **Ausreichend Proviant** mitnehmen! Ehe das Ziel erreicht ist, besteht keinerlei Möglichkeit, in einem Restaurant einzukehren – aber unterwegs bieten sich viele schöne Rastplätze an. Wichtiger als auf anderen hier beschriebenen Wanderungen sind **feste, strapazierfähige Schuhe** und eine **Wanderkarte.**

Gleich hinter Petrovice führt der Weg über eine Wiese. Das Dorf im Rücken, wird ein Waldstück erreicht, durch das ein Bach mäandert. Auf der asphaltierten Forststraße nach rechts abbiegen. Zweimal führen steile Wege nach rechts auf den Bergkamm, aber erst der dritte, der markierte, ist der richtige! Der Anstieg ist zunächst steil, dann mäßig auf ausgewaschenem, oft feuchtem, steinigem Weg. Auf dem Wanderweg geht es bequem im Wald zur **Tobiaskiefer** (Tobiašova borovice) und in das **Kaisertal** (Krásny důl: Schönes Tal). Hier treffen sich einige der schönsten Wanderwege des böhmischen Lausitzer Gebirges (siehe „Geheimnisvoll: Felstheater am Kaisergrund").

Nach der schummrigen Enge des Gebirgswaldes öffnet sich in **Horní Sedlo** (Pass) endlich ein Fernblick – über Hrádek nad Nisou auf Isergebirge und Jeschkenkamm. Die zu Hrádek n. N. gehörende Siedlung am Pass zwischen Lausitzer und Jeschkengebirge liegt wie von al-

⌃ Jeschken-Panorama

ler Welt vergessen. An der Bushaltestelle (Linie Hrádek n.N. – Straž pod Ralskem – Hamr) ist die Dorfstraße zu überqueren und mit der roten Markierung zum Waldrand zu gehen, um am **Spitzstein** (**Ostry vrch,** 507 m) das Jeschkengebiet zu erreichen, immer bergan.

Neben dem Wegweiser an der Dorfstraße, bei der winzigen Kapelle, befindet sich einer der in den Jahren 1936/38 angelegten **Verteidigungsbunker** des „Tschechoslowakischen Walls" an der Grenze zum nationalsozialistischen Deutschland.

Der Landschaftswandel lässt sich während dieses Anstieges recht gut beobachten. Allmählich wird der **Ziegenrücken** (Kozí hřbet) überquert (Lehrpfad in tschechischer Sprache), dort gibt es schöne Rastplätze. Bis hierher hat die Wanderung zwei Stunden gedauert. Nach steilem Anstieg auf einem Waldweg folgt ein kurzes, weniger angenehmes Intermezzo: Quer über die Schnellstraße E13 (Liberec – Děčín), die sich mit Dauerlärm längst angekündigt hat, hinter der Waldkante gleich scharf rechts auf einem asphaltierten Serpentinenweg steil bergan. Nach zwanzig Minuten ist von der Straße nur noch fernes Rauschen zu hören und der Weg wird wieder angenehmer, obwohl immer noch befestigt.

Die zweithöchste Erhebung des Jeschkengebirges ist der **Große Kalkberg** (Vělký Vápenny, 790 m) – einen Kilometer vor dem Gipfel steht ein Wegweiser. Rote und gelbe Markierung begegnen sich auf 500 Metern, nach scharfer Rechtsbiegung führt allein der rote Weg sehr steil hinauf, der gelbe dagegen zur Ruine der seit den Hussitenkriegen verlassenen Burg Raimund (1 km). Der Große Kalkberg steht als Naturreservat unter besonderem Schutz, die ausgewiesenen Wege dürfen nicht verlassen werden. Von den beiden zur Auswahl stehenden Wegen ist der linke Weg der rechte. Der rote Strich taucht weiter unten wieder auf. (Wer den rechten, unmarkierten Weg nimmt, kommt auch zum Ziel, erlebt eine fantastische Sicht auf das Zittauer Gebirge und trifft auf eine Wegkreuzung, wo links die gelbe Markierung zu finden ist – die führt zur historischen Wegkreuzung Trávník, wo die rote Markierung wieder auftaucht, der Umweg beträgt 15 Min.)

Bei **Trávník** (Rasenbank) erreichen auch die Wanderwege aus Zdzislava (2,5 km) und Chrastava (7 km) sowie von der Wegkreuzung Buk republiky (2,5 km) den Hauptkamm. Weiter geht es über den **Maly Vápenný** (Kleiner Kalkberg, 687 m) mit den Hirschwiesen (U Jeleni louka). In der fünften Wanderstunde wird die Waldkapelle zum heiligen Christoph (Kaple sv. Kryštofe) erreicht; bis zum Jeschkengipfel sind es noch acht Kilometer. In **Kryštofovo Údolí** (Christofsgrund) ist es möglich, die Wanderung zu beenden (4 km abwärts zur Bahnstation).

Von nun an geht es wirklich hart zur Sache: Zunächst bergab zum **Kriesdorfer Sattel (Křížanske Sedlo),** der Wasserscheide des Jeschkengebirges. Von dort bietet sich wieder einmal eine Fernsicht: das Gebirgsprofil mit dem Gipfel des Rollberges (Ralsko) und dem Doppelgipfel des Bösig (Bezděz). Unter dem Sattel – durch einen 822 Meter langen Tunnel – fährt die Eisenbahn auf der Strecke Liberec – Česka Lípa. Die Bahnstation Křížany liegt zehn Minuten entfernt (Straße).

Nach Überqueren der Straße wird ein steil aufsteigender Weg erreicht, der bei entsprechender Witterung wohl zugleich Bachbett ist. Der **Maly Ještěd** (Kleiner Jeschken, 754 m) gibt schon eine Ahnung vom großen Bruder; immerhin sind 200 Höhenmeter zu überwinden. Hin und wieder gibt der Wald etwas Fernsicht frei, auf halbem Weg führt ein kurzer Abstecher zum Aussichtspunkt **Danske kameny.** Schnurgerade führt ein breiter Forstweg durch monotonen Fichtenwald, etwas ermüdend auf diesen letzten Kilometern; nach 30 Minuten gibt es eine Wegbiegung, an der endlich das Ziel dieser Wanderung sichtbar wird: Der Jeschken steht zum Greifen nah, aber immer noch sehr hoch und nicht selten mit der kühn aufgeschwungenen Turmspitze im Wolkendunst. Ein Glück, dass hier ein Kiosk zur Rast einlädt (Parkplatz neben der Bushaltestelle: Linien nach Liberec, Cesky Dub und Stráž pod Ralskem). Ein Serpentinenweg erreicht den **Ještěd (Jeschken),** der an seinen besten Tagen großartige Fernsichten bietet, vom Riesengebirge bis zur Sächsisch-Böhmischen Schweiz, vom Isergebirge zum Erzgebirge. Das Hotelrestaurant ist täglich geöffnet und entschädigt im 1970er-Jahre-Flair mit schmackhaftem Essen auch für wolkenverhangenen Himmel.

Den Abstieg erleichtert die **Kabinenseilbahn:** Auf der Fahrstrecke von 1182 Metern überwindet sie in vier Minuten den Höhenunterschied von 403 Metern. Von Horní Hanychov sind es nur noch zehn Minuten Fußweg durch den Wald zur Straßenbahn Linie 3, die direkt zum Bahnhof Liberec fährt (25 Min.).

⊡ Wegweiser in Krompach

196ol dk

Praktische Informationen

Anreise

■ **Kabinenseilbahn** Horní Hanychov (Liberec) – Jeschkengipfel, tgl. außer Mo. 9–19 Uhr, Fahrpreis einfach 75 Kč, Hin- und Rückfahrt 120 Kč (untere Station erreichbar mit Straßenbahn-Linie ab Stadtzentrum/Bahnhof Liberec, bis Endhaltestelle, dann 10 Min. Fußweg; 400 m Höhenunterschied, Fahrzeit 4 Min., das Euro-Neiße-Ticket des ZVON gilt als Fahrkarte)

■ **Seilbahn** (Lanová dráha) Horní Hanychov – Skalka, Juli, Aug. tgl., Sept., Okt. Sa., So. halbstündlich 9–17.30 Uhr, Fahrpreis einfach 80 Kč, Hin- und Rückfahrt 120 Kč (Talstation 80 Meter von Straßenbahnhaltestelle und Parkplatz, von der Bergstation 30 Min. Wanderung zum Jeschkengipfel)

Unterkunft/Gastronomie

■ **Hotel Ještěd**①-②, Liberec, Tel. (00420) 485 104 291, www.jested.cz, Restaurant tgl. geöffnet (1960er-Jahre-Bauwerk auf dem Gipfel des Jeschken, exzellente Aussicht, DZ 950–2000 Kč, Essen 150 Kč, böhmische Küche)

164ol dk

10 Liberec und Umgebung

Die nordböhmische Metropole Liberec (Reichenberg) liegt zwischen Lausitzer Gebirge, Jeschkenkamm und Isergebirge, nicht viel weiter weg sind das Riesengebirge und das Böhmische Paradies. Jablonec nad Nisou (Gablonz) ist die Stadt des Glasschmucks, hier steht Architektur der Moderne.

◁ Liberec: Blick vom Bahnhof aus auf die Stadt am Isergebirge

Liberec und Umgebung

0 10 km

- Eine riesige Wiener Torte thront auf Liberecs Platz **Benešovo náměsti** | 293
- Fragile Schönheit bewundern im **Glas- und Bijouteriemuseum** in Liberec | 298
- Ein kleiner Blick in himmlische Gefilde: ein Ausflug ins **Böhmische Paradies** | 303

Diese Tipps erkennt man an der gelben Hinterlegung.

NICHT VERPASSEN!

LIBEREC UND UMGEBUNG

Auf einem Stadtrundgang durch die **nordböhmische Bezirksstadt** Liberec (Reichenberg) begegnet man prächtigen öffentlichen Bauwerken aus dem 19. und frühen 20. Jahrhundert. Für Einkaufstouren zwischen Eckladen und Shoppingmall ist die alte tschechische Handelsstadt an der Neiße eine zunehmend spannende Adresse, dazu gibt es böhmische und internationale Küche.

Von den **fünf Gebirgen am Dreiländereck** sind in Liberec zwei gleich mit der Straßenbahn zu erreichen: der Jeschkenkamm mit dem markanten Hotel und Sendeturm und das Isergebirge. An den Rand des Isergebirges führt auch der Rundgang durch die historische Glashütten- und Bijouteriestadt **Jablonec nad Nisou** (Gablonz). Eine Empfehlung an Architekturfreunde: Hier findet sich exemplarisch die gesamte Baugeschichte um die Wende vom 19. zum 20. Jahrhundert. Gablonzer Glasschmuck gibt es im Museum und in kleinen, aber feinen Läden.

Ausflüge per Bahn mit dem günstigen Euro-Neiße-Ticket oder dem Auto führen zu Bergen und Burgen im Lausitzer Gebirge – zu Wallensteins Burg Friedland, zum Bürgstein und Habichtstein und auf den Kleis –, auf den Bösig und an den Mácha-See im Böhmischen Paradies sowie nach Harrachsdorf an den Rand des Riesengebirges.

Liberec

Überblick und Geschichte

Stadt am Jeschken

Die nordböhmische Bezirksstadt Liberec **(Reichenberg)** liegt an der Lausitzer Neiße im Talkessel zwischen Jeschkenkamm und Isergebirge. In der tschechischen **Industrie-, Universitäts-, Kultur- und Sportstadt** leben 102.000 Einwohner. Zu Beginn des 20. Jahrhunderts war Reichenberg eine der bedeutendsten böhmischen Industriestädte, wovon noch heute prachtvolle öffentliche und private Bauten der Gründerzeit und im Jugendstil zeugen.

Persönlichkeiten

In Reichenberg wurden der Kinderbuchautor **Otfried Preußler** (1923–2013), der Weltenbummler und legendäre Isergebirgs-„Misthaus"-Bewohner *Gustav Ginzel* (1932–2008) sowie der Maler **Markus Lüpertz** (1941) geboren.

Zentrum Nordböhmens

Heute ist Liberec das florierende Zentrum Nordböhmens. Auch in sportlicher Hinsicht macht die Stadt von sich reden: 2009 war sie Austragungsort der Nordischen Skiweltmeisterschaft. Die Technische Universität zählt 5000 Studenten. Das **Stadtzentrum** lädt mit unzähligen gemütlichen Bierkneipen, mit Restaurants und Läden zum Einkehren und Flanieren ein. Mit Bahn, Bus oder dem eigenen Auto sind die umliegenden vier Gebirge – Jeschken- und Lausitzer Gebirge, Iser- und Riesengebirge – schnell erreicht.

Die **beste Zeit für einen Besuch** der Stadt sind die Werktage; sonntags legt sich Liberec zur Ruhe, die Einwohner sind dann eher in der Natur ringsum zu finden.

Mit der Straßenbahn in zwei Gebirge

Mein Tipp: Mit dem **Euro-Neisse-Ticket** des ZVON (Einzel- oder Gruppenkarte für fünf Personen) lassen sich die Stadt und ihre Umgebung preisgünstig und bequem kennenlernen. Die Fahrkarte gilt sowohl für die Bahnfahrt bis Liberec als auch für die Straßenbahnen und Stadtbusse und sogar für die Kabinenseilbahn auf den Jeschken. Die **Straßenbahnlinie 3** ist für Besucher der Stadt die interessanteste. An deren südwestlicher Endstation befindet sich (800 Meter Fußweg) die Talstation der **Kabinenbahn** zum Jeschkengipfel (1012 m). Die nordöstliche Endstation heißt Lidové sady (Volksgärten), das ist ein Park mit Kulturhaus, von dort führen bereits markierte Wanderwege ins Isergebirge.

So lässt sich mit dieser betagten Tatra-Straßenbahn eine Stadtrundfahrt zwischen zwei Gebirgen und durch die sehenswertesten Viertel der Stadt unternehmen.

[>] Taubenfüttern auf dem Benešplatz

Sehenswert in Liberec

Stadtzentrum

Am **Soukenné náměsti,** dem alten Tuchplatz im Zentrum der Stadt, gibt es eine riesige Einkaufsgalerie, hier stehen auch ein Hochhaus aus den 1930er Jahren und der expressive Bat'a-Turmbau. Das von *Vladimír Karfík* 1928 für den tschechischen Schuhkonzern erbaute Kaufhaus markiert die Avantgarde in der Stadt zwischen den böhmischen Bergen – und den Zugang zur **Pražská** (Prager Straße), dem lebendigsten Boulevard der Stadt. Hier gibt es viele Geschäfte und Restaurants.

Der Boulevard mündet auf den prächtigen **Benešovo náměsti.** Mitten auf dem zentralen Platz der Altstadt steht eine riesige Wiener Torte – das 1893 durch den Wiener Architekten *Franz Ritter von Neumann* errichtete **Rathaus.** Die Architektur des Gründerzeitbauwerkes ist bis ins Detail erhalten geblieben. Es lohnt sich, durch das Portal ins Haus hineinzugehen, die Marmortreppen emporzuschreiten und die Glasmalereien in der Halle zu betrachten. Sie zeigen das Handwerk, mit dem die Stadt großgeworden ist, sowie Allegorien. Rechts am Rathausportal erinnert ein Denkmal an die Opfer der sowjetischen Okkupation am 21. August 1968, die den „Sozialismus mit menschlichem Antlitz" unter Panzerketten begrub.

Auf dem Platz herrscht immer lebhaftes Treiben, das man aus einem der vielen Straßencafés und Restaurants beobachten kann. Hinter dem Rathaus steht das Neorenaissancegebäude des **Stadttheaters** (1883), im Stadthaus auf der anderen Straßenseite befindet sich die Tourist-Information. Dem Ensemble öffentlicher Bauten aus der Habsburgerzeit wurde oberhalb des Stadtteaters ein Bau

165ol dk

der Moderne zur Seite gestellt. Anstelle der von den Nationalsozialisten 1938 niedergebrannten Synagoge (1889) wurde im Jahr 2000 ein **Bildungs-, Kultur- und Begegnungszentrum** eröffnet, zu dem eine Wissenschaftliche Bibliothek und der Neubau der Synagoge gehören. Die nächstgelegene Bushaltestelle wurde durch den Prager Bildhauer *David Černý* (geb. 1967) als Skulptur gestaltet: **„Zastavka“** (Haltestelle) ist ein Bronzetisch, der mit Utensilien der Reichenberger Stadtgeschichte gedeckt ist: so mit einem jüdischen Leuchter, einem deutschen Bierkrug, einem böhmischen Eisbein mit Messer und Gabel.

Nun ist es am besten, die wenigen Schritte zum Rathaus zurückzulaufen, um wieder auf den Beneš-Platz zu gelangen. Parallel zur Prager Straße gibt es einen zweiten Boulevard, die Moskevská (Moskauer Straße). An deren Einmündung auf den Platz zweigt die Felberova ab, die zur **Palachová** (benannt nach dem Studenten *Jan Palach,* der am 19. Januar 1969 in Prag mit seiner Selbstverbrennung gegen die sowjetische Besetzung der Tschechoslowakei protestierte) und zum **Jugendstil-Hotel Zlatý lev** (Goldener Löwe) führt. Beim Goldenen Löwen hat die Svijany-Brauerei, die eines der besten böhmischen Biere braut, ein Lokal mit Straßenplätzen am Schlosspark. Hier lässt sich gut und preiswert böhmisch essen, und das „Svijanské pivo“ ist wirklich exzellent.

Das **Schloss** (18. Jh.) dient als Messegelände für den Glasexport und ist nicht frei zugänglich. Beim Spaziergang durch den kleinen Park um das Schloss herum erreicht man die in einer Neorenaissance-Villa eingerichtete **Bezirksgalerie** (Oblastní galerie). Sie beherbergt eine umfangreiche Sammlung französischer und niederländischer Landschaftsmalerei des 17. bis 19. sowie tschechische Kunst des 20. Jahrhunderts. Zudem werden Sonderausstellungen von zeitgenössischen Künstlern gezeigt.

■ **Bezirksgalerie (Oblastní galerie),** U Tiskárny 81/1, Tel. (00420) 48 5106325, www.ogl.cz, Di.–So. 10–18 Uhr

Die Palachová führt zum Verkehrsknotenpunkt Šaldovo náměstí (am Hotel Liberec), dort zweigt die schmale 5. května (Straße des 5. Mai) ab. Nachdem diese das kleinteilige Quartier am Nerudovo nam. (Neruda-Platz) passiert hat, breitet sie sich zur repräsentativen Promenade (Masarykova) aus. Hier befindet sich das Messegelände, stehen Schulen und Villen aus der Gründerzeit und das **Nordböhmische Museum** – ein wuchtiger Palast zwischen Historismus und Jugendstil, der die Besucher auf einer breit geschwungenen Freitreppe zu den Höhen der Kultur geleitet. 1896 wurde das „Gewerbemuseum" eröffnet. Es gehörte zu den führenden seiner Art in Europa. Besonders wertvoll ist die Samlung böhmischen Glases vom Barock bis zur Moderne.

■ **Nordböhmisches Museum (Severočeské Muzeum),** Masarykova 11, Tel. (00420) 48 524 6111, www.muzeumlb.cz, Di.–So. 9–17 Uhr (Geschichte, Handwerk, Industrie und Kunst der Stadt und Region, Sonderausstellungen)

Fünf Minuten sind es noch bis zum **Botanischen Garten,** einem der ältesten und wertvollsten in der Tschechischen Republik. Er wurde 1876 angelegt, 1904 der benachbarte **Zoologische Garten.** Dessen berühmteste Bewohner sind der Weiße Tiger und die Schneeleoparden. Von der Straßenbahn-Endhaltestelle (Linie 3) Lidové sady (Volksgärten) führen Wanderwege steil hinauf ins **Isergebirge.** Die Straßenbahn braucht bis zum Bahnhof (Nadraží) knapp eine Viertelstunde.

■ **Zoo,** Masarykova 13, www.zooliberec.cz, April bis Okt. tgl. 8–18 Uhr, Nov. bis März tgl. 8–17 Uhr

⌃ Wie eine Riesentorte: das Rathaus

062ol dk

Praktische Informationen

Anreise

■ **Auto,** Zittau, Friedensstraße – Hrádek nad Nisou – Schnellstraße E13 nach Liberec (28 km)

■ **Bahn,** Dresden – Zittau – Liberec

Info

■ **Stadtinformation,** nam. Dr. E. Beneše 1, Tel. (00420) 48 5101709, www.infolbc.cz, Juni bis Sept. Mo.–Fr. 8–18 Uhr, Sa./So. 9–12 Uhr, Okt. bis Mai Mo.–Fr. 8–17 Uhr, Sa. 9–12 Uhr,

■ **Centrum Babylon,** Nitranská 1, Tel. (00420) 48 5249202, www.centrumbabylon.cz (Freizeit- und Einkaufspark, Hotel, Tourist-Information – tgl. 10–20 Uhr – mit Buchungsmöglichkeiten für die ganze Stadt)

Unterkunft/Gastronomie

■ **Grand-Hotel Zlatý Lev**③, Gutenbergova 3, Tel. (00420) 48 5256700, www.zlatylev.cz, tgl. ab 10 Uhr (Jugendstilhaus mitten in der Stadt am Schlosspark, mehrere Restaurants)

■ **Hotel Arena**②, Jeronýmova 570/22, Tel. (00420) 48 8048111, www.hotelarena.cz (modernes, großzügiges Hotel, auch barrierelose Zimmer, Hotelherberge mit Mehrbettzimmern ab 260 Kč/Pers.)

■ **Hotel Petra**①, Ještědska 680/121, Tel. (00420) 731526164, www.hotelpetra.cz, tgl. ab 11 Uhr (kleines, modernes Hotel am Radweg zum Jeschken, böhmische Küche)

■ **Uni-Hotel der TU Liberec**①, Voroněžská 1329/13, Tel. (00420) 48 5352162, www.unihotel.tul.cz (einfach praktisch, Zweibett-, einige Dreibettzimmer, 5 Min. vom Stadtzentrum, bewachter Parkplatz gebührenfrei)

166ol dk

Jablonec nad Nisou

Die Glashütten- und Bijouteriestadt Jablonec nad Nisou (Gablonz an der Neiße, 45.000 Einwohner) liegt auf dem Hügelland vor dem Isergebirge. Mit Liberec ist die Stadt durch die Straßenbahnlinie 11 verbunden, schneller geht es mit der Bahn (an Wochenenden direkt von Dresden – Wilthen – Zittau). Mit dem Auto sind es 20 Kilometer auf der E 442 oder 14 Kilometer entlang der Neiße.

Zahlreiche Bauten des Jugendstil und Funktionalismus sowie Parkanlagen und der Stausee Mšeno (Grünwald) prägen das Stadtbild. Ihr Zentrum bilden drei terrassenartig übereinanderliegende Plätze, deren Turmbauten einen reizvollen **architektonischen Dreiklang** geben: Dolní naměstí (Unterer Marktplatz) – mit dem Alten Rathaus, erbaut 1867/69 –, Mirové naměstí (Platz des Friedens) – mit dem 1931/33 erbauten Neuen Rathaus, das zugleich Kulturzentrum und **Aussichtsturm** ist –, und Horní naměstí (Oberer Marktplatz) – mit der kubistischen, 1930/31 in dunklen Ziegeln erbauten Kirche zum allerheiligsten Jesusherzen.

< Zastavka: eine Bushaltestelle als Kunstwerk

^ Das Theater von Jablonec nad Nisou

167ol dk

Vom Unteren Marktplatz sind es nur wenige Schritte zum Jugendstilgebäude des **Glas- und Bijouteriemuseums.** Es enthält eine unvergleichliche Sammlung von Gablonzer Glas und Schmuck und böhmischen Designerglases.

■ **Glas- und Bijouteriemuseum (Muzeum Skla a Bižuterie),** U Muzea 398/4, www.msb-jablonec.cz, Di.–So. 9–17 Uhr (Juli, Aug. auch Mo.), 80/50 Kč (historisches und modernes Glas- und Schmuckdesign in Gablonz und Böhmen)

Sehenswerte Wohn- und Geschäftshäuser des 19. und frühen 20. Jahrhunderts stehen auch an der Podhorska (Gebirgsstraße) und der Smetanova, durch die man vom Neuen Rathaus eine kleine Runde drehen kann. Einer der seltenen Kirchenbauten in reinem Jugendstil ist die **Altkatholische Kirche** (1902) am nám. Boženy Němcové (über die Podhorska stadtauswärts 15 Min.). Vom Neuen Rathaus führt die Komenského als Boulevard in das kleinteilige Quartier an der Poštovní (Poststraße); oberhalb davon stehen der prächtige Sezessionsbau des Theaters (1906/07) und der Neorenaissancebau der Post (1892/94).

Der **Stausee Mšeno,** einer der größten innerstädtischen Seen Europas, wird vor allem von den Gablonzern zur Erholung aufgesucht. Gern flanieren sie auf der 1906/09 erbauten Staumauer. Der See bietet Strände, Sportplätze, Bootsverleih und Restaurants.

Praktische Informationen

Info

■ **Stadtinformation,** Kostelní 1/6, www.jablonec.com, Mo.–Fr. 9–17 Uhr, Sa. 10–13 Uhr (vom Unteren Marktplatz über die Soukenná, 300 Meter; Aussichtsturm des Neuen Rathauses: Juli, Aug. Mo., Mi. 10–16 Uhr, Di., Do., Fr. 10–15 Uhr, 20/10 Kč)

[>] Die Iser ist der Grenzfluss zwischen Iser- und Riesengebirge

[^] Geschäftshaus an der Komenského

Wanderungen ins Iser- und Riesengebirge

Für eine erste Bekanntschaft mit dem Isergebirge bietet sich die abwechslungsreiche Wanderung vom Bahnhaltepunkt Nova Ves nad Nisou (drei Stationen hinter Jablonec) nach **Tanvald** an (12 km). Die Strecke ist gut markiert (rot) und passiert den größten Aussichtsturm des Isergebirges, **Cerná studnice** (Schwarzbrunnwarte). Der 26 Meter hohe burgartige Granitturm wurde 1904/05 erbaut. Böhmisches Bier und Knödel warten in der Bergbaude. Am Wege gibt es weitere schöne Aussichtsplätze, und von Tanvald kann man wieder mit der Bahn nach Liberec, Zittau und Dresden fahren.

MEIN TIPP: Wer länger in der Gegend verweilt, sollte sich eine der **spektakulärsten Bahnfahrten** in Tschechien nicht entgehen lassen. Die Reise mit der **Zahnradbahn** (Tanvaldska ozubnicová dráha) von Tanvald über Kořenov (Wurzelsdorf) nach Harrachov (Harrachsdorf) im Riesengebirge wird als Nostalgiefahrt an mehreren Sonnabenden zwischen Juni und September angeboten. Das gibt es nur hier, eine Zahnradbahn auf Normalspur. 235 Höhenmeter überwindet sie auf sieben Kilometern Fahrt und ist damit Tschechiens steilste Bahnstrecke. Ein grandioses Landschaftspanorama genießt man bei der 12 Kilometer langen Bahnreise vom Isergebirge über die Iser (Jizera) ins Riesengebirge, auch mehrere Tunnel werden dabei durchfahren.

Ein Landschaftserlebnis ist diese Bahnfahrt aber auch im **normalen Linienverkehr,** dem man die Mühen der

168ol dk

steilen Strecke durchaus anmerkt. In Kořenov und Harrachov bestehen Anschlüsse nach Szklarska Poręba (Schreiberhau) im polnischen Riesengebirge, von dort nach Jelenia Góra (Hirschberg). Die Fahrkarte kann beim Schaffner in tschechischen Kronen oder polnischen Złoty gelöst werden, es gilt auch das Euro-Neisse-Ticket (nicht für die Nostalgiefahrten).

Von der **Bahnstation Harrachov** sind aber auch Wanderungen in das **Riesengebirge** möglich. Es gibt mehrere markierte Wanderwege. Für eine kurze Tour zwischen zwei Zugfahrten bietet sich der Weg nach rechts (grüne Markierung, 1,5 km), oberhalb des Golfplatzes an, ins wildromantische Tal der Iser (Jizera). Der Fluss markiert hier die Grenze zwischen Riesen- und Isergebirge. Dort gibt es auch Bauden zum Einkehren (Martinské údolí, Sport Ski). Vom Bahnhof nach links, zunächst an der Straße, dann durch den Wald, sind es vier Kilometer bis ins Stadtzentrum von Harrachov, von wo aus mehrere Wege ins Riesengebirge führen, zum Beispiel ein Rundweg (4 km, blau) zum Mummelfall (Mumlava, nahe der Elbquelle).

Die Bahnstation Harrachov liegt übrigens nicht im historischen Harrachsdorf, sondern im einstigen Strickerhäuser (heute Mýtiny), das als niederschlesisches Dorf 1945 zunächst zu Polen gehörte und erst später im Austausch gegen ein tschechisches Gebiet zur Tschechoslowakei kam. Harrachsdorf war seit dem 18. Jahrhundert für seine Glashütten bekannt, Harrachov heute ist ein auch bei deutschen Touristen beliebtes Wintersportzentrum.

Böhmische Berge und Burgen

Mit dem preisgünstigen und bequemen Angebot des Euro-Neiße-Tickets, aber natürlich auch mit dem eigenen Auto kann man von Liberec aus **Tagestouren** zu weiteren Naturschönheiten und interessanten Orten der Reichenberger Region zwischen Isergebirge (Jizerké hory), Böhmischem Mittelgebirge (České středohoří) und Böhmischem Paradies (Český ráj) unternehmen.

Burg Friedland

Beim Städtchen **Frýdlant v Čechach** (7500 Einwohner) ragt die **Burg Friedland** auf. Von Liberec aus fährt stündlich eine Bahn nach Frýdlant v Čechach, die Fahrzeit beträgt eine halbe Stunde, dann folgen noch 20 Minuten Fußweg.

Drei berühmte Adelsgeschlechter zeichneten die Geschichte dieser auf einem Bergsporn über der Wittig (Smĕda) errichteten Anlage. Frühgotisch ist der Turm, unter der Familie von Redern wurde die Burg im Stil der italienischen Renaissance ausgebaut, 1620 erwarb *Albrecht von Wallenstein,* der katholische Heerführer im Dreißigjährigen Krieg, die Herrschaft Friedland („der Friedländer"), ihn beerbte der kaiserliche General *Matthias von Gallas.* Ende des 17. Jahrhunderts erhielt Friedland früh-

Burg Friedland

barocke Elemente. Das älteste mitteleuropäische Burgenmuseum – seit 1801 – präsentiert vor allem sich selbst, dazu Waffen, Möbel, Glas und Porzellan. In der Schlosskirche ist ein Hochaltar der Spätrenaissance zu sehen.

Burg und Schloss Friedland (Hrad a zámek Frýdlant), www.zamek-frydlant.cz, April, Okt. Di.–So. 9–15.30 Uhr, Mai, Juni, Sept. 9–16 Uhr, Juli, Aug. 9–16.30 Uhr, Besichtigung nur mit Führungen, ca. 2 Std., in deutscher Sprache: 210/150 Kč)

Interessante Ziele in der Nähe sind die Bergstadt **Nové Město pod Smrkem** (Neustadt an der Tafelfichte) als Ausgangsort für Wanderungen auf den höchsten Gipfel des böhmischen Isergebirges, der Kurort **Lázně Libverda** (Bad Liebwerda) mit seiner spätbarocken Kuranlage und schmackhaftem Quellwasser, über dem Kurort das **Riesenfass** voll schmackhaftem Bier: Obří sud. Die einem riesigen Fass nachgebildete Ausflugsgaststätte ist nicht allein der böhmischen Speisen und Getränke wegen beliebt. Von der Terrasse hat man einen überwältigenden Blick auf die Bergkette des Isergebirges. Kurpark und Riesenfass verbindet ein kurzer, aber recht steiler Wanderweg (1500 m); Aufstieg über die Treppe an der Straßenkurve.

Im benachbarten **Hejnice** (Haindorf, Bahnstation) gibt es eine Verbindung nach Prag und Salzburg: Baumeister der hochbarocken Wallfahrtskirche Maria Heimsuchung (1722–1725) war *Thomas Haffenecker,* der mehrere Sakralbauten an der Moldau geschaffen hat. *Bernhard Fischer von Erlach,* der wiederum an der Salzach tätig war, hatte dazu Pläne vorgelegt.

Praktische Informationen

Info

- **Informationszentrum Lázně Libverda,** www.laznelibverda.cz, Mo.–Fr. 8–12 Uhr, 12.30–17 Uhr, Sa. 8–12 Uhr (vom Kurpark 150 Meter, Wegweiser)

Gastronomie

- **Riesenfass (Obří sud)**①, Lázně Libverda, April bis Sept. Di.–So. 9–21 Uhr, Okt. bis März Di.–So. 11–19 Uhr (traditionsreiche Ausflugsgaststätte am Isergebirge, böhmische Küche, Terrasse, Andenken- und Glaskunstverkauf)

Felsenburg Bürgstein

Rund 40 Kilometer westlich von Liberec, bei Nový Bor (Haida) liegt das Dorf **Sloup v Čechách** (Bürgstein), und mitten im Dorf ein frei stehender, 40 Meter hoher Felsbrocken. Ausgerechnet an diesem auffälligen Ort, der im Mittelalter eine Burg getragen hat, ließen sich im 18. Jahrhundert mehrere Einsiedler nieder. Sie lebten in den Höhlen und Tunneln des zerklüfteten Sandsteins. Heute ist der **Einsiedlerfelsen** ein Museum.

- **Felsenburg Sloup,** www.hradsloup.cz, Juni bis Aug. tgl., Mai, Sept. Di.–So. 9–17 Uhr, April, Okt. Sa., So., Feiertage 9–16 Uhr, 60/30 Kč

☒ Die Ruine Trosky im Böhmischen Paradies

Burg Habichtstein

Ähnlich schräg, im doppelten Sinne, ist die **Burg Habichtstein** (Jestřebí) im gleichnamigen Dorf, südlich von Ceská Lípa (Böhmisch Leipa). Ihre Form erinnerte an ein gestrandetes Schiff und wurde auf historischen Darstellungen gern in diesem Sinn überzeichnet. Nach Felsabstürzen blieb von diesem Bild nicht mehr viel. Die Burg wurde 1292 gegründet, war Adelssitz, Raubnest und schon im 16. Jahrhundert unbewohnt. Heute ist der südliche Burgfelsen frei zugänglich und bietet eine schöne Sicht auf das Bergland.

Kleis

Ein unverwechselbarer Kegel am Südrand des Lausitzer Gebirges ist der Kleis (**Klíč,** 759 m), nördlich von Nový Bor. Wer ihn einmal kennengelernt hat, wird seine Dreieckform von allen Aussichtsplätzen aus orten können. Der Berg selbst bietet aber ebenfalls eine herausragende Rundsicht, und ja, man hat da oben tatsächlich Platz zum Sitzen. Von dem Dörfchen Svor (Röhrsdorf, Bahnstation) gibt es einen rot markierten Wanderweg, nur 5 Kilometer lang, aber steil auf der Serpentine, 400 Höhenmeter sind zu bewältigen.

Burg Bösig

MEIN TIPP: Ein ebenso markanter und von vielen Gipfeln aus sichtbarer Berg ist der **Bösig** (Velký Bezděz) bei Doksy (Hirschberg, 50 Kilometer von Liberec, Bahnstation), der schon zum Böhmischen Paradies gezählt wird. Es ist der Doppelgipfel, der ihn aus der Ferne auszeichnet, mit seinem kleinen Bruder (Malý Bezděz) ist er malerisch verbunden. Auf dem Bösig steht **eine der am besten erhaltenen Burganlagen Tscheechiens.** Sie wurde im 13. Jahrhundert errichtet und war zuletzt im 18. Jahrhundert bewohnt, von Mönchen. Heute bietet sie originales Mittelalterflair, mit Königspalast, Bergfried, Kapelle, Gemäuer. Die Bewaldung beider Berge ist als Naturreservat geschützt. Großartig ist die Aussicht vom Bergfried.

■ **Burg Bösig (Hrad Bezděz),** Bělá pod Bezdězem, www.hrad-bezdez.eu, Mai bis Okt. Di.–So. 9–16.30 Uhr, 60/40 Kč

Doksy und die Landschaft zwischen dem heute als Camping- und Badesee beliebten Großteich (Máchasee) und den Bösigen war die Heimat des sehr jung verstorbenen bedeutendsten Dichters der tschechischen Romantik, **Karel Hynek Mácha** (1810–1836). Sein Hauptwerk „Máj", ein tschechisches Nationalepos, ist hier entstanden. Im ältesten Haus von Doksy, dem Fachwerbau des Spitals, erinnert ein kleines Museum an Leben und Werk des Dichters.

■ **Gedenkstätte für Karel Hynek Mácha,** Máchova 150 (Ecke Josefská), www.muzeumcl.cz.de, Mai bis Sept. Di.–So. 9–12 Uhr, 14–18 Uhr, April, Okt. Sa., So., Feiertage 9–12 Uhr, 14–17 Uhr (Museum für den tschechischen Nationaldichter, Ausstellung zu Landschaft, Fischzucht und Teichwirtschaft im Hirschberger Land)

www.fotolia.de © peteri

Böhmisches Paradies

Das Böhmische Paradies **(Český ráj)** ist für seine bizarren Sandsteinfelsstätten sowie für zahlreiche Burgen und Schlösser bekannt. Das Zentrum dieser Mittelgebirgslandschaft liegt zwischen Český Dub (Böhmisch Aicha), 12 Kilometer südlich von Liberec, Turnov (Turnau, 20 Kilometer südlich von Jablonec nad Nisou) und Jičín (Jitschin). Die bekannteste Burg ist die **Ruine Trosky** zwischen Turnov und Jičín mit ihren beiden markant aufragenden Turmstümpfen Baba („Altes Weib") und Panna („Jungfrau"). Mehrere Wander- und Radwege kreuzen sich hier, und die nächsten Ziele kann man mit der fantastischen Aussicht von der „Jungfrau" schon mal in den Blick nehmen.

197ol dk

11 Praktische Reisetipps von A bis Z

‹ Blick auf den Pücklerstein im Park von Bad Muskau

An- und Rückreise

Der nächstgelegene **Flughafen** ist **Dresden.** Mit dem Auto ist die Oberlausitz am schnellsten über die **Autobahn A4** (Dresden – Bautzen – Görlitz – Wrocław) zu erreichen. Die **Bahn** fährt mit IC bis Dresden oder Cottbus, von dort fahren Regionalexpresszüge. Siehe auch „Auto" und „Bahn".

Ausrüstung

Besondere Ansprüche an Ausrüstung und Kleidung müssen nicht erfüllt werden, auch im Zittauer Gebirge genügt normale Wanderbekleidung.

Auto

Gute Straßen

Das Straßennetz ist gut bis sehr gut ausgebaut, hier wurde in den vergangenen Jahren umfassend investiert.

Tanken ist kein Problem. Auch in Zgorzelec (PL) und Hrádek nad Nisou (CZ) gibt es moderne Tankstellen.

Ein brisantes Problem ist der **Autodiebstahl,** da sich organisierte Banden auf die Grenzregion spezialisiert haben. Deshalb ist es wichtig, Autos auf bewachten Plätzen zu parken. Vom Diebstahl besonders betroffen sind, laut Polizei, VW- und Audi-Modelle. Die Polizei reagiert unter anderem mit verstärkten Kontrollen in Grenznähe. Sie empfiehlt zur Sicherung der Autos eine Kombina-

198ol dk

tion von Elektronik (Wegfahrsperre und Warnanlage) und Mechanik (Wegfahrsicherung für Lenkrad, Schalthebel, Räder), wobei die Sicherungsmechanik präventiv gut sichtbar sein sollte. Selbstverständlich dürfen Wertsachen nicht im Auto liegen gelassen werden.

Möglichst meiden: die B115 zwischen Weißkeißel und Rietschen (sie durchquert militärisches Sperrgebiet und ist zudem sehr verkehrsreich, es gibt oft Staus und Unfälle).

Autobahnen

- **A4** (Dresden – Bautzen – Görlitz – Wroclaw)
- **A13** (Dresden – Hoyerswerda – Spreewald – Berlin)

Bundesstraßen

- **B6** (Dresden – Bautzen – Löbau – Görlitz)
- **B96** (Berlin – Niederlausitz – Hoyerswerda – Bautzen – Zittau)
- **B98** (Bischofswerda – Oppach)
- **B99** (Görlitz – Zittau)
- **B115** (Bad Muskau – Görlitz)
- **B156** (Hoyerswerda – Bautzen)

[<] Für die Wanderungen im Zittauer Gebirge benötigt man lediglich normale Bekleidung

Bahn

Deutsche Bahn (DB)

- **RE 1/RB 60** (Dresden – Bischofswerda – Bautzen – Löbau – Görlitz)
- **RE 2/RB 61** (Dresden – Bischofswerda – Wilthen – Zittau – Liberec – Tanvald)

Ostdeutsche Eisenbahn

- **OE 60** (Bischofswerda – Bautzen – Görlitz)
- **OE 64** (Hoyerswerda – Niesky – Görlitz)
- **OE 65** (Cottbus – Weißwasser – Görlitz – Zittau)

trilex

- **Vogtlandbahn**(Seifhennersdorf – Varnsdorf – Zittau – Liberec)

Schmalspurbahnen

- **SOEG** (Zittau – Bertsdorf – Jonsdorf – Oybin)
- **Waldeisenbahn Muskau** (Weißwasser – Kromlau – Bad Muskau)

Zweckverband Verkehrsverbund Oberlausitz-Niederschlesien

Innerhalb des Verbundraumes (= Oberlausitz) gelten folgende Tickets:

- **Fahrkarten des ZVON** in den ZVON-Verkehrsmitteln (ODEG, SBE, Buslinien, Straßenbahn)
- **Sachsen-Ticket und Sachsen-Ticket Single der DB** in den DB- und ZVON-Verkehrsmitteln

- **Schönes-Wochenende-Ticket der DB** in den Nahverkehrszügen der DB
- **ZVON-Tages- und Kleingruppenkarte** auch in der Waldeisenbahn Bad Muskau
- **EURO-NEISSE-Ticket** auf den meisten Strecken der deutsch-polnisch-tschechischen Grenzregion
- **Sachsen-Ticket und Sachsen-Ticket Single der DB sowie ZVON-Tickets** gelten in der SOEG-Kleinbahn, zusätzlich ist ein „Historik-Beitrag" (5 €) zu entrichten

Ausgewählte Fahrkartenangebote

- **ZVON-Tageskarte** (ganztägig gültig im gesamten Verbundraum): 11/8 €
- **ZVON-Kleingruppenkarte** (wie oben, ganztägig für max. fünf Pers.): 22 €
- **Euro-Neiße-Tageskarte** (Verbundraum und in den Kreisen Liberec, Česka Lipa, Zgorzelec, Boleslawiec, Lubań, Jelenia Gora): 11,50 €
- **Euro-Neiße-Kleingruppenkarte** (wie oben, ganztägig für max. fünf Pers.): 23 €
- **Euro-Neiße-Fahrradtageskarte:** 4 €
- **ZVON Einzelfahrschein** ab 1,40 €
- **ZVON Fahrrad-Tageskarte:** 3 €
- **Handy-Ticket,** für alle Fahrscheinarten möglich, bis zu 20 Prozent Ermäßigung, www.zvonhandyticket.de

Info

- **www.zvon.de**
- **Service-Telefon Görlitz** (03581) 76760
- **Service-Telefon Zittau** (03583) 540540

☒ Ein Traum für Camper: der Olbersdorfer See

Behindert auf Reisen

Links zu zahlreichen barrierefreien Angeboten in der Oberlausitz bietet die Website **www.oberlausitz. com.** In den wichtigsten Ferienorten gibt es eine Auswahl von barrierefreien Unterkünften. Sowohl im Zittauer Gebirge (www.zittauer-gebirge-tour.de) als auch im Bergland und in der Heide- und Teichlandschaft sind behindertengerechte Wanderwege eingerichtet.

Handicapverein

Der Handicapverein **„Sonnenstrahl"** bietet für behinderte Menschen und deren Angehörige sowie für chronisch Kranke, aber auch für Senioren Ferien- und Freizeitmöglichkeiten im Naturpark Zittauer Gebirge. Dazu gehören geführte Wanderungen, Vorträge, Buchlesungen, Feste und Feiern sowie Urlaubsangebote. Der Verein hat zehn Wandertouren durch das Zittauer Gebirge zusammengestellt, die für Rollstuhlfahrer geeignet sind. Detaillierte Wegbeschreibungen mit Karten und Fotos gibt es auf der Homepage des Vereins. Die Wanderungen sind ebenfalls auf der Homepage des Naturparks Zittauer Gebirge verzeichnet, dort können weitere umfangreiche Informationen heruntergeladen werden.

- **Handicapverein „Sonnenstrahl" e.V.,** Haus des Gastes im Kurort Oybin, Hauptstraße 15, Tel. (035844) 73312, www.handicapverein-sonnenstrahl.de (mit Veranstaltungskalender)

Camping

Es gibt sowohl im Gebirgsvorland als auch im Flachland mehrere Campingplätze, die **auch für Wohnmobile** eingerichtet sind. Im Folgenden eine kleine Auswahl. Zu den einzelnen Plätzen gibt es weitere Informationen bei den Ortsbeschreibungen.

- **Crosta,** Campingplatz „Blaue Adria"
- **Deutschbaselitz (Kamenz),** Azur-Camping am Großteich
- **Großschönau,** Feriendorf Trixi-Park
- **Guttau,** Naturcampingplatz Olbasee
- **Hohendubrau,** Freizeitcamp Thräna
- **Horka,** Erholungsgebiet „Biehainer Seen"
- **Klix,** Campingdorf Ferienoase
- **Königswartha,** Waldbad Niesendorf
- **Lohsa,** Campingpark Silbersee
- **Maukendorf,** Feriencamping Knappensee
- **Kollm,** Feriendorf am Quitzdorfer Stausee
- **Schleife,** Erholungsgebiet Halbendorfer See
- **Waltersdorf,** Campinghof Sell
- **Weißkeißel,** Campingplatz Haide
- **Zittau,** Campingplatz Olbersdorfer See

Wohnmobilstellplätze

Stellplätze (gratis oder für wenig Geld **für eine oder wenige Nächte** zugelassen) gibt es unter anderem in:

- **Bautzen** (Saurierpark Kleinwelka)
- **Ebersbach,** Kottmarsdorfer Straße
- **Görlitz,** Hugo-Keller-Str. 15, Rothenburger Straße 33
- **Großschönau,** Trixi-Park, Jonsdorfer Straße 40
- **Hohendubrau,** Wildpark Thräna
- **Jonsdorf,** Großschönauer Straße 38
- **Kamenz Bernbruch,** Am Ochsenpark
- **Kottmarsdorf,** Bockwindmühle
- **Obercunnersdorf,** Freizeit- und Erlebnisbad Kottmarsdorfer Straße
- **Rauschwitz** (bei Kamenz), Bischofswerdaer Landstraße 3
- **Waltersdorf,** Lauscheblick Saalendorf 5

170ol dk

www.fotolia.de © Trenkler

Einkaufen und Souvenirs

Handwerk

Die Oberlausitz hat eine reiche handwerkliche Tradition, die in vielen **Familienbetrieben, Manufakturen und Läden** fortlebt. Dort finden sich Souvenirs, die einen gern an den Urlaub zurückdenken lassen:

- **Blaudruck** (Pulsnitz)
- **Keramik** (Bad Muskau, Elstra, Krauschwitz, Neukirch, Pulsnitz)
- **Sorbische Trachten** (Hoyerswerda)
- **Handweberei** (Neukirch, Eibau, Rammenau)
- **Sorbische Ostereier** (Bautzen)

Spezialitäten

Oberlausitzer Speisen und Getränke **zum Mitnehmen:**

- **Bautzener Senf** (Bautzen)
- **Oybin-Bitter** (Kräuterlikör, Kurort Oybin)
- **Lausitzer Granitschädel** (Kräuterlikör, Löbau)
- **Pfefferkuchen** (Pulsnitz)
- **Wilthener Weinbrand**

Böhmen und Schlesien

Souvenirs aus benachbarten Regionen:

- **Böhmisches Glas** (Görlitz)
- **Bunzlauer Keramik** (Görlitz)

Ei, was für ein schönes Mitbringsel!

Lebensmittel

Oberlausitzer Lebensmittel **für den täglichen Einkauf:**

- **Bier** aus Bautzen, Eibau, Görlitz, Löbau, Wittichenau
- **Fisch** aus den Lausitzer Teichen
- **Gewürzgurken** aus Bautzen und dem Spreewald (Niederlausitz)
- **Komet-Speiseeispulver** und **Backmischungen** aus Großpostwitz
- **Leinöl** aus Hoyerswerda
- **Mineralwasser** aus Oppach
- **Obstsäfte** aus Rothenburg und Sohland/Spree
- **Wurst- und Fleischwaren** aus Löbau
- **Zwieback** aus Neukirch

Essen und Trinken

Oberlausitzer Küche

Oberlausitzer Küche wurde durch den bäuerlichen Alltag und das einfache Leben der Weber und Handwerker geprägt. Zudem wirkt die Nachbarschaft zur sorbischen, schlesischen und böhmischen Küche. **Verbreitete Zutaten** sind Kartoffeln, Klöße, Rinds- und Schweinefleisch, Karpfen und Forelle, Gans, Sauerkraut, Kohl, Leinöl und Quark. Viele Gaststätten, besonders in der Gebirgs- und ländlichen Region, bieten Oberlausitzer sowie sorbische, schlesische und böhmische Gerichte an.

- **Preiskategorien für Restaurants** in diesem Buch auf Seite 13.

Spezialitäten

Abernmauke ist Kartoffelbrei (Abern = Kartoffeln, Mauke = Brei, abgeleitet vom slawischen *muka*); **Teichelmauke** ist mit Rinderbrühe gestampfter Kartoffelbrei, beim Servieren wird in eine Vertiefung der Mauke eine Kelle Brühe gefüllt: das Teichel in der Mauke. Sehr beliebte Fischgerichte sind **Marinierter Hering** und **Heringshäckerle.** Nach der Hauptmahlzeit oder etwa zum Kaffee oder Tee am Nachmittag lädt man sich gern ein Stück Kuchen, bevorzugt **Mohnkuchen,** auf den Teller.

Freilich hat längst auch die internationale, besonders die **mediterrane Küche** in der Oberlausitz ihren gepflegten Platz. Auch **vegetarische Gerichte** stehen auf den Karten der meisten Restaurants.

Geldfragen

Grenzgebiet

Die Oberlausitz liegt an der Grenze zur Tschechischen Republik und zur Republik Polen. Der Euro wird in diesen Ländern auf absehbare Zeit nicht eingeführt. Es gelten die Landeswährungen **Tschechische Krone** (Kč) und **Polnischer Złoty** (Zł oder PLN). Euro können in Wechselstuben (in Tschechien: Směnarna, in Polen: Kantor) in die Landeswährungen getauscht werden. Wechselstuben in Hotels sowie einige direkt an der Grenze bieten ungünstigere **Kurse** an, dort lohnt es sich, zu vergleichen. Ansonsten unterscheiden sich die Anbieter nur minimal, was bei touristisch üblichen Geldbeträgen nicht ins Gewicht fällt. Zur groben Orientierung die Kurse von März 2014: 1 Euro = 4,19 Zł bzw. 27 Kč (gerundet).

Geldwechsel

Während es in Polen überall an der Grenze sowie in größeren Orten mehrere **Wechselstuben** gibt, sind es im grenznahen Bereich Tschechiens nur sehr wenige; in den Orten unmittelbar im Gebirge gibt es gar keine. Stattdessen ist es möglich, in den Gaststätten mit **Euro** zu bezahlen, allerdings zu etwas ungünstigeren Kursen, und die Euro-Preise stehen meistens nicht in der Karte, man muss danach fragen oder erfährt sie erst beim Bezahlen. Auch wird die Herausgabe des Wechselgeldes unterschiedlich gehandhabt. Vor Ausflügen auf die böhmische Seite des Zittauer Gebirges empfiehlt es sich daher, falls größere Einkäufe geplant sind, in einer Bank in Deutschland Geld zu tauschen.

Grenzverkehr

Personalausweis

Der Grenzübertritt nach Polen und in die Tschechische Republik ist **ohne Personenkontrollen** (Schengen-Raum) möglich. Als Personaldokument reicht für Bürger der Bundesrepublik Deutschland, Österreichs und der Schweiz der Personalausweis. Nähere Informationen finden sich zum Beispiel unter www.auswaertiges-amt.de.

Informationsstellen

Tourismusverband

Der Tourismusverband Oberlausitz-Niederschlesien ist Teil der Marketinggesellschaft Oberlausitz-Niederschlesien und an seinem Sitz in Bautzen die zentrale Informationsstelle. Auf der Internetplattform können die aktuellen Prospekte heruntergeladen oder bestellt werden. Für die konkrete Urlaubsplanung bis hin zur Buchung von Quartieren sowie von pauschalen Reiseangeboten sind die Tourist- oder Stadtinformationen ansprechbar, die es in allen größeren Urlaubsorten gibt. Auch private Anbieter sind mit ihren Dienstleistungen vor Ort. Die Adressen sind zu Beginn der praktischen Informationen unter den Ortsbeschreibungen aufgeführt.

- **Tourismusverband Oberlausitz-Niederschlesien,** 02625 Bautzen, Tzschirnerstraße 14a, Tel. (03591) 48770, www.oberlausitz.com

[>] Die Oberlausitz bietet Besuchern nicht nur vor Ort gute Orientierungsmöglichkeiten, auch im Vorfeld kann man sich beispielsweise im Internet hervorragend über die Urlaubsregion informieren

Internet

Informative Webseiten

- **www.biosphaerenreservat-oberlausitz.de**
Hintergrundinformationen
- **www.freizeitknueller.de**
Zusammenschluss von Freizeitorten der Oberlausitz
- **www.oberlausitz.de**
Allgemeine Informationen
- **www.oberlausitz.com**
Offizielle Präsentation der Marketinggesellschaft Oberlausitz-Niederschlesien GmbH
- **www.oberlausitz-erleben.de**
Informationen für die Urlaubsplanung
- **www.oberlausitz-unterkunft.de**
Informationen und Links
- **www.oberlausitztv.de**
Aktuelles vom Regionalfernsehen
- **www.radwandern-oberlausitz.de**
Übersichtliche Darstellung der Radwanderwege
- **www.wolfsregion-lausitz.de**
Website zu Deutschlands bislang einzigem Wolfsvorkommen
- **www.naturpark-zittauer-gebirge.de**
Umfassende Informationen über die Naturlandschaft und touristische Angebote, Download für Wandervorschläge mit Adressen barrierefreier Herbergen
- **www.zittauer-gebirge.de**
Der Wirteverein des Zittauer Gebirges spricht zu seinen Gästen
- **www.zittauer-gebirge-tour.de**
Präsentation der Touristischen Gebietsgemeinschaft, Informationen und Buchungsmöglichkeiten
- **www.lausitzerseenland.de**
Umfassende Informationen über die Urlaubslandschaft im Entstehen
- **www.ostkohle.de**
Private Darstellung von Vergangenheit und Gegenwart des Lausitzer und mitteldeutschen Kohlereviers
- **www.trilex.de**
Verkehrsunternehmen

171ol dk

www.fotolia.de © cymotion

Karten

- **Oberlausitz/Niederschlesien,** 1:120.000, Sachsen Kartographie, neue Ausgabe 2014 (Übersicht für Wanderer und Radfahrer, Tagestouristen)
- **Oberlausitzer Bergland, Zittauer Gebirge, Nordböhmen,** 1:75.000, Sachsen Kartographie (für Städtetouren und fast alle in diesem Buch vorgestellte Wanderungen auf markierten Wegen optimal)
- **Lausitzer Seenland,** 1:50.000, Sachsen Kartographie
- **Heide- und Teichlandschaft,** 1:50.000, Sachsen Kartographie
- **Naturpark Zittauer Gebirge – Lužicke hory (Lausitzer Gebirge),** 1:33.000, Sachsen Kartographie (für Wanderer und Radfahrer bei längeren Aufenthalten in dieser Region)
- **Zittauer Gebirge, westlicher und östlicher Teil,** jeweils 1:10.000, Rolf Böhm Kartographischer Verlag (detailreich, auch die nicht markierten Wege, für die Entdecker unter den Wanderern)
- **Krásnolipsko,** 1:25.000, Geodézie Krásna Lípa (ein Klassiker unter den Wanderkarten der Böhmischen Schweiz, übersichtlich, die aktuelle Auflage von 2003 ist noch gut praktikabel, bestellbar für 3,49 € unter www.ceskesvycarsko.cz)
- **Niederschlesische Wälder/Bory Dolnośląskie,** Westteil, 1:75.000, touristische Landkarte, Plan-Verlag Jelenia Góra (unverzichtbar für Ausflüge/Radtouren in der Heide östlich der Neiße)

⌃ Winterwandern auf dem Hochwald

Klima und Reisezeit

Die Oberlausitz ist **zu jeder Jahreszeit** ein lohnendes Reiseziel. Besondere Empfehlungen:

Frühjahr

- **Ostern und Baumblüte in den sorbischen Dörfern**
- **Wandern im Zittauer Gebirge**

Sommer

- **Baden im Lausitzer Seenland**
- **Paddelbootsfahrt auf der Neiße**

Herbst

- **Wandern in den Wäldern**
- **Radtouren durch die Heide- und Teichlandschaft**
- **Zugvögel beobachten in der Heide- und Teichlandschaft**

Winter

- **Skifahren und Winterwandern im Zittauer Gebirge**
- **Flanieren durch die historischen Altstädte**

Kultur- und Volksfeste

Auswahl

- **Spectaculum Citaviae** – Zittauer Nächte, Mittelalterfest (Mitte Mai, Zittau, www.zittau.eu)
- **Tag des offenen Umgebindehauses** (letzter Mai-Sonntag, südliche Oberlausitz, www.umgebindeland.de)
- **Eibauer Bierzug** (Ende Juni, Eibau, www.eibauer-bierzug.de)
- **Schlesischer Tippelmarkt** (Töpfermarkt, Juli, Görlitz, www.tippelmarkt.de)
- **Via Thea,** Straßentheaterfest (erstes August-Wochenende, Görlitz, www.via-thea.de)
- **Kräuterfest** (August, Kloster St. Marienthal)
- **transNaturale** (August, Licht-Klang-Festival am Bärwalder See, www.transnaturale.de)
- **Internationale Lausitzer Leinentage** (letztes August-Wochenende, Rammenau, www.barockschloss-rammenau.de)
- **Altstadtfest** (letztes August-Wochenende, Görlitz, www.altstadtfest-goerlitz.de)
- **Tag des offenen Denkmals** (zweiter Sonntag im September, deutschlandweit, hat in Görlitz die Qualität eines Kulturfestes erreicht, umfangreiches Programm auch in Zittau)
- **Lausitzer Fischwochen** (Oktober, Heide- und Teichlandschaft)
- **Pfefferkuchenmarkt** (Anfang November, Pulsnitz, der einzige in Deutschland, auch Blaudruck, Töpferei und anderes Handwerk aus ganz Sachsen präsentieren sich)

Notfälle

- **Polizei:** Tel. 110
- **Feuerwehr, Rettungsleitstelle, Notarzt:** Tel. 112
- **Lokale ärztliche Notdienste:**
  – **Stadt/Kreis Görlitz,** Tel. (03581) 406776
  – **Hoyerswerda,** Tel. (03571) 79222
  – **Bautzen,** Tel. (03591) 304500
  – **Kamenz,** Tel. (03571) 19222
  – **Löbau/Zittau,** Tel. (03585) 862404
  – **Weißwasser,** Tel. (03576) 241103

Mit Kindern unterwegs

Freizeitknüller

Unter dem Begriff „Freizeitknüller in der Oberlausitz" sind auf der Website www.freizeitknueller.de mehr als zwei Dutzend attraktive Freizeit- und Erlebniseinrichtungen zusammengefasst, die sich besonders an Familien und Kinder wenden. Dazu gehören:

www.fotolia.de © Frank-Peter Funke

- **Saurierpark Kleinwelka**
- **Irrgarten Kleinwelka**
- **Miniaturen- und Ideenpark Kleinwelka**
- **Waldeisenbahn Bad Muskau**
- **Kulturinsel Einsiedel**
- **Kinderspielpark Kaltwasser**
- **Erlebnisbad Reichenbach**
- **Museen rund um die Königshainer Berge**
- **Elementarium im Museum der Westlausitz, Kamenz**
- **Freizeitoase Olbersdorfer See**
- **Zittauer Schmalspurbahn**
- **Trixi-Park Großschönau**
- **Rodelbahn Oberoderwitz**
- **Kartbahn Löbau**
- **Stadt Löbau mit mehreren Angeboten**
- **Körse-Therme, Kirschau**
- **LuxOase, Camping- und Freizeitpark Kleinröhrsdorf**
- **Massenei-Bad Großröhrsdorf**
- **Schmetterlingshaus Jonsdorf**
- **Erlebniswelt Krauschwitz**
- **Burg und Kloster Oybin**
- **Waldbühne und Sternwarte Sohland**
- **Neiße-Tours Bootstouren, Rothenburg**
- **Kindercafé Valentin, Bautzen**
- **Freizeit- und Campingpark Thräna, Hohendubrau**
- **Zoo Hoyerswerda**
- **Minigolfpark am Stausee Bautzen**
- **Lausitzbuggy, Radibor**

Weitere interessante Reiseziele mit Kindern:

- **Safariwildrevier am Bärwalder See**
- **Krabat-Mühle in Schwarzkollm**
- **Tierparks in Bischofswerda, Zittau, Görlitz, Liberec**

Spaß für große und kleine Kinder: die Waldeisenbahn in Bad Muskau

Öffnungszeiten

Es gelten die in Deutschland **üblichen Ladenöffnungszeiten.** In den größeren Städten gibt es die bekannten Märkte, die täglich bis mindestens 20 Uhr geöffnet sind. In Zgorzelec (PL) sind grenznah kleinere Läden täglich bis 24 Uhr (Żabka, Markenzeichen: Frosch; Lewiatan) sowie einige Läden rund um die Uhr geöffnet. Die Läden der Biedrońka-(Marienkäferchen-)Kette sind zumindest Mo.–Sa. 7–21 Uhr geöffnet, So. unterschiedlich.

Post

Filialen

Einige **zentral gelegene** Postfilialen mit allen Postleistungen:

- **Bad Muskau,** Kirchstraße 61, Mo.–Fr. 9–12 und 13–18 Uhr, Sa. 9–12 Uhr
- **Bautzen,** Postplatz 3, Mo.–Fr. 8.30–18.30 Uhr, Sa. 9–12 Uhr
- **Bautzen,** Tuchmacherstraße 2, Mo.–Fr. 8.30–18.30 Uhr, Sa. 9–13.30 Uhr
- **Bischofswerda,** Karl-Liebknecht-Str. 26, Mo.–Fr. 8.30–13 und 14–18 Uhr, Sa. 9–12 Uhr
- **Görlitz,** Postplatz 1, Mo.–Fr. 8.30–18.30 Uhr, Sa. 9–12 Uhr
- **Hoyerswerda,** Markt 3–4, Mo.–Fr. 8–18 Uhr, Sa. 9–12 Uhr
- **Hoyerswerda,** Lausitzer Platz 3, Mo.–Mi. 8–19 Uhr, Do. 9–20 Uhr, Sa. 9–16 Uhr
- **Kurort Jonsdorf,** Auf der Heide 3, Mo.–Fr. 9–12 und 13.30–17 Uhr, Sa. 10–11 Uhr
- **Kurort Oybin,** Hauptstraße 13, Mo.–Fr. 9–12 und 14–17 Uhr, Sa. 10–12 Uhr, 13–17 Uhr
- **Zittau,** Haberkornplatz 1, Mo.–Fr. 9–18 Uhr, Sa. 9–12 Uhr
- **Weißwasser,** Lutherstraße 71, Mo.–Fr. 9–12 und 13–18 Uhr, Sa. 9–12 Uhr

Porto

- **Deutschland:** Ansichtskarte 0,45 €, Standardbrief 0,58 €
- **International:** Ansichtskarte 0,75 €, Standardbrief 0,75 €

Radfahren

Verleih und Info

In fast allen Urlaubsorten gibt es Fahrradverleihstellen, auch Werkstätten und Verkaufsstellen. Einige ausgewählte Adressen:

- **www.radwandern-oberlausitz.de,** Verzeichnis fahrradfreundlicher Herbergen, Übersicht über Radwanderwege
- **Fahrradpool,** Sohland, Ellersdorfer Straße 2, Tel. (035951) 34246
- **Little John Bikes,** Bautzen (Holzmarkt 29), Neukirch/Lausitz (Oststraße 29), Görlitz (Heilig-Grab-Straße 26), www.preiswert-radfahren.de

Routenvorschläge

Auto

Nordtour: 180 Kilometer

Autobahn A4, Ausfahrt Bautzen West – B96 – Kleinwelka (Saurierpark) – Abstecher nach Radibor (sorbisches Dorf) – Neschwitz (Schloss und Park) – Königswartha (Schloss, Teiche) – Milkel (Teichlandschaft) – Uhyst/Spree (Schlosspark, Bärwalder See) – B156 – Boxberg (Kraftwerk, Findlingspark Nochten) – Weißwasser (Glasmuseum) – Bad Muskau (UNESCO-Weltkulturerbe Pücklers Park) – Pechern (Fachwerkkirche) – Rothenburg (Park, Stadtkern) – Kulturinsel Einsiedel (Abenteuerfreizeitpark) – Görlitz (Rückfahrt über A4) – Bautzen.

Südtour: 140 Kilometer

Autobahn A4, Ausfahrt Bautzen West – B6 – Göda (Kirche, sorbische Schanzen) – Gaußig (Park) – Neukirch (Töpfereien) – (von nun an Umgebindelandschaft) Ringenhain – Weifa – Wehrsdorf – Sohland/Spree – Taubenheim – Neusalza-Spremberg – Ebersbach – Eibau – Oberoderwitz (Windmühlen) – Mittelherwigsdorf – Zittau (Altstadt) – Oberseifersdorf – Herrnhut (Friedhof) – Löbau (Altstadt) – Lawalde (Kirche) – Cunewalde (Umgebindehäuser, Dorfkirche) – Crostau (Silbermannorgel) – Kirschau (Jugendstilbauten) – Wilthen (Stadtkern) – Obergurig (Mönchswalder Berg) – Bautzen.

Pücklers Park in Bad Muskau gehört zum UNESCO-Weltkulturerbe

089ol dk

Via Sacra

Begegnungen mit **einzigartigen sakralen Stätten und Kunstwerken** im Länderdreieck Deutschland/Polen/Tschechien: Zittau (Großes und Kleines Fastentuch) – Oybin (Burg- und Klosteranlage) – Herrnhut (Evangelische Brüder-Unität) – Cunewalde (größte sächsische Dorfkirche) – Bautzen (Dom St. Petri, Domschatzkammer) – Panschwitz-Kuckau (Zisterzienserinnenabtei St. Marienstern) – Kamenz (spätgotische Altäre) – Görlitz (Kirche St. Peter und Paul, Heiliges Grab) – Ostritz (Zisterzienserinnenabtei St. Marienthal) – Jawor/Jauer (Friedenskirche, UNESCO-Weltkulturerbe) – Krzeszów/Grüssau (Abtei) – Karpacz/Krummhübel (Holzkirche Wang) – Jelenia Góra/Hirschberg (Gnadenkirche zum heiligen Kreuz) – Heynice/Haindorf (Kirche Mariae Heimsuchung) – Ceský Dub/Böhmisch Aicha (Johanniterkloster und Kommende) – Mnichovo Hradište/Münchengrätz (Kapelle der heiligen Anna) – Jablonné v Podještědí/Deutsch Gabel (Kirche des heiligen Laurentius).

Die Stationen der Via Sacra (www.via-sacra.info) können auch mit **Bahn** und **Bus** bereist werden, am günstigsten mit dem ZVON-Tagesticket.

Bahn

Die interessantesten Bahnstrecken in der Oberlausitz können mit dem ZVON-Tages- oder Gruppenticket preisgünstig befahren werden, bei Anreise aus Dresden schon von dort mit dem Sachsen-Ticket. Details unter „Bahn“ und www.zvon.de.

Rundreise ab/bis Dresden (3:21 Std.)

RE 1 (Dresden) – Bischofswerda – Bautzen – Löbau – Görlitz, Umsteigen in OE 65, Görlitz – Hagenwerder – Krzewina Zgorzelecka – Hirschfelde – Zittau, Umsteigen in RE 2, Zittau – Oderwitz – Ebersbach – Wilthen – Neukirch (Lausitz) Ost – Bischofswerda (– Dresden). Schöner und bequemer Einblick in die vielgestaltige Landschaft, von den Städten kann sich aber nur Bautzen in einem ansichtskartenreifen Bild präsentieren. Zur Strecke Görlitz – Zittau ausführliche Informationen unter „Im Tal der Neiße“.

Nordtouren

Eine Rundreise mit der Bahn ist im Norden der Oberlausitz nicht möglich, aber es gibt **zwei Strecken ab Görlitz,** die einen reizvollen Blick in die Landschaft gewähren und an vielen Stationen zum Aussteigen einladen.

Die **OE 64** taucht nach Görlitz zunächst für eine Viertelstunde in die Heide ein, um Niesky (Holzhäuser von Konrad Wachsmann) zu erreichen. Weiter geht es über Petershain, Mücka, Klitten, Uhyst/Spree und Lohsa nach Hoyerswerda-Neustadt (Fußweg zum Konrad-Zuse-Museum und Lausitz-Bad) nach Hoyerswerda. Diese Bahnfahrt durchquert die Heide- und Teichlandschaft, wobei vor allem die Heide zu sehen ist. Fahrzeit 1:24 Std.

Die **OE 65** fährt von Zittau über Görlitz (siehe „Im Tal der Neiße“) weiter nach Horka (Wehrkirche) – Rietschen (Freilichtmuseum Erlichthof) – Weißwasser (Glasmuseum gleich am Bahnhof) – Schleife (Dorfkern mit Kirche, eine Viertelstunde Fußweg) – Spremberg. Weiter geht es (außerhalb des ZVON-Tarifgebietes) nach Cottbus. Fahrzeit: 2:10 Std.

Böhmentour

Die **trilex-Züge** der Vogtlandbahn verkehren grenzüberschreitend zwischen Seifhennersdorf/Rybniště und Zittau – Liberec. Die beiden Stichstrecken von Seifhennersdorf und Rybniště (über Jiřetín pod Jedlovou) treffen sich in Varnsdorf, weiter geht es über Großschönau – Hainewalde – Mittelherwigsdorf – Zittau – (kurz über polnisches Gebiet, ohne Halt) – Hrádek nad Nisou – Chotyně – Bíly Kostel – Chrastava – Andělska hora – Machnín – Liberec. Fahrzeit 90 Min. Landschaftlich sehr reizvolle Strecke mit vielen Ausblicken zur sächsisch-böhmischen Bergwelt.

Fahrrad

Info

- **www.radwandern-oberlausitz.de**
Alle Strecken und kurze Beschreibungen, wichtige Adressen, Download/Bestellmöglichkeit für die Broschüre „Radwandern in der Oberlausitz"

Fürst-Pückler-Weg: 500 Kilometer

(Hauptteil in der Niederlausitz –) Bad Muskau – Krauschwitz – Kromlau – Schleife – (Niederlausitz) Spremberg – Welzow – Sedlitzer/Partwitzer See – (Oberlausitz) Geierswalder See (Niederlausitz) Großkoschen.

Oder-Neiße-Radweg: 465 Kilometer

Zittau – Ostritz – Görlitz – Bad Muskau (weiter über Forst – Frankfurt an der Oder – Schwedt an der Oder – Eggesin – Ueckermünde)

Spreeradweg: 420 Kilometer

Spreequelle am Kottmar – Erkner bei Berlin: 420 km, davon 120 km in der Oberlausitz. Stationen: Oberlausitzer Bergland, Bautzen, Heide- und Teichlandschaft, Boxberg, weiter durch den Spreewald nach Berlin.

Froschradweg: 260 Kilometer

Rundweg durch die Oberlausitzer Heide- und Teichlandschaft, Hoyerswerda – Weißwasser – Kromlau – Bad Muskau – Rothenburg – Niesky – Milkel – Königswartha – Grüngräbchen – Wittichenau – Hoyerswerda.

Rübezahlweg: 250 Kilometer

(Sächsisch-Böhmische Schweiz) Bad Schandau – Hinterhermsdorf – Mikulášovice – Krásná Lípa – Studánka – Jiřetín – Dolní Podluží – (ab hier Oberlausitz) Waltersdorf – Großschönau – Hainewalde – Mittelherwigsdorf – Olbersdorf – Zittau – Bogatynia – (ab hier böhmisches Lausitzer Gebirge, Isergebirge) Frýdlant – Raspenava – Hejnice – Nové Měšto pod Smrkem – (ab hier Polen,

> An der Neiße bei St. Marienthal

Isergebirge, Riesengebirge) Swieradów Zdrój – Orle – Jakuszyce – Szklarska Poręba – Jagniątków – Karpacz – Lubawka – Chełmsko Sląskie.

Sächsische Städteroute: 120 Kilometer

Dresden (Stadtrand) – Hermsdorf – Seifersdorfer Tal – Kamenz – Panschwitz-Kuckau (Kloster St. Marienstern) – Bautzen – Löbau – Görlitz/Zgorzelec.

Seenland-Route: 120 Kilometer

Hoyerswerda – Neuwiese – Nardt – Laubusch – Kortitzmühle – Geierswalde – Kleinkoschen – Klein Partwitz – Bluno – Spreetal – Burgneudorf – Neustadt – Döschko – Sprey – Bärwalde – Uhyst – Lippen – Lohsa – Friedersdorf – Mortka – Koblenz – Knappenrode – Hoyerswerda.

Krabat-Radweg: 80 Kilometer

Schwarzkollm – Bröthen – Michalken – Dörgenhausen – Neudorf-Klösterlich – Wittichenau – Groß-Särchen – Commerau – Truppen – Eutrich – Ralbitz – Zerna – Räckelwitz – Crostwitz – Panschwitz-Kuckau – Dürrwicknitz – Wendischbaselitz – Nebelschütz – Deutschbaselitz – Schiedel – Weißig – Zeißholz – Neukollm – Schwarzkollm.

Seeadlerrundweg: 80 Kilometer

Wartha (Olbasee) – Kleinsaubernitz – Dubrauke – Weigersdorf – Leipgen –

057ol dk

Oelsa – Förstgen – Mücka – Kreba-Neundorf – Dürrbach – Bärwalder See – Uhyst – Rauden – Driewitz – Litschen – Friedersdorf – Kolbitz – Weißig – Hermsdorf – Wessel – Milkel – Jetscheba – Kauppa – Commerau – Göbeln – Halbendorf/Spree – Spreewiese – Klix – Brösa – Lömischau – Wartha.

Sorbische Impressionen: 60 Kilometer

Wartha – Guttau – Malschwitz – Doberschütz – Niedergurig – Quatitz – Luttowitz – Radibor – Quoos – Kleinholscha – Neschwitz – Eutrich – Ralbitz – Laske – Zerna – Dreihäuser – Räckelwitz – Crostwitz – Panschwitz-Kuckau. Variante: Wartha – Kleinsaubernitz – Dubrauke – Neuer Hof – Cortnitz – Gröditz – Wuischke – Weißenberg – Weicha – Gröditz – Nechern – Wurschen – Belgern – Cannewitz – Rackel – Preititz – Malschwitz.

Umgebindehäuser: 24 Kilometer

Ferienlandschaft der Umgebindehäuser: Waltersdorf – Abzweig Herrenwalde – Großschönau – Hainewalde – Mittelherwigsdorf – Hörnitz – Bertsdorf – Saalendorf – Waltersdorf.

Spreequell-Radweg: 22 Kilometer

Spreequelle am Kottmar – Waldorf – Eibau – Neugersdorf (Grenzübergang) – Filipov – Jiřikov (Grenzübergang) – Ebersbach – Walddorf.

Sonstige Radwege

Weitere markierte Rad-Rundwege: Rund um den Löbauer Berg (35 km), Rund um den Olbersdorfer See (11 km), Rundweg Dreiländerpunkt (9 km in drei Ländern, z.B. ab Zittau oder ab Kristýna-See).

Zu Fuß

Die Oberlausitz bietet ein **5000 Kilometer langes Wanderwegenetz.** Einige Wanderungen werden in diesem Buch beschrieben, weitere ergeben sich aus der Kombination dieser Routen.

Oberlausitzer Bergweg

Wandern ohne Gepäck. Wanderung über die höchsten und bekanntesten Berge der Oberlausitz, Pauschalangebot: 7 Ü/F in Hotels/Gasthöfen, mit Lunchpaketen, Gepäcktransfer, Informationsmaterial, ab 315 Euro, Buchung: Tourist-Information Zittau (siehe unter Zittau), www.oberlausitzer-bergweg.de.

> In Waltersdorf startet ein Wanderweg, auf dem man besonders prächtige Exemplare der sogenannten Umgebindehäuser bewundern kann

Sport und Erholung

Die meisten Sport- und Freizeitanlagen sind unter den **„Freizeitknüllern der Oberlausitz“** (www.freizeitknueller.de) zusammengefasst (siehe „Mit Kindern unterwegs“).

Sprache

In den grenznahen Gebieten in Polen und der Tschechischen Republik ist die Kenntnis der deutschen und englischen Sprache weit verbreitet, besonders an touristisch relevanten Orten. Einige Höflichkeitsfloskeln in der Landessprache anzuwenden, gilt als freundliche Geste, noch besser ist ein Repertoire der wichtigsten Redewendungen, mit dem man schon recht weit kommt.

- Kauderwelsch-Sprachführer **Sächsisch,** Reise Know-How Verlag, Bielefeld
- Kauderwelsch-Sprachführer **Sorbisch,** Reise Know-How Verlag, Bielefeld
- Kauderwelsch-Sprachführer **Polnisch,** Reise Know-How Verlag, Bielefeld
- Kauderwelsch-Sprachführer **Tschechisch,** Reise Know-How Verlag, Bielefeld

Allen Bänden gemeinsam ist ihr handliches Format, die einfache und verständliche Systematik sowie ihre reisepraktische Ausrichtung – ideale Urlaubsbegleiter! Die Bände „Polnisch“, „Sächsisch“ und „Tschechisch“ sind auch als AusspracheTrainer auf AudioCD erhältlich.

172ol dk

Telefonieren

Vorwahlen

- **Deutschland:** 0049
- **Österreich:** 0043
- **Schweiz:** 0041
- **Tschechische Republik:** 00420
- **Polen:** 0048

Bautzen bei Nacht

Unterkunft

Breite Palette

Zwischen Privatquartier und Fünf-Sterne-Hotel steht die gesamte Palette an Unterkünften zur Auswahl. Eine vollständige Übersicht aller Herbergen in der gesamten Oberlausitz gibt es nicht. Dieser Reiseführer bietet eine Auswahl bei den Ortsbeschreibungen. Darüber hinaus ist zu empfehlen, die Prospekte und Webauftritte der Orte zu konsultieren oder direkt in den Fremdenverkehrsämtern zu fragen. Besondere Formen der Gastfreundlichkeit sind der Urlaub im Umgebindehaus in der südlichen Oberlausitz und in den Dreiseithöfen in der Heide- und Teichlandschaft. Diese familienfreundlichen Herbergen bieten in der Regel allen Komfort für einen erholsamen Aufenthalt und stehen authentisch für die Oberlausitzer Kulturlandschaft.

■ **Preiskategorien für Unterkünfte** in diesem Buch auf Seite 13.

Zeitungen

Zwei Tageszeitungen sind zu nennen: die **„Sächsische Zeitung"** (Dresden, mit Lausitz- und Lokalseiten) und die **„Lausitzer Rundschau"** (Cottbus, mit Lokalseiten u.a. Hoyerswerda, Weißwasser).

12 Land und Leute

< Munteres Federvieh beim Dubringer Moor

Geografie

Vier Naturräume

Die Oberlausitz lässt sich in vier große Naturräume gliedern: Im Norden ist es die **Heide- und Teichlandschaft,** im Zentrum die **Gefilde- und Hügellandregion,** südlich das **Oberlausitzer Bergland** und im Südosten das **Zittauer Gebirge.**

Lausitzer Granitmassiv

Mehr als drei Viertel der Oberlausitz werden vom Lausitzer Granitmassiv gebildet. Es ist eines der größten in Europa. Flächenmäßig kleiner sind die Grauwacken nördlich des Granitmassivs, sie sind die ältesten Gesteine der Oberlausitz. Die Südoberlausitz ist durch den Vulkanismus des Tertiärs gebildet worden. Basalt- und Phonolithberge entstanden in dieser Zeit, ebenso wie die gewaltigen Braunkohleflöze.

Tektonik

Nachhaltigen Einfluss auf die Landschaftsstruktur der Oberlausitz hatten zwei Bewegungen der Erdschollen. Als **„Westlausitzer Störung"** wird die gegenläufige Bewegung des Erzgebirges und des Lausitzer Massivs am Ende der Kreidezeit bezeichnet. Dabei wurde das Granitmassiv auf die Kreidesedimente geschoben. Zu Beginn der Erdneuzeit zerbrach das Lausitzer Granitmassiv und

083ol dk

wurde gegen das Elbsandsteingebirge vertikal hochgedrückt. Diese Bewegung wird als **„Lausitzer Überschiebung"** bezeichnet. Beide Bewegungen markierten letztlich die Grenze zwischen dem Granitmassiv der Oberlausitz und dem Elbsandsteingebirge (Sächsische Schweiz).

Vulkanismus

In der Kreidezeit sind die Landschaftsformen des Zittauer Gebirges gebildet worden. Spätere Bewegungen der Erdschollen haben den horizontal abgelagerten Sandstein vertikal zerklüftet und so den typischen Quadersandstein ausgebildet. Auf diese Sandsteinwelt wirkten mehrfach Vulkane. Phonolithische und basaltische Magmen durchbrachen den Sandstein und brachten solche Gebilde hervor wie die „Orgel" in den Jonsdorfer Mühlsteinbrüchen. Die höchsten Berge der Oberlausitz, die **Lausche** (793 m) und der **Hochwald** (749 m), sind vulkanischen Ursprungs.

Landschaftliche Vielfalt

Jede der vier großen Landschaftsformen der Oberlausitz zeigt sich wiederum vielgestaltig. Die Königsbrücker und die Muskauer **Heide** mit ihren Binnendünenfeldern sowie das **Teichgebiet** prägen das flache Land zwischen Kamenz und der Neiße. Mit Hügeln bis zu 350 Metern breitet sich das stark besiedelte **Gefildeland** aus. In den Tälern fließen die Spree und viele Bäche, an deren Ufern liegen, oft kilometerlang aneinandergefädelt, die Gehöfte der Dörfer. Mehr als 500 Meter Höhe erreicht das Oberlausitzer **Bergland.** Am höchsten ragen hier der Valtenberg (589 m), der Czorneboh (561 m) und der Bieleboh (500 m) empor. Die Siedlungsstruktur ist noch deutlicher als im Gefildeland auf die Talwannen ausgerichtet. Tiefe Schluchten mit dichten Wäldern, bizarre Felsformationen und steil aufragende Bergkegel kennzeichnen das im Ganzen dennoch eher liebliche Bild des **Zittauer Gebirges.**

[<] Der Schwarze Schöps bei Kreba

Flüsse

Die wichtigsten Fließgewässer der Oberlausitz sind die **Spree,** die **Neiße,** Klosterwasser und Schwarzwasser, das Löbauer Wasser, der Schwarze und der Weiße Schöps, die Mandau und die Struga. Übrigens entspringen drei Flüsse aus jeweils drei Quellen: die Spree (Kottmar, Neugersdorf, Ebersbach), die Neiße (Isergebirge, Böhmen) und die Mandau (Wolfsberg, Böhmen).

Klima

In der Oberlausitz herrscht **gemäßigtes Kontinentalklima,** wobei es zunehmend zu heißeren Sommern und milderen Wintern kommt. Das Zittauer Gebirge, insbesondere Waltersdorf, gilt als relativ schneesicher.

Flora und Fauna

Die größte **Artenvielfalt** weisen das UNESCO-Biosphärenreservat Oberlausitzer Heide- und Teichlandschaft und der Naturpark Zittauer Gebirge auf.

Heide- und Teichlandschaft

Im kargen Heidesand wachsen das Silbergras und die Besenheide in großen Beständen. Auf den Feuchtwiesen gedeihen sieben Orchideenarten, Sumpfdotterblumen und Fieberklee. Die Teiche werden von breiten Verlandungszonen aus Schilf, Rohrkolben und anderen **Pflanzen** umrahmt. Teich- und Wasserrosen bedecken die Gewässer. In den Mooren gedeihen die fleischfressenden Pflanzen Mittlerer und Rundblättriger Sonnentau sowie die Moosbeere, Glockenheide und Wollgräser. Das mit rund 700 Pflanzen vermutlich **letzte Vorkommen des Moorveilchens** in Deutschland befindet sich an zwei Stellen in den Bruchwäldern der Oberlausitzer Heidemoore.

Viele bedrohte **Brutvogelarten** sind an den Teichen zu Hause: Kranich, Wiedehopf, Große Rohrdommel, Seeadler, Heidelerche, Raubwürger und Rohrweihe. Unzählige Vögel durchqueren die Landschaft zur Vogelflugzeit: Seeschwal-

www.fotolia.de © Alphacandy

ben, Möwen, Säger, Enten und Gänse. Das Biosphärenreservat ist vom Weltdachverband der Vogelschutzverbände BirdLife International als Important Bird Area (IBA) anerkannt worden. Von den bedrohten **Säugetieren,** die im Biosphärenreservat leben, sind besonders die Fledermaus und der Fischotter zu nennen. Fast überall, wo es Wasser gibt, sind Libellen zu beobachten, besonders die Prachtlibelle.

Zittauer Gebirge

Das Zittauer Gebirge zeichnet sich durch **dichten Wald** und **blumenreiche Bergwiesen** aus. In dem sehr alten Buchenwald der Lausche leben seltene Pflanzen und Tiere. Am Fuß der Lausche befindet sich das Lauschemoor, das im Mai vom blühenden Teppich des Waldläusekrautes bedeckt ist. Der Rundblättrige Sonnentau wächst in dem Moor ebenso wie Orchideen und Torfmoose.

In den Felsrevieren leben der Luchs und über 40 weitere Säugetierarten, der Uhu, die größte Eulenart der Welt, der Wanderfalke, der Schwarzstorch und hundert weitere Vogelarten, aber auch eine solch kleine Gesellin wie die Haselmaus.

www.fotolia.de © Alexander Kulla

Die Prachtlibelle trägt ihren Namen zu Recht

Zahlreiche Kranichkolonien leben an den Gewässern der Oberlausitz

Umwelt- und Naturschutz

Verhaltensregeln

Die außergewöhnliche Vielfalt der Flora und Fauna in den relativ kleinen Landschaften der Oberlausitz ist eine einzigartige Einladung zum Naturerlebnis, die aber mit besonderen Verhaltensregeln verbunden ist. Die Nutzung des dichten und preisgünstigen Netzes von öffentlichen Verkehrsmitteln für die An- und Abreise kann nur empfohlen werden. Bei der Anreise mit dem Pkw darf dieser nur auf ausgewiesenen Parkflächen abgestellt werden. In der freien Natur gilt grundsätzlich, Wege nicht zu verlassen und sämtliche Abfälle nur in den dafür ausgewiesenen Behältern zu entsorgen. Lagerfeuer und das Grillen sind im Wald und an den Teichen verboten. Hunde gehören im Wald an die Leine. Wanderwege können von der Naturschutzbehörde zeitweilig gesperrt werden, um bedrohte Tiere bei der Jungenaufzucht zu schützen. Hinweisschilder sind zu beachten.

Info

- **www.naturpark-zittauer-gebirge.de**
- **www.biosphaerenreservat-oberlausitz.de**

Geschichte

Slawen

„Lausitz" hieß das Land des slawischen Stammes der **Lusici,** dessen Name wiederum vom sorbischen *Lusiza* für Sumpfland abgeleitet ist. Mehrere slawische Stämme siedelten sich ab dem 6. Jahrhundert auf dem Gebiet der heutigen Lausitz an. Erst seit dem 15. Jahrhundert ist der Begriff „Oberlausitz" für das ursprünglich von den slawischen Milzenern bewohnte Gebiet um Bautzen gebräuchlich. Bis dahin galt als Lausitz nur das von den Lusizern bewohnte Gebiet der heutigen Niederlausitz, also der Spreewald und die Gegend um Cottbus.

[>] Die Ortenburg in Bautzen, das tausend Jahre alte Symbol weltlicher Macht in der Oberlausitz

Lausitzer Kultur

Doch schon viel früher war die Oberlausitzer Gegend besiedelt, wenn auch nur dünn. Die ältesten Siedlungen werden auf das Mesolithikum (7000 bis 6000 v. Chr.) datiert. In der **jüngeren Bronzezeit** (1300 bis 500 v. Chr.) waren die Menschen der „Lausitzer Kultur" (diesen Begriff prägte *Rudolf Virchow* nach den ersten archäologischen Fundorten aus jener zwischen Saale und Weichsel verbreiteten Kultur) dort zu Hause. Mit dem Ausklingen der Lausitzer Kultur endete diese Siedlungsphase. Danach blieb die Gegend über Jahrhunderte nahezu unbewohnt.

Milzener

Als sich die Milzener in der Gegend zwischen dem heutigen Kamenz und Löbau niederließen, errichteten sie auf einem Felsen über der Spree, wo später die Ortenburg entstehen sollte, ihre zentrale Burgsiedlung. Auch im Neißetal bildeten sich slawische Siedlungen.

Mark Meißen

Mit der Ostexpansion des frühfeudalen deutschen Staates endete die selbstständige Geschichte der Milzener. König *Heinrich I.* und König *Otto I.* unternahmen im 10. Jahrhundert mehrere Kriegszüge gegen die Sorben. 965 wurde das Gebiet der Milzener Teil der Mark Meißen. Im Jahr 1002 erwähnte *Thietmar von Merseburg* die Stadt Bautzen. Zu **Auseinandersetzungen mit dem** erstarkenden **polnischen Feudalstaat** kam es

1018 zwischen *Heinrich II.* und dem polnischen König *Bolesław I. Chrobry.* Das Milzenerland und die Mark Lausitz (Niederlausitz) verblieben bei Polen. Erst 1031 kamen sie wieder unter die Herrschaft der Meißener Markgrafen.

Böhmische Herrschaft

Nach einem weiteren wechselvollen Jahrhundert begann 1153 die erste dauerhafte böhmische Periode in der Geschichte der Oberlausitz. Kaiser *Friedrich I. Barbarossa* hatte sich mit dem böhmischen **Herzog Vladislav II.** verbündet und ihm die Königskrone sowie die Belehnung der Burg und des Landes Budissin versprochen. Unter böhmischer Herrschaft entstanden, vom älteren Bautzen abgesehen, die bedeutendsten Städte und kirchlichen Institutionen des aufblühenden Landes. Der Oberlausitzer Adel konstituierte sich aus den Lehensleuten im Dienste des Markgrafen. 1241 wurden in der Oberlausitzer Grenzurkunde die Machtbereiche des Bistums Meißen und der böhmischen Krone abgesteckt.

Oberlausitzer Sechsstädtebund

1253 fiel das Land als Mitgift einer böhmischen Königstochter an die brandenburgischen **Askanier.** Nur Zittau blieb beim böhmischen König, das Tor nach Norden wollte er nicht hergeben. Die Askanier setzten einen Landvogt ein, der künftig die Zentralgewalt im Land verkörperte. 1346 schlossen die **wirtschaftlich bedeutendsten Städte** der Oberlau-

084ol dk

sitz – Bautzen, Löbau, Kamenz, Görlitz, Lauban und das böhmische Zittau – einen **Bund** zur Verteidigung ihrer Interessen, den Oberlausitzer Sechsstädtebund. Er bestand bis 1815.

Hussitenkriege und Reformation

Harte Kämpfe wurden in der Lausitz während der Hussitenkriege (ab 1419) ausgetragen. Kamenz, Löbau, Zittau und Lauban fielen den hussitischen Heeren zum Opfer. 1523 wurde in Görlitz offiziell das protestantische Bekenntnis eingeführt. Die Reformation setzte sich schnell durch, allein die Klosterherrschaften St. Marienthal und St. Marienstern sowie das Bautzener Kollegiatstift blieben katholisch.

„Pönfall"

Einen herben Rückschlag in der Entwicklung der Sechsstädte brachte der „Pönfall" 1547, als die Oberlausitzer im **Schmalkaldischen Krieg** an der Seite des katholischen Kaisers *Ferdinand* gegen ihre Glaubensbrüder zu Felde ziehen mussten. Die Sechsstädte suchten die pragmatische Lösung und zogen ihre Soldaten nach Ende des „Bewilligungszeitraumes" ab, der mit dem Kaiser ausgehandelt worden war. Aber da war die entscheidende Schlacht bei Mühlberg noch nicht geschlagen. Der Oberlausitzer Adel denunzierte die Städte beim Kaiser, und der rächte sich, indem er den Städten sämtliche Privilegien strich. Zwar gelang es den Städten bald, ihre Besitzungen und Rechte wiederzuerlangen, ihr politischer Einfluss aber hatte bleibenden Schaden erlitten.

Unruhige Zeiten

Brandkatastrophen und Epidemien suchten die Oberlausitz immer wieder heim. Verheerende Folgen hatten der Dreißigjährige Krieg, die Schlesischen Kriege und der Siebenjährige Krieg. 1635 gelangte die Oberlausitz als böhmisches Lehen an den Kurfürsten von Sachsen, der so zum Markgrafen der Oberlausitz wurde.

Wirtschaft

Neben der bäuerlichen Wirtschaft hatten in der Oberlausitz die **Töpferei,** begünstigt durch reiche Vorkommen an Lehm und Ton, sowie das Textilgewerbe Fuß gefasst. Weitere wichtige Erwerbszweige waren Bienenzucht, Fischerei und Jagd, Holzköhlerei und Pechsiederei sowie das Sammeln von Beeren und Pilzen.

Die Leineweberei blieb bis in das 16. Jahrhundert hinein auf die Sechsstädte beschränkt. Erst nach dem Dreißigjährigen Krieg, als böhmische Protestanten in der Oberlausitz Exil fanden, erlebte das **Textilgewerbe** eine Blüte, die das Leben in den Dörfern nachhaltig prägen sollte. Diese „zweite Besiedlung" war der wichtigste wirtschaftliche Impuls nach der Gründung des Sechsstädtebundes.

> Brüderstraße an der Via Regia in Görlitz

Erste Reisereportage

Die erste wissenschaftlich fundierte Reisereportage über die Oberlausitz erschien 1785 unter dem Titel **„Reise durch Sachsen in Rücksicht der Naturgeschichte und Ökonomie"**. Verfasser war der Leipziger Professor *Nathanael Gottfried Leske* (1751–1786), der 1782 zu seiner Reise aufbrach, letztlich aber wegen finanzieller Sorgen nur bis ins Zittauer Gebirge und nach Herrnhut kam. *Leske* war gebürtiger Muskauer.

Napoleon

Am 20./21. Mai siegte *Napoleon* bei Wuischke ein letztes Mal vor seinem Leipziger Debakel in der Völkerschlacht. Noch 1807 war *Napoleon* in Bautzen als Befreier begrüßt worden. Auf dem **Wiener Kongress** 1815 verlor Sachsen an Preußen den nordöstlichen Teil der Oberlausitz, der nun der Provinz Schlesien zugeordnet wurde. Vor allem Görlitz profitierte von der neuen Nähe zu Berlin und Breslau.

Industrialisierung

Im sächsischen Teil der Oberlausitz brachte die Industrialisierung vor allem einen rasanten Aufstieg der Textilindustrie, des Maschinenbaus und Fahrzeugbaus mit sich. Im Zittauer Revier wurden Braunkohle abgebaut und Elektroenergie erzeugt. Leinwand aus der Oberlausitz genoss weltweit einen erstklassigen Ruf. Die Gegend zwischen Zittau und Löbau zählte zu den am dichtesten

199ol dk

besiedelten in Deutschland. Im Ersten Weltkrieg endete diese wirtschaftliche und städtebauliche Blütezeit der Oberlausitz.

NS-Regime

Mit der Machtübernahme durch das nationalsozialistische Regime wurde die sorbische Bevölkerung der Oberlausitz wachsenden Repressionen ausgesetzt mit dem erklärten Ziel, sie als „wendische Deutsche" zu assimilieren. In Görlitz und Zittau brannten die Synagogen. An mehreren Orten in der Oberlausitz wurden Außenstellen von Konzentrationslagern eingerichtet. Der Alltag unter dem Hakenkreuz unterschied sich nicht wesentlich von dem im restlichen Deutschland. Von Fliegerangriffen während des Zweiten Weltkrieges blieb die Oberlausitz weitgehend verschont, aber 1945 wurde sie **Frontgebiet.** Besonders um Lauban, Bautzen und die Kamenzer Gegend entbrannten schwere und verlustreiche Kämpfe.

Flucht und Vertreibung

Zehntausende Flüchtlinge und Vertriebene **aus dem Osten** kamen am Ende des Krieges und in der frühen Nachkriegszeit in die Oberlausitz. Die Neiße wurde zum Grenzfluss, das östlich des Flusses gelegene Gebiet unter polnische Verwaltung gestellt. In den Orten entlang der Grenze zur Tschechischen Republik wurden Flüchtlinge und Vertriebene aufgenommen, die aus Böhmen gekommen waren. Anstelle der vertriebenen Deutschen wurden gleichfalls vertriebene Polen aus den der Sowjetunion zugefallenen östlichen polnischen Regionen angesiedelt.

Oder-Neiße-Grenze

1950 wurde mit dem **Görlitzer Vertrag** zwischen der DDR und der VR Polen die Grenzziehung entlang von Oder und Neiße besiegelt. Am 14. November 1990 schlossen die Bundesrepublik Deutschland und die Republik Polen den **Deutsch-polnischen Grenzvertrag,** der die Unverletzlichkeit der Oder-Neiße-Grenze garantiert.

DDR

Der größte Teil der Oberlausitz wurde 1952 dem neu geschaffenen **Bezirk Dresden** zugeteilt, die Kreise Hoyerswerda und Weißwasser dem „Energiebezirk" Cottbus. Die Oberlausitz wurde zu einem Zentrum der Energie- und Textilindustrie, des Fahrzeug- und Maschinenbaus in der DDR.

Nachhaltige Folgen für die Kulturlandschaft hatte der Abbau von **Braunkohle** seit dem 19. Jahrhundert, vor allem aber in der DDR-Zeit. Heute wird in der Oberlausitz noch im Tagebau Nochten bei Weißwasser, im Tagebau Reichwalde sowie im polnischen Tagebau Turów (Türchau) Braunkohle abgebaut.

Nach 1989

Infolge der friedlichen Revolution 1989 wurde die Oberlausitz im **Freistaat Sachsen** wiedervereint. Am 1. Mai 2004

090ol dk

traten Polen und die Tschechische Republik der Europäischen Union bei, was der Oberlausitz weitreichende Perspektiven für die regionale grenzüberschreitende Zusammenarbeit eröffnete. Mit dem Beitritt der beiden Nachbarländer zum Schengen-Abkommen sind die Grenzkontrollen entfallen.

⌃ Gedenkstätte Bautzen II:
Erinnerung an das Unrechtssystem der DDR

Sitten und Bräuche

Bunte Vielfalt

Im sorbischen Siedlungsgebiet wird in Vereinen, Familien und Schulen lebendiges Brauchtum gepflegt, das insbesondere mit dem **Osterfest** verbunden ist (siehe Exkurs „Oberlausitzer Osterbräuche"). Jährlich am 25. Januar wird in der sorbischen Oberlausitz die **Vogelhochzeit** *(ptači kwas)* gefeiert. Am Abend, bevor *stroka* (Elster) und *hawron* (Rabe) Hochzeit halten, stellen die Kinder ihnen leere Teller ans Fenster, morgens finden sie darauf dann Süßigkeiten in Vogelform.

174ol mm

Zur Faschingszeit erscheinen die **Lichtengänger** an der Tür, Gestalten in absonderlicher Verkleidung, schweigsam, aber nachdrücklich Einlass begehrend und einer kleinen Bewirtung nicht abgeneigt. Die unfreiwilligen Gastgeber müssen nun erraten, wer vor ihnen sitzt.

Mancherorts wird zu **Ostern** noch lautstark der Winter verabschiedet, das Osterschießen und das Osterblasen in Berthelsdorf sind Beispiele dafür. Weit verbreitet ist das **Hexenbrennen** am 30. April, das seit dem 18. Jahrhundert überliefert ist. Auch damit sollen die bösen Geister des Winters vertrieben werden.

Im Sommer werden **Dorf- und Stadtfeste** gefeiert, zum Beispiel die „Schiebocker Tage" in Bischofswerda. Eine lange Geschichte hat auch der beliebte Jauernicker Heiratsmarkt. Viele Volksfeste haben ihren Ursprung in Heiratsmärkten, die einst dazu dienten, Eheschließungen über Dorfgrenzen hinweg anzubahnen. Heute gibt's die Heirat mit Urkunde für einen Tag – über die Fortsetzung entscheiden dann die Paare selbst …

Zur lebendigen Volkskultur gehört auch die **Pflege der Mundart.** In Großschönau, Sohland/Spree, Wehrsdorf, Ebersbach und anderen Orten widmen sich Mundartvereine und Chöre der Oberlausitzer Sprache.

⌃ Das Osterreiten ist ein sorbischer Brauch

www.fotolia.de © Bernd Kröger

Architektur

Die charakteristische Volksbauweise im ländlichen Gebiet der südlichen Oberlausitz ist das **Umgebindehaus** (siehe Exkurs „Hecht und Knagge"), in der nördlichen Oberlausitz das **Blockhaus** (siehe Rietschen). In den Städten sind alle europäischen Baustile zwischen Romanik und Moderne zu sehen, am häufigsten Gotik, Renaissance, Barock und Gründerzeit.

Der Dom St. Petri in Bautzen gehört zu den ältesten Bauwerken der Oberlausitz

Älteste Bauwerke

Zu den ältesten Bauwerken in der Oberlausitz gehören:

- **Burg- und Klosterruine Oybin**
- **Dom St. Petri, Bautzen**
- **Peterskirche Görlitz**
- **Waidhaus Görlitz**
- **Bergkirche Bad Muskau**

20. Jahrhundert

Bedeutende Bauwerke der Moderne sind die Folgenden:

- **Villa Scharoun, Löbau**
- **Gartenstädte Lauta Nord und Erika/Laubusch**
- **Wohngebiete (WK I–III) an der Bautzener Allee, Hoyerswerda Neustadt**

Literatur

Viele **bedeutende deutsche Schriftsteller** wurden in der Oberlausitz geboren oder haben dort längere Zeit gelebt:

- **Jakob Böhme** (1575–1624), Görlitz
- **Christian Weise** (1642–1708), Zittau
- **Nikolaus Ludwig von Zinzendorf** (1700–1760), Herrnhut
- **Gotthold Ephraim Lessing** (1729–1781), Kamenz
- **Johann Gottlieb Fichte** (1762–1814), Rammenau
- **Hermann von Pückler** (1785–1871), Bad Muskau
- **Jakub Bart Ćišinski** (1856–1909), Panschwitz-Kuckau
- **Wilhelm von Polenz** (1861–1903), Cunewalde
- **Paul Mühsam** (1876–1960), Görlitz
- **Lisa Tetzner** (1894–1963), Zittau
- **Johannes Wüsten** (1896–1943), Görlitz
- **Ludwig Renn** (1889–1979), Lückendorf
- **Ludwig Kunz** (1900–1976), Görlitz
- **Mira Lobe** (1913–1995), Görlitz
- **Arno Schmidt** (1914–1979), Lauban, Görlitz
- **Jurij Brězan** (1916–2006), Räckelwitz, Bautzen, Horni Hajnk
- **Gottfried Unterdörfer** (1921–1992), Uhyst/Spree
- **Brigitte Reimann** (1933–1973), Hoyerswerda

Zu den bekanntesten aus der Oberlausitz stammenden Schriftstellern gehören heute **Jurij Koch** (geb. 1936), **Kito Lorenz** (geb. 1938), **Benedikt Dyrlich** (geb. 1950), **Róža Domašcyna** (geb. 1951) und **Jens Wonneberger** (geb. 1960).

Verbreitet ist auch die **Mundartdichtung,** die mehrere Autoren mit einem umfangreichen literarischen Werk hervorgebracht hat.

175ol dk

Bildende Kunst

Bedeutende bildende Künstler aus und in der Oberlausitz waren:

- **Briccius Gauske** (15. Jh.), Bildhauer, Görlitz, Bautzen
- **Hans Olmützer** (um 1450–1518), Bildhauer, Görlitz
- **Christoph Nathe** (1753–1806), Landschaftsgrafiker, Görlitz
- **Ernst Rietschel** (1804–1861), Bildhauer, Pulsnitz
- **Carl Lohse** (1895–1965), Maler, Bischofswerda
- **Marianne Britze** (1883–1980), Malerin, Bautzen
- **Dorothea Wüsten-Koeppen** (1893–1974), Malerin, Görlitz
- **Dorothea von Philipsborn** (1894–1971), Bildhauerin, Weißwasser
- **Johannes Wüsten** (1896–1943), Grafiker, Görlitz
- **Max Langer** (1897–1985), Maler, Niederoderwitz

Zu den bekanntesten aus der Oberlausitz stammenden bildenden Künstlern gehören heute **Jan Buck** (geb. 1922), **Harald Metzkes** (geb. 1929) und **Georg Baselitz** (geb. 1938).

Die bedeutendsten **Kunstsammlungen** befinden sich in den städtischen Museen Bautzen, Görlitz und Zittau.

[<] Die Berliner Theatergruppe Grotest Maru beim Straßentheaterfestival auf dem Görlitzer Untermarkt

Musik und Theater

- **Deutsch-Sorbisches Volkstheater Bautzen,** Seminarstraße 12, Tel. (03591) 5840, www.theater-bautzen.de
- **Theater Görlitz,** Musiktheater Oberlausitz-Niederschlesien GmbH, Demianiplatz 2, Tel. (03581) 47470, www.theater-goerlitz.de
- **Sorbisches Nationalensemble,** Bautzen, Äußere Lauenstraße 2, Tel. (03591) 358112, www.sne-gmbh.de
- **Gerhart-Hauptmann-Theater Zittau,** Theaterring 12, Tel. (03583) 770512, www.theater-zittau.de
- **Weitere Bühnen:** Stadttheater Kamenz, Naturbühne Oybin (Oybiner Ritterspiele), Waldbühne Jonsdorf, Waldbühne Sohland; Auskünfte über Tourist-Informationen

177ol dk

13 Anhang

Zahlreiche Umgebindehäuser der Oberlausitz stehen unter Denkmalschutz

Literaturtipps

Belletristik

- *Jakub Bart Ćišinski:* **Im Fieber.** Gedichte, Domowina, Bautzen 2009
- *Jurij Brězan:* **Krabat oder Die Verwandlung der Welt.** Roman, Suhrkamp, Frankfurt am Main 2008
- *Jurij Brězan:* **Die schwarze Mühle.** Erzählung, Domowina, Bautzen 2007
- *Brigitte Reimann:* **Ankunft im Alltag.** Erzählungen. Aufbau, Berlin 2010/Wagenbach, Berlin 2008
- *Brigitte Reimann:* **Franziska Linkerhand.** Roman, Aufbau, Berlin 2008
- *Brigitte Reimann:* **Hunger auf Leben.** Aus den Tagebüchern 1955–1970, Aufbau, Berlin 2004

Sachbuch

■ *Peter Hesse* (Hg.): **Poet und Praeceptor. Christian Weise zum 300. Todestag.** Neisse Verlag, Dresden 2009

■ *Lars A. Dannenberg, Dietrich Scholze:* **Stätten und Stationen religiösen Wirkens. Studien zur Kirchengeschichte der zweisprachigen Oberlausitz.** Domowina, Bautzen 2009

187ol dk

■ *Peter* und *Stefan Simank:* **Von Moorochsen, Wölfen und Seeadlern. Lausitzer Tiere als Filmstars.** Lusatia, Bautzen 2009

■ *Norbert Weiß, Jens Wonneberger:* **Dichterhäuser in der Oberlausitz.** Neisse Verlag, Dresden 2012

■ *Erhard Hartstock* u.a.: **Juden in der Oberlausitz.** Lusatia, Bautzen 2008

■ *Lutz Stucka:* **Ein uralter Wald. Vom slawischen Kultplatz zum bedeutenden Jagd-, Forst- und Naturschutzgebiet der Lausitz. Pücklers Jagdschloss bei Weißwasser.** Regia-Verlag, Cottbus 2008

■ **Umgebinde.** Eine einzigartige Bauweise im Dreiländereck Deutschland – Polen – Tschechien. Langewiesche, Königstein im Taunus 2006

■ *Joachim Bahlcke* (Hg.): **Geschichte der Oberlausitz. Herrschaft, Gesellschaft und Kultur vom Mittelalter bis zum Ende des 20. Jahrhunderts.** Universitätsverlag, Leipzig 2004

[<] Blick über die Neiße auf Zgorzelec

Register

A

B

C

D

E

F

G

188ol dk

K

Einem sorbischen Zauberer gewidmet: der Krabathof in Schwarzkollm

L

M

N

O

P

☐ Die Pfefferküchlerei Max Spitzer ist eine von acht traditionsreichen Betrieben dieses Handwerks in Pulsnitz

Q/R

189ol dk

S

193ol mk

Der Autor

Detlef Krell, geb. 1958, Journalist, lebt in Dresden und betreibt mit seiner Frau den Neisse Verlag (www.neisseverlag.de) für Geisteswissenschaften und Belletristik. Die Oberlausitz ist ihm seit über 15 Jahren als Reiseziel und Arbeitsgebiet vertraut. Im Reise Know-How Verlag sind von ihm auch die Reiseführer „Sächsische Schweiz (mit Dresden)“ und „Erzgebirge/Vogtland“ erschienen.